The BEST DEFENSE

The BEST DEFENSE

最好的辩护

Alan M · Dershowitz

艾伦·德肖维茨 著

唐交东 译

法律出版社 LAW PRESS · CHINA

著作权合同登记号
图字:01 - 2009 - 7122

谨以此书献给

我挚爱的父母哈利·德肖维茨和克莱尔·德肖维茨
在波洛公园区生活的那些年，他们鼓励我包容我
也献给我的孩子埃隆和雅明
在剑桥的日子里，他们给予我最大的支持与体谅

目　　录

导言　1

第一部　被证明无辜之前是有罪的
——有罪推定

第 *1* 章　波洛公园区的关系网
——童年生活　3

第 *2* 章　“不管怎么说,反正枪击一具尸体不是谋杀。人只能死一次。”　70

第 *3* 章　“你愿意为纽约最卑鄙的人辩护吗?”
——伯纳德·博格曼案　96

第二部　破坏和平

第 *4* 章　为色情电影辩护及与原教旨主义者和女权主义分子之争
——“深喉”案及宪法第一修正案　127

第 *5* 章　我的暑假生活
——科德角海滩的裸体浴者及环境保护纠纷　158

第 *6* 章　宪法第一修正案及越南战争
——斯坦福大学布鲁斯·富兰克林教授案及中央情报局内幕揭发者案　169

第 *7* 章　犹太人劫机未遂案与夏兰斯基案　193

第 *8* 章　以对簿公堂相威胁是精神不正常或犯罪吗?
——变化多端的法官案及范威公园警察案　225

第 *9* 章　因父亲的罪孽而被判死刑　233

第三部　为正义抵制非正义

第 *10* 章　将欲取之必先予之
——埃德蒙·罗斯纳诉美国司法部纽约南区检察官办公室案　259

第 *11* 章　为辩护人辩护　310

导　言

默然沉静的阴谋掩蔽了美国司法制度的真面目。大部分圈内人——律师和法官都金口不开。大部分圈外人——法学教授和记者并不真正了解情况。大概没有哪个圈外人能真正接近这个制度的日常运作，然后如实地评判它。

有些圈内人保持缄默是因为他们有利害关系，不便揭露法律界的深层黑幕。另外一些人唯恐会遭报复打击。确实，法律从业人员的家规不主张律师公开抨击他们"同行的兄弟"，却鼓励他们促进"公众对法院的公信力"和"法律职业的荣光"。同样重要的是，圈内人互相之间已有默契，他们应该只在圈内讨论而不应公开批判。

这种二分现象——圈内人讳莫如深，圈外人想说却说不清——已经起到剥夺公众了解美国司法制度真情的作用。在本书中我将打碎这种二分现象。虽说我是一个法学教授，我已经在美国所有各级法院打了10多年官司。我因为不靠打官司吃饭，所以就比大部分以出庭诉讼为业的律师顾虑少。因为我主张我的学生用真诚坦率的精神去领悟法律，我就不能对我在现实生活中遇到的欺骗、伪善保持沉默。

在走上法律生涯的头几年我曾是个圈外人。我对这个制度的了解只限于阅读全国最高裁判殿堂的论述，从社会一小部分精英才有缘读书的那所学校里感受到的角度看问题。从耶鲁大学法学院毕业后，我有幸在两位美国历史上最出类拔萃、最高尚的法官麾下从事，他们就是美国联邦哥伦比亚特区上诉法院首席法官戴维·贝兹隆(David Bazelon)和美国联邦最高法院大法官阿瑟·戈德伯格(Arthur Goldberg)。

我开始在哈佛大学法学院教书时是一个天真的理想主义者，带着对这个司法制度的如水深情——对法官的公正深信不疑，对检察官的诚信毫无保留，对辩护律师的献身精神心向神往。如果不是在1972年发生了一个重大"事件"，我大概会一直保持这种观点并向我的学生灌输。当时有一个犹太人保卫同盟成员被控参与制造炸弹，导致一个无辜的少女死亡，这个人碰巧是我少年时代在布鲁克林波洛公园区朝夕相见的邻居。这个人当时找不到一个"真正"的律师，就向"那个当了法律教授的孩子"求救。就是办这个案子时体会到的错综复杂幽深莫测的经历教育了我，使我看到了一个没有任何一本法律教科书涉及的、在任何一所法学院也从来不讲授的世界。这使我踏上炼狱的征途，它是一场活生生的法学教育，我现在把这些故事写到书里去。

在这场奥德赛史诗般的征伐中，我目睹了一些令人愤愤不平的事实，这些东西本不是我们司法制度理论中的一部分。我知道虽然有所谓宪法上的“无罪推定”，但绝大部分刑事被告事实上确实犯有他们被指控的罪行。我的委托人差不多都是有罪的，当然也有一些是无辜的。然而，无论他们被判徒刑或是无罪开释，都和他们是否有罪几乎无关。

1. 以攻代守

我的一些委托人胜诉的原因是由于政府人员侵犯了他们的宪法权利。在为刑事被告，特别是有罪的刑事被告辩护时，你经常需要采取以攻代守的方式来对付政府①——你得把政府置于被告的地位让它为自己的非法行为受审。在法律上就和体育比赛一样，最好的辩护就是主动进攻。这便是本书书名的由来。

本书中描写了我受理的许多案子，我的当事人，作为被告被指控了各种罪名，包括那些被控犯有最难以想象的罪行，如大屠杀。也有一些被告，他们的行为根本不能被指控为犯罪，如在一部色情电影中担任角色。

为有罪的被告辩护的律师不只我一人，大部分刑事诉讼辩护律师主要干的就是这种事情。像佩里·梅森②那样英勇无畏拯救无辜、洗清冤屈的卫道者只是电视剧中虚构的形象，现实生活中并无其事。偶然也会有无辜的被告受到审判，但能够认定的则微乎其微。这些无辜的人甚至还有被处决的情况。这些案例虽说不可低估，却不是刑事案件辩护律师日常处理的情况。自称只为无辜被告辩护的律师不是夸张隐瞒，就是有意把自己的业务限制在少数客户之中。

而我主要靠在法学院教书生活，就有一点儿余地挑选自己的委托人。我如果愿意，可以只受理我认为是无辜或人品正直的被告的案子，然而我执意不肯这么做。我挑选案子不考虑被告是否真有罪的问题，也不看我本人对他个人印象好坏，我也不考虑打赢官司把握大小。我想在书中向读者解释为什么我认为替有罪的且胜诉机会渺茫的被告辩护是一种挑战，真心诚意地把它当作律师的天职。

我尽量选择最富挑战、最困难、最有代表性并开创先例的案子。由于法院和律师协会施加的压力对我作用不大，我也感到有义务去受理别的律师不敢接手的案子。我在这本书里解释为何我总是与法官、检察官及其他辩护律师针锋相对。我还喜欢承办一些提出新的法律论点的案子，以便日后拿到课堂里去讨论，我尽量把法庭里的唇舌之战与课堂里的讨论结合起来。在第二章，我讲到一个谋杀案，正是我的学生帮我找到解决错综复杂法律问题的良策从而打赢了那场官司。

---

① 美国政府所属司法部亦为国家检察机关，并以公诉人身份出庭而成为诉讼当事人。——编者注

② 佩里·梅森（Perry Mason）是美国作家加德纳（Erle Stanley Gardner）在1933年开始写的系列小说中的律师兼侦探形象，能出奇制胜。根据小说改编的电视连续剧曾在美国和其他国家风靡一时，久演不衰。这个律师为形形色色的有罪被告辩护，百战百胜。——译者注

2. 胜负在此一举——上诉辩护律师

我主要是从事上诉辩护(尽管不是绝对如此),所以我从事的工作与委托人生死攸关。被告(和他的一审辩护律师)一般都是在陪审团认定被告有罪之后跑来找我,而且常常是在上诉被驳回之后。他们要求我争取联邦最高法院复查的机会,或发出人身保护令。这些委托人都是在万不得已走投无路的情况下才来找我,他们在法律上可为之处已渺茫,只想孤注一掷。我有一个在牢狱中的委托人,他在所有的上诉程序都告失败之后,给我寄来一张他画的漫画,尽管已身陷囹圄,他的幽默感丝毫不减。漫画上有两个带手铐脚镣的罪犯爬上墙想逃出这所防守严密的监狱。其中一个囚犯对另一个耳语道:“听好,我的越狱计划是……”这幅漫画就挂在我办公室里,无时无刻地提醒我这些委托人的绝境。

只要我决定接下一个案子,我就只有一个信念——打赢这场官司。我将全力以赴,用一切合理合法的手段让我的当事人无罪开释,不管会产生什么后果。①

即使我了解到有一天我为之辩护的委托人可能会再次出去杀人,我也不打算对帮助这些谋杀犯开脱罪责表示歉意,或感到内疚。因为这类事到目前为止还没有发生过,我不敢说真发生了那样的事我会作何感想。我知道我会为受害者感到难过,但我希望我不会为自己的所做所为感到后悔,就像一个医生不该为医治一个康复后去杀人的病人而感到悔恨是一个道理。

3. 认定和推翻原结论

这本书谈到十几个我代理的最有争议最富戏剧性的案子。很多律师写书只写自己如何胜诉,我和他们不一样,我有意地谈了几个败诉的案子。我当然不愿输,但这几场官司对我,对法律的发展,对我的委托人来说,意义绝不逊于胜诉的案子。

我讲的故事大部分是刑事案件,但也有一些关于民权问题的,它们属于非刑事案件:国立公园管理局声称由于环境保护的原因关闭科德角(Cape Cod)的天体浴场;斯坦福大学解雇一位激进的教授;中央情报局对前工作人员弗兰克·斯奈普提起诉讼;一位法官判决一位年轻妇女进精神病院,因为她要控告精神病医生。这些案件,不管是刑事的还是民事的,都逼使一个单枪匹马的小市民与庞大的机构决战,诸如国家的检察官、大学或官僚机构。

---

① 这种观念既非极端也不是昙花一现的冲动。一位英国律师亨利·布劳姆在1820年曾说:“辩护士出于对委托人的神圣职责,只要受理该案就只对他一个人负责。他须用一切有利手段去保护委托人,使他免遭伤害,减少损失,尽可能地得到安全。这是他的最高使命,不容有任何疑虑;他不需顾忌这样做会给别人带来的惊慌和痛苦;这样做会招致的苛责以及它是否会使别人毁灭。他不仅不必顾忌这些,甚至还要区分爱国之心与律师的职责,必要时就得把赤子之心抛到九霄云外,他必须坚持到底不管后果如何,为了保护他的委托人,如果上天注定必要时把国家搅乱也应在所不惜。”

4. 没有人需要正义

有一个古老故事，讲一个律师刚刚打赢了一场重大官司，便立刻给他的委托人打电报："正义已经取胜。"委托人立即火速回电："立即上诉。"这个故事揭示了我们法律制度的真相——没有人想要正义。"胜诉"是大部分刑事诉讼当事人的"唯一目的"，就像职业运动员获得冠军一样。刑事被告和他们的律师当然不需要什么正义；他们要的是开释，或者是尽可能短的刑期。

检察官似乎应该对正义感兴趣——司法部墙上高悬的箴言宣称"只要实现了正义就是对政府的褒奖。"可是在现实中，许多检察官颠倒这句箴言，反其道而行之，认为只要政府胜诉就是实现了正义。检察官想赢得官司，尤其当一个有罪的被告极力想借政府"技术上"的非法行为而逃脱时。在这类案子中，按法律规定应释放被告。正像奥利弗·温德尔·霍尔姆斯（Oliver Wendell Holmes）大法官所说："罪犯之逃之夭夭与政府的非法行为相比，罪孽要小得多。"虽说检察官都曾信誓旦旦地宣誓要照此办理，他们仍然在用非法手段取得证据的情况下极力想认定被告有罪。在这种情况下检察官所追求的不是正义，他们和极力想逃脱的罪犯一样，只想要一件事——胜诉。

我在书中还说明为什么大部分检察官（还有辩护律师）像美国职业棒球联盟的投手一样讲究输赢的比率。他们这种关切正是认罪协商（plea bargain）广泛使用的原因：这样，检察官和被告辩护律师都可以在各自的职业记录上多一次"胜利"——有时只是民众输了，但是没人会为民众记录胜败。我认为认罪协商是美国刑事诉讼制度中最具破坏性，最不利于实现正义的制度之一。

那好，你可能以为至少法官对正义是感兴趣的，他们对任何一个案子的结果都没有利害关系。要是事情是这样就好了！大部分法官对正义不感兴趣，他们也不例外，有着自己的小算盘——很多法官都把自己看作是执法体制的一部分，是警察和检察官的延伸，他们打心眼里希望罪犯能被认定有罪并关进监狱。甚至在依法需要释放被告时许多法官也会在他们的合法权限内（有时也会超出权限）去设法认定他们认为罪该入狱的人有罪。法官们也关心这个司法制度的运作效率，他们不希望法庭议程上出现积案造成"交通堵塞"。最重要的是，他们不希望上级法院推翻他们的判决。在本书里我们会看到，有时法官为了维持"他们的"有罪判决而走多远。他们把上级法院推翻原判看作是个人的羞辱，事业上的失败，即使推翻原判是实现正义的必要手段。

5. 黑色的法官袍，白色的谎言[①]

我在本书中对法官有不少不敢恭维的看法，不管他们是最低一级的治安长官还是联邦

---

① "白色的谎言"（white lie）即撒个小谎——那种并不为过，意在避免难堪的谎话。此处作者意思是，法官虽然身着道貌岸然的黑色法官袍，却也常常做些与身份不符的事情。——译者注

最高法院首席大法官。(我尽量用同样尖锐直率的态度去评价裁判我的委托人胜诉的法官,就像对裁判我们败诉的法官一样,但有时也可能对那些给我们作出有利判决的法官手下留情些。)确实,我曾经想把本书书名叫做“黑色的法官袍,白色的谎言”,那会是个很恰当的书名,因为撒谎、歪曲及其他有意的欺骗行为是法官们的通病。在我20年律师执业经历中,在所有刑事司法制度的参与者中,最令我失望的就是法官。部分原因是因为我和许多人一样,对这些黑袍加身的法官们抱有极大的敬意和期望,把他们当作司法正义的化身。我一开始执业时曾天真地以为其他法官都像我曾有幸为之工作过的那两位法官一样,以真挚坦诚之心对待法律,以敏感同情之心关怀人们的宪法权利,但我大失所望。我发现在许多法袍之下掩盖的是腐败无能、偏听偏信、慵懒卑劣的灵魂,再加上普遍的愚蠢。我也看到了无私奉献、勤奋工作、诚实而富有同情心的法官——可这些都是作为一个法官起码应该具备的品质啊!如果我过分强调了司法人员的消极一面,那是因为这比积极的一面更值得注意,更因为它正在侵害着美国司法制度廉洁公正的肌体。由于大部分律师都过分渲染积极的一面,所以我就更需要强调消极的一面。律师行业以外的人也有权利了解我们司法制度的“全部真相”,而不仅仅是法律界在庆祝宪法日时夸耀的那一部分。

6. 大致上公平合理

在我国,刑事诉讼对立双方所有当事人,如刑事被告、被告辩护律师、检察官、警察和法官都在拼命争夺个人和自身职业上的利益得失。虽说这个体制中似乎没有人对抽象的正义感兴趣,具有讽刺意味的是,实际达到的结果很可能是一种大致上公允的正义。

尽管欺骗现象风行一时,我认识到美国刑法体制一般情况下都能得到比较准确的结果。很少有无辜的被告被认定有罪,当然也有一些有罪的人被释放,有不少罪犯未得到起诉。可这是一个主张“宁可错放十个罪犯也不误判一个无辜”的司法制度需付出的代价。枉法行为大部分并非来自判决的结果,而是出于程序之间。

对美国刑法制度的评价大都有一种非褒即贬的极端倾向。赞扬者认为这种体制出于诚信公平合理,处理结果清楚明确;反对者抱怨说这种体制既腐败又不公,不能得到准确合理的结果。我在本书中想说明此中牵涉到更为复杂的问题,即好坏都很难有一种清楚的界限和标准。美国刑法制度的核心是腐败的——它依赖的是所有当事人普遍的不诚实态度;它是不公平的——它歧视穷人,歧视未受教育的人和少数民族成员,但它并非彻头彻尾的谬误——监狱里关的人犯极少有无辜的冤鬼。它也不能被称作是一个镇压性的制度——在美国,现在人们享有的言论自由、写作自由,结社自由和辩护的自由比世界上所有的国家历史上和现实中曾有过的都多。但这并不意味着这里已经有足够的自由和足够的司法正义了,这些都有待改进。但与历史上别的时期,与别的国家相比,就可以更好地看出我们所处的实际地位怎么样了。

尽管这个刑法制度是腐败而不公正的,但它仍能作出大致公平合理不偏不倚的判决,我们仍然享有这些自由的原因应归功于这个制度主张对立双方进行论争的法定程序——每个被告都可以向政府提出异议。我在书中说明,为什么我坚信为这些有罪而为人唾弃的人辩护,甚至让一些确实有罪的人不受惩罚是我们为自由而付出的小小代价。想想看,如果美国的制度变成有罪的人、众所不齿的人,或至少是在有权有势的人看来是这样的人都被剥夺受辩护的权利,你又作何感想!

7.“所述句句皆实”

在法庭上作证前所作的宣誓词中有“(所言)当系据实陈述,绝无匿饰增减”,这种规定只是对证人实行。被告辩护律师、检察官、法官都不用宣誓。实际上他们也不能发这种誓,老实说,美国的司法制度是建立在“不说出”全部事实的基础上并没有什么夸大其词的。

被告辩护律师,特别是在为确实有罪的被告辩护时,他的工作就是用一切合法手段来隐瞒“全部事实”。对被告辩护律师来说,如果证据是用非法手段取得的,或该证据带有偏见,损害委托人的利益,那么他不仅应当反对而且必须反对法庭认可该证据,尽管该证据是完全真实的。在第十一章我描述了各种不同被告辩护律师的行为,有些人的作为远远超出律师应起的作用,有些人则把自己的利益置于委托人的利益之上。

虽说检察官负比被告辩护律师更加责无旁贷地去讲出“全部事实”的责任,可他们也经常不这么做,起码是不让公众知道。然而,除去这些偶而有必要扣押部分事实的情况外,本书还披露了检察官的不正当行为,甚至是赤裸裸的欺骗,这在某些城市已经成为那里行事的道门。这些官员高高在上,信誓旦旦地保证声张正义,却不以为自己的虚假行为有什么不妥之处。他们诡称这是一种民事不服从的形式,是对更高的法律境界的信仰来为自己开脱。美国的司法制度已经到了依赖“白色的谎言”的地步。第十章讲了一个令人痛心的故事,告诉我们纽约市联邦检察官办公室——美国公认最出色的检察机构——是如何试图掩盖警察罗伯特·鲁齐案件的,这个人把他的故事写进了一本名叫《城市之王》(Prince of the City)的书,并且拍了一部同名电影。

这本书里谈到的案例也刻画了那些出类拔萃的法官们是如何歪曲案卷内容和法庭记录,硬把政府证人的谎言当真话,无视辩护律师在法庭上提出的论据,颠倒案件的是非。这种法官的欺骗行为很可能是从普通法制度解决刑事案件的方法中传下来的。歪曲案卷内容和法庭记录有时可能是法官用于认定被告有罪,又不至开创恶劣判例遗患无穷的唯一出路。奥利弗·温德尔·霍尔姆斯大法官曾评论说:“复杂的案例,如那些臭名昭著的案子,经常导致恶劣法律的产生。”有些法官极力想避开这个窘境,他们就在案卷和事实上做手脚,这样保证把一个恶名昭彰的罪犯绳之以法,又不至于开创一个危险的司法先例被后人滥用到并非那么恶毒的被告身上去。这样的司法上的戏法却常常被人誉为“司法政治手段”。

我最近听到一个关于极受景仰的联邦上诉法院法官的故事。这个故事披露了司法机构的不诚实行为已泛滥成灾。这位法官在一份认定被告有刑事犯罪的裁定书中写道,他已经阅读了全部审判记录,确信陪审团认定有罪的证据极为充分。另一位法官为此写了一份备忘录供这几位法官传阅,他在备忘录中对这位法官提出疑问:唯一的那份审判记录在整个上诉期间一直锁在另一位法官办公室的资料柜里,从来没有动过,他怎么能说他读过了呢?前面这位法官当场出丑,决定把这段话从上诉法院裁决中删去。公众对这件不光彩的事毫不知晓,但这件事在知情人中间广为议论。这位法官仍然面不红心不跳地以他的正直被司法界所尊崇。我肯定会因透露此事而受到知情者的攻击。①

8. 高级骗子

我比较喜欢用最苛刻的态度批评最有权威最受尊崇的司法机构:如最高法院的那些权倾一时的法官;那些被人推崇备至充满溢美之辞的检察官办公室;那些最负盛名、最成功的被告辩护律师们。批评我们这个司法制度最底层的腐败现象,比方说贿赂,哥儿们之间的沆瀣一气,或公开的枉法营私并不难。其他一些人站在更好的角度上观察这些痼疾已经写了不少。可我看到自己这个职业圈子里有那么一些功成名就之士都学着糊弄这些司法界最高层人士,因此获益并向他们的接班人传授此道,感到欲罢不能。

在这本书中,特别是在第十章里,我举例说明司法行业中有那么一些最有名的人士就在这么干而竟然不受惩罚。我觉得我负有特别的使命去揭露这一小撮"高级骗子"的腐败本质,因为我在一所全国最"精英"的法学院教书,我的学生们毕业后就会进入律师中最有特权的那个阶层中去。作为那个社会精英圈子中的成员,成为各级法院法官的文书,检察官、大律师事务所的合伙人、法官;他们不太容易向那些比较明显的腐败现象屈服,但他们一直受着那些"高级骗子"行为的诱惑。比方说,一个法院文书看到一位受人景仰的法官骗人,说他看过记录的全文时会怎么效仿他呢?一个刚刚毕业的法学院学生又会从《城市之王》案中的联邦检察官那里学到什么呢?高层次的欺骗是当今美国司法制度中最阴险的腐败现象,因为没有人认为这么干的人与行贿受贿的人一样可恶。

9. 司法斗争的规则

我在出庭诉讼中,在写这本书中,在教学过程中发现并摸索出一系列似乎主导当今美国司法实践的"规则"。大部分从事刑事诉讼的有关人员都懂得这些道理。虽说这些规则从未见诸正式文字,但是人们在现实中却照这些规矩办事。与所有的规则一样,这些规矩言简意赅,可它正是现行司法制度如何实际运转的一部分。以下是现有司法制度的几条重要规则:

---

① 这件事不是那两位法官告诉我的,我是从该法院一个可靠的消息来源处打听到的。这个人亲眼看到了这些文件。

第一条:事实上,几乎所有的刑事被告都是有罪的。

第二条:所有的刑事被告辩护律师、检察官和法官都知道和相信第一条规则。

第三条:用违反宪法的手段去认定有罪的被告,比在宪法允许范围内通过审判认定要容易;在某些情况下,不违反宪法就根本无法认定有罪的被告。

第四条:为了能将有罪被告治罪,许多警察都谎称没有违反宪法

第五条:所有的检察官、法官和被告辩护律师都清楚第四条规则。

第六条:很多检察官在警察被问到是否用违反宪法的手段去认定有罪的被告时都暗示默许他们去撒谎。

第七条:所有的法官都清楚规则六。

第八条:大部分一审法官都明知警察在撒谎还装作相信他们的证词。

第九条:所有的上诉法院法官都知道第八条规则,但许多人都装作相信那些装作相信警察的一审法官。

第十条:即使被告申诉他们的宪法权利受到了侵犯完全属实,大部分法官也会对此置若罔闻。

第十一条:如果法官和检察官认为被告在被控犯罪(或与此密切相关的犯罪)中是无辜的,他们不会故意将该被告治罪。

第十二条:第十一条对地下黑社会犯罪组织成员、贩毒者、职业杀手或潜在的告密者不适用。

第十三条:没有一个人当真想要正义。

第一部　被证明无辜之前是有罪的
——有罪推定

第1章　波洛公园区的关系网

——童年生活

对于在布鲁克林的波洛公园区①长大的我们而言，犹太小伙子们会在如此宁静祥和的地方安置炸弹，实在是令人无法想象的。可这件不可思议的事情当真在1972年1月一个星期二的下午发生了。当大部分波洛公园居住区的东正教犹太人都在忙于他们的生意，没人去注意外面世界有什么流行活动的时候，有三个认真的年轻人却在用一种犹太教善辩劲头争论：用哪种方式安装炸弹好。他们在纽乌特里希街上一间破旧办公室里争论，房里映着西区高架铁路线的影子，不时传来火车轰鸣的回响。

只隔一个街区，就是第十三街。它吸引着全市操多种语言的顾客，到处都是留大胡子的商人在吆喝着，用英语、意第绪语、希伯来语和意大利语叫卖货物。一些戴犹太小瓜皮帽的孩子，在位于第五十街的"生命之树"犹太教神学院操场上练习拳击。在第四十八街与临街相交的房子里头戴"夏伊特尔"②的家庭主妇正在烤制面包，给婴儿换尿布。下午，在纽约所有的大街小巷里，在无数个临时凑成的聚会人群中，男人们和13岁以上的男孩们，有的穿着他们虔敬派的黑氅，10人或更多的人一组吟诵犹太教午祷词；有些人站起来背诵迦底什③——犹太教为死者祈祷的传统赞美诗。

那天下午，在纽乌特里希街的房子里，几个年轻人并没有停下手里的活计来做午祷，他们得赶紧把炸弹装好——这一颗炸弹的致命威力很快就会使一个犹太姑娘的父亲为他被杀害的女儿背诵迦底什。

这场悲惨的谋杀以及由此引出的戏剧性的诉讼都是真实故事。事件的3个主角都是波洛公园区土生土长的——被控制造炸弹的年轻人；侦破此案的探警；以及替年轻人辩护、想要让探警的调查不被采信的律师。这是个第一人称的故事，因为我就是那个律师。

---

① Boro Park，美国纽约市布鲁克林西南部的一个社区。

② Shaytl，是假发，一种犹太妇女传统头饰。——译者注

③ Kaddish，犹太教祈祷文。——编者注

1."嗞嗞作响的炸弹"

第二天早晨是星期三,索尔·胡鲁克正在他那间办公室里埋头工作,办公室就在曼哈顿中区五十六街与第六大道交叉的街角,一座玻璃大厦二十层楼上。

索尔·胡鲁克在1905年就从俄国移民到美国,他原籍乌克兰的波加尔,与波洛公园的许多居民出身相等,但他们之间的共同点也就仅此而已。胡鲁克是个有世界性头脑的人,而波洛公园普通居民的世界却很狭隘。50年来就是这个人主管着"索尔·胡鲁克演出公司"。这个秃头戴着水獭软帽手持镶银头黑檀木手杖,每次演出都坐在后排高呼大喊"漂亮极了"的家伙,就是这个剧团经理的形象。正是胡鲁克介绍鲁宾斯坦、巴芙洛娃、恰利亚平以及莫斯科大剧院芭蕾舞团等到美国来巡回演出的。

83岁的胡鲁克正在为苏联奥西波夫三弦琴演奏团赴美首次公演做最后的安排。他对演出会大获成功深信不疑。然而,他却对一个叫"犹太人保卫同盟"①的激进组织对演奏团发出的威胁深感不安。这个组织被人们简称为"JDL",只要苏联拒绝犹太人移民以色列,它就反对美国与苏联进行任何文化交流。近几个月来,不断有人往音乐会扔烟雾弹和氨水罐进行捣乱。有一次,整整一木箱活耗子被放进音乐厅,吱吱乱窜。可是,不一会儿表演总是能够继续进行,损失不大,也没有严重的人身伤害发生。

正当这位经理忙着为即将到来的公演加强安全戒备时,两位衣履翩翩年龄在20岁左右的人来到办公室接待处,彬彬有礼地询问公演情况。工作人员叫他们等一会儿,以便去查询有关情况。这时,这两个人没有坐在那里等待,他们很快就离开办公室,留下一只看起来普普通通的人造革手提箱。这箱子里装的一只"麦克隆塔"定时钟,正在滴答滴答地走着。

恰在此时,另外两个年轻人在曼哈顿中区"哥伦比亚艺术经营公司"办公室里也放了一只类似的皮箱。这家公司也在介绍苏联演出团来美演出。

甚至在还没有人注意到之前,两只箱子就开始发出"嗞嗞"的尖叫,迸发出五颜六色的火焰,烟雾和炙热充满了房间。在哥伦比亚艺术经营公司,惊恐万状的职员们打破底层楼的玻璃跑到街上去。而在胡鲁克这边,相邻办公室和会议室都是密封玻璃,窗子打不开。空调向外喷出令人窒息的烟雾,胡鲁克几乎窒息。他被消防员找到,抬到一辆救护车上时已失去知觉。

艾丽丝·康妮斯,是胡鲁克公司财会部的一位女工作人员,她及另外两个同事企图躺在地上来逃避窒息的烟雾。当消防员找到他们时,另外两个人已经失去知觉,他们把脸深埋在地毯的厚毛里,头发已经被烟雾和热浪烤焦。急救人员立即对他们施行急救,可是艾丽丝·康妮斯已经窒息而死。

---

① Jewish Denfence League. ——译者注

全世界都声讨这一罪行。或许，最意味深长的反响来自苏联诗人叶夫根尼·叶甫图申科。他是世界著名的诗人，特别是他为纪念第二次世界大战期间在基辅附近的娘子谷对犹太人的大屠杀而作的那首诗后，名气更为响亮。叶甫图申科正在纽约作诗歌朗诵旅行，他要求去参观被炸毁的办公室。第二天晚上，他在麦迪逊广场花园的费尔特讲坛，向一群静静聆听的听众朗诵了一首新诗“扔向巴拉莱卡琴[①]的炸弹”。

可怜的艾丽丝，
时代的牺牲品。
你就这样去了，
柔弱的身躯，深色的眼眸。
犹太姑娘窒息在浓烟里，
犹如在纳粹的毒气室，毒气难消散。
该死的地狱的走卒，
用尸体构筑桥梁，
来把人们连接。

犹太人社团的领导人也谴责这场爆炸。波洛公园区的拉比[②]们都参加了这场谴责大合唱。在艾丽丝·康尼斯的葬礼上，纽约拉比委员会主席在祷词中说，“没有一个犹太人参与此事，……这不是我们的方式。”

然而，纽约市警察局爆炸分队负责人却认为犹太人参与了此事。爆炸发生几分钟后，有人给美联社和全国广播公司打了匿名电话，信息是相同的，“苏联文化应该为苏联犹太人的死亡和入狱负责”。电话以犹太人保卫同盟的口号结束：“不许再犯！”

犹太同盟否认他们参与了此事。同盟的创始人和现任主席迈尔·卡哈尼拉比正在耶路撒冷访问，他在那里发表声明，认为该案的肇事者是“极愚蠢的”。伯特兰·茨维本——同盟的副主席兼首席法律顾问指责爆炸是极左派所为，用以败坏同盟的名声。

当地警察局和联邦调查局共同开始进行一场为期五个月的调查，找到一些线索。其后，在1972年2月16日，一个联邦大陪审团认定犹太人保卫同盟的三个青年成员犯有谋杀艾丽丝·康妮斯的罪行。虽说她并非死于蓄意谋杀，但它是严重爆炸犯罪的后果。根据法律，它可以与联邦重大刑事犯罪和谋杀罪相比照，所以有判处死刑的可能。

2.“生死攸关的大事”

起诉那天，我还在大提顿国家公园野营，一位公园守护人员找到我，给我带来口信，“一

---

① 巴拉莱卡琴(balalaika)，俄式三弦琴。——编者注

② 拉比(Rabbi)，犹太法学博士或犹太教教士的尊称。——译者注

个叫‘大象’的人在找您,说有什么性命攸关的大事。”

公园守护人员提到的名字立刻把我从怀俄明壮丽的山峦带回到我童年在布鲁克林街头的回忆之中去。马蒂·埃利法特①也住在波洛公园区。离我家只有两个门牌之遥。我依稀记得,他后来当了律师,可我已经有20年没和他联系了。在纽约,我找到他,他问我还记不记得住在第五十街的谢尔顿·西格尔。“那当然”,我说,“他怎么样?”

“谢尔顿刚刚被认定犯有一级谋杀罪。”埃利法特心情沉重地说:“他面临着死刑的判决。人们说,他为犹太人保卫联盟制造炸弹;就是那只炸弹在一月份把索尔·胡鲁克办公室里的姑娘杀死的。这纯粹是诬陷。”他很肯定的对我说:“他们不能证明这一点,可是谢尔顿遇到了很大的麻烦。他吓得要死。他急需一位律师,你愿意代理他吗?”

想着埃利法特的问题,我回忆起和谢尔顿·西格尔的来往。他是个沉静、内向、乖僻而不爱交际的孩子,高高的个儿,腼腆笨拙,一脸因患天花而留下的麻子。这个人有点怪,但他不是扔炸弹的疯子。波洛公园区根本不能培养谋杀犯。巴迪·哈克特和贾基·梅森这样的喜剧演员是有的;桑迪·科法克斯这样的棒球运动员也是有的;各式各样的作家、医生、律师以及拉比也不少;还有一些小偷小摸之类的家伙;可能还有几个靠开老人院赚钱而臭名远扬的无赖,但是波洛公园区绝对不会有谋杀者!

在谢尔顿和我共同长大的波洛公园区实际上没有犯罪行为——至少没有暴力犯罪。虽然经常有小偷小摸发生,但这种事总是外面人干的。街上当然也有打架斗殴,我参加的次数比谁都多。但是,怎么会是扔炸弹、打枪、谋杀?我从来没听说过持枪抢劫的事。我从来没见过,也没听说过在波洛公园区的居民拥有枪支。

3. 波洛公园区的犹太人生活

波洛公园区的形状像个界限不清和总是在变化着的变形虫。就像布鲁克林的其他飞地,如弗拉特布什(Flatbush)、布朗斯维尔(Brownsville)及贝德富德-斯图文森(Bedford-Stuyvesant)等。波络公园不是市政当局划定的行政区,而是一个街坊四邻约定俗成,中心方圆约一平方英里的街区。在这块地方有近十万犹太人,大部分是正教信徒。他们在这片弹丸之地休养生息。在这个地段的边缘,从地理和政治意义上讲,居住着几千户意大利人,波多黎各人和斯堪的纳维亚后裔人家庭。

波洛公园区住的是混杂的东欧犹太人,反映出从19世纪末开始延续至今的移民浪潮。波洛公园区与美国其他犹太人居住区相比,其不同之处在于它一直住着犹太人。它不像曼哈顿下东区在犹太裔人聚居之前住的是爱尔兰裔人,而现在主要是波多黎各人。20世纪初,在波洛公园农田上建造的一幢幢带小院子的房舍的最早居民是犹太人,他们是为逃避曼哈顿中区拥挤堵塞的居住条件而搬迁到布鲁克林来的。

---

① Elefant 和大象 Elephant 音相近,故前面说有个叫“大象”的人。——译者注

我的曾祖父一家是1883年从波兰的皮尔泽地区移民来美的,他们是第一批从曼哈顿搬迁到布鲁克林去的犹太人。20世纪最初10年中,他们搬到那种一座紧挨着另外一座建筑物的房子里,门前有高高的台阶(这种高台子促成了台阶球①这种独一无二的都市运动项目)。

我曾祖父是当地人人皆知的泽卡利拉比,他创建了布鲁克林众多家庭东正犹太小教堂中的一个。我祖父路易是唱诗班的领唱,他的七个儿子、甥侄及表兄弟们则组成了唱诗班。今天人们仍然把它叫做"泽卡利拉比小教堂",它已经成为这个东正教社团的聚会场合、社交中心和慈善机构。

在20世纪30年代末,该教堂决定请一位专职拉比主持教务,于是从欧洲聘请了一位,但教友们对他不满意。两个星期后这位新请来的拉比就被辞退了,付了一小笔钱,打发他开路。又从欧洲请来另一位拉比,可这一位几星期后也毫不客气地被打发走了。这个选择一直不停地延续下去,直到几十个拉比都穿过"教堂回转门"或参加了"每月拉比俱乐部"。这个居民区的人都明白这些字谜在说什么——这是一场小小的援救活动,目的在于拯救欧洲正在受到纳粹主义威胁的犹太教士们。近10年来,一直借口这个小小的教会需要进口一位拉比的办法来对付严格的移民法规。

当这座小教堂刚建立时,当地很难找到专职的拉比或唱诗班领唱人。我曾祖父和祖父每天都跨过布鲁克林大桥去曼哈顿干活挣钱。泽卡利拉比像他的许多同辈一样,在一家血汗工厂干活。他干活的工厂是做皮夹子的,位于华盛顿广场东面一座房子里,就是那家运气不佳的"三角女衫"厂的原址。1911年的一个星期六,大火吞噬了这家工厂,烧死了145个工人。泽卡利拉比那天正好在家没上班,那天是犹太教安息日。他从这个事件中得到两个教训:他发誓他的子女们再也不能去工厂当工人,再也不会在安息日去工作。

泽卡利的儿子路易8岁时开始在街头巷角卖火柴,后来以印刷和做盒子维持生计。他在20世纪初和波兰基希柯夫来的移民伊达邂逅,不久结了婚,1909年生了我父亲哈利。最近我们全家庆祝了父亲的70大寿。我的叔叔们酒宴之中谈了不少他的往事,每人都记得他勇武好斗——如何跟4个爱尔兰恶棍干了一场;如何一拳打断了那个横行邻里的恶霸的鼻子;如何上树追拿一个欺负他小弟弟的孩子。听着这些举止恭让温良的父辈们追忆早年的荣光真是妙不可言。这些人现在都成了拉比、律师、教师、商人,那时最棒的一个总是当头儿,而我父亲事事拔尖冒顶。

在公立中学读了几年书,父亲在曼哈顿下东区找了个推销员的工作。后来,他和一个合伙人在那儿开了一家小小的男装工作服商店,从星期一到星期六做"批发",星期天干"零售"。

我母亲的父亲是随着1907年第二次波兰向美国移民的浪潮来到美国的。他不想应召

---

① Stoop ball,这种运动是在建筑物前的人行道上把球扔向通往建筑物的台阶。——编者注

加入波兰军队，就逃离那个叫普利兹姆耶瑟尔的小城，一个犹太经院和哈西德教派的中心，把三个兄弟和一大群亲戚弃之不顾。35 年后，这个家族除了一个兄弟外，所有的兄弟都和 17,000 名当地居民一起被纳粹占领军杀害，尽管犹太抵抗战士进行了殊死血战。那个幸存的兄弟在纳粹军队逼近时逃离，朝西伯利亚逃去，后来去了以色列。

我外祖父最初住在宾夕法尼亚的斯克兰顿，那儿有他的一个亲戚。他只能找到一个屠夫工作，宰杀犹太教食品中认为洁净可食的动物。他不忍心用刀子逼近牲畜的喉咙，正像他不能枪击无辜的人一样，于是便回到下曼哈顿，在那儿摆小摊来养活留在波兰的妻子和三个孩子。家人和他团聚时，已有两个婴儿死于白喉；我母亲这时出生了，全家那阵子在曼哈顿下东区租了一个小公寓，后来挣了些钱，就跨过东河搬到布鲁克林区去。

我母亲学习成绩极好，1929 年夏，刚 16 岁就高中毕业了。她上了纽约市立学院，但因家庭无力支撑，只得中途辍学，找工作补贴家用，那时正值大萧条时期，饥寒交迫。她再也未能重返学校，一直在店里做记账工作。

我父母亲在 1937 年结婚，两年后生了我。1942 年我弟弟出生后，全家搬到波洛公园靠近第十六大道的四十八街一所小房子里去，这房子原来是供一家人住的，但已经改成三家合用的出租公寓了。我母亲的兄弟一家搬到楼上，我父亲的堂兄和新娘子搬进地下室。

随着岁月的消逝，我们不断长大，那时波洛公园区居住条件十分拥挤，鸡犬相闻，街上闹哄哄地充满生机：到处是练拳击的吊袋，小孩玩的棍球、弹子游戏把街道和行车道堵塞得不能行走（我们把这些叫做“地摊”）。那时候只有极少数居民有汽车，一辆出租车出现，就意味着有什么紧急事件，或有什么重要人物降临。

在布鲁克林我们住的这一端长着不少树，可是我们不喜欢这些树，因为它们挡了我们甩球的通路。阴沟是我们少年生活中的重要组成部分，不是因为阴沟带走的东西，而是因为阴沟盖可以作为打棍球的基地，作为我们男子汉气概的丈量工具——我从不曾将球击出过一个半阴沟盖那么远的距离，这成绩在我们自立的标准中算是中不溜儿的水平。

虽说那时布鲁克林居民讲起话来口音已经改了不少，可我们还是乡音不改，我们把布鲁克林口音称作“国王英语”，因为布鲁克林位于金斯县①，邻近的“王后”英语稍微好一点儿；②但布鲁克林区的英语甚至连我们也听不懂。我还清楚地记得，在耶鲁大学上一年级时，我回答问题时的口音引得有些学生公开耻笑。几天后，这些学生遇上了亚伯拉罕·戈德斯泰因教授上课，他是从纽约市立学院来的，也算是沾点布鲁克林缘分。与他的口音比起来，我的口音简直是美国中西部般的明快。大概是出于对布鲁克林陈规俗套的反应，我们的父母，特别是那些为自己在美国出生感到自豪，不想与那些“新移民”搅在一起的人，不遗余力苦心孤诣地纠正我们的发音。直到现在，每次我母亲去法院旁听开庭，就像她经

---

① 金斯县（Kings County）与国王（King）在英语上谐音。——译者注

② 布鲁克林与昆士区（Queens）相邻，故有“王后”英语之谑。——译者注

常去听我或我弟弟为某个案子辩护那样,她总是无一遗漏地把我发言中无意间蹦出来,或在来自布鲁克林区的法官面前有意摆弄的布鲁克林土话录存备考。

搬到波洛公园一带去的家庭中包括西格尔家。谢尔顿·西格尔于1964年出生,他们家那时搬到离我家两个门牌之远的一幢两家合住的砖房里。

谢尔顿和我上的是同一所波洛公园区犹太学校。在那儿给我们上课的不少教师过去教过我们父辈,而且我们两辈人都有共同之处——功课甚差,喜欢捣乱。我记得我的数学、拼写成绩分别是3分和2分,更令人痛心的是品行举止是“0”分,甚至是“0-”!我父母由于经常被召到校长办公室去谈话,以至于我的同班同学竟以为我母亲是在学校工作的。

我上课常感到枯燥无味,注意力只能集中几秒钟。我的老师不喜欢用“注意力集中间隔”或“超好动症”之类的嚼舌头话,他们用实实在在的语言来形容我的状况:“这孩子屁股上没有足够的肌肉支撑他坐下来好好学习”。我除了滑稽连环画之外什么书也不读,除此之外我整天在家门口马路上的简易球场上打篮球,玩棍球,练拳击。

老师里面,特别是上宗教课的老师不少是刚刚从欧洲无家可归者收容营新移民到美国来的人。我们班上有好几个孩子在希特勒的集中营里呆过。可我不记得曾经有人谈起过这种事,没有一个人讲这种事,不管是在课堂里,在操场上,甚至是在家里,都避而不谈“大屠杀”这几个字。但它仍然飘浮在空气中,它是我的许多朋友和邻居经历过的往事。实际上每个家庭都有亲戚死去。过去的记忆比比皆是:当一个同学卷起袖子准备击球时,我们就能看见他手腕上刺的号码;在那些没有父亲或没有母亲的家庭里;在那些小孩们没见过其他兄弟姐妹的家庭里;在犹太节日的追思祈祷中,我们都感觉得到,我们只是不去问而已。

作为小孩,我们也不关心其他与犹太人有关的问题,如现世当今的犹太复国主义对我们信奉正统犹太教的父母来说多少有点可疑,苏联犹太人问题我们闻所未闻;反犹主义对我们这块同种同源的飞地来说,只是遥远的抽象概念(我还记得,我以为邻居戴维·塔特柯夫一定不是犹太人,因为他们家的人从不戴犹太式小瓜皮帽,在安息日还听广播)。作为儿童,我们心中唯一的愿望就是做一个美国人:我们心目中的英雄是杜克·史奈德①、独行侠②和富兰克林·德拉诺·罗斯福;我们的理想和美国儿童的梦想一样。我们永无休止地争论:当我们成为大联盟球员时用什么昵称最好。我的伙伴兹维·格罗纳选了“特罗”,并决定当个棒球投手,这样轮到他上场时正好不是星期六安息日;佐尔蒙·爱森施塔特成了“查克”,我成了“里德”③(这个绰号很快就成了一个时代错误,因为我们头发已经开始变深,成了浅棕色。)我们当然保持着自己的民族自豪感,就像犹太职业运动员卡尔·亚伯拉

① Duke Snider,美国棒球运动员。——编者注

② the Lone Ranger,《独行侠》最早是一出电台节目,诞生于20世纪30年代,后被改编为电影、电视、小说等。主人公是一名戴着面具的游侠(类似于佐罗),在美国西部旷野惩恶扬善。——编者注

③ 里德(Red)在英文中是“红色”之意。

罕(Cal Abrams)和桑迪·科法克斯(Sandy Koufax)的相片印在棒球彩票卡片上那样。波洛公园区长久不衰的民族荣耀感是通过交换带有明星运动员的卡片来反映的。和过去不一样,哈西德派的犹太孩子现在喜欢收集带有著名宗教领袖相片的卡片,如波波夫(Bobover)和萨特马尔拉比(Satmar rabbis)。

我们看重身体的强健,尤其是在外面打架的本事。我们每天都在外面打架,这也是一个新搬来的孩子所面临的第一场考验。规矩人人皆知——可以动拳脚,但不许揪头发、抠眼珠,不许按住头往水泥地上撞。绝不允许动家伙——小刀、皮带、刀片都不准用,虽说身上可以携带这些东西。"以防万一"!这句话意思是防备从高架铁路那一边入侵的意大利裔孩子,他们有时入侵我们这个居民区,或者我们与他们在纽乌特里希大道著名的"罗马"与"耶路撒冷"交界处,即下曼哈顿第四十六电影院门口遭遇。

不同宗教出身的孩子打起架来比起同种同源的孩子冲突要更加凶恶激烈。有时真是伤得不轻,虽说没有超过挨几刀,打掉几颗牙和脑震荡的程度。这种民族出身之争不常发生,但我们总是严阵以待,随身佩备防身的铜头皮带,钱包里藏着锋利的刀片。这些放在盒子里的刀片跟我们随身带着的避孕套一样不常用,只是"以防万一"。

我们都参加了一个所谓的"社会体育俱乐部",也就是团伙的委婉说法。我加入的是"谢尔兹分部",穿黄绿色和黑色相间的夹克作为会服。可这身打扮立即被犹太学校禁止,这是我生来第一次尝到检查制度的厉害。可是我们也有办法对付学校的禁令,把衣服藏在离学校不远的成员家地下室里,下课后就换上。

在波洛公园区,你总是很清楚这个区的居民对你的看法怎么样。对我的看法是中不溜儿,不好不赖。我体育不错,虽算不上出类拔萃,但在同辈男孩之中,因为打群架力大无比,吵架伶嘴利舌而小有名气。可是我糟透了的学习成绩,没法再坏的品行使我成了家长心目中人所不齿的无赖,我被好几个人家拒之门外,生怕他们的孩子被我带坏(我最近心中窃喜,因为我为一个因受贿受到起诉的亲戚辩护,获得了胜诉;他妈妈过去曾不准我上门),因为我看起来将来当不了医生或工程师之类,这个居民区的父母都对他们的女儿说,这男孩无前途可言。

从犹太学校毕业后,我进叶史瓦大学(Yeshiva University)附属中学,离埃贝茨球场(Ebbets Field)只有三个街区之遥,那里是当地英雄布鲁克林道奇队(Brooklyn Dodgers)的家。

我中学教育主要是这么度过的:我常常偷偷地去道奇斯球场参加校队最后几场篮球赛,当然我经常坐冷板凳,时不常地竞选班里的职务或学生会的位置。我唯一与学习有关的兴趣是辩论会,因为它似乎是上街打群架的一种动口不动手的变种。我参加标准测验的成绩总是很好,可老师总觉得我会作弊。在一次全纽约州历史统一考试中我得了高分,老师把我叫去作了一次严肃的谈话。谈话中他告诫我,说我是个"75 分学生",以前一直是个"75 分学生",以后也永远是个"75 分学生"。他建议我考虑当个体力劳动者。

我整个中学时期劣性不改。有一次老师因为我“无礼”把我赶出教室。我和同学杰克·格林菲尔德爬上房顶,用我的皮夹克、长裤和帽子做了个鼓鼓囊囊的假人,我抓着假人爬到屋檐边上,杰克下楼到教室去,大声喊道:“艾伦要跳楼了”。那个老师跑到窗口向外张望,我顺势把假人一松,假人就在老师眼前落下去,吓得他双眼呆直后悔不迭。杰克唯恐天下不乱,在一边嚷着:“他跳楼了! 他真的跳楼了!”

另一回,坐在我旁边的一个孩子从我装运动服的口袋里拿出一个护膝偷偷扔到拉比身上。拉比从这东西上面看到使我祸从天降的名字——我母亲在我所有的衣物上都绣了名字,不管是手绢还是垒球手套——一气之下把我赶出教室。我的朋友杰克在推波助澜上从不失时机,他提醒拉比说,我有“一帮派”。我在街上看到两个醉鬼正沿着贝特福德大道走过来,就对他们说,如果他们到教室里去,只要说“德肖维茨叫我们来的”,就能免费喝啤酒。当他们走进教室说了我告诉他们的话,杰克立即大叫“他们是德肖维茨手下的,我认识!”拉比吓得连滚带爬地从门口逃走。我为此受到停课几周的处分,在图书馆罚坐,只能看过期的《生活》杂志,除了我痛心疾首的父母以外这对参与其事的所有人来说都适得其所。

后来我中学毕业时成绩平平,但有一个“能说会道的聪明家伙”的名气。毕业纪念册的第一版谈到我时在这点上很恰如其分,说我“口齿伶俐如韦伯斯特(Webster),头脑机智如克莱(Clay)。”可我母亲叫他们把这段话修改了。因为我这人油嘴滑舌,校长建议把这段话改为“随机应变,不费心思,会出点子”。校长建议我做律师,如果我能从法学院毕业的话。

母亲为我填了一份布鲁克林学院入学申请书,通过入学考试以后,我就录取成为一名本科生。这时候我学习的兴趣顿时焕发出来,我很快成了一名好学生——我的动力是好好干,争取考上美国一流的法学院。

即使那些年,我学习成绩不佳而有辱门风,家里依然是充满温馨爱心的。而谢尔顿·西格尔就没有这么幸运了。他母亲在他 17 岁那年去世,一年半后父亲续弦再娶,谢尔顿与后母一直无法相安共处。他们的关系成了这个街道居民议论的话题。后母喋喋不休地詈斥谢尔顿幼稚无知,不负责任,不思自食其力。家里的紧张气氛愈来愈明显,谢尔顿也愈加倾心于汽车和机械维修,以此逃避家中的不和。孤苦伶仃的谢尔顿不善体育活动,朋友很少,和他在一起,人们总是感到拘谨局促。

有一年夏天,在纽约州北部度犹太夏令营时,我弟弟曾当过谢尔顿的营队辅导员。在他记忆中谢尔顿是个性情阴郁乖戾、工于心计的孤独的家伙,常常把在科学上的才智用到恶作剧上去。有一次他把自己的麦克风连到营地的通信系统上,播讲假消息,把参加夏令营的人搅得心烦意乱。

念完中学后,谢尔顿接着去上纽约市立学院在曼哈顿分部的课程。他的寒窗生涯波折起伏,分别在纽约市社区学院、南加州大学以及纽约市立学院上区分部读了一段时间。他终于在1971年毕业,获得一个建筑专业学位。我还听说谢尔顿参加了犹太人保卫同盟,可我不明白他为什么要参加,因为以我跟他的来往,未见他热心过同盟的事,也从未表示过献身犹太人事业的心迹。

可扔炸弹和谋杀这些罪名却不适合他。我可以肯定,如果谢尔顿是个杀人犯,那是绝对不会瞒过波洛公园那么多家庭众多锐耳利目的。在这个居民区,在壁橱里是藏不住骷髅的,因为壁橱里大多没有门。在这样一个有统一领导,居住条件拥挤不堪,家家沾亲带故的地区,隐私的概念当时尚不为人熟知。这里每个人都通过家庭纽带或亲戚关系互相认识。尽管我离开波洛公园已有20年了,人们仍然知道我是"哈利和克莱尔[①]的老大"。我最近听说有个人在谈到我时说,"你知道,那个过去惹是生非的小东西,现在是专给惹是生非的人打官司的律师。"

4."犹太人人手一枪"

我离开波洛公园去耶鲁大学法学院读书几年以后,麦尔·卡哈尼拉比创建了犹太人保卫同盟。它最初是为了帮助犹太老人防止其他民族出身的流氓袭击的一个小小的自卫组织。这组织成员越来越多,也逐渐成为主张使用武力的团体。

刚开始,它只是关心当地的事情。在有民族纠纷的学校里,它支持犹太裔教师;它在曼哈顿最有影响的以马内利会堂门口设置障碍,以防黑人激进分子詹姆斯·福尔曼来要钱;它抗议袒护罪犯的行为;该组织中的年轻人有一次把几个美国纳粹分子臭揍一顿,这几个人扛着牌子,上面写着"把犹太人送进毒气室"。

刚开始,比方说在抗议美国职业球类竞赛联盟招收队员的方式时,他们的活动还充满幽默感。他们在球场设置纠集线,要求"种族主义、帝国主义的'大纽约'棒球队按犹太人口在纽约的比例招募犹太裔队员",以反映犹太人口在纽约地区比例中的地位。

可是,一旦同盟把眼光转到更重要的目标上去时,开个地方性的小玩笑就会转为对国际恐怖活动的关心:苏联对犹太宗教信仰的压制,对犹太人移民以色列的压制;阿拉伯国家和组织与以色列的战争。同盟储存的枪支弹药快速地增长,由对讲机和纠察标语牌变成步枪和炸弹。为了永不忘记灭绝犹太人的大屠杀,同盟用"不许再犯"这句箴言作为口号。同盟到处张贴小标签,口号是"犹太人人手一枪"。

虽说卡哈尼拉比和同盟已经吸引了不少注意力,但它还没有得到犹太人社团任何一个重要派系的支持。它确实感召了许多犹太青年的理想,特别是布鲁克林和皇后区中下层出身的犹太青年。这些孩子,有些我看见时只有13岁,他们把精通步枪使用手册和犹太教法典看成是犹太教勇士行为,受这种浪漫想法的激励,他们组成了一只忠心耿耿、纪律严明的同盟成员小部队。他们在离格罗辛基不远的卡兹基尔山里一个夏令营地进行半军事化训

---

① 作者父母的名字。——编者注

练。那些更强壮粗野的孩子们则变成一群吵吵闹闹清路开道的保镖,他们恰如其分地把自己形容为“野兽”分队,而那些有点喜欢搞试验的人则组成一只军械分队,专事制造炸弹和武器。有些人成了神枪手。

谢尔顿·西格尔是由朋友介绍,在1969年庆祝犹太宗教节日庆法节①期间加入同盟的。庆法节是世界范围的犹太节日,所有的犹太人都上街跳舞狂欢。那一年庆祝时,波洛公园区边缘一座犹太教堂门口的人受到邻近地区流氓的袭击,消息传来时,同盟立即组织一些青年去援救;西格尔的一个朋友也接到通知,他就随那个朋友一同前往。西格尔亲眼看到那些手无寸铁的弱者——大部分是犹太老人被打得头破血流,就下决心参加同盟。其他年轻人参加同盟都有类似原因。正像一个年轻人所说,“以前犹太人挨打,得把另一边脸转过去让他再打,现在我们说,你揍犹太人,你也得让他揍你”。

我每次回波洛公园探家时,同盟使用暴力的“问题”经常是讨论话题,所有人都对卡哈尼和他对犹太青年的影响反应强烈——有人赞扬,有人鄙视。但即便是在诋毁他们的人中间,我也隐约感到一丝豪情。

1970年竞选州长期间,有一次,在波洛公园区街头集会上,我向群众介绍民主党副州长竞选人巴西尔·帕特森。帕特森是个黑人,他被一群手执种族主义标语牌的犹太人保卫同盟成员团团围住,起哄吵嚷,不让他讲话。我感到痛心疾首,怒不可遏。集会结束时,我留下来想给这些年轻人讲讲什么是种族主义,什么是恭谦礼让。可他们不想听,他们开始推推搡搡,后果只得召来警察护送我离开。

由于同盟变得越来越好斗,它开始损害美苏关系。有人指控同盟成员向苏联办事机构甩炸弹,朝苏联外交人员住所打枪……一场惨剧看起来不可避免了。

然而,没有人能想到,同盟造成的第一个死亡竟是一个文弱无辜的犹太姑娘,她死前连谁是她的谋杀者,究竟为什么要杀害她都不知道。

和谢尔顿·西格尔在1972年6月16日一起被捕并认定“致使艾丽丝·康妮斯死亡”有罪的两个人,是他的长期的亲密战友:斯图尔特·科恩及谢尔顿·戴维斯。

斯图尔特·科恩第一次遇见卡哈尼拉比是在皇后区犹太中学上犹太哲学课时。科恩很快就成了卡哈尼的信徒。科恩虽然个头小寡言少语,却是卡兹基尔山夏令训练营地的分队领导,卡哈尼拉比思想的代言人,是同盟的核心人物。

谢尔顿·戴维斯带着另外一种背景参加同盟。在遇见卡哈尼之前,他是个面面俱到,唯独对犹太传统缺乏热情的人。在皇后区牙买加中学就读时他是个出类拔萃的学生,理科极出色,曾经考虑过从军,但卡哈尼见到他后,劝他把自己的科学才能奉献给犹太人保卫同盟的事业。

---

① Simchath Torah,在Tishri(即犹太历法第一个月的第23天)庆祝一年一度的犹太历法循环(Torah Cycle)的结束,及新的循环的开始。——译者注

根据认定三个被告有罪的法律，对他们的最高处罚可以是死刑。这几个年轻的犹太教狂热分子就成了自1953年卢森堡夫妇因间谍罪被送上电椅处死以来，第一批面临电刑处死的联邦重大罪犯。[①]

5."你是自己人"

我的老邻居马蒂·埃利法特在电话里向我勾画了一番这个案子，又回到他起初提的问题：你愿意在这场谋杀案中给谢尔顿·西格尔担任辩护律师吗？

那时，我尚未实际接受委托为他人辩护过。我从法学院毕业后，直接到几个不同级别的法院给法官当助手，然后径直去哈佛大学法学院任教。虽说我曾给几个案子提供过咨询，并且为几个案子上诉，但这些工作与现在这个案子迥然不同——我要为我本人认识的一个杀人嫌疑犯承担辩护责任。

可我怎么能承担这么复杂的谋杀案来作为我第一场实际辩护呢？可话又说回来，我又怎么能拒绝我自小熟视的人的请求呢？我为什么要为同盟的一伙几年前曾经给我颜色看的流氓无赖辩护？可犹太流氓就没有权利请律师吗？那好，他们难道不可以另请一位更有经验的律师吗？这件案子听起来更像是一桩直截了当的谋杀控诉，而不是有关民权的案子。可埃利法特又谈到窃听、非法搜查、恐吓搅扰及其他民权问题。我怎么能回绝这样一个把课堂理论付诸实践的好机会，放弃一场激动人心的实践呢？

我在反复思考这些问题，仿佛听到自己在回答马蒂·埃利法特的要求。不，我不能真的为谢尔顿·西格尔辩护，因为这一年我的教学任务使我不能按时从剑桥到纽约来出庭。可我不妨帮他们找一个好的纽约律师，我自己则在宪法问题上充当他们的顾问。

我安排了从怀俄明去纽约的旅行日程，开始物色一位受理西格尔委托的律师。我认识不少对民权问题很有经验的律师，他们愿意给各种各样激进的暴力行动参加者辩护，同时声明并不同情他们的方式，我觉得给西格尔这样的犹太反动分子、一个面对谋杀指控的人找个有经验的律师并非难事。

可我的劝说总是被拒绝："为什么我要为这些混蛋辩护？我根本不同意他们的策略。"我提醒他们，尽管不同意左派革命者的观点，他们还是乐于为黑豹党、气象员派地下武装成员和学生争取民主社会组织(SDS)辩护呢？这些律师很快就会找出区别对待的理由。有些犹太律师声称，如果他们受理或帮助黑豹党成员的辩护，没有人能够指责他们怀有个人目的；可犹太律师受理犹太人组织的委托，就有可能被人看作政治交易。有些民权鼓吹者否认该案牵涉到民权问题，当我施加压力时，他们承认，接受左派被告委托比接受右派被告委托在民权问题上更有作为。

---

① 该案之所以在联邦法院而不是在纽约州地方法院审理，是因为制定了新的联邦法令，该法令授权联邦当局司法管辖权涵盖在建筑物中使用爆炸物的犯罪行为，这行为会"影响州际和对外贸易"。

到后来很明显我已无法完成为西格尔找一位纽约好律师的承诺。我便向埃利法特建议，要求法院指定一位律师或要求公共服务事务部门提供一位免费律师服务。他回答说，同盟不信任外来者，决不会接受一位拿政府钱的律师。他们相信我，是因为我是“自己人”。波洛公园的“出身”就足以保证我不会像其他律师可能的那样，关键时候给他们来一下子。

所以，又经过一番斟酌考虑，我决定参与此案，做谢尔顿·西格尔的律师。这个决定，现在在我看来似乎是在各种因素交织的情况下作出的，负罪感，自我形象，兴奋冲动，对民权的责任感，宗教虔诚精神，地区观念，以及或许是一种潜在的光宗耀祖的意识在作怪。我当时没有意料到这个决定会改变我的一生，它使我受到开除律师资格和人身伤害的威胁，它使许多朋友和家庭成员与我不和。它把我的法律生涯推上一条完全意想不到的新方向。

6. 法学院里学不到的东西

决定做出以后，我对如何着手准备一无所知，法学院不教这些东西（现在开始教了）。我找到哈维·西尔沃格雷特，我以前的学生，在波士顿已经当了 4 年刑事诉讼辩护律师，向他求教。他主张我不要试图单枪匹马地去处理这类案子，他小心翼翼地提醒我，我只知道联邦法院的地点，但对如何准备必要的审前动议毫无经验，对如何按法庭程序行事也没有实际经验。他建议我们两人调个位置：在这个案子中他充当老师的角色。我很愿意当学生，两人便开始具体着手办理审前预备工作。

1972 年夏，我们与西格尔，其他两个共同被告，以及他们的律师会见了几次，想制定出一个辩护策略。这些被告向我保证，他们是无辜的，炸弹事件是另外一个好斗的犹太组织“贝塔尔”（其英雄是当时以色列议会少数派领袖莫纳罕·贝京（Menachem Begin）所为。

我们对此有疑问。尽管美国宪法的雄辩精神认为在证明有罪之前必须推定无罪，精明的被告辩护律师总是先假定委托人有罪，至少以此为基础展开工作。我假定同盟成员的被告们犯有被指控的罪行，按照这种情况开始准备。

经过一个夏天的准备，我们在 9 月 8 日参加了第一场庭审，提出动议并就动议进行辩论。根据抽签指定担任该案法官的是阿诺德·鲍曼法官，他是新近由尼克松总统任命担任联邦地区法院法官的。

鲍曼 58 岁，他在就任联邦法官之前，时而在政府部门，时而私人执业。他开始从事法律工作时正是大萧条快结束时。他在托马斯·杜威手下的纽约联邦地区检察官办公室调查有组织的犯罪活动。第二次世界大战期间，他被征召加入海军，一直升到海军少校。此后他身上一直带着一种有时显得过分的军人气息，这种神气因为他长得极像乔治·斯科特①（特别

① George C. Scott，20 世纪后半叶著名演员，其最经典角色当属 1970 年在电影《巴顿将军》中扮演巴顿将军。——编者注

是因为他演了巴顿将军)而加强。从海军退役后,他先私人开业几年,然后又重新当上了检察官,这回当上了美国司法部刑事局的负责人。过了几年,他又重新私人执业,专门为白领阶层刑事犯罪被告辩护,成了这方面的专家。

作为法官,他精明能干,专横霸道,生硬死板,享有一个“检察官面孔”的名声。他不断提醒被告辩护律师,他在美国司法部工作时受到同僚和后来继任的人“多大的尊重”。鲍曼要求人们,有时命令人们对他作出明白无误的敬重表情,他对我们说,这绝不是对他个人,而是对他所体现的部门而言。确实,他总是把自己说成是“本庭”,仿佛念念有词地变成一座披着庄严法官黑袍的巨大建筑。他常常吹嘘:“本庭的裁决从未被联邦上诉法院推翻过。”

约9点三刻时分,律师们零零散散地来到法院出席定于10点整开庭的审判。10点零3分,鲍曼法官坐到高高的法官席上。他用对小学生讲话的口气说道:“先生们,本院定于10点开庭,就不在10点一刻开始。本人要求诉讼双方听明白,从现在开始到本案结束,不管什么案子都须照此办理。”

随后开始介绍当事人律师。斯图尔特·科恩的首席律师巴里·伊凡·斯洛特尼克是当地一位久经沙场的刑事诉讼辩护律师,他代理过的人包括乔·科隆博,乔是犯罪组织老大,在一次美国意大利裔民权联盟集会上被枪杀。斯洛特尼克圆滑巧妙,讲话很快,穿着一套华丽的西装,可他并不是一个玩嘴皮子的人。他有能力,工作努力,是一个出色的辩护律师。华丽花哨的外表被他用来加强,而不是代替他丰富的法律才干。

给谢尔顿·戴维斯辩护的是伯特·茨维本,他是犹太人保卫同盟的创始人之一,卡哈尼拉比亲手选定的接班人。作为律师,他的专长是房地产管理。茨维本在同盟的作用给他提供了刑事诉讼被告辩护“在职培训”的机会;他参加了几乎所有对同盟提起的诉讼,不是以律师的身份,就是作为被告参加。政府公诉方面对茨维本作为一个被告的律师参与本案十分不快,因为政府把他看作此案犯罪的一个共谋。可茨维本仍然坚持出庭担任律师。

首席公诉人是亨利·普泽尔三世,一个机智聪明的联邦检察官,他父亲曾担任联邦最高法院判决记录发布官。人们叫他“皮特”,他长得圆滚滚的,性情温和,与传统呆板的检察官模样并不相符。

他的助手是约瑟夫·贾菲,跟他看起来却截然相反,恰似一个人们心目中的检察官:他大高个,黑脸膛,有胆识,总是脾气大,沉默不言,满脸狐疑。他总是看事物的阴暗面,总是用什么事情来威胁什么人(他后来当选为沙利文县地方检察官,辖区包括我和西格尔十几岁的时候干过活的波许贝尔特旅馆)。

鲍曼法官,所有的被告、被告辩护律师和公诉人都是犹太人。许多观察家立刻把此案与卢森堡夫妇案进行对比。那桩案子所有的当事人也都是犹太人。在人们得知将要复核此案的联邦上诉法院法官正是裁决卢森堡夫妇死刑的那位法官之后,这些相似之处就更显得惊人。

介绍完毕,鲍曼法官明白无误地说,此案是他 36 年司法生涯中遇到的最重大案件,他将把此案当作可判死刑的严重案子来对待,虽说他对死刑是否能够实际执行尚有疑问。〔几个月前,联邦最高法院已就“福尔曼诉佐治亚州”一案(Furman v. Georgia)作出裁决,认为大部分州处死刑的法规都有可能是违宪的。〕

在听审过程中,我提出动议,这动议后来看起来有点难堪。我提出一种假说:政府可能派人打入犹太人保卫同盟,由此刺探出关于胡鲁克和哥伦比亚艺术公司炸弹爆炸罪行的线索。这是一场秘密行动,而政府不愿出头。我争辩道,如果政府派了一个密探打入同盟,他可能已探听到同盟成员的律师如何给他们辩护的秘密谈话,知道使用的法律策略是什么,或许我的怀疑就是从检察官回答的闪烁其词中引出的,他回答说“我们知道有这方面的判例法……被告会在适当的时候得到补偿。”可实际情况是,这些暧昧不清的话那时尚不足以引起人们的怀疑,里面的暗示并未被注意到。

接下来几个星期是艰难的调查。我开始阅读关于炸弹和军需品的材料,了解把硝酸钾与糖混合起来的反应和功效(在胡鲁克办公室爆炸现场发现了这种线索)。我请教了军火专家,试图证明燃烧弹装置并不具有法律规定的“爆炸物”的性能特点。

7. 搜寻告密者

在这几个星期里,我越来越怀疑同盟里有告密者或化名打入的奸细。政府会在组织里安插“鼹鼠”(长期卧底),这是对付颠覆性组织的一般做法。可犹太人保卫同盟不是那么容易渗透,它组织严密,非犹太人不得加入;它敌视外族人,成员都是从狭小的几个居民区招募来的。同盟以前曾挫败过政府安插一个犹太裔便衣警察加入该组织的企图。同盟成员几乎一眼就看出“里奇·罗森塔尔”的面目,立即揭发他是个警官。里奇身上有明显的纹身,传统的犹太人不会在身上刺青,这证明他绝不是来自波洛公园区。其他的计谋也失败了,主要是因为在警察系统和联邦调查局基层组织中缺乏犹太裔人。

政府在这几个星期中的表现也令我深信确实有告密者。尽管政府承认自己既没有证人,也没有指纹证据,可是它却信心十足,信心足得可疑。

突然,一个深藏在脑海中的想法冒了出来。是否有可能被告里面出了告密者?这恰好解释了政府为什么没有试图和任何一位被告达成一项庭外认罪协议。是否有可能他们根本不需要协议,因为被告之一自己本人早就成了告密者?

这想法一开始显得十分荒谬。三位被告多年献身同盟的事业,没有一个人当过警官,这点我们很清楚。三个人从小互相认识,互相信任,敢以生命相托。更重要的是,波洛公园的纪律——我很清楚这条纪律——叛徒和告密者比任何罪犯都罪大恶极。确实,在东正犹太教徒每天诵咏三遍的十八篇祈祷文中,就有一篇讲到告密者今世或来世都不能洗刷赎补自己的罪孽。

我重新研究所有的资料。三个人当中哪个人最可疑?我开始到处打探,并了解过去那些被挫败的渗透计划。我仔细研究旧的州政府和联邦政府检察方面的起诉书。我了解到，眼下的被告中有个人在好几份起诉书中都有他的名字。我尽可能地打听这些案子的细节：证据的性质；罪行是如何被警察得知的；案子最终是如何了结的。我发现，起诉书中出现的那个人与我的“怀疑对象”有许多共同点：每次都牵涉到一个案件，在没有明显线索、提示或证人的情况下神秘地被警察破了案。每一个案子都可能是隐藏的告密者协助侦破的。在我这些业余的侦探活动完成之后，我准备测验一下我的预感是否准确。

在犹太历住棚节[①]前夜，我在剑桥家中拿起电话，开始打我司法生涯中最痛心疾首的一个电话。

“我已经得出结论，你就是那个告密者”，我告诉在电话机那边的人。他的反应最初是沉默，然后是啜泣声，然后又是更长时间的沉默。

“感谢上帝，你终于知道了。”谢尔顿·西格尔终于喃喃说道，“我早就想告诉你了，可我知道你会恨我，抛弃我。请帮助我从这个困境里解脱吧！”

我最初的反应是怒不可遏。他想得一点也没错！我真恨死他了，我恨不得抛弃他，从这个案子上脱身，让他自作自受。到头来，我同意做他的律师，我接受他的案子，是为了保护一个“爱国者”，一个波洛公园老乡，一个从小一块长大的人，而不是保护告密者。我怎么能再信任西格尔。几个月来，他一直在欺骗我和我的同事们，使我们误认为他是一个谋杀嫌疑犯，实际上他正在为另一方效力，大概早已把我们讨论的策略完整不漏地汇报给检察方面去了。我匆匆地追忆，自己是否对他说过什么我不想让政府知道的话。我想到好几个月的时间都白费了，这些时间都分文未取，我白白地花费时间精力去为他的谋杀罪辩护，实际上他从一开始就清楚，不会对他起诉。（我当时有一种自私的想法：如果他一直在付我律师费的话，他或许会早一些告诉我，这样他就可以给自己节省不必要的花费。）

我在话筒里朝西格尔吼道：“你他妈的为什么不早告诉我，你自己的律师？！”

他细声细气地回答道：“因为你会告诉其他同盟律师这件事。”

我虽暴怒不已，仍能平心静气地想想他的话，因为我是通过马蒂·埃利法特——同盟的一位律师介绍参与此案的，西格尔没有理由认为我跟别人有何不同。我明白无误地告诉他，如果我接受一个客户的委托，我就只对这个人负责。除非他要求我这样做，我是不会把秘密告诉其他律师的。

我问谢尔顿，他为政府工作已经有多久了。“根本不是那么回事”，他说，“我没有为他们工作。他们强迫我向他们提供情报。他们威胁说要杀了我，如果我不这么干的话。他们还答应我，永远不会让我出庭证明我的朋友有罪。可现在他们要我出庭，指证科恩和戴维斯在胡鲁克案中有罪。我不想干，他们能强迫我吗？我怎么办才好呢？”

---

① 住棚节（Sukkot），犹太节日，意为 Feast of Tabbernacles，即“临时遮身之所的盛宴”，庆祝秋收，纪念犹太人出埃及时困在沙漠中的历史。——译者注

我还是想甩掉他。可我同意亲自见他一面,再做最后决断,也好给他陈述前因后果的机会。我们约好第二天在布鲁克林见面。

几分钟后,我给哈维·西尔沃格雷特打电话,告诉他我刚才听到的事情。哈维听后目瞪口呆,但仍很强硬:“我们得退出这个案子。我可不为政府干活。我也不给告密者当律师。让政府给他指派一个律师吧,他是他们的人。”

我向哈维解释,这里面牵涉到的法律问题比表面上看起来复杂得多,西格尔声称他是被逼迫当告密者的,这样他的权利就可能受到侵犯。哈维不为所动:“每个告密的家伙都有借口”,他说,“可我没有义务来帮助政府解脱困境。”

后来,哈维勉勉强强地同意,只要我愿意做的事,他就同我一起去做,但是,如果西格尔为政府出庭作证,他就不参与此案。我们俩人同意,为了不影响西格尔,先不告诉他哈维的态度。我也下了决心,不管西格尔是否决定为政府作证,都不会是我决定是否继续做他律师所考虑的因素。

在飞往纽约途中,我回想起我在为此案准备时去看我弟弟内森——一个老练的刑事被告辩护律师。我们谈到这里面可能有告密者,我弟弟开玩笑说:“你怎么敢说,他不是你的委托人呢?”我当时用一种大哥哥的口气对他说,你这是胡说八道。他提醒我,他比我更了解西格尔,因为他在夏令营作过他的辅导员。“那小子心事重重,他总是鬼鬼祟祟,他是个孤僻的人。只要有一个人对他好,他就一辈子忠于他。你对他小心着点儿。”我忙于查找告密者,早已把这段话忘了。我真想给弟弟打个电话,赞扬他的先见之明。可我觉得,即使对亲弟弟也不能透露西格尔的秘密。

我还带点儿狼狈样地想到,我在鲍曼法官那儿吵吵闹闹地提出动议,声称我的委托人的权利受到告密者的侵犯。我坐在东方巴士上,寻思着鲍曼法官是否已经意识到我提出动议时的尴尬处境。

和西尔沃格雷特到纽约以后,我们在布鲁克林的一家小犹太自助餐厅与西格尔见了面。我们告诉他,这是他最后的机会。他得告诉我们全部事实。如果再骗我们,或是跟我们绕圈子,我们就完了,我们得了解全部情况。

8. 西格尔的故事

谢尔顿告诉我们,1969 年他参加同盟以后,他开始经常出没于同盟在波洛公园区的总部,那地方既是办事地方,又是社交场所。因为谢尔顿对电子很在行,他被分派到军火分队。他会制造各种各样的炸弹——烟雾弹、燃烧弹,还有炸弹,他赢得了同辈的尊敬。他交了不少朋友,第一次尝到受推崇的滋味。

崇拜他的人中有一个漂亮的姑娘。托娃·凯斯勒长着一头金色卷发和淡蓝色的眼睛,她全家,父母、兄弟都是同盟的坚定分子。柔情蜜意开始在他们之间萌发。在凯斯勒一家坚定的战斗精神影响下,谢尔顿越来越多地参与同盟的计划和行动。

谢尔顿第一次主要行动在1971年4月有了结果。下午5点30分，曼哈顿一座大楼的负责工程师接到一个电话，声称这座大楼立刻就会有炸弹爆炸。这座大楼里驻有苏联外贸机构。打电话的人用犹太人保卫同盟的箴言结束："不许再犯"。几分钟后，这座大楼里的人就撤空了，整个街区也被警戒起来，几十名警察赶到现场，其中包括纽约警察局的侦讯处长阿尔伯特·西德曼及其他几个高级官员。一枚炸弹爆炸了，另一枚在起爆前几秒钟被起出并拆除了引信，否则这枚炸弹就可能把离它不远的侦讯处长、情报处长和警察督导都炸死。这些九死一生的警官们得到一个重要的报偿——头一回找到一颗没有爆炸的犹太人保卫同盟制造的炸弹。它是由几管杜邦公司出的红色炸药管组成，接在一只售价89美分的"联合碳化物公司"制造的1.3伏电池上，再连在一只"麦克隆塔"牌厨房用计时器上。

有了这个宝贵的调查依据，警察开始去找寻制造炸弹的人，从侦察爆炸纵火分队的侦探中挑选出一组人马来专门查找这颗炸弹的部件。这个小分队的领导人叫桑托·帕罗拉，他是一个反爆炸专家。除了对付炸弹很有经验之外，他还有完成这个任务的另外一个重要素质——他是防爆分队侦探里唯一在波洛公园区土生土长的人，他熟悉那些参加同盟的犹太孩子。

帕罗拉在波洛公园区靠近第六十街和十一大道处的意大利裔人聚居区出生长大。他只比我大几岁。他父亲从意大利移民到宾夕法尼亚州，后来搬到波洛公园区，在一家鞋店当伙计。跟西格尔和我本人一样，桑托也是惹是生非之辈，他是个臭名远扬的打群架的孩子，桑托，大家都管他叫"山姆"——讨厌学校，既不喜欢专门职业中学，也不喜欢他父亲逼他去的当地学校。可他在孩子中间是个人物，尤其擅长波洛公园一带街道上的游戏比赛。"我是两个阴沟盖子"，他有一回在开庭休息时向我炫耀。我告诉他，他太令我佩服了，我自己从来没超出一个半盖子。西尔沃格雷特一点儿也听不懂我们谈的是什么，他在新泽西出生长大，他问我，"两个盖子"的人是不是指小偷？

虽说山姆在边界线"罗马"一侧长大，但他在他所谓的"犹太街"一边有不少朋友。"他们是些聪明家伙，上大学的料儿，可他们中间也有希望成为'硬汉子'或'金刚钻'的，所以愿意跟我们混在一起，穿着带铜钉的裤子，袖子卷起来，掖上一包香烟，腰上扎着宽皮带。犹太孩子交上意大利朋友就好像显得硬气一点。反过来说也是如此——如果意大利孩子交上犹太朋友，他就显得聪明一些。"山姆了解这个共生关系，这种了解是他用来对付西格尔和我的重要武器。

从学校毕业后，帕罗拉参了军，当上了工程作战人员。后来他干的是排雷和电子侦讯等工作。可他最热衷的是当警察，在25岁时终于满足了心愿。他很快就升为侦探——27岁时他就成了众人交口称颂的出色侦探。到他35岁那年，他参与过在纽约发生的所有炸弹爆炸事件破案工作，他破案率极高。

现在，他的任务就是查出购买过在苏联外贸使团驻地起获的那颗炸弹的部件的人。因为炸药和电池是极普通的物品，他的注意力放在那只"麦克隆塔"计时器上。这种货只有

"无线电器材公司",一家电子器件连锁商店才有货。帕罗拉翻查一摞摞近期的销售收据,从中发现有一张 1971 年 4 月 10 日——正是爆炸事件前几天的发票,发票里卖出去的是两只"麦克隆塔"计时器和一卷铜丝。这笔买卖是"无线电器材公司"在波洛公园区的分销店成交的,它就坐落在犹太人保卫同盟总部不远处。买东西的人留下的名字是"费尔德曼",地址是"第八街 6136 号"。帕罗拉寻访了这个地址,发现并无此人。他又回到"无线电器材公司"的商店,递给商店经理(一个跟警察局关系不错的人)一张名片,叫他注意盯着"费尔德曼"点儿。

几星期后,那个经理兴奋不已地打电话来:"费尔德曼"刚刚到店里来了,买了一些铜丝、电池和电线。经理记下了他的车牌号码。很快就查出,那辆黄色"沃尔沃"车的主人是欧文·西格尔。

谢尔顿开始注意到,他时刻地被两个开一辆破旧不堪的"旁蒂克"老爷车的便衣跟踪着。他的对策是采取主动进攻。他开始给跟踪他的人照相。有一次,他向当地警察派出所递交了一份正式的控告书,汇报两个身份不明的人跟踪他的事件。另一回,他拦住一辆警车,报告警察他被两个流氓盯梢。穿制服的警察把"旁蒂克"拦住,要求穿便衣的帕罗拉出示证件,使西格尔十分解气。

1971 年 6 月 4 日,正是西格尔从纽约市立学院毕业的那天早晨,他和同盟的另一个成员艾泽·丹齐格开着那辆黄色"沃尔沃"出去。他们被一个叫杰罗米·霍华德的密探盯着。情景正像一部基斯顿·考普斯电影中的镜头:车在红灯前一停,谢尔顿就跳下车,飞快地给盯梢的尾巴照相。在曼哈顿经过一番左拐右弯的周旋,谢尔顿把车开到中区一家停车场里,两人下了车。霍华德跟了进来,他在没有搜查证的情况下搜了"沃尔沃",发现了计时器,电线,电池和火药。西格尔和丹齐格回来时立刻被捕,罪名是"携带炸药"。那辆黄色"沃尔沃",谢尔顿的欢乐和骄傲,作为物证被扣押。

西格尔和丹齐格现在成了苏联外贸使团爆炸案中的嫌疑犯。可是警察还有更大的目标。他们想要窥探打不进去的犹太人保卫同盟核心机密,他们需要一个通气的窗口。警方指示帕罗拉用缴获的证据作为杠杆,以使两个嫌疑犯中有一个人"跳槽",为警察效劳,这样警方就可以得到他们急需的情报,了解同盟的计划。

帕罗拉从未亲身和西格尔或丹齐格会过面,他不知道该怎么下手来完成这件毫不令人羡慕的任务。为了找到最好的方法,他搜集了两个嫌疑犯出身背景和个人喜好的全部资料仔细揣摩。作为在波洛公园区长大的人,帕罗拉对西格尔和丹齐格这样的人生长的环境和周围的关系了如指掌。他知道犹太人崇尚忠诚本族的信念,鄙视告密。他了解许多犹太人因为对灭犹大屠杀无能为力而带来的负罪感,他们与苏联犹太人深沉的认同感情,以及犹太人对使用暴力的矛盾心理。

对两个嫌疑犯研究一番后,帕罗拉决定把功夫下在谢尔顿·西格尔身上。他了解到,西格尔获保释后正在卡兹基尔山一所犹太避暑旅馆里当电工,包揽杂活。(我自己在那家旅馆里也很有根底:我有两个叔叔小时候就在那儿干活儿,我自己也在那儿待了一段时间。)帕罗拉给西格尔打电话,说想谈谈他的车的事儿。西格尔因为极想把自己心爱的车要回来,答应在离旅馆几英里远的一条偏僻无人的乡村小道见面。帕罗拉在约定地点找到西格尔,开始了其后无数次秘密约会的第一次见面。

帕罗拉一开始就表示出他对苏联犹太人的同情,对"俄国佬"的憎恶。然后他问西格尔,是否听说过阿尔·西德曼。西格尔摇摇头。"哼,你小兔崽子没法不知道!"帕罗拉吼道,"他是你们自己人,你差点把他狗日的脑袋壳炸烂。"

西格尔缩着脖子,说,"我不明白你说的是什么。"

帕罗拉告诉他苏联贸易使团驻地爆炸事件,警察局侦讯处长是如何死里逃生。"这些家伙想要你的小命,你要是不说出真情,他们肯定会下手。"

西格尔不为所动。"你们这些家伙把我当成孬种啦。我可没屁对你放。"

帕罗拉转过身,打开汽车后盖。西格尔看着他从里面拿出一把铁锹,他有所准备,就问:"你用那个东西干什么,为犹太人种树?"

帕罗拉脸上没有笑容。"不,你这狗日的聪明鬼,我们要把你埋了。"他一边说,一边威吓着,把铁锹举到西格尔头上。"我们要像以前对付贩毒的家伙那样对付你。知道我们怎么把他们从街上扫荡干净吗?不是上法院,听清楚了,在哈莱姆区空地里埋着不少贩毒的家伙哩。"

西格尔吓得后退几步。"等等",他忙说,他那副傲气劲已全然消退。"我们好说好商量。"

帕罗拉告诉西格尔,政府准备就爆炸苏联外贸代表处一案判他无期徒刑,唯一可以挽救他自己的办法是向当局提供犹太人同盟未来的行动情报。他说警方对检举参与者不感兴趣,只想获得足够的预先警告来防止流血事件。帕罗拉又提到谢尔顿的弟弟,那辆藏有爆炸物品车辆登记在他名下,他也会被起诉,除非谢尔顿提供情报。帕罗拉还答应帮助西格尔把"沃尔沃"车要回来。

西格尔答应考虑考虑。帕罗拉告诉他,如果他决定合作,就用一个特别为他安装的电话号码打一个电话给他,并指示他,他的化名是"安吉洛",而帕罗拉则是"斯蒂夫·霍洛维茨。"

帕罗拉安排西格尔弄回他的车两天以后,"安吉洛"用那个专用号码打电话来了,而"斯蒂夫·霍洛维茨"拿起了电话。"有人决定在长岛格林科夫的苏联大楼里放炸弹",他对着耳机小声说道。

这句话一说完,他就挂上了电话。警方立即派出一个排爆分队,起获那颗炸弹,拆除了引信。帕罗拉心满意足,几个星期以来,他一直在窥测犹太同盟和谢尔顿·西格尔的动向,企图捕获他所谓"纯洁的金丝雀"。现在他已经得手。可喂养一只金丝雀是一桩精细的买卖。这个情报来了以后好几个星期,金丝雀都没有歌唱。西格尔觉得现在已经人货两讫,谁也不该谁了——他已经弄回他的“沃尔沃”车,作为回报,他帮助警方预防了一次大爆炸事件。他什么情也不欠帕罗拉了。

现在到了帕罗拉第二阶段任务出台的时候。西格尔必须成为一个长期的卧底,主动地提供活动分子的名字,不断汇报同盟的活动情报。帕罗拉不断提醒他,为苏联使团爆炸案件可以判他20年徒刑。“你知道,在这段时间里,你不会吃上一顿饱饭,更糟的是,你不能寻欢作乐,至少是没法跟女人睡觉了。”车中查获的炸弹部件与苏联外贸使团驻地发现的炸弹同出一处,已构成他犯罪的“技术证据”。

西格尔不知道他该怎么办,他该去向谁倾诉隐衷。他在苏联使团炸弹案中有一个律师,他是同盟的常年法律顾问,由同盟随便安排给被捕的成员进行辩护工作。西格尔不敢告诉这个律师他和帕罗拉谈话之事,唯恐同盟得知他的叛卖行为。他也不敢告诉他的女朋友托娃·凯丝勒,因为她对同盟的赤胆忠心,胜过对他的恋情。谢尔顿急迫难耐地想和托娃结婚,他知道,一旦托娃知道他是个告密者的话,会有什么结果。

帕罗拉越收紧绳扣,西格尔就越感到压力——除非西格尔提供名单,检察官将对他起诉;把他弟弟也抓进来,揭露他当奸细的面目,而且还得再没收他的车。西格尔开始动摇,他要帕罗拉保证,如果他提供朋友的名字,那么就不能让同盟知道,这是他干的。帕罗拉满足了他的要求。“我以我孩子的生命发誓”,他信誓旦旦地保证。帕罗拉甚至要了个小花招,保证他永远不能就西格尔告诉他的任何事情作证。“我们还没有宣读你的权利,不是吗?你知道米兰达警告①。如果我们没有宣读你的权利,那么我们就不能以你告诉我们的内容做证据。”

最后,在一个8月的夜晚,他们坐在停在西区高速公路下面的一辆车里,西格尔答应向帕罗拉和盘托出。他们来到一间废弃不用的警察防爆炸纵火侦察分队办公室里。在那里,西格尔紧张不安地开始讲述,他是如何制造苏联贸易代表处和格林科夫大楼用的那几颗炸弹,他供出谁参加制造炸弹,谁去安放,谁去打警告电话。

帕罗拉建议西格尔去见负责侦察起诉这两起爆炸事件的联邦检察官托马斯·帕特森,他是美国联邦纽约东区助理检察官。这些案件都是在东区审判的,包括布鲁克林和长岛,因为炸弹是在布鲁克林制造的,而格林科夫则在长岛。那次会见时西格尔没有律师陪同,帕特森向他保证,他不会因苏联外贸使团和格林科夫爆炸案而被起诉。但帕特森告诉他,他们需要先起诉他,把他与其他被告一块儿逮捕,以便遮人耳目。

西格尔要求帕特森给他文字保证。帕特森同意给西格尔写一个证明,由帕罗拉保留。

---

① “米兰达警告”(Miranda Warnings)或称“米兰达规则”(Miranda Rule),指公民被警察或执法人员拘留、审讯前有权获得适当、及时的警告,即:他有权在开庭审判前保持沉默不回答任何问题,但如果回答了,每句话都可以作为向他起诉的证据。另外,他可以要求他的律师到场,由律师回答问题。如他没有律师或请不起律师,可由政府帮他找一个。这条法律是联邦最高法院在1966年对“米兰达诉亚利桑那州”一案的裁决里作出的,它已经成了美国刑事诉讼程序中的重要组成部分。——译者注

他在一张美国司法部公用笺上潦草地划了几个字，放进一个信封，打上火漆交给帕罗拉。信的内容是：

美国司法部认为，可以给谢尔顿·西格尔先生在苏联外贸代表团驻地爆炸案和格林科夫爆炸未遂案以免诉豁免权。

西格尔在秘密的大陪审团面前作证，供认了苏联代表团和格林科夫爆炸事件中的罪行。第二天，联邦大陪审团认定西格尔和其他6位被告犯有炸弹爆炸罪。所有被告都被正式逮捕，包括“假”被告谢尔顿·西格尔在内。

认定有罪后几星期，一个狙击手用一只杀伤力强大的步枪朝曼哈顿帕克大街附近的苏联驻联合国外交使团驻地的窗户里打了4枪，差一点就打中4个正在床上睡觉的儿童。那只带有昂贵望远镜的雷明顿0.243口径来福枪，后来在街对面亨特学院楼顶的一根通风管道里被发现。枪击显然不是有意识地打偏的。这回，事先并没有警告。

美国驻苏联大使在深夜被召到克里姆林宫加以叱责。苏联驻联合国大使谴责美国政府和纽约市没有阻止“犹太复国主义流氓无赖”的滋事捣乱。与之相呼应，要求把联合国从“犹太人的”纽约市迁走的呼声也出现了。市长约翰·林赛——一个犹太人保卫同盟激烈的抨击者，受到攻击，认为他是犹太复国主义暴行的支持者。这场全面的外交危机仅仅因为那个狙击手的枪法不准而得以防止。帕罗拉接到指示，他一定得叫西格尔指认谁是狙击手，警方必须把凶手抓到，国际国内的压力都很大。

“斯蒂夫·霍洛维茨”打电话给“安吉洛”，但西格尔对此不感兴趣。带着纽约警察局局长的直接指示，帕罗拉开始威吓西格尔，开头是隐隐约约地，随后更露骨地暗示他，尽管他有那封给予豁免的信件，他仍然可能因苏联外贸代表团驻地和格林科夫炸弹案而被起诉。他还告诉谢尔顿，任何一种豁免都是根据他是否愿意在对其他被告举行的公审上作证为前提的。西格尔开始感到寒心。这么说，他必须在被起诉或被揭露他的坐探面目两者之间作出选择，帕罗拉答应过他永远不会遇到这个难题，永远也不会向他的朋友揭露他的真面目。可这种事终于发生了。他真是个傻瓜，轻信了帕罗拉，那些警察们只是拿他耍着玩，使他越陷越深，直到他除了彻底投靠警方以外别无他路。这是一场惨痛的教训，这就是政府如何用审判告密者的手段行事，特别是在为侦破重要案件除此无他的紧急时刻。

政府正在收紧陷阱，谢尔顿无路可退，除帕罗拉外，没有一个可商量的人。他产生了一个想法！他可以以命相托的只有一个东西——他对发明创造的天然缘分。他发明了一个简单而又有效的录音设备，以便在与当局谈话时进行录音。他在车座下面安装了一架售价29.95美元的“西尔斯”录音机，在油门踏板下安装了一个自动装置，可以用他的长腿自动开启关闭。用这种方法，他可以长时间地录下他和帕罗拉及帕特森的谈话内容。

9. 录音带的故事

在西格尔提到他有谈话录音带之前,我一直怀疑他讲的故事是否可信。大部分内容像是他对于自己难以启齿行为的辩解。告密者常说他们受骗、受威胁、甚至受拷打折磨,被逼与他们合作。更有甚者,我敢肯定即使西格尔未经证实的说法完全是事实,法院也不会相信,尤其是在一个警察和一个美国联邦副检察官作出相反的证词之后。所以,当西格尔对我说,他有录音带,我立即表示,我想尽快地听到录音。西格尔告诫我,这些录音带也许听不清,因为他把这些东西放在汽车后箱里已有好几个月了。我问他是否还有其他人知道这些录音带。他说没有。我要求他不要将此事告诉任何人。

谢尔顿给我拿来几卷损坏不堪、受潮发霉的盒式录音带。我们战战兢兢地在机器里放上一卷。透过混杂着噪音、喉咙里咕噜咕噜的声音和脏话,我们听到了对我们的耳朵犹如音乐般悦耳的谈话。

这些录音带,既是独一无二的收藏,又是宝贵的教学工具,现在都由我保存着。这些或许是绝无仅有用秘密手段获取的录音带,披露政府工作人员如何千方百计地诱使犹豫不决的告密者泄露真情。①

谈话开始时是关于几星期前发生的枪击苏联外交使团事件(在致命的胡鲁克爆炸事件发生 3 个月以前)。西格尔知道谈话已被录音,他说话很少。

帕罗拉:只要告诉我那个狗操的叫什么名字。他们不能把你怎么样。我不可能要你作证,我不会这么做。我想知道的只有一件事:只讲这一件事,别的都不用讲,你知不知道他是谁?

西格尔:不知道。

帕罗拉:老天爷在上,要说就说真的,要么什么都别说,我自有公论。你听见了吗?我他妈要你帮个忙,只要帮帮忙就得。我告诉你我不会伤害那家伙,我不会对参与此事的人怎么样。我可能会把他们抓起来,叫他们吓得拉裤兜子,这也就是我要做的,因为我不能把你甩出来。我只能找到那些狗日的,叫他们不好过。我会知道究竟是谁干的,我能逮着他,我会把那家伙抓起来,我要叫他知道我的厉害,但我不会讲是谁告诉我这些情况,我不能叫你出庭作证,我不可能这么干。可是我只要用你提供的情况敲打敲打这家伙,我不是说这一定是那家伙,也可能是另外什么狗日的蠢货。

西格尔:唔,唔。

帕罗拉:告诉我那个人是谁,只要告诉我,我就能回城里,嗯,那样我没准儿能升官儿

---

① 在法院放这些录音带时,法官曾说,西格尔应该教联邦调查局如何录音的秘密,因为西格尔录的音比他听过的任何联邦调查局录的带子都清楚。这个秘密后来证明一点也不稀罕,只是一架售价 29.95 美元的"西尔斯"盒式录音机。而联邦调查局使用的是价格昂贵的"凯尔"牌录音机,用电台频率传送谈话内容。

呢。……

我也可能要抓人,我也可能把他弄得屁滚尿流,可我永远也不能证明,一千年也证明不了,你应该做的是你应该帮我的,我也会承担我的义务。

西格尔:如果我要你对我承担义务,没有办法保证你能实现你的承诺,你怎么办?

帕罗拉:唔,你永远没法知道,谢尔顿,你永远没法知道。没准有一天你想要我帮忙? ……5 年以后,10 年以后,你没准极需我帮忙。你有事时,我敢担保我会帮你。只要不是杀人,要不你告诉我要杀谁,谁跟你有仇。

帕罗拉恳求帮助,谈话中充满暴力威胁的调子,可总是间接的,有时像是半开玩笑。但总是带着那种威胁的意味,就像在提醒西格尔,那把使西格尔松口的铁锹还在汽车行李厢里放着呢。

有一处,帕罗拉告诉西耶格尔他怎么对付那些跟他"玩花样"的人:

帕罗拉:……我得扒那小狗日的一层皮,得让他知道我的厉害,我可不是什么老好人山姆,我得毁了那小狗日的。……

有时这种威胁直截了当指向西格尔:

帕罗拉:……不会为这些而坐牢。如果你揭发我说过这些,我就否认,我会在晚上等着你小狗日的,我要叫你在我车轮底下打滚。

……

你要是……想坑我,小子,我就对你下手,我说到做到。如果你不帮我,你就是个废物,下回看见你非把你辗了不可……你听见我说什么啦,你小狗日的,别跟我耍花招。

可是,请求给点"面子",或是用暴力相威胁看起来都不起作用。只要西格尔还认为他是安全的,不会因两次爆炸事件而受到起诉,他就不认为他有必要牺牲他与朋友的友谊——确实,甚至还有他的身家性命,去向帕罗拉再次提供情报。因此他有必要在脑子里种下一颗疑问的种子,对给予他的豁免打个问号,对保证他有豁免的那封信表示疑问。

西格尔深感他自己需要法律咨询,他就暗示帕罗拉,他可能得去跟律师谈谈。帕罗拉竭力主张他不要找律师,说他可以提供所需要的所有咨询。以下是帕罗拉在西格尔一旦表示拒绝提供狙击手的名字时给他提供的法律咨询:

帕罗拉:你会被起诉,你成了同伙,只会使你情况更糟,因为他们会拿出证词和你当堂对证。如果你被认定有罪,你会被判无期徒刑。别以为他们不敢收回和你达成的协议。

帕罗拉还提示如果西格尔不愿意作为一个隐藏的卧底继续提供重要情报的话，他可能会被迫在审判时出庭作证：

帕罗拉：你是不是告诉那家伙，你在万不得已的情况下会出庭作证，说过没有？

西格尔：可现在情况并非如此。

帕罗拉：你以为我说服不了联邦陪审团认为你说的不是真话吗？你不信我能拧断狗日的陪审员的脖子吗？嘿嘿，如果我作证的话，我就不是坐在车里的那个人了，你心里有数。

西格尔：我也一样。

帕罗拉：我可不是逼你。

西格尔认识到他有可能在公审中被公开揭露他的真面目，他开始感到恐惧、颤栗。

西格尔：如果我出庭对法庭说，他答应给我豁免权，可他并没有真的豁免我怎么样？

帕罗拉：我可不会为任何人的好处而改变我自己的证词，只要我说真话，没有人能把你怎么样。我可不想扯谎。我知道他大概会要我做什么，可我不会这么做。

西格尔随后提醒帕罗拉那个他们以前商议好的计谋，即帕罗拉因为没有预先警告西格尔他“有权拒绝回答问题”，所以他就不能引用西格尔对他讲的内容作证：

西格尔：你告没告诉帕特森你出庭时会说，呃，没有，没有，呃，没有预先告诉我不讲话的权利？

帕罗拉：我说没说过？我当然说了。

西格尔：你已经告诉他了？

帕罗拉：我早已经把这些全告诉那一伙狗日的。我说我从来没有告诉过他他的权利。

西格尔：你告诉他们了。

帕罗拉：你看是不是？

西格尔：是，是。

帕罗拉：你知道，我可以立刻就反过来说，当然，我告诉他了，当然我警告他——

西格尔：你告诉他们如果是出庭的话，你也会那样讲？

帕罗拉：当然罗，嘿，谢尔顿，我可不跟人扯谎。

西格尔完全不清楚他的地位，他有什么权利，他的弱点在什么地方，以及那封给予他豁免的信的意义。他安排美国联邦副检察官帕特森和帕罗拉警长在他的沃尔沃车里见面。帕特森劝西格尔应该对他已经得到豁免的那个罪行进行庭外讨价还价，承认那项罪名。

帕特森：如果你承认有罪，那他们就会知道，他们甚至不能对你就这件事交叉质证。如果他们不能对你起诉，他们就可以彻底驳倒你，他们会说，这家伙撒了个弥天大谎，因为这家伙完全是“白搭车”，他甚至没胆量承认他自己干的事，而且这小子还指望你们相信他的胡言乱语，没门儿！

西格尔：如果我在庭外预先承认有罪，我可能作为对他们不利的证人。

帕特森：不错。还有，别忘了，他们会看到他们甚至连进行交叉质证的豁免也办不到。明白我的意思了吗？

帕特森指出，如果给一个共犯正式豁免——“免费搭车”的话，被告辩护律师就“可以对陪审团辩解说便宜了这家伙”，没有人能阻挡他想说什么人，想说什么事。他甚至可以作证反对他母亲。可共犯没有得到豁免的话，被告辩护律师就没法这样辩解了。

西格尔问，他怎么能保证不被判刑。帕特森回答十分肯定：

照我的观点，就这个问题来看，我到这儿来不止一次了，……你可以信任我们，你可以依赖法官，把发生的事都告诉他，请他允许你重新做人……搬到西海岸开始新生活。

帕特森已经向西格尔保证过，负责审判这两个爆炸案子的马克·康斯坦丁诺法官，一般来说对他言听计从。由于他已经对西格尔说过，如果他预先承认有罪，他就不会被判刑，他向西格尔解释这个好处比有豁免权还大：

帕特森：所有有关人员都会对你表示敬意。尽管你犯了错误，但愿意讲出全部事实，哪怕这样做的后果可能给你带来麻烦，懂吗？当然，你知我知，天知地知，有了我们的介绍，就能帮助你去西部，明白我的意思吗？

西格尔：唔，唔。

帕特森：你明白我说的关键了吧？

帕特森的“关键”十分微妙，在我看来，从法律角度和道德角度来说都有问题。他本质上是说，当政府保证西格尔不被判刑时，其他被告的律师并不知道这一事实。

有经验的被告辩护律师早就怀疑公诉人有时会对可能出庭作证的被告保证他不被判刑，同时又叫他们在作证时否认有这种“私下交易”。一般来说，他们用一种模模糊糊的保证来保护自己，即用一种没有承诺的应允，至少以后可以否认。在录音谈话中，帕特森从未明确向西格尔作出承诺，但他发出的信息却是肯定无疑的。这里面故意遗漏了“承诺”这个有魅力的字眼，目的是使西格尔在审判他的共同被告时可以否认他得到不判刑的承诺。这就可以使陪审团得出错误的推论，即西格尔实际上没有以出庭作证反对其他被告为代价来换取免予判刑。

帕特森确实真心实意地希望这两次炸弹爆炸案件不要开庭公审。他指望在西格尔庭外承认有罪,并愿意出庭作证反对其他被告,那么其他被告的律师就会建议他们也庭外预先认罪以换得减刑。他们之所以提出这样的建议是因为他们对西格尔获得豁免,得到不被判刑的保证一无所知。如果律师们以后得知那封给予豁免的信及检察官作出不判刑的保证,他们很可能不让他们的委托人庭外预先认罪,相反,他们会要求进行陪审团审判,他们会以西格尔"白搭车"为理由来彻底击败他。

我得知检察方面这类鬼把戏屡见不鲜。确实,在他与西格尔谈话的过程中,帕特森把它称作"斗争方法"。可我知道,没有任何其他录音带或其他确凿铁证能像这些录音那样起着当场抓住犯罪团伙的那支冒烟的枪。

由于这些谈话的作用,西格尔后来真的承认他在两次爆炸事件中有罪。其他被告中有几个也承认有罪,并相应地减轻了刑罚。

这期间,帕罗拉一直冷酷无情地继续讯问西格尔。他想给西格尔钱,他答应逮捕西格尔的一个情敌。当这一切都失败以后,他再一次以活埋西格尔相威胁:"你已经浪费我们很多时间了,你现在该知道下一步,我们该怎么办了,我要把那把铁锹拿来,这回可是动真格的。"

终于,帕罗拉百折不回的努力到头来开花结果。西格尔告诉他,警方逮捕的那个人不是枪击苏联使团驻地的人,他认为是一个叫加里的人干的。一个叫加里 · 施莱因的 17 岁的犹太同盟成员,在他登机前往特拉维夫之前被警方逮捕。警方拿出确凿的证据对他进行起诉,却没有暴露他们的情报来源,西格尔坐探的角色至少在那时是安全无忧的。

西格尔希望用相同的方式处理两次爆炸事件。可是政府希望得到更多的情报。帕罗拉接到指示,通知西格尔政府希望在这些案子里保持他的秘密身份,只要他继续提供有关犹太人同盟未来行动的"重要情报"即可。

止是在这个关头,西格尔作为卧底的真正价值才显示出来。接下来几个星期,他告诉帕罗拉好几个危及苏联外交人员和家属生命的行动计划,这些计划如果付诸实现,肯定会破坏缓和的进程。

第一次计划已经准备实施。犹太人同盟制造了一架翼展 6 英尺的遥控航模飞机。该飞机载有 6 块 TNT 炸药,可以安放在停驶着的汽车里,用无线电装置加以控制。他们将从汽车上把这架飞机引导到位于帕克大道的苏联使团屋顶上,然后用遥控装置引爆强大的炸药。

第二个计划准备在苏联使团的地下室采取,而且具有更大的杀伤力,如果不是更遥远的话。犹太人同盟监视跟踪了一个苏联外交官,发现他在每星期差不多同一时间去会女朋友。每当他去见女朋友时,他就把车停在一个进出方便的地点。犹太人同盟计划在他的车底下装定时爆炸装置,这样,当车驶进苏联使团警备森严的地下车库时,就会发生大爆炸。

其他行动还在策划之中，包括用手携式迫击炮轰击在格林库夫的苏联使团驻地；在华盛顿苏联大使馆门口台阶上暗杀苏联大使阿纳托利·多勃雷宁。

当帕罗拉把这些行动计划汇报给上司时，他们惊恐万状：如果“安吉洛”提供的情报属实的话，犹太人保卫同盟似乎在策划一场针对苏联的全面城市游击战争。

在美国驻联合国大使乔治·布什位于华道夫·阿斯托里亚饭店塔楼的套间里，召开了一次高层会议。参加会议的有美国安全局、联邦调查局、联合国保卫处、美国财政部、司法部纽约地区检察官、司法部及美国检察长办公室的代表。参加会议的还有纽约警察局局长西德曼和帕罗拉警长。

布什说，他现在正传达理查德·尼克松总统亲自下的命令——不惜一切代价阻止犹太人同盟执行他们可能破坏美苏关系的计划。他提议派一个特别行动分队去专门对付每一个已知的犹太同盟恐怖分子。这些特别分队将扮演犹太同盟活跃分子“道德监护人”的角色。帕罗拉受命去继续给西格尔施加压力，他们接到指示，“现在，‘安吉洛’必须比以往更经常地送回情报”。

作为西格尔提供情报的结果，这支联邦和州的“婴儿看护”大军，以帕罗拉为第一线直接力量，终于在波洛公园区一幢房子的地下室里搜出那架电子遥控飞机，防止了这场杀人计划。他们还挫败了在华盛顿的暗杀、爆炸计划及迫击炮轰炸计划。正像西德曼局长指出的：“我们阻止犹太同盟实施其计划的唯一有效警报装置是一个和帕罗拉躲在汽车里……合作的‘安吉洛’”。

可是，告密者都是性格古怪变幻莫测的家伙，特别是像谢尔顿·西格尔这样并非政府安插进该组织、而是从基层组织人员中招募的“内部”卧底。为了证明他仍然忠于该组织，告密者经常在政府授意或默认的情况下继续参与犯罪活动。确实他有时也感到有必要生“造”出什么暴力事件，以便他有“重要情报”可提供。

比方说，西格尔泄露的大部分行动计划都需要用技术和想象力来完成，而他在这两方面都很在行。他是否为了取得信任而噫造出这些秘密情报？甚至当他向帕罗拉密报在华盛顿暗杀苏联大使的详细计划时，他正在波洛公园区的犹太同盟总部加紧制造那两颗后来放置到胡鲁克办公室和哥伦比亚艺术公司的燃烧弹。

1972 年 1 月在胡鲁克办公室和哥伦比亚艺术公司的爆炸是在政府毫不知晓的情况下发生的。这些事件都清清楚楚地留有犹太同盟的印记，可西格尔却没有给帕罗拉丝毫警告。爆炸事件发生不久，帕罗拉跟西格尔见面，问他谁是肇事者。西格尔几个星期以来一直否认同盟参与了此事。帕罗拉的上司要他拿钱买通西格尔——他在西格尔的车座上放了 5000 美元。西格尔勃然大怒，说别想收买他。

西德曼局长终于授权帕罗拉答应西格尔最急切想要的东西——如果他说出谁是艾丽丝·康尼斯之死和哥伦比亚艺术公司爆炸案的肇事者，当局保证绝不在任何审判中揭露他的告密者身份。帕罗拉告诉西格尔，他被授权向西格尔作出保证，以换取胡鲁克和哥伦比亚公司办公室爆炸案件罪犯的姓名。以这个承诺为基础,西格尔向帕罗拉告发了参与者的名字,并承认炸弹是他制造的。

当西格尔告诉我这些时,我问他,这些都录下音来没有?有了保证西格尔永远不会被要求去在胡鲁克和哥伦比亚艺术公司爆炸案中作证的录音带,一旦西格尔拒绝出庭作证反对其他被告,就有极大的好处。

西格尔悲哀地摇摇头。那天录音机正好坏了,所以这场至关重要的谈话没有录下来。我叫西格尔别对别人声张这件事。

就是没有这盘录音带来证明,我也倾向于相信谢尔顿所说帕罗拉向他作的保证。这件事与以前录了音的谈话前后相符,并且它本身就相当可信。

然而,西格尔告诉我们,政府否认帕罗拉曾答应用这种承诺换取密告胡鲁克和哥伦比亚艺术公司爆炸案肇事人姓名一事。政府计划在胡鲁克——哥伦比亚爆炸案中把他当成一个关键证人来出庭作证,并且准备揭露他的坐探面目,披露他向当局密告有关犹太人同盟的情报已近1年历史。

谢尔顿的末日即将来到。他怎么办?他必须出庭作证吗?我们能帮他一把吗?

10. 还继续当他的律师吗?

西尔沃格雷特和我听完这个充满暴力、腐败和两面派作风的故事后已感到心焦力瘁。我们不知道更生谁的气——是对谢尔顿和犹太人保卫同盟不可饶恕的逆行怄气,还是对政府官员故意侵犯西格尔的宪法权利,否认自己信誓旦旦的承诺,出尔反尔的劣迹更反感。如果说,政府的行动从防止暴力活动和外交危机的需要来说还有情可原,但这种行动仍然是非法的,至少在我们看来是如此。它提出了严重的民权问题。虽说民权主义者对告密者并不太同情,可他们的宪法权利也需要得到保护。与被告不同,为政府出庭作证的证人权利和补偿过去和现在都没有在宪法意义上划分清楚。如果我们继续干下去这个案子可以成为指责政府用恶劣手段对待告密者证人的极好把柄。还有,西尔沃格雷特和我一致认为,西格尔被政府利用,他急需法律上的帮助。由于这个双料特务骗了我们这么长时间,我们犹犹豫豫地答应继续参与此案。

我们决定对政府和犹太同盟都采取完全中立的立场。我们将从其他被告辩护律师正在进行的准备工作中脱身,我们将不去影响委托人,我们只尽可能地给他提供法律咨询,由他自己决定是否出庭作证。

西格尔已经决定,他不会在非自愿的情况下出庭作不利于他朋友的证词。他想确切知道,政府有什么合法手段来使他"不得不"作证,这样他可以权衡利害。

一般情况下,已给予免于起诉豁免的证人必须出庭作证,否则可以其拒绝作证为由判处藐视法庭罪。给予豁免据说是为了给宪法赋予公民不自我提供罪证的特权提供一个替代,因为证人所说过的一切都不能在刑事诉讼中作为反对他的罪证。西格尔了解这个规定,因为帕罗拉和帕特森已经告诉过他,他必须出庭作证,否则就得坐牢。

可是,这个问题的另一面政府却从未告诉过西格尔——在特殊情况下,一个证人,即使已给予豁免,也可以合法地拒绝作证。例如,有一条联邦法规具体规定,政府不能使用任何用非法窃听得来的情报起诉。据此,联邦最高法院裁定,如果证人——甚至是给予豁免的证人,面对用非法窃听获得的情报提出的问题,他可以合法地拒绝回答这类"不适当"的问题("不适当",是因为它是根据非法窃听获得的情报提出来的)。

就在西格尔告诉我们他的故事的同时,政府透露了联邦调查局用秘密窃听手段来对付犹太同盟和谢尔顿·西格尔。犹太同盟总部的电话从1970年10月起到1971年7月之间,西格尔家的电话从1971年12月15日至1972年3月之间一直被窃听。谢尔顿的很多次谈话都被窃听了。这些窃听都是由美国司法部长约翰·米切尔亲自授权进行的。尽管联邦最高法院在1967年的一个裁决中规定,窃听必须首先取得法院签署准许状,但政府在这两处装置窃听设备时,均未申请准许状。尼克松政府在这个问题上的法律依据是,在牵涉到本国或国外组织,其活动可能影响到美国的安全,就可以在没有法院签署准许状情况下安装窃听装置。可是,联邦最高法院在1972年驳回了尼克松政府的观点,它在一个牵涉到"争取民主社会学生组织"的案例中裁决,在牵涉到国内组织的案子中,必须由一位不带党派色彩的法官预先签署准许状,而不是经可能带有党派倾向的司法部长的批准。最高法院未就牵涉到"外国"或外国机构的案子时,是否需要就预先取得法院签署的准许状做出裁决。

我们获悉窃听装置一事后,就要求司法部和国务院提供所有关于窃听的备忘录。这些文件有不少是绝密的,于是我们要求对这些文件解密。最后我们得到了要求提供的大部分文件(并非全部),这些文件给我们提供了许多有用的材料。

11. 政府的秘密备忘录

这些首次公开的秘密备忘录揭示了苏联政府一直向美国政府施加巨大压力,要求对犹太同盟加以控制。在纽约的苏联民航办事处玻璃窗被砸后,苏联中止了原定第二天召开的"四国会谈",把责任巧妙地推到美国政府身上。在苏联艺术家访问演出中发生的捣乱事件导致了莫斯科大剧院芭蕾舞团和歌剧院取消了原定的访美演出计划(这些文化交流计划当然都是索尔·胡鲁克促成的)。备忘录对苏联当局可能以犹太人保卫同盟的破坏活动作为"一个借口",来"结束或延迟为限制苏美战略武器谈判进程"表示关切。

苏联在抗议中指责,没有美国政府主动积极的"共谋"和"纵容",犹太同盟就不可能如此有组织地不断对苏联人进行威吓骚扰。苏联驻联合国大使雅各布·马立克在他一封典型的致联合国大会的信件中罗织了如下文法不通又夸张过分的罪名:"专制的美国当局在对付一伙无事生非的犹太复国主义分子时(不可能)如此无能,这些人鼓吹极右沙文主义的种族主义以及法西斯分子的'种族优劣论',在美国制造对外国人民的仇视情绪,并公开宣扬以恶化苏美关系为己任”。（可讥可讽的是，根据一份政府特别调查小组的报告，犹太人保卫同盟被列为具有“左翼政治倾向”的组织，因为埃德加·胡佛认为所有反纳粹的组织都属于左翼。）还有一份苏联电报对迄今“这些罪犯没有一人受到惩罚”提出抗议，并表示愿意向美国当局提供“这些干蠢事的人的住址，如果司法部找不到他们的话。”

美国国务院在一份绝密备忘录中要求司法部确保对犹太同盟活动分子的起诉，认为这将“极大地提高美国在外交政策具体问题上对付苏联的能力”。

当苏联法院判决两个犹太人死刑，因为他们企图夺取一架苏联飞机并飞到瑞典去，这时犹太人保卫同盟立即发出威胁，如果死刑判决执行的话，他们就杀死四个苏联外交官。国务院内部电报透露了美国外交人员的担心，他们认为犹太同盟确实会说到做到。在原定执行日期前夜，国务院要求外交人员保持最高戒备状态，可是判决终于改为无期徒刑。（我那时一点儿也没有想到，我很快就成了这些持不同政见者的律师之一，并且去苏联为他们的释放而努力。）

鉴于犹太同盟具有破坏美苏关系的潜在力量，联邦调查局局长埃德加·胡佛给司法部长米切尔写了一份备忘录，要求批准其在同盟成员的电话上安放窃听装置。胡佛把同盟形容为“美国当今最好战的亲犹太人组织”，宣称“白宫已表示关切”。由于同盟支持“犹太种族”的活动可以造成“美国在国际上的尴尬局面”，为避免这种情况，胡佛要求米切尔批准该局安装窃听设备，以便提前获取犹太同盟活动的蛛丝马迹。这一要求得到批准，随即安放了窃听器。

我们研究了这些秘密备忘录后，要求法院作出裁决，宣判对犹太同盟安放窃听器是非法的，因为它并未经法院预先批准。我们争辩说，不管犹太同盟有什么样的观点，它只是一个美国国内组织。尽管用胡佛的话来说，它的目的是为“犹太种族”的利益效劳，同盟却没有得到任何国际上的支持，甚至连同盟有时宣称代表其利益的以色列政府也不赞成它，谴责它的暴力活动。

政府公诉人争辩道，同盟是一个国际组织，最高法院关于国内组织的裁决对它不适用。首席公诉人亨利·普泽尔站起来就此洋洋洒洒一番，可鲍曼法官却打断他：

法官：你是说有人想对……窃听犹太人保卫同盟活动情况与美国的国际关系利害攸关提出异议？

普泽尔先生：否则我脸上就不会这么严肃了。如果法庭裁决这不是一种国际间的侦讯情况，而是一桩国内侦讯情况，那么——

法官：我就是这样裁决的。

我到现在还不理解为什么政府不继续努力在国际关系这个论据上据理以争，也不明白为什么鲍曼法官如此积极地了结这个问题。从国务院文件的内容中可以得出结论，即窃听

“与美国的国际关系有关”，即使犹太同盟只是一个国内组织的话也是如此。这是一个好机会，使政府可以寻找一个对外情报工作例外情况更广泛的解释，来避开安装窃听装置必须经法院批准的规定。可是鲍曼法官排除了这个问题，案子在不管什么性质的电话窃听都是违宪的这一双方都没有异议的基础上继续进行诉讼。

考虑到这个裁决，我们要求政府提供这些记录窃听内容的录音带，以便我们收听它们的内容，来考虑从西格尔处得到的口供是否被这些非法窃听“玷污”了，如果已“玷污”，就成了“有毒的树结的果子”。

这些有关“玷污”和“果子”的概念是传统的法律用语，来隐喻有疑义的证据与最初政府的非法行为之间的因果联系。比方说，如果政府非法搜查了一所房子，发现了毒品，这些毒品就是“玷污”的，成为“非法搜查之树结出的毒果”。然而，如果在搜查过程中警察发现一本地址本，上面有一个证人的名字，通过这个人后来找到毒品，那么这些毒品是否应被看作是被最初非法搜查“玷污”的，或非法搜查的“结果”就不那么明确了。法院可能会裁决最初的“玷污”已因后来有了活生生的人证而减弱，毒品也就不成其为政府非法行为的“果实”了①。

如果我们能证明，政府想在法庭上讯问西格尔的问题，是直接根据非法窃听得到的情报得出的，我们或许可以劝说鲍曼法官认为这些问题确实是有毒的树上结出的玷污果子。这样我们就可能得到想争取的裁决——西格尔不需要在胡鲁克案中出庭作证反对他的朋友。

我们等待着司法部把录音带送来，然后就可以逐字逐句地听一遍，找寻与西格尔口供有关系，通过非法窃听得到的情报。

可是我们到头来也未能听这些录音带。普泽尔宣布，窃听录音带在联邦调查局对其内容作简单记录之后早已“定期地”、“无意地”擦掉，以便接着使用。帕泽尔告诉我们，这样的“记录”，是“逐日由窃听电话的特工人员作的简明摘要”。我们要来了这些记录，读完之后发现它们没有什么用处，只有联邦调查局窃听特工认为“有用”谈话内容的最扼要记录。

可就是这些简明摘要也暴露出窃听行为的不端。从西格尔电话交谈中窃听到的内容包罗万象，从狗食、汽车、炸弹、步枪到他家庭里的每一个成员，他的所有熟人朋友，不一而足。对我来说，甚至连读这种简明摘要都感到难堪，因为我本人认识许多其中讲话的人或听电话的人，这些人都被录下音来。

仔细研究了这些记录之后，我们发现，联邦调查局早于 1971 年 2 月，苏联外贸使团爆炸事件两个月之前，搜查沃尔沃轿车 4 个月之前就通过窃听手段了解到西格尔是犹太人保卫同盟的积极分子。到 3 月份，他们已探听出西格尔参与了同盟购买枪支的活动。到 5 月

① 法院很喜欢用类似“玷污”或“果实”这样模棱两可的词汇，因为这些词汇可以随情况的不同而增减其适用范围，法官在斟酌它们具体适用范围时就更有回旋余地。

份——在苏联使团爆炸事件之后几个星期,西格尔被"电器小屋"商店经理指认之前,窃听使他们了解到西格尔十分担心当局可能正在追查他与苏联使团爆炸案的联系。

12. 西格尔进退两难

这就是西格尔目前的局面——

如果他出庭作出对他朋友不利的证词,政府就会撤销对他的一切指控。他就可以免予起诉,如果有必要,他可以搬到西海岸去定居。可迁居外地并非西格尔所求,因为这意味着他须与生于斯长于斯的老家、他已奠定基础的人生之路绝断。

另外,如果他拒绝出庭作证,政府就会拿出所有的记录来揭露他。他会因藐视法庭而被判罪。根据最新的判例,政府将要求判处最高处罚——无期徒刑,正像胡鲁克案中其他被告可能受到的最高刑罚一样。他还会因在布鲁克林庭外预先承认有罪被判处最高刑罚;他也会因在纽约州私藏爆炸物而被起诉判刑。

我们劝告西格尔,胜诉的可能性很小。我们有可能要求法庭裁决西格尔不能因拒绝作证而被判藐视罪,因为政府早就肯定他的合作是不合法的。我们也可能会要求布鲁克林联邦地区法院撤销他的庭外认罪,因为他有那封豁免信。由于搜查他的沃尔沃车是非法的,我们有可能使纽约州撤销起诉。但我们提醒他,如果他拒绝出庭作证,三个罪状同时被撤销的可能性是渺茫的,如果我们在任何一项中败诉,他就得蹲很长时间的大狱。

谢尔顿随后问,他有无可能暂缓作出最后决断,在我们向法庭提出这些动议之后,看情况而定,那时他就清楚拒绝出庭的后果了。这给我们出了个难题,因为法律对与政府对抗的证人从来是不客气的。一般规律是,证人只能在法庭判他藐视之后才能得知他拒绝作证的结果。

尽管有这项由最高法院裁决引导出的规定,我们还是决定在西格尔作出事关重大的决断之前,想出某种方法以求法院作出裁决。我们决定主动出击,向政府提起诉讼,而不是像政府希望我们干的那样,干等传西格尔出庭作证。

我们的策略是把政府置于守势;使帕罗拉、帕特森和其他政府官员在能够把犹太同盟的被告带上法庭为杀害艾丽丝·康妮斯而受审之前,就让他们为自己的非法行为受审。

13. 发 动 进 攻

绝大部分刑事诉讼被告确实是有罪的,当一个刑事被告辩护律师为一个确实有罪的委托人辩护时,有时最现实的途径可能就是对政府进行起诉。美国独特的司法制度使这种倒行逆转成为可能。美国宪法并没有明确规定可以将政府置于被告地位受审。可是"人权宣言"对政府和政府机构规定了重要限制——宪法第四修正案限制政府搜查、逮捕和没收的权利(逮捕没收的权利也被解释为包括窃听的权利);第五修正案禁止政府强迫任何人在任何刑事诉讼案中出庭作证反对他自己。为了落实这些宪法修正案中体现的精神,最高法院已经制定出后来被人们称作“排斥法规”，即陪审团或法官不能考虑用非法手段取得的证据。

这些排斥条例最初并没有被看作宪法基本内容的组成部分。然而，有一类证据，即使在美国司法制度初创时期一般来说也是被排斥在外的，这就是逼供取得的证据。这种排斥源于英国法律，因为用酷刑拷打逼出的供词极可能是假的，它使无辜的被告被定罪。

美国法院把第五修正案排斥条例逐渐扩大，用逼供手段取得的证据，即使供词属实，即使该口供和其他人证，物证单独对证也完全一致时，也不能作为证据。在这类案件中，法院判被告无罪，并非因为对被告是否真正有罪有疑问，而是因为被告的宪法权利受到侵犯。发展中的排斥条例开始把注意力放在警察和检察官的行为是否导致了这种值得怀疑的口供，而不仅仅是注意被告有罪还是无辜。有了这些，被告辩护律师就可以在法庭上控告政府。如果警察和检察官被认定侵犯了被告的第五修正案权利，那么被告的供词都是无效的，被告应予以释放。

最高法院后来把受宪法保护的排斥条例适用到第四修正案上去。① 最高法院 1961 年在“麦普诉俄亥俄州”一案中裁定，认定犯罪的物证，即使是最可靠，最无可争议的物证，如果是用“官方的非法手段”取得，违反了第四修正案的话，也必须被排斥。最高法院还把排斥条例适用到非法窃听上去。有了这些法规，被告辩护律师就可以证实，反对他的委托人的证据是用“官方的非法手段”取得的。把用非法手段取得的证据拒之门外，最高法院打开大门召开以政府为被告的小型审判，审判政府“官方的非法行为”。（近年来，特别是在首席大法官沃伦·伯格主持下，最高法院为第四、第五修正案适用的排斥条例制定了一定的例外情况和限制，但时至今日有经验的被告辩护律师仍能置政府于被告地位。）

我们想要置于被告地位的“官方的非法行为”自始至终没有停止过，从没有法院签署准许状就进行窃听，搜查沃尔沃车，到逼迫西格尔充当告密者的方式，最后，还有政府翻脸不认原本为使西格尔就范作出的承诺。

我们碰到的第一个问题是，与被告不同，一个证人没有提出这种指控的现成途径以便把政府置于被告地位，而一个被告则可以在审判他自己时，提出动议，要求法庭排除政府寻求的被告自我定罪的证据。可是西格尔本人不会因胡鲁克——哥伦比亚爆炸案受审；不会有反对他的证据，他仅仅会以证人身份出庭反对其他人，并问他一些问题。西格尔要是在胡鲁克——哥伦比亚案子中作为被告人身份出庭就谋杀罪受审，情况会比他作为有免予起诉豁免的证人身份出庭更好；作为被告，他有权因政府为取得反对他的证据包括证言及物证而使用的策略而控告政府；作为一个证人，他是否有这个权利就有很大的疑问。

---

① 这种适用没有在第五修正案文字上的适用那样自然。第五修正案本身就包含有排斥条例的含义：“也不能在任何刑事诉讼中强迫（任何人）作证反对他自己……”另外，第四修正案却用更加一般化的语言表达：“人民的人身、住宅、文件和财产的权利受到保护，不受无理搜查和没收，除非有足够的事由不得签署准许状……”美国宪法并未指明对这些权利的侵犯如何赔偿。

我们决定尝试一下以前从未用过的方法——我们将要求法庭以谋杀罪对西格尔起诉。对于一个刑事诉讼被告辩护律师来说,这是一个极不寻常,确实像是自投罗网的策略。可是这策略确实相当安全。我们确信西格尔在胡鲁克——哥伦比亚爆炸案中的共犯证据是用非法手段获得的,没有这些证据就不能认定他犯有谋杀罪。我们提出的动议,尽管早就知道不会被采纳,可以作为一种戏剧性的姿态来说明政府曾企图间接地达到他无法直接达到的目的,即要西格尔为他在胡鲁克——哥伦比亚爆炸案中起的作用受惩罚,他的这种作用,政府是用"官方的非法手段"查获的。

审判定于1973年2月开庭。在一个星期五早晨,我们来到法院,准备为我们非正统的策略揭幕。当美国联邦副检察官亨利·佩特·普泽尔和助手约瑟夫·贾非在政府公诉人席上就座时,法庭里气氛十分紧张。坐在他们后面被告席上的是谢尔顿·戴维斯,斯图尔特·科恩和他们的律师。

我们选择了另外一张桌子,以便强调我们的独特身份,既不同于政府公诉人,也不同于被告。我,哈维·西尔沃格雷特与珍妮·贝克,一位年轻的西北大学法学院学生,正帮助西尔沃格雷特作调研的助手坐在一起。

鲍曼法官一进入挤得满满的法庭就问普泽尔先生:"合众国的立场是什么?"普泽尔先生慢慢地走向讲台,几乎是用揶揄的口气宣布道:"政府现在提议进行分别处理。"

在场的所有律师立刻明白这话的意思——"分别处理"动议是政府把真正的被告——这些人将受审判,与告密者——他将不受审判,或者至少不在同一时刻受审的分离程序。这个动议是被告律师最怕的,因为它一般都意味着被告之中有一人已经成为告密者了。一个将为政府作证的人必须从其他被告中"分离"出来,因为宪法禁止政府传唤任何一个被告作为证人在对他自己的审判中作证。

普泽尔还未就他的分别处理动议陈述理由,我便站起来要求该动议应在法官的办公室里讨论,而不是当着公众的面在法庭里讨论。提出这个要求的理由很明显:如果西格尔确实已经得到不揭露他告密者面目的承诺,而且,如果这一承诺可以合法地执行的话,政府肯定不应该在我们提出辩诉理由供法庭裁决之前公开揭露西格尔的面目。普泽尔的回答为政府在这个问题上的立场定了调子:"我不知道曾对西格尔先生作过任何为他保密的承诺。"法官没有允许我们就此提出异议,并裁决分别处理的动议应当着公众在法庭上讨论。

开场这一轮我们输了。

普泽尔继续说:"我们提出分别处理动议的理由是,西格尔先生提供了有关此案的情报,他在大陪审团前作了证,我们向他保证,在适当时机,也就是现在,他将为他出庭作证而得到豁免权……西格尔先生将被传唤,作为政府方面的证人出庭……"

法院审判厅里坐得满满的犹太同盟成员发出惊呼,这简直无法令人相信,这惊叹随后变成愤怒。这个组织里过去从未出现过内奸,虽说一直担心着是否会有告密者,可又有谁想到,这竟是他们最好的炸弹专家呢?(不久,西格尔和我就会收到恐吓信,提醒我们,根据犹太法,一个告密者不应苟延残喘地活着。)

政府公诉方面接着提出动议,要求法庭给予西格尔豁免权。

我立即提出反对。

鲍曼法官用一种难以置信的眼光看着我,好像我说错了,然后又问:“你反对给他免予刑事起诉的豁免权?”

“正是,我们反对”,我回答道,“我们的立场是,希望政府向被告起诉,不给他豁免权”。

法官怀疑地摇着头,说,“以我的经历,这是有史以来政府给予被告豁免权第一次被谢绝。”

普泽尔要求法院延期一个月开庭,以便“调查是否有任何不恰当的压力”施加到西格尔身上。我们怀疑政府倒是想利用这段时间向他们三心二意的关键证人施加点儿压力。意识到只争朝夕对我们有利,我提出动议,要求在星期一开庭,并向法庭保证,届时有关法律文件——程序动议、宣誓证词及其他法律备忘录都会备齐。

就在我说这话时,西尔沃格雷特在拉我的袖口,几乎是吼叫着说:“我们还未动笔呢!到星期一不可能全部准备好呀!”我回头向他低语:“只要有必要就办得到。”我们必须说到做到,法官把听审日期定在星期一,条件是,届时一应文件皆办理完毕。

我们急匆匆地赶回波士顿,召集了自愿报名的法学院学生,组织起一条24小时不间断运转的流水线来完成法院要求的法律文件。到星期天夜里,我们完成了这项工作,我们立即驱车去纽约,准备第二天早晨的听审。

因为西格尔付不起我们的旅馆费用,一个犹太同盟的支持者让我们使用他在曼哈顿东三十八街的英国旧式住宅作办公室,在晚上工作,兼作集体宿舍。我们在子夜时分到达那里,对这究竟是个什么地方心里也没底。这房子里有个游泳池,还有桑拿浴室,这所房子的墙上都装饰着红色天鹅绒墙纸,整面墙上都是玻璃镜。这里有一间密室,用手揿一下按钮,镜子后面的一扇门就会开启。楼上的房间都在电子监视设备保护之下,只要有人从楼梯上来,电铃就会发出警告。这所大房子里有好几个酒吧,都满满当当地储存着水、酒,冰箱里塞满鱼子酱和点心肉饼。我们看到这里的十几张床都没有毯子,但有许多洗得干干净净的床单和毛巾。晚上这里没有暖气。

我们一边心旷神怡地准备着今晚在第三十八街这所房子里的工作,一边把环境布置得像一个临时的律师事务所——装备了一个小法律资料室,一个打字间,一个听录音中心,还有一个谈话间。我们将有许多个不眠之夜消磨在这里,听录音、准备质证材料,草拟法律备忘录。

我们来到这所没有生火的房子里时,外面气温在冰点以下,我们就在桑拿浴室里开会。在凌晨1时左右西格尔摸索着找到这里,告诉我们他在他沃尔沃车备用胎底下又找到一卷录音带。这卷录音带散成一团,看起来已经没法听了,可我们还是把它重新卷好。珍妮·贝克被指定专门听录音,来弄清其中是否有第二天开庭时有用的材料。

大约清晨4时,我听到楼上传来一声尖叫,哈维和我立即冲上楼去(关了电子监视设备),发现珍妮坐在床上,凝神注视着录音机,嘴里喃喃自语:“我找到了,我找到了。”

我们问找到什么了。她回答说,“我找到证据了,政府第一次发现西格尔是从窃听得知的。”

我要珍妮把这个关键部分放给我听。以下是我听到帕罗拉对西格尔说的话:“你自己清楚你在商店里买了什么东西,你知道我们怎么搞到这些消息的。你知道这些都——这当儿录音上有一个字听不真切,既可能是‘没有’,也可能是‘有’——‘窃听为证’。”①

我失望地关上录音机,说“这对我们有什么好处?帕罗拉只是说‘你知道这些都没窃听’。”

珍妮和哈维不约而同地喊道:“什么?你是聋子吗?它分明是说‘你知道这些都被窃听了’。”

我们一遍又一遍再三再四地听录音,大概听了十几遍。哈维和珍妮坚持他们的结果,我开始动摇。在录音带的上下文中,这个不清楚的地方两种解释都说得过去:

帕罗拉:如果我们想以第一个案子对你起诉,难道你不相信如果来真格的,就很容易叫你吃不了兜着走吗?

西格尔:没那么容易吧。

帕罗拉:假如我决定作证。你自己清楚你在商店里买了什么东西,你知道我们怎么搞到这些消息的。你知道这些都〔(**窃听/没窃听**)——原著者注〕了。

西格尔:这与第一个案子有什么关系?

帕罗拉:因为这就是你怎么栽到我们手上的。知道你是怎么被认出来的吗?我们干的。我们又去那商店查了一次,我们发现你买了这些电池,我们寻思你这小狗日的不是个好鸟,我们觉得还是盯着你点儿,因为你这小狗日的不是个好鸟,在这之前我们一直不知道你,这就是你怎么栽到我们手上来的,你自己明白,如果你不明白,你就是条蠢驴,要么你的狗操的律师是个屎包。

关键的那个字——“窃听”或“没窃听”含混不清,带着典型布鲁克林味儿的鼻音。仔细听,我可以听到压低的“d”音,或许是“n”音,但没法儿清楚分辨。我越听越觉得像是“none”②,我仍然不能相信它是“done”。③ 因为我和帕罗拉及西格尔是一个地方人,我自以为是识别波洛公园区口音的“老手”。布鲁克林的直觉告诉我它是“没有”,可我剑桥哈佛大学的推理又提醒说,它可能是“有”。作为一个辩护士,我有义务站在委托人的立场上力

---

① 此处听不清楚的字可能是“none”或“done”,发音极为接近。——译者注

② 即“没有”。——译者注

③ 即“有”。——译者注

争,这段谈话证明帕罗拉承认警察是通过窃听偶然找到西格尔的。西格尔自己记不清这次谈话,不能肯定帕罗拉究竟是怎么说的,但他极力鼓动我们按对他最有利的解释去争取,这是可以理解的。不管怎么说,我们还不准备现在就在法庭上放这段录音,甚至不打算透露西格尔手里有录音这件事。我们有令政府出其不意的招法,录音带将成为我们的备用金。

我们在第二天上午 10 点到达法院,大家都睡眼蒙胧、疲惫不堪。

我开始陈述西格尔的立场:

德肖维茨先生:一开始就进行了窃听……以下是整个系列的各个环节:

先是窃听;随后发现西格尔先生与苏联外贸使团驻地爆炸案有关;

紧跟着就是搜查他的汽车,结果发现了他与爆炸事件有关的证据。

我们将证明……帕罗拉先生之所以能够使西格尔成为一个告密者,仅仅是因为从窃听和搜查中得到了情报。

我指出,因为用于窃听的录音带已不存在了,我们就被置于极为不利的条件下。联邦调查局销毁录音带的行为,不管是有意的还是偶然的,都违反了联邦窃听条例,根据这个条例,联邦机构所进行的所有窃听录音带都必须妥善保存。我争辩道,不应允许政府从违法行为中获得好处。政府的律师就此巧妙地答辩道,联邦条例要求保存的只是那些根据条例要求而进行的窃听,而现在讨论的窃听并非根据联邦条例要求所进行的,他们是条例所不允许的,因此是非法的。因此,政府认为,有必要合法地把这些录音带销毁。换言之,当我们在争论一错(无法院准许状安装窃听设备)加一错(销毁窃听录音带)等于二错时,政府却辩解说,第一个错误抵销了第二个错误。法庭没有对这个论题进行裁决,却要求政府方面传唤第一个证人出庭作证。

14. 窃听录音带

政府传唤了一连串的证人,包括联邦调查局的侦探和帕罗拉。这些人都矢口否认联邦调查局的窃听和帕罗拉的活动有任何联系。帕罗拉发誓说他不知道有任何窃听的存在。我们很难理解他们为什么要这么做,因为他们有理由说进行窃听是为了给当地执法机关提供有关犹太同盟暴力活动的警告,以此来预防这种暴力行动。

为了阻止别人对帕罗拉在没有利用联邦调查局窃听到的情报自己发现西格尔的说法发生质疑,政府提出了西格尔是如何被发现的经过。据说有个叫麦基根的侦探在他独自办的一个爆炸案中察觉谢尔顿 · 西格尔是个嫌疑犯。帕罗拉作证说,麦基根和帕罗拉两人那时正好在同一间屋里,当他提到那辆黄色沃尔沃车的车主叫欧文 · 西格尔,就是他在“电器小屋”买了电线和电池时,麦基根突然“一跃而起”,连称他“正在找一个叫谢尔顿 · 西格尔的家伙”,就是这小子开一辆用他兄弟名字登记的黄色沃尔沃汽车。侦探麦基根当时正住医院，所以无法回答帕罗拉证词不可避免地带来的疑问——他怎么打听到谢尔顿·西格尔的？他根据什么把西格尔列为爆炸案嫌疑犯？麦基根的情报是来源于“玷污”了的窃听活动吗？

意识到麦基根的缺席使政府的解释不能自圆其说，鲍曼法官下令传唤仍在休养之中的麦基根到庭作证。

我们原计划把麦基根和帕罗拉从别的证人中提出来质证，以便寻找在我们看来是不一致的地方，以证明这些说法不过是无中生有。就在帕罗拉作证前，珍妮·贝克看见他递给麦基根他的车钥匙，对他说你身体不好，就回家去吧。珍妮立即打断他们的谈话，召来一位政府方面的律师，要求麦基根留在法庭以备必要时传唤他作证。帕罗拉开始作证，问了几个问题后，公诉方面要求休庭。帕罗拉离开法庭时显得如此匆忙，使我们顿生疑窦。我跑出去找他们。走廊里空无一人，我就到男卫生间，发现这两个警官都站在窗前，帕罗拉正在唆使麦基根“离开这儿”回家。实际上，麦基根后来开着帕罗拉的车一溜烟离开法院，其速度比一个罪犯在街头招贴栏上看见通缉捉拿他的照片时还快。我们立即把这个厕所会谈向法官汇报，可帕罗拉和麦基根却没有因不遵守法庭禁止他们讨论此案，麦基根必须留在法庭以备传唤的命令而受到警告。

15. 疯子才会那么干

听审探究的第二个领域与搜查西格尔的车，起获制造炸弹的材料有关。关于这次至关重要的搜查的来由，政府是按照一个叫杰罗姆·霍华德的侦探的供词描绘的。霍华德搜查了那辆沃尔沃车，发现了那些材料。据霍华德的说法，他在执行监视任务时跟踪西格尔从布鲁克林直至曼哈顿。由于交通拥挤，等红灯时间很长，霍华德下了车，向沃尔沃走去。根据他的证词，在那儿他看见西格尔的伙伴艾泽·丹齐格，正坐在车前座上制作一颗炸弹。后来，当西格尔把车停在停车场离开那里，车门是敞开的，炸弹一眼就可以看见，放在前排两只圆背座位之间。霍华德面不改色心不跳地作出这个证词，尽管他承认西格尔知道有人跟踪他，他甚至还下车给霍华德拍了张照片，这张抢拍的照片我们可以作为证据。

鲍曼法官看起来早已准备接受霍华德关于西格尔行为的离奇报告，这报告想叫人相信西格尔和丹齐格竟然会在光天化日之下，当着一个警察的面进行严重犯罪活动。（检查一个被告是否属于法律意义上的精神错乱，经典的检验方法是看这个罪犯会不会在警察“近在手边”时当面犯罪。）鲍曼对着被告辩护律师说：

> 我看这个人在处理这件事时没有什么不妥之处……我建议……你只须谈你现在面对的已经作为证词的事实……我是说，不要让法律术语干扰普通人一般的日常认识。

侦探霍华德的故事里面用心良苦地放进了人们日常听见警察证词中的所有成分。当警察在没有法院签署准许状的情况下就进行搜查，抄缴物品而遭到被告一方的诘难时，这位警察官毫无例外地证明，他有足够的理由相信对方藏有非法物品，情况紧急不允许他先去签署准许状，或者说非法物品就在警察眼前。①

后来，偶然发生的两件事使鲍曼法官对霍华德的证词也不完全接受了。第一件：我们想办法找到了那天在停车场值班的服务员。他作证说，是他把那辆黄色沃尔沃车开进停车场的，还陪着霍华德警官及那队搜查了汽车的警察。他对法庭说，他可以肯定，炸弹并不是一眼就可以看见的。他说，"疯子才会把座位上放着一颗炸弹的车沿着盘道开进停车场。"第二件偶然发生的事是，在霍华德出庭作证后不久，他就因受贿而被停职了。

16. 法庭上的"游击战"

质询的最后一个领域与我们宣称帕罗拉曾答应西格尔永远不会传唤他作为证人出庭有关。在这个问题上的关键证人是西格尔和帕罗拉。看来一对一的诚信较量近在眼前。法庭里的人却看好帕罗拉，只有西格尔自己和他的律师们心中有数，唯有他们知道西格尔有暗中偷录的录音带。

我们已苦思苦冥良久，想找到一种能最大限度地利用手中这点小小秘密的方法。我们的最高目标是证明帕罗拉曾经具体允诺过，如果西格尔告诉他那些应对胡鲁克和哥伦比亚爆炸事件负责的肇事人名字，就不会传唤他出庭作证。可惜的是这个至关重要的允诺没有录音。我们必须让帕罗拉自己以证人身份承认，他作过这一承诺。

我们计划好把对帕罗拉的质证分成四个阶段来进行。第一个阶段，我们先让帕罗拉以为他和西格尔的谈话没有录音，他可以无所顾忌地撒谎，因为他知道，与他的证言相矛盾的只有西格尔的证言。我们将诱使他作出回答，这些回答——我们知道，而他不知道——随后将被偷录下来的他自己的话证明是在说谎。

在第二阶段，我们将在质询中逐字照录一些帕罗拉和西格尔的谈话，这样，给他造成一种印象，即西格尔有可能录下了他们谈话的部分内容，如果不是全部内容的话。

在第三个阶段，我们的计划是，继续给帕罗拉念听起来像是从一次与胡鲁克——哥伦比亚爆炸事件有关的谈话录音"逐字照录"的"抄本"。实际上，我们将念抄本，但不是录音带的抄本，而是根据西格尔与帕罗拉谈话的追忆粗略整理过的文字。我们希望帕罗拉会以为，我们是照读录音带的抄本，这样他就不得不承认确实作过如我们读给他听的那些承诺。

---

① 一位退休的纽约州刑庭法官曾经写到警察作伪证的问题。欧文·扬格曾在鲍曼法官引以为荣的部门做过一任美国副检察官，他在一篇文章里写了如下律师人人皆知但无人敢诉诸文字的话：

> 每一个干刑事诉讼辩护的律师都知道警察作伪证是家常便饭。
>
> 警察认为他们正在两条战线上奋斗：既在街头与罪犯作斗争，又在法庭上与"自由派"的法规作斗争。在这场斗争中怎么干都说得过去，包括用作伪证的办法推翻那些可能使那些"应该"被绳之以法的人逃避制裁的"自由派"法规。甚至如果他的谎言被当庭揭穿，警察也极少会被认定犯有伪证罪，因为他的同事，那些检察官们是不会这么干的，就像从复仇的天庭发出的雷殛很少会打到他们身上一样。

在最后一个阶段,我们将播放录音,使法庭具体了解哪些言论是录了音的,哪些是没有录音的。

我们知道,这个策略会给我们带来相当大的风险,因为这要求进行质证的那位律师有意使证人、政府和法官产生误解,至少是在一段时间内产生误解,以为——或至少是觉得我们手中有某些实际上我们并没有录音的谈话内容。

我们带着这些问题去请教了好几个在司法道德方面的权威人士。他们认为,虽说这是个危险的问题,我们计划对帕罗拉做的事并无不妥之处。我们认识到这是在辩护制度容许的边缘上行走,可自信这个策略在目前情况下是正当的。

我决定亲自担任对帕罗拉的交叉质证。我有两个理由。一是我明显缺乏讼场经验,这反倒会带来一些好处——在质证的第一阶段,很有必要使帕罗拉感到信心百倍。我们策略的关键在于使他感到,除了西格尔会提出异议,除了一个讼场生手主持对他不起什么作用的质证外,他无所畏惧。

第二个理由,如果有人要为质证的哄骗性质而受到谴责的话,那就由我承担责任,因为我是被告的首席律师,这策略是我想出来的。

质证的第一阶段以一般的盘问开场,目的是使帕罗拉放心。过了一会儿,我开始问他关于那场谈话的问题,那些谈话我们都有录音:

问:你是否告诉过〔西格尔〕,你没有告诉他他的权利是因为他向你提供的情报永远不能作为反对他的证据?

答:不,先生,我没有。

问:你是否跟他进行过这种谈话?

答:不,先生,我没有。

帕罗拉始料不及的是,我们有谈话的录音,而且不止一次谈话,我们随后就会证明这一点。

问:你是否曾向他作出承诺,如果他向你提供苏联外贸使团爆炸案的情报,他就永远不会被公开揭露?

答:没有,先生。

录音带将再次揭露帕罗拉曾再三再四地向西格尔保证,如果他提供情报,他就不会被公开揭露。

问:关于你向西格尔先生索取关于向苏联外交使团射击事件的情报,你是否在任何一种情况下对他说过，如果他提供那方面的情报，你就永远不会在任何审判中传唤他出庭作证，或揭露他的告密者面目？

答：西格尔先生自愿把这情报告诉我。

当然，录音带会不容置疑地显示，西格尔并不是“自愿”把这情报告诉他的；帕罗拉用了好几个星期来压犹豫不决的西格尔，只是在帕罗拉反复承诺不会暴露他是情报来源的保证后，才得到这个情报。

帕罗拉越来越深地陷入我们设下的陷阱里去。他接二连三地扯谎。他当然知道这些回答都是假的，但他并不认为我们能够证明这些回答是假的。确实，在一次休庭时，他向珍妮·贝克吹嘘他对付我的交叉质证是多么得心应手：“那个教授，你的头儿，在教室上课能行，可他一点不懂怎么向一个警察质证。”

第二阶段到了——帕罗拉得开始觉得，然后就将相信，我们掌握他和西格尔谈话的录音带。

重新开庭后，我朝讲台走去，手里拿着一个录音记录抄件夹子。（这当儿，哈维把几盒录音带放到律师坐的桌子上。由于害怕政府可能会没收这些带子，从而弄清这些带子上究竟录了些什么，哈维把真正的录音带放在公文箱里，而把一些录有音乐的带子放在桌上的盒子里。甚至在讨论应放什么性质的音乐带也引起了争议，哈维想放一盒“诸神的黄昏”，可西格尔坚决反对任何一种瓦格纳的乐曲；他们最后达成协议放贝多芬的乐曲。）我请求法庭准许我在继续对帕罗拉进行质证时引用他的“污言秽语”。鲍曼法官庄严地回答说，他的一贯做法是，“实际上怎么说的就怎么引用。”这个说法立刻引起法庭里听众一片嗤嗤的笑声。（我母亲也旁听了这次开庭，她后来痛责我未经她同意就用下流语言。）念着记录抄本，我问帕罗拉，他是否“曾经与谢尔顿·西格尔有过如下对话”：

你不会因这两个案子被判刑，如果你说出来这是我说的，我就会否认，我会在一天晚上找到你，我要用车轱辘把你碾个稀巴烂。

帕罗拉没有立即领悟正在发生的事情。

答：不，先生，我否认。

问：你肯定你从未说过用车把他碾死之类的话吗？

答：我从未说过这类话。

我继续进逼证人。我问他，他是否说过如下言论：

要是我告诉你什么，要是你敢糊弄我，要是你暗地里使坏，我就要你小狗日的脑袋开花。

帕罗拉开始用不那么肯定的口气回答："我不认为我发表过这样的言论。"

慢慢地，帕罗拉开始溃败，他满不在乎的神情渐渐变了。他的脸色变得苍白，他要水喝。他的手指在颤抖，他差点把那杯水泼在地上。

这时候，美国联邦助理检察官普泽尔用连续不断的抗议打断我的质证。他的目的很明确——他想给帕罗拉时间来领会他的困境，来琢磨推敲他的回答。这些抗议都被否决，可帕罗拉已经收到信息。

对那个问题我唯一可以说的是，律师，我有时会用那样的语言……

帕罗拉的语调也开始变，他充满自信的否认逐渐消散，他的回答开始变得模糊含混，很多地方他都说记不清："我不记得了，但是听起来像是有那么回事儿似的；""我很可能说过类似的话；""为了跟告密者搞好关系我很可能说过类似的话。"

大家心里越来越清楚，我们手里有录音带，足以证明帕罗拉在以前的证词里再三再四地撒谎。

犹太同盟的坚定支持者们在这之前一直没有什么可高兴的，现在他们认识到，事情正在发生变化。鲍曼法官警告他们道："听众里有些人有点儿过分欢欣雀跃了。除非他们克制自己，否则我将让他们离开法庭。"

政府的律师惊恐万状，他们胜诉的希望全部系在帕罗拉正在飞速消散的可信性上。普泽尔试图让法庭令我们立即公布我们掌握的录音带，以减少他们的损失：

很明显，我们已经从德肖维茨先生的话里得到清楚的推论，即他已经得到一些录音带以及逐字照录的抄本，这对我们大家都没有什么可惊奇的。

法院的回答暧昧模糊：

你真敢肯定对你们大家都没什么可惊奇吗？

普泽尔接着要求：

如果有录音带和抄本的话，我们何不拿出来，而不必搞什么秘密勾当……

我们一言不发坐在那里，装作无所谓的样子，等待法官的决断。我们的策略，说实话，成败全在此举。如果鲍曼法官批准这个要求，我们就必须完整、全部、确切地透露我们掌握的录音带，把我们已有和没有的逐一列表呈报。以我们的观点看，政府的要求来得不早不晚,正好在最紧要关头。我们已经成功地摧毁了帕罗拉的可信性。可我们还没能论证我们论点的要害,即帕罗拉实际上已经承诺,如果西格尔告发胡鲁克——哥伦比亚爆炸案肇事者的名字,他就不会被传唤,作为证人在该案审判时出庭作证。只有帕罗拉继续认为我们有这次谈话的录音带——我们正要就此接着盘问他——我们才能成功地证明这一点。一切就绪,就等着盘问帕罗拉与西格尔在胡鲁克——哥伦比亚案调查过程中这些未录音的谈话。

鲍曼法官宣布休庭,以便考虑公诉人的要求。我母亲打破了法庭内的紧张情绪,她烤制了不少小点心带来,在法庭里分发,不管是律师、被告人人都有,连山姆·帕罗拉也拿到一份。(我母亲每次去法院都带着家制的糕饼。)她注意到我很紧张,以为这是睡眠不足饮食不周所致。她又给了我一些糕饼,还有一点带咖啡味儿的犹太小点心。

我极力掩饰我的紧张不安,等待着法官的裁决。当法官回到法官席宣布如下裁决时,我浑身上下感到一阵极大的解脱:

> 〔德肖维茨教授〕有权对这个证人进行质证,了解他的可信性,及实质性的有关事实。
>
> 现在,他可以用给证人放录音的方法,或用他自己的方法……
>
> 开始。

现在我们质证过程的高潮来到了——帕罗拉一定会认为我就要念给他听的对话有录音。我们预先已让谢尔顿尽可能准确详尽地回忆胡鲁克爆炸事件谈话的细节。他弄好一份草稿,包括那些关键内容,可这谈话缺乏帕罗拉的风格,语言中少了他那种粗俗劲儿。我在波洛公园区出生长大的经历现在帮了大忙。我把这份东西编辑加工,加进我小时常说的那些街头黑话。

弄好的东西在我们听起来像帕罗拉。可重要的是,这东西得帕罗拉听起来像帕罗拉才行。

我小心翼翼,就像没事儿似地继续进行被搅扰了的质证。我问帕罗拉,他是否记得与谢尔顿·西格尔进行过如下对话:

> 帕罗拉:嘿,你上哪儿去啦?
>
> 西格尔:你这是什么意思?
>
> 帕罗拉:我不是告诉你两点吗?
>
> 西格尔:不,你告诉我在两点到两点一刻之间。
>
> 帕罗拉:嘿,别来这一套。嘿,瞧瞧,你得帮个忙。如果你在胡鲁克那事儿上帮点忙,我跟你就没得说了。这整个……

突然,法官打断我的话,要我交给法院书记员“一份那东西的抄件”,这样他就可以转抄下来,也就用不着延续我的盘问了。我开始感到心寒齿冷:正在这节骨眼上我就得向书记员交出我正在宣读的录音“抄件”。可我念的不是一份抄件!它只是西格尔手写的一份内容记录。我感到绝望,这件事毁在我手里了,因为西格尔手写的东西甚至没有打印成抄件的格式。我束手无策。

可这当儿,法官结束了他的话:“要不然,你就得念得慢一点。”

我们得救了!我放慢速度,继续念道:

〔帕罗拉〕我答应你,谢利,只要告诉我们这些人的名字,剩下的事儿就不用管了。如果我们没你的帮助就没法破案,那就真破不了啦。

我把眼光从“抄本”上移开,直直地盯着帕罗拉的眼睛。“你记得有过含有这种内容的谈话吗?”

帕罗拉眼睛瞧着别处,嘴里咕噜咕噜地说:“这种内容我有可能说过。”

我看着珍妮和哈维。他们眼里闪耀着胜利和期待的光芒。这策略成功了——至少到此为止。帕罗拉以为我们掌握了录有关于胡鲁克案谈话的录音带。我回过头来接着念道:

帕罗拉:只要我们搞清楚是谁干的,你不信我们能叫这些家伙都招了吗?你跟我逗乐吗?我们让他们都招了,我告诉你,我们能做到。

西格尔:如果有人发现了怎么办?

帕罗拉:没人会发现。你甚至不用去大陪审团为此作证。我们会解决这些乌七八糟的事情,可能都不用麻烦你。

当我问帕罗拉他是否记得这次谈话的实质内容,他又一次躲躲闪闪,含糊其词地说“听起来挺耳熟。”

这时候鲍曼法官开始对帕罗拉显而易见的推诿蒙混变得不耐烦起来。当帕罗拉回答另外一次谈话的问题时说,“我可能会说那一类的话”,法官抢过话头:“你说‘可能’是什么意思?你说过还是没说过?”潮水已经倒过来了。政府意识到这一点,开始不断提出抗议。可是鲍曼法官似乎对我们正在干什么了如指掌。实际上,他说了一句话使我们感到他已经识破了我们的小计谋,他对我们是否真有全部谈话的录音带,或是到底有没有录音带有点儿半信半疑。

法庭:盘问本身并不等于有了证据,特别是在非陪审员审判的问题上,你是在法官面前,这法官对刑事诉讼案件搞得相当熟了。

〔德肖维茨〕马上就得决定这录音带是否存在，还有，他是否准备拿出来。

这一阵儿，鲍曼法官变得越来越有兴趣，他越来越多地参与进这场质证。在一个关节上，当我读录音抄本时，有点儿活灵活现地扮演起当事人来。这立即遭到政府方面的抗议：

普泽尔先生：法官阁下，我抗议这种戏剧化。

德肖维茨先生：我很抱歉。

法庭：我理解你的痛苦〔普泽尔先生〕，可这些东西真够精彩的。

在另一个关节上，鲍曼法官实际上自己接手进行质证：

法庭：一句一句地念。

德肖维茨先生：〔念〕"听着，告诉我是谁干了胡鲁克那桩事。快告诉我那些狗操的家伙是谁。"

法庭：在 1972 年 3 月你是否跟西格尔先生有过这种谈话？

帕罗拉先生；有过，阁下，我有过那种有关胡鲁克的谈话。

德肖维茨先生：〔念〕"我们永远不会拿你当证人，我们可以根据你提供的情况破案，我们用你提供的线索。"

法庭：你在谈话中对他说过没有？别跟我说什么可能不可能的，我想知道，你说了还是没说？

帕罗拉先生：我认为我已经说过了，法官阁下，我实际上对西格尔先生说过，我们可以根据你提供的情况破案。

鲍曼法官现在已帮着我进行交叉质证了。我继续念道：

〔念〕"我们不会拿你当证人，我们不会，也没必要，我们不用你也能破案。"

法庭：〔提高嗓门〕你说过吗？

帕罗拉先生：我不记得说过这些具体的话了，法官阁下。

德肖维茨先生：你对西格尔先生说过含有上述实质内容的话没有？

帕罗拉先生：就实质内容，我觉得我说过。

法庭：那么这是个事实，是不是？在某个时间你曾对西格尔说："我们永远也不会拿你当证人，"对不对？

帕罗拉先生：我和西格尔的谈话是，法官阁下，"如果我们能根据你提供的情况破案，我们就永远不会拿你当证人。"

法庭：我没有要你讲“如果”，我是在问你，你是否曾经告诉过他，没有什么“如果”。念给他听那段话，教授，请念那段话的最后几句。

德肖维茨先生：〔念〕“我们不会拿你当证人，我们不会，也没必要，我们不用你也能破案。”

法庭：你对他说过这话吗？

帕罗拉先生：听起来挺耳熟，法官阁下。我不记得这些话是否真是我说过的话。

法庭：〔怒吼〕别打断我讲话。你说“听起来挺耳熟，”我把它当成你是说你记得你在实质内容上说过此话，如果不是逐字逐句的话，是吗？

帕罗拉先生：在实质内容上，法官阁下。

法庭：那好。

这样，帕罗拉承认，他曾答应西格尔永远不会传唤他在胡鲁克——哥伦比亚爆炸案中出庭作证。

我们的策略干得比我们梦想的最好结果还要成功——帕罗拉否认了我们掌握录音的大部分谈话，他实际上又承认了所有我们没有录音的谈话。

在第三阶段质证结束时，法庭里所有的人，包括法官，政府公诉人，甚至连帕罗拉本人，都认为帕罗拉是个说谎的人。帕罗拉羞愧满面，惊恐万状地溜下证人台，普泽尔怒目圆睁地盯着他，鲍曼法官一点也不掩饰他对这个蠢得被人当场拿获的警官的蔑视。确实，法官形容那天发生的事情是一场“大崩溃”。

质证收场的时刻到了，现在该放录音了。我们急切地想尽快在帕罗拉的证言仍然回荡在人们耳畔之时，就放录音。我们还想跟鲍曼法官讲清，他早些时候怀疑我们在录音带上可能只是虚张声势只是部分有道理的；我们确实有一些录音带，但不敢说我们有盘查帕罗拉有关谈话的全部录音带。

第三阶段质证工作一结束，我就宣布“现在我们愿意播放谈话的录音，以便让帕罗拉警官重温一下他已记不起来的各种言论，这些言论都收录在案。”

政府立即拒绝我们这样做，相反，建议把带子交给他们自己去放，并交给联邦调查局去检查它是否为原始录音，并将内容抄录下来。法官宣布，待政府完成这些工作后再开庭。

虽说我们当时并没有法律或道义上的义务去告诉法院或政府，那些谈话并没有录音，现在看起来很清楚，我们没有这样做，是个极大的错误。让政府律师去“发现”这个“断裂”，由他们向法庭告知这个事实，就造成了一个错误的印象——仿佛我们想要隐瞒什么的错误印象。

不管怎么说，这关键的公堂对簿已经结束。成群的犹太人保卫同盟拥护者涌上来高声向西格尔祝贺。那些在昨天还唾弃他，为他的背叛行为所不耻的人，今天赞美他的忠贞机智。虽说我怀疑是否有人真信,有些人甚至还认为,是西格尔精心编导了这场极不寻常的剧本,使政府的可信性丧失殆尽,还揭露了它的卑劣手段。第二天报纸上报道了这件事,宣称暗中偷录的录音带摧毁了政府的头号证人。

17. 情势倒转

在周末这几天,当我们忙于准备帕罗拉谈话录音带的记录抄本时,鲍曼法官显然开始觉察到帕罗拉证词的本质含义。在帕罗拉的可信性破碎之前,法官不用过多考虑我们提出的动议中包含的复杂法律问题,即:警察承诺不会传唤告密者出庭作证是否具有法律效力?那时,他只须相信警察的否认即可,就像许多法官习以为常那样。可是在有了录音带,帕罗拉承认他确实作过这个承诺之后,这条路就行不通了。

星期二,当鲍曼法官再次开庭时,是讨论胡鲁克案中另一个被告提出的动议。我们和西格尔那天都不在法院。可是鲍曼法官却喋喋不休地渲染他对我们提出的动议有疑虑:

> 我要跟德肖维茨教授谈谈,他到底想……叫我做什么。要求法庭阻止在一场尚未开庭的诉讼中传唤一个证人?他认为我有这种权力的法律根据是什么?我还没认识到我有这种权利,因为我从来没听说过。以我30年漫长法律生涯而论,这种说法简直是闻所未闻。

现在,事实对我们有利,鲍曼对法律又有了新的考虑。

在这星期,我们把录音带交给了政府。公诉人听了以后理所当然地发现,已录音的带子里没有胡鲁克案承诺的那段谈话。

普泽尔给我往剑桥打电话,对我们的"小计谋"表示愤慨,又对我们的机敏表示赞赏。他同时通知我,鲍曼法官要我在星期五下午去他的"更衣室"①向他汇报录音带和记录抄本的情况。因为这种谈话属于事务性"例行公务",我只身一人前往纽约,也没有带任何文件,以为最多不过在法院待半小时。那个星期五的情形后来成了我整个法律生涯中最险恶的时刻。

当我坐定之后,美国副检察官约瑟夫·贾菲立即起立,发表一篇精心排练好的演讲,谴责我"从头到尾地,彻头彻尾地哄骗了法庭,哄骗了证人帕罗拉。"贾菲指责说,我故意念录音带上实际不存在的引言来迷惑帕罗拉。鲍曼法官抓住这一"极大错误",告诉我们,"在这些做法的基础上,你败坏了该证人,导致我作出他是个说谎者的结论。"鲍曼法官显然忘记了是录音带而不是我们的"所作所为"总结性地证明了帕罗拉是个说谎者,他开始把帕

① 指法官办公室套间的里间,这里有衣柜,挂着法官的黑袍,还有桌椅,可以开会,也可以找人个别谈话。——译者注

罗拉当作一个受害者，而把我当成一个暴徒。鲍曼用与其说是法官，更不如说是公诉人的口气开始对我发动进攻：

法庭：现在，我想建议你，先生，至少在这个法庭，人们指望律师出拳时应打在腰带以上……

德肖维茨先生：阁下，我不以为我们拳头打在腰带以下了。

法庭：那么你和我，先生，对从事法律工作的看法就有着两种不同的标准……

德肖维茨先生：我只是不明白您的论点，阁下。

法庭：别错以为我是在跟你争论，先生。我是在陈述法庭的结论。

德肖维茨先生：如果，实际上他以为不存在任何录音带，就用这种方法作证；他以为有录音带，又用另一种方法作证，我不明白这么做怎么能够得到真实的结果。

鲍曼法官不为所动。

法庭：你的看法是，你可以问实际上从窃听或录音里得来的问题，在这些真正的问题之间，比方说，编造出另外一个你自己加进去的，从不存在的小问题……

德肖维茨先生：当您谈到从不存在的，您是指编造？

法庭：是的。

德肖维茨先生：不，那就不太合适了。如果您是问，如果在谈话之间加进证人以为有录音，我们问他一些我们认为已经发生过的可并未录音的谈话是否合适，我敢肯定是合适的。

法庭：既使用你的行为、表现、念记录的神态和在法庭上的其他姿态，就好像这些都录了音似的？

德肖维茨先生：当然，是合适的。

法庭：你我之间看法水火不相容。

德肖维茨先生：我琢磨是这么回事儿，阁下。

法庭：我认为这种做法是不能允许的。

德肖维茨先生：如果您可以解释一下——

法庭：我可不是来解答问题的，你明白这一点，是不是？

德肖维茨先生：我一点儿也不明白那样做错在哪儿？

法庭：那我就爱莫能助了。

很明显，我们在进行辩论。我要求鲍曼法官对这个问题不要匆匆作结论，至少等我们有机会对政府的指责作出书面回答后。可是“法庭”急不可耐地做出如下裁决：

法庭：本庭兹授权书记员把这些问题及回答从证词中删去。

这么说完全清楚了吗？……现在，我想免去德肖维茨教授撰写书面答辩之累，因为我已经裁决它完全不符合程序。如果我错了的话，上诉法院会告诉我这一点。[①]

这样，鲍曼法官一个鹞子抓鼠就作出了裁定，他将无视录音带的内容，帕罗拉明显的谎言，以及帕罗拉欲言又止地承认他做过那个关键的承诺。转瞬之间一个谎话连篇的警察就变成了真理的堡垒，对他进行质证的律师成了弃道德不顾的讼棍。鲍曼法官暗示，在他书面裁决中，将正式对我违反职业道德在质证中进行哄骗的行为提出谴责。

18. 为我自己的行为辩护

我怒气冲冲地离开法院，为鲍曼法官对我的抨击，他反复无常的裁决不平。可我坚信这不会是我们对帕罗拉质证的定论。尽管法官有意免去我呈递一份“书面答辩之累”的好意，可是我仍决定准备一份辩护书，阐明我质证方式的正当性。

几天后，论述对帕罗拉质证时使用方式方法正当性的备忘录已经写好，我们重上法庭。这篇备忘录引证大量法律来源，来支持以下论点，即：“这种方式方法长期以来就被看作进行有效质证的要素，特别是在对付撒谎的证人，需要给他造成一种质证者比实际掌握的证据更多，更少，或不同证据的时候。”

这份备忘录引证许多质证帕罗拉时使用的方式方法类似的例子，这些例子被司法界权威看作精采质证的“经典”之作。

我们甚至发现作为伊里诺斯州刑事诉讼律师的亚伯拉罕·林肯曾使用过一个极有名的策略，与我们的策略没有什么区别。佛朗西斯·威尔曼在他权威的著作“质证艺术”中列举出如下“具有指导意义的质证例子”：

一个叫格雷森的人被控谋杀，他母亲请了年轻的亚伯拉罕·林肯为他辩护。林肯问一个自称是目击者的人他是怎么看见犯罪的。“在月光下”，他回答说。林肯随后从口袋里抽出一本历书，指出事件发生那天晚上没有月亮。该见证人以为历书揭穿了他的秘密，承认他自己就是凶手。

威尔曼在书中重述道听途说的传闻，该传闻在伊里诺斯州巡回法院至今仍经常引

---

① 鲍曼法官不加任何解释就断然结束讨论使我想起林·拉德纳描写的一段父子对话。当儿子问爸爸他是否输了，为父的就断然结束讨论。拉德纳这么形容父亲的话：“闭嘴，他已经解释过了。”

林·拉德纳（Ring Lardner，1885－1933），美国短篇小说家，语言多以棒球运动员生活为特点。——译者注

用……说林肯“耍了个小花招……他用一本老历书替换了当年的历书”。①

鲍曼法官没有被我们的调研成果打动。他继续用一种人身攻击的态度来对待我：

法庭：今天早上我想提醒你，不要再用你上星期五跟我讲话的态度跟我讲话。

德肖维茨先生：我确实不明白法官阁下您说的是什么意思。

法庭：我为此感到遗憾。开始讲。我听你说。

德肖维茨先生：您是否指我说话的音调，或是声音的高低，或是在某些态度——

法庭：我没有回答问题的习惯。

德肖维茨先生：那就让记录反映一下，我现在用平稳宁静的音调，并带着我可能表现出的最高敬意讲话。（在我讲这些话时，我想的是梅·威斯特②在她写的《我的小鸟》一书中对法官的反唇相讥。当法官问她，她是否想表示对法庭的藐视。威斯特回答道：“不——我正尽力掩饰我的藐视。”）

在这当儿，哈维·西尔沃格雷特拉我的袖子，低语道：“艾伦，不能这么干了。鲍曼简直是在审判你。我们得告诉他我们是正经干事的。你为什么不要求休庭，让我接替你。”我总是很愿意向我的老师学习，我请求休庭，以便与法官在他办公室里就此事谈谈。

哈维替换了我，向鲍曼法官解释这个问题：

西尔沃格雷特先生：问题是，我们一直认为我们完全正确。我们有法律依据证明这一点，给谢尔顿·西格尔先生辩护非常困难，每当我们想到这儿，每当德肖维茨先生说些什么，法庭就误认为他的口气是敌对的，要么就对他说的话不理不睬。

法庭：律师向法庭提问是不适宜的，你懂得这一点。③

---

① 这个故事，与许多其他关于林肯的故事一样，真假不明。以下情况则比较真实：

林肯拿出一本历书，让证人看，并问他如下问题：

问：历书上是不是说，在8月29日，月亮刚刚过了四分之一弦，而不是满月？

答：（无言以对）

问：历书上写没写月亮到11点时已经隐去？

答：（无言以对）

被告后来无罪释放。那本历书很可能是真的（在哈佛大学图书馆里有一本），可是林肯形容该书内容的方式却是有点诱误歧途的：该历书确实描述当晚的月亮仅过四分之一弦；这种描述的结果是，月亮看得见的部分勉勉强强只有四分之一多一点儿。但是只要仔细查一下历书就会发现，看得见的部分超过了月亮的四分之三，差不多整个月亮都看得见。而且在证人发誓他目击犯罪的时间过去后几小时仍然看得见。我们向哈佛大学天文馆考查，证明了这一点。该证人被林肯的诱误的月蚀方法所混淆疑惑，以致无言可对。林肯显然从未向法院交代他的诱误的话语。如果他真的知道，如我怀疑的那样，那么就是哄骗。

② Mae West（1892－1981），美国20世纪30年代性感电影明星。——译者注

③ 鲍曼法官怎么会有这种概念不得而知。律师从来就可以向法官发问。

西尔沃格雷特先生:他理所当然有权弄清楚他应该答复的是什么问题。

法庭:这话是想说明什么呢?

西尔沃格雷特先生:我们认为法庭最应该做的事就是取消自己的审判资格。

听到“取消资格”这个词,鲍曼法官神态开始僵硬。按程序法规定,如果一个法官在审判中表现出某种程度的倾向性,他必须从该案中退出。这是一种耻辱的标记,特别是由律师提出来。西尔沃格雷特有目的地在法官办公室里与他单独谈话时提出这个问题,这样可使他避免在公众面前难堪,然而这问题再也不能掩饰下去了。

这次谈话以后,鲍曼法官的口气完全变了。他直接对我说道:

法庭:我认为你可以以你惯常的那种气势和派头继续代表你的委托人。

……

我认为我们得再重头开始,看是不是能取得进展。我想过要在裁决中用有点重的词来表达我对那种质证方式的观点。为了使你放心,我现在告诉你,我不准备就此写什么了。

然而,我确实想结束这种个人间的争吵。

我们接受了法官的保证,准备回到法庭去。在我们离开前,鲍曼法官叫住我,说他想告诉我一些“不记录在案的话”。他脸上带着长辈的微笑劝我说,如果我是那种“普通的小地方律师”的话,他对我质证的方式就不会那么恼怒了。“可你是哈佛大学法学院的教授。你教法学院学生。我得把你放在一个更高的道德标准上来衡量。”

我告诉法官,“如果我照您所说的什么‘更高的道德标准’去做的话,那么我就会要求我的委托人接受一个更低的辩护水准。那可不会是好的法律,好的道德。我建议解决道德上的疑难问题时应继续为我的委托人着想,而且要继续教学生这样做,如果他们以后要当被告辩护律师的话。”

在后来的听证中,鲍曼法官对我的态度堪称典范。

19.“窃听时有录音”

我们回到法庭,准备放那些作为物证的录音带。联邦调查局已经对这些录音带作过技术检验,使我们感到欣慰的是,录音带都是原始录音,未经任何涂抹。

可是那段关键的谈话听不清楚:在 1971 年秋,帕罗拉向西格尔说了如下一段话,这几句话要么是“你知道,那些都窃听了……”或是“你知道,那些都没有窃听……”

这段录音给法官放了一遍又一遍:

法庭:听起来像是“没窃听”,可我还得再听一遍。再放它两、三遍!

（放录音。）

法庭：我听错了。“你知道，这些都窃听了”才是录音带录下来的内容。

我们在这个最关键问题上赢了，法官对那句含糊不清的话的理解和我们一致。

听证现在结束了。鲍曼法官答应尽快公布裁决结果。可是好几个星期过去了，从他的办公室里没有传来只言片语。律师消磨时间的方法之一是猜测裁决迟迟不来是吉是祸，不管是由陪审团裁决还是由法院裁决都一样。西尔沃格雷特这个至死不渝的乐天派把消息姗姗来迟看作好兆：“他确实下功夫读我们的辩护词哩。”我这个冥顽不化的悲观主义者，却看不到一丝光明：“他正在写一篇冗长的结论，把我们棺材上的钉子砸瓷实。”珍妮·贝克这个万世不变的务实主义者早已在准备上诉材料了，她肯定不管鲍曼法官如何处置胡鲁克案动议，我们都得上诉。

等待鲍曼法官裁决的那段时间里，还有其他事情要办。联邦助理检察官托马斯·帕特森一直把西格尔在苏联外贸使团爆炸案里的认罪当作一种额外的威慑，一旦西格尔不肯合作，就会亮出来进行恐吓。

所以，我们得想办法除掉这个威胁。我们随即在联邦东部地区纽约法院起诉，要求撤销西格尔的认罪，原因是豁免信排除了这样做的有效性。

时至今日在政府机构里还广为流传着西格尔把与政府检察部门和警察的谈话都录了音。谁也不知道西格尔究竟录了些什么内容，因为我们只是把与胡鲁克案件有关的录音带交给政府，与此无关的并未交出。

在我们与帕特森的谈话中，我们露出口风，他与西格尔的谈话也在秘密录音之列。在我看来，帕特森唯恐会对他进行质证，就像帕罗拉那样，促使他决定“建议”法官批准不经听证就撤销西格尔的认罪。法官接受帕特森的建议，撤销了西格尔的认罪。

1973 年 4 月 25 日，康斯坦丁诺法官签署撤销西格尔在联邦东部地区法院的认罪那天，鲍曼法官的裁决也下达了。这几乎像是有一位法院的小丑跟我们说笑话，“我给你们带来了一些好消息，一些坏消息。”鲍曼法官长达 38 页的结论中带来的坏消息是，应该要求西格尔在胡鲁克谋杀案中作证。

20. 鲍曼法官的结论

鲍曼法官认为，事实是，“没有记录证明西格尔的论点”，即帕罗拉曾答应西格尔，如果他提供那些胡鲁克爆炸事件肇事者的名单，他就可以免予出庭作证。

这种看法根本不对。帕罗拉在质证中承认，“在本质内容上”他对西格尔讲了“我们永远也不会要你出庭作证”的话；帕罗拉的同事约瑟夫·吉布尼曾作证说，他对西格尔作过他不会被揭露，不会被迫出庭作证的“总体上的保证”；录音带也无可置疑地显示，在其他谈话中，帕罗拉数次向西格尔保证，政府“不会利用你，我甚至不可能传你出庭。”①

鲍曼法官还决定相信帕罗拉的证词，相信他不知道有窃听录音存在，“从来没有从窃听中获得过任何关于西格尔的材料，或从联邦调查局得到过这类材料。”当然，法官有个难题，他在听证过程中对这个问题有过结论，听了几遍录音带后，他认为帕罗拉曾告诉西格尔；他是从窃听中发现西格尔的（“你知道这些都窃听了……这就是你怎么栽到我们手上的”）。解决这个症结的办法很简单：鲍曼法官只需再一次改变他对录音内容的看法：

我倾向于同意政府的看法，……即从上下文看应该是“没有”。

仅从上下文得出结果还不够，鲍曼无保留地信赖帕罗拉的可信性：

听证中帕罗拉在对质这段话时一直坚持他说的是“没有”。我必须强调，这个回忆很重要。在我看来，因为帕罗拉一直否认他知道有犹太人保卫同盟的窃听材料，也不曾使用过这些材料，尽管不断地受到不公平的对待，有时质证方式使人惶惑不解，因此该回忆难能可贵。

这对我们来说简直不可想象，特别是正值水门事件丑闻气氛之中，一个联邦法院法官却情愿相信警察；这个警察的证词，与秘密录音中的谈话对证，一而再，再而三地证明是弥天大谎。完全不顾录音带提供的证据、吉布尼的证词以及质证的结果，除了形容质证是“极不公平地令人惶惑”以外，鲍曼法官欢快地宣布，帕罗拉所述皆实。

我敢肯定所有听过帕罗拉证言和录音带的人——法官、公诉人，旁听审判的人都相信帕罗拉是撒谎。然而鲍曼法官却在他的结论里声明，他相信帕罗拉，信赖他的诚实性。没有什么能比这更生动、更使人心灰意懒地显示，要想使有些法官相信警察中也有会撒谎的人简直是痴人说梦。警察作伪证的行为，美国司法制度中有些部门的作风怂恿着这种行为，这已经变成日常生活中的一部分。对此，大部分刑事诉讼辩护律师玩世不恭地见惯不惊，就像他们对大部分被告也会撒谎却没人相信他们的话那样习以为常。

---

① 帕罗拉曾经作过那个有争议的保证以换取胡鲁克事件情报的最好证据，来自警察局局长西德曼，即亲自授权用豁免保证换情报的那个人。西德曼的书《头儿！》于胡鲁克案件结束不久出版，他在书中引用帕罗拉的话：“告诉我们参与胡鲁克事件的小兔崽子是谁，我想我可以保证，你不仅可以平安无事一切全了，而且地区检察官也不会泄露是你告的密。否则，谢尔顿，就得在法庭上，在你的伙计面前揭露你了。”西德曼写道，这以后西格尔问帕罗拉，“你答应不揭露我的承诺还算数吗？”帕罗拉答道，“只要你讲真话，小崽子，肯定说话算话。”西格尔随后问：“如果我告诉你是谁制造了放在哥伦比亚艺术管理公司的那颗炸弹？”帕罗拉回答：“那可是真格的，行啊。”西格尔又一次要求他保证不被揭露：“你发誓你不揭露我？”帕罗拉作了保证：“我们发誓，小崽子。”只是在这之后，西格尔才吐露了他参与的事件及其他人的名字。公诉人在准备胡鲁克的起诉中传唤过西德曼吗？如果没有的话，他为什么不站出来提供这个关键情况？

然而,在有些情况下,一个警察甚至把他的证词扭曲到了这样一种人们无法相信的程度,特别是连警察局自己都表示对他不信任的地步,就像搜查西格尔汽车的警官杰罗姆·霍华德被停职反省那样,连鲍曼法官也不得不得出结论,西格尔关于搜查汽车的真情比霍华德的更可信。他对此作出裁决,搜查沃尔沃车是违宪的,“政府不得向西格尔盘问与他汽车里搜到的物品有关的问题”。可是鲍曼法官并没有讨论这一裁决带来的影响:搜查西格尔的汽车,查获汽车里的东西,使警方得到了他与苏联外贸使团爆炸案有联系的“科学证据”,这是帕罗拉能够打开把西格尔推进告密者深渊的那扇门的钥匙。

鲍曼法官的结论在许多方面是典型的牵涉到所谓“排斥条例”案例的司法裁定。他不与我们争辩这些排斥条例本身的得失,因为他知道,上诉法院将会察觉他在法律条文上可能犯的错误。相反,他无所不用其极地在关键事实的确认上与我们斗法。上诉法院复查的基本原则是:上诉法院不能推翻地区法院法官在一审确认的事实,除非有极不寻常的特殊情况。这条法律后面的法理是:地区法院实际上看到和听到证人当面辩论,理所当然比上诉法院通过读一份“冷却”了的案卷更准确地审核他们的可信性。另外,“法律”是在上诉法院的特别领域之内,它来自法典法规汇编之中,而不是从证人口中说出。许多地区法院法官,极为明了他们通过事实制造法律的影响力,故意在法庭调查事实时加以引导,以便取得他们期待的法律后果,这样也极大地束缚了上诉法院的手脚。

所有参与法律活动的人都明白这一迷津,除非有明显的枉法行为外,对此无能为力。

鲍曼法官的结论就是这个流派的传世之作。我们认识到这份裁决在上诉时会遇到很大的困难。鲍曼法官曾反复自豪地提醒我们,他的裁决从来没有被上诉法院推翻过。(很多法官都喜欢把执行司法程序的得失个人化,这样看起来就像是“他们”,而不是被告们是上诉的目标。)现在我们懂得他为什么能夸耀他的成绩了——他的裁决看起来就像是专门为对付上诉法院的审查而设计的。

在这个关节上,西格尔的前途看起来阴冷悲凉。我们已要求法院先作出关于西格尔是否需要作为证人出庭的初步决定,可是该决定又恰恰不尽如人意。如果西格尔受到传唤但拒绝出庭作证,认定藐视法庭罪就势在必行,极有可能会以藐视法庭的刑事犯罪对他判处重刑。

21.“我无意阻碍法律”

赢了开场这一轮后,政府毫不拖泥带水立即开始胡鲁克谋杀案审判。优势在他们这边,公诉人急切地想在鲍曼法官的裁决油墨未干之时就把西格尔传唤到证人席上。我们有义务从专业角度上告诉西格尔,上诉法院的结果是变幻莫测的,我们什么都敢保证,就是不敢保证胜诉。西格尔要我们告诉他该不该出庭作证反对他的朋友们,我们继续婉拒,不表示个人意见。(确实,我们自己之间的意见也不一致。)这是他的事,他须在最专业化的基础上进行判断上诉法院可能做出什么裁决,这确实是预测或“瞎猜”。

我们决定立即呈递上诉状。指望在法庭上传西格尔作证,并判他藐视法庭罪(如果他拒绝作证的话),我们就可以毫不迟疑地对此案进行辩诉。速度至关重要,我们预期鲍曼法官在判西格尔藐视法庭罪后会不予交保就把他投入监狱,因为胡鲁克案的陪审团审判也已开始,法官不愿意在漫长的上诉程序期间把陪审员置于一种中间过渡状态。对我们的策略来说,西格尔这期间不进监狱,等待上诉法院结果是至关重要的。我们要他能够自己做主,这就意味着一方面他得从政府和法院的压力下解脱出来,另一方面摆脱犹太同盟的干扰。谢尔顿最近刚刚和托娃·凯丝勒结婚,她成了他拒绝出庭作证的精神支柱。我们害怕如果政府把他关押起来见不到他妻子和律师,他们可能再度向他施加以前使他就范的手段。

经过一番漫长的拖延,胡鲁克案的被告终于开始受审讯。法庭里坐满了犹太同盟的支持者,很多都戴着犹太式小瓜皮帽,有些人带着祈祷用的围脖。每个来旁听的人都被特别警察分队搜了身,以防带进武器,鲍曼法官警告一些支持者,要他们停止“davening”。(他解释说,“davening”是一种祈祷的形式,祈祷者有规律地前后摆动身体。)有一个女人站起来向法官作了一个咒他不得好死的鬼脸——古老的犹太诅咒方式。这使得鲍曼立即作出反应,“如果你再那么干的话就会被驱逐出法庭。”

双方经过一番斗嘴,对哪一类陪审员最富同情心,最有道德情操进行一番评估,陪审团终于组成。(被告辩护律师的猜测是:爱尔兰、意大利裔陪审员会比盎格鲁-撒克逊种白人、黑人甚至是犹太人陪审员对犹太同盟被告更富同情心。)联邦副检察官贾菲作了开场白,告诉陪审员,公诉方面的胜败全在谢尔顿·西格尔的证词上。

当法官不耐烦地说,“把西格尔先生带上来”时,空气极为紧张。每个人都等着看我们下一步如何动作。西格尔会作证吗?他会拒绝作证结果被判藐视法庭罪吗?法官会判他几年徒刑呢?

谢尔顿·西格尔穿着一件不合身的西装,没有打领带,慢慢地向拼花木板铺的证人席走去。他坐下来,身体挪来挪去,神情十分紧张。

当联邦副检察官亨利·普泽尔向萎靡不振、愁眉不展的谢尔顿·西格尔提出第一个诱他自投罗网的问题时,空气更加紧张:“先生,在1972年1月25日星期二那天〔胡鲁克爆炸事件前一天〕,你在犹太人保卫同盟总部会见了斯图尔特·科恩及谢尔顿·戴维斯,这是事实吗?”这时候,甚至连我们也不知道谢尔顿将作出什么反应。

他把手伸到口袋里,沉着冷静地抽出一张纸。那是我为他准备的声明,在他决定不作证时宣读。他开始宣读,有的词读得结结巴巴:

鉴于政府警察官员已向我做过承诺,如果我向他们提供某些情报,我就不必作证;鉴于我的身份是由于非法窃听和非法搜查而暴露,本人兹郑重宣布,谢绝回答问题。

本人认为,本人拒绝回答这些问题有充足的理由,只为求得对本人的公平正义,保证本人的宪法权利不受侵犯,而毫无阻碍法律之意。

普泽尔毫不掩饰他对西格尔精心准备的表演的恼怒。他怒喝道："谁帮你写的声明？"鲍曼法官答道，"显然是他的律师所为。我不以为这有什么区别。"普泽尔接着又问西格尔，他是不是"基于宪法第五修正案的权利有意拒绝回答任何问题？"西格尔回答道，"不，我不是。"普泽尔显得很吃惊；平生第一回他碰到一个犹豫不决的证人面对诱他自投法网的问题没有自然而然地引用第五修正案权利为拒绝作答辩护。

普泽尔继续向他问带有诱供性质的问题；西格尔对每个问题重复相同的回答。最后，鲍曼法官把身体向前倾倒，眼光直勾勾地俯瞰着西格尔：

西格尔先生，我想向你说明如下要点：因为你拒绝遵守法庭的指令，你将自己置于因藐视法庭而将受到惩处的地位。

法官的目光死死地盯住惊恐万状的西格尔，这个人瘫软在他的座位上，不敢面对法官的目光。可他仍然坚持拒绝回答政府的问题。

正如我们预料的那样，政府随即向法庭提出给予证人豁免的动议。我站起来反对这一动议，理由是，法律规定只能在证人援用公民享有的拒绝自我控罪特权时才能给予免诉豁免。我们有目的地决定让西格尔援引别的法律，就是不援引第五修正案宪法权利，以此破坏政府的计划。可是鲍曼法官看穿了我们的计谋，提醒公诉方面，鉴于西格尔并没有援用公民反对自我控罪的特权作为拒绝作证的理由，也就没有必要给予他免诉豁免；他可以被强制回答问题；如果在这种情况下仍拒绝回答的话，就可能因藐视法庭而被判刑。

法官随后正式裁定西格尔犯有藐视法庭罪，下令把他关起来，直到他改变主意，同意作证。

在一般情况下，证人被裁定犯藐视法庭罪的话，就会立即被关押，这是施加压力使其就范，照法庭的要求去做的一种方法。我请求法庭允许西格尔取保监外听候上诉法院裁决。我对法庭说，我已准备好，"如果有必要的话在今天下午 2:30 进行上诉辩诉"。这样我就让法庭明白，我求保的请求并非为延缓执行法庭裁决。我还提醒鲍曼法官，他在法庭结论中不惜篇幅地论述我们提出的法律问题，足以证明上诉中提出的问题是事关严肃的重大问题。

我们吃不准这项请求是否能够被法庭批准，因为胡鲁克案审判正在进行，陪审员都已宣誓就位，政府希望速战速决。我们还担心索尔·胡鲁克最近被新闻界大肆渲染的采访可能对他的态度有影响。在那次采访中，胡鲁克认为犹太同盟投放炸弹的人几乎置他于死地，这些人至今仍逍遥法外，他对此十分不满。胡鲁克抱怨，他"不明白我们这个糟透了的司法制度究竟是怎么回事，这些人好几次被带上审判台，他们已经被证明有罪，可是审判还在进行。"他这番话触及人们的心声，引得许多人随声附和。

令人惊奇的是，鲍曼法官同意我们的请求，允许西格尔交保监外听候处置，明确规定条件是，"德肖维茨先生立即进行上诉"。几分钟后，普泽尔和我就站在上诉庭法官面前了，上诉庭的日程极为紧凑，按规定所有上诉辩护书辩诉状等文件必须在 12 天内呈上。胡鲁克案审判将暂时休庭,陪审团先回家听候安排,所有的当事人都等候上诉法院的通知。

22. 联邦上诉法院

美国联邦第二巡回区上诉法院是一个有优良传统的重要法院。它的司法管豁区包括整个纽约州、康涅狄格州和佛蒙特州。由于美国联邦最高法院只复查上诉案子中极有限的一部分,美国的联邦上诉法院出于实际的原因,就成了大部分刑事诉讼被告的终审法院。

第二巡回区上诉法院法官中不乏法界巨擘,如勒尼特·汉德,约翰·哈兰,杰罗姆·弗兰克和查尔斯·克拉克都出自第二巡回区。(司法界出产的宵小之徒,该法院当然也占有其应得的比例。)

该法院位于纽约市的联邦法院大楼17层,俯瞰着布鲁克林大桥和华尔街的金融中心,给人严厉而又庄严的深刻印象。法院有九位现职法官及几位资深法官,由他们轮流担任由三位法官组成的审判庭。复审某一个案子具体由哪几位法官组成是高度保密的,只有开庭辩诉前一两天才会透露。这么做的原因是为防止律师为适应法官人选而相应地选择他们的辩诉策略。这使进行上诉的律师任务更为艰难,更富挑战意味,因为每一位法官的法律观点、做派,特别是在刑法和宪法领域中迥然各异,对某个法官胃口的辩诉在另一个法官看来可能一无是处。

我特别存有戒心的是首席法官欧文·考夫曼。在他任地区法院法官时,年轻的考夫曼主持了该法院最后一例死刑判决,即恶名昭著的1951年卢森堡夫妇间谍罪审判。他判处并执行卢森堡夫妇死刑引起的轩然大波至今尚未平息。虽说作为一个独立思考和工作效率高、成绩斐然的上诉法庭法官,考夫曼早已声名鹊起,但他仍然无时无刻地为他在卢森堡夫妇案件作的裁决受到责难。对考夫曼的非难之一是,作为犹太人,他在处理自己的同族时过分缩手缩脚,唯恐沾上偏袒之嫌。我就是担心他在牵涉到全世界最臭名昭著的犹太人组织的审判中会有这种考虑。我倒是希望主持审判的法官由非犹太裔人组成,这样他们就更容易放开手脚对付该案的敏感部分,专心致志地考虑其中错综复杂的法律问题。

终于,法官的名字公布了——由首席法官欧文·考夫曼主持该案审判。另外两位是有点垂垂老矣的约瑟夫·史密斯法官,他来自康涅狄格州;及弗里德里克·范·派尔特·布赖恩,一位暂时代理上诉法院职务的纽约地区法院法官。该名单一公布,我就钻进哈佛大学法学院图书馆,通读由他和他的同事裁决的所有与本案有关的判例。上诉辩诉常常由于对某法官在某判例中一个问题的诠注进行深入争论而变成律师与法官个人间的对立冲突。

研究了考夫曼法官主持下的上诉法庭判例,我感到信心大增。他不是一个听凭政府驾驭的人——他经常无情地鞭笞联邦检察官们(当然也同样惩戒辩护律师们)。他很明显听得进律师有理有节的上诉辩述,他也随时可能——至少是偶然地准备不追究明显有罪的罪犯,以此维护宪法原则。我的一些律师朋友听说考夫曼法官主持这次上诉,打电话给我,要我特别小心,特别是他对那些工作敷衍塞责的律师,态度极为尖酸刁刻。

心里有了底,我开始准备口头辩诉,我知道胜败在此一举。口头辩诉是律师在上诉过程中与法官仅有的一次直接接触,是了解他们究竟如何考虑此案并回答他们疑问的唯一机会。案子常常是在律师当庭向法官陈述的 15 ~ 20 分钟之间决定的。

一般来讲,上诉法院辩诉没有一审法院审判场面那么激动人心。法庭里人不多,一般情况下只有文书,偶然来旁听的被告及等候轮着他们上场的律师。在 6 月里那个炎热的星期二,日程上只有一次开庭事项,法庭里熙熙攘攘,来去的都是犹太同盟的支持者,还有新闻界、家属、联邦总检察长办公室的全部官员都出席了。

书记员用传统的"噢——呀"[①]声宣布法官入场(这声音使那天参加旁听的玛蒂·埃利法特情不自禁地用意第绪语传统的绝望哭嚎声模仿起来:"噢——哇,噢——哇。")书记员宣布:"西格尔诉美利坚合众国"一案开始。我走上讲台,陈述西格尔被迫成为告密者的具体情况。几乎在同时,首席法官考夫曼打断了我,开始问我销毁窃听录音带的情况。很明显,考夫曼下功夫读了我们的书面上诉状及案卷内的材料,因为他问的这个问题在鲍曼法官结论中没有提及,我们在上诉辩诉中也没有特别强调。(哈维·西尔沃格雷特曾力主将这一点加进上诉状中,以便"保留",一旦上诉至最高法院时可以再提出来。)

考夫曼法官的问题使在场的人都吃了一惊。可是作为一个上诉律师,你得准备好法官问任何问题。我们有备无患。正当我在酝酿如何回答时,珍妮·贝克递给我一个娟丽清秀地标有"销毁录音带"字样的文件夹。夹子里有与此有关的判例、法规及录音带整理材料,重要的段落下面都用红笔勾出。我揣摩到其他法官对这个问题也很感兴趣,就抛开原来草拟好的辩诉提纲,集中谈销毁录音带的法律后果。为了把其他问题也囊括进去,我提出,由于联邦调查局非法地销毁了窃听录音带,使我们难于证明政府是用窃听手段发现西格尔的。

法官们连连发出诘问,很明显,法官们尚未就此案做出决断。(有许多案子法官很明显已有定论。确实不乏律师辩诉时法官尚未看过上诉状而且很可能永远也不会读上诉状的情况。)以亨利·普泽尔为检察官的政府公诉方面也受到法官们毫不客气的盘诘,问的也是关于销毁录音带的问题。在辩诉结束时,考夫曼首席法官保证因为暂时休庭的胡鲁克案审判在等待本案上诉结果,法庭决定将在几天之内对上诉作出裁决。

好的律师总是为他的委托人预料到最坏的结果。(可我直到现在仍然感到不解,刑事被告对他们的前景表示乐观,即使监狱的大门已经在面前砰然一声关上时仍至死不渝。)在等待上诉法院裁决时,我们继续和西格尔讨论他决定作证或不作证的得失。

口头辩诉两星期后,我在哈佛大学法学院办公室里接到上诉法院打来的电话。一位文书通知我,法庭已经做出一项全体通过的裁决,推翻鲍曼法官关于藐视法庭罪的裁决。我随即安排航空快递服务,把这份裁决的影印件在几小时内送到我案头。

---

① "oyea",意为遵命。——译者注

23. “治安长官已酿成大错”

首席法官考夫曼执笔的裁决书以描述艾丽丝·康妮斯之死为开头,认为她是“被毫无意义、怯懦卑劣的暴力行为”害死的。随后它笔锋一转,把该案的法律问题描述成“处于一种不幸集中地暴露了刑法及其实施中最丑恶一面的境地。”“因为这种处境”,裁决书写道:

……了解到谢尔顿·西格尔这个告密者采用了一些他与之合作的人使用的策略,他自己暗中偷录了许多谈话,就毫不足怪了。……西格尔,甚至在他身为政府必不可少的告密者之时,本人就参与了胡鲁克和哥伦比亚爆炸事件,这只不过是这些穷凶极恶活动参与者魑魅魍魉面目的又一暴露而已。

法庭然后转到政府涂抹窃听录音带:

绝不能低估销毁这个证据在本案中的意义。强制反对用非法窃听手段获得证据的一方拿出该证据确已玷污的实据,……又扣压他用以取证的工具和途径,这是在创造一种法律上的谬理。

法庭认为,销毁录音带“迫使我们严格检查政府所称西格尔之所以被发现,他在苏联外贸使团爆炸事件中起的作用不是通过窃听而是从其他‘独立的来源’获得的。”

复核了由政府提供,鲍曼法官认为所言皆实的材料后,法庭指出,西格尔至少成功地录下了与帕罗拉的一次谈话,这次谈话录音“提供了与警察所说如何发现谢尔顿·西格尔身份的相反意见。”对于考夫曼法官指出那段最关键又有争议的段落,即“你知道这些都窃听了(没窃听)”,我们要求上诉法院听一下这段录音。上诉法院接受了这个建议,并得出自己的结论:

我们明确地、毫无疑问地得出结论,帕罗拉对西格尔说的是:“你知道这些都窃听了。”

这个审查结果(在我自己看来有点言过其实①)使上诉法院得出一个费解的结论:

如果纽约市警察局真的从窃听中查出西格尔参与此事的线索,西格尔的律师手中掌握着这些窃听的内容,在帕罗拉那次撒谎作证中可以迎头痛击政府有独立来源证据的说法。

---

① 我以后几年中向几百个学生放过这段录音。绝大多数学生都同意上诉法院的结论。但每年都有少数几个学生,特别是从布鲁克林来的认为帕罗拉说的是“没有”。我自己听起来回回不同,有时是“窃听了”,有时是“没窃听”。

因为如果确实使用了窃听手段，帕罗拉在庭上所作的独立来源的证词在这个重要关节上就受到损害，也就明显地不能起什么作用。

这个结论之所以费解，是因为帕罗拉的可信性已经被其他没有争议、毫不含糊的录音带所摧毁，这些录音带最终地展示了帕罗拉在向西格尔索取情报这一任务有关的事上再三再四地扯谎，在一些他根本不可能忘记的事情上，例如他威胁要干掉西格尔，及他们达成不要去咨询他有什么权利的"交易"。甚至在录音带已经清楚地证明，帕罗拉曾对西格尔说他是通过窃听被发现的，帕罗拉也很容易"忘记掉"，因为这些都不在他的"主要任务"之内。

可是，为什么法庭把注意力集中到这段含混不清的谈话上，认为攻破帕罗拉的可信性全在此一举？我的猜测是，上诉法院法官们不想使鲍曼法官感到难堪：如果上诉法院详述帕罗拉证词前后矛盾之处，揭露他的谎言，鲍曼法官如此仰仗他的可信性就显得荒谬绝伦，如果不是公然露骨枉法的话。这样做把焦点集中在鲍曼法官误解了对某次谈话这样一个小疏忽上，上诉法院就避免了对地区法院法官对本案事实作出的结论进行中伤之嫌。

不管怎么说，上诉法院认识到帕罗拉的证词"在这个重要关节上受到损害，也就明显地不能起什么作用"，使法庭考虑如何妥善补偿政府不端行为造成的损失。法庭开头先谈到它的哲学观念：

> 当然，用卡多索①的名言来说，因为治安长官已经酿成大错，以致罪犯逍遥法外使大家身受其害。有些人争辩说，应该允许偶尔为之下不为例地使用非法手段以保护法律的地位。勃兰代斯②大法官对这种议论雄辩地反驳道："我们的政府是威力强大无所不在的教员，教好教坏，它都用自己的榜样教育人民。犯罪是可以传染的，如果政府自己犯法，就会滋生对法律的轻蔑，引诱人民各行其道，把自己看作法的化身。"

法庭随后宣布结论：

> ［我们］因此得出结论，根据西格尔案件的情节，销毁录音带的行为阻碍了［西格尔］用以进行抗辩的必要力量……
>
> 因为这些录音带已不存在，此案发回地区法院再审已无必要。鉴于此，对西格尔的藐视法庭罪判决应予否决并撤销。

---

① Benjamin Nathan Cardozo（1870－1938），曾任联邦最高法院大法官，美国最受尊崇的法学家之一。——译者注

② Louis Dembitz Brandeis（1856－1941），曾任联邦最高法院大法官。——译者注

就好似要使它的结论绝对一致似地，法庭还说明，“在任何情况下都不能因苏联外贸使团驻地和格林库夫炸弹爆炸事件，或由于在他车里发现炸弹引起的私藏炸弹为由对西格尔起诉。”最后，仿佛为了回答鲍曼法官对我质证帕罗拉方法抨击，上诉法庭煞费苦心地表扬“西格尔的律师为弄清错综复杂的事实和法律实体问题，能力高超而恭谦礼让地进行调查，自始至终以事实为追寻目标。”我们明白这是一种对我们在质证中使用的技巧的批准，至少可以这样推论。

我们向西格尔解释说他现在已经一身轻松了，他竟不敢相信这是真的。他不会被起诉，也用不着出庭作证了。经过两年交织着威胁，恐吓和孤寂的磨难，谢尔顿·西格尔现在可以轻松自如地离开法院，开始一种没有对簿公堂威胁，没有藐视法庭罪，没有帕罗拉，或在我推测——也没有犹太人保卫同盟的新生活。他再也不必苦思苦冥该不该出庭作证反对自己的朋友，或面临长期监禁的威胁。

24.“你们知道今天谁不在法庭里吗？”

胡鲁克案审判尚未终结，一旦等到上诉法院的裁决下达就会继续开庭。鲍曼法官在裁决下达的那天早晨重新开始胡鲁克案审判。西格尔再一次被传唤出庭作证，可这回已无藐视法庭之虞，正像人们预料的那样，他拒绝作证。没有西格尔的证词，法官被迫向胡鲁克案的被告撤诉。

斯图尔特·科恩，谢尔顿·戴维斯和谢尔顿·西格尔开怀大笑，一边互相祝贺，一边准备离开法院，这时鲍曼法官怒容满面地看着他们，说道：“你们知道今天谁不在法庭里吗？艾丽丝·康妮斯。”

正当我的思绪回到胡鲁克爆炸案的无辜受害者身上，我听到法官的声音愈加激昂愤怒：“有人犯下了卑劣怯懦、刻毒邪恶的罪行，不可宽恕的罪行，永远也不会忘却的罪行；有人在我看来，在这样一个牵涉到谋杀的案子中正在阻挠司法的执行。即使杀人犯仍逍遥法外，一意孤行的人最终将尝到法律的力量”。

鲍曼法官一边发表着最后的陈述，一边把目光从这几个年轻的被告身上掉转开来，直直地盯着我，就好像在说：“该负责的是你。”

他的话语像利刃穿透我的心。在案子已经胜诉，当事人无罪释放的时刻，我从未感到这么惶恐不安过。他说得对。从某种意义上来说，我们应该负责，我、哈维、珍妮和其他为西格尔奔走辛劳的人。如果不是我们谋划出这种新奇的辩诉方法，不是我们日夜为他的官司牵肠挂肚，上诉法院很可能早已核准鲍曼法官藐视法庭的有罪认定，裁决西格尔入狱。谁又能知道，西格尔是否能承受得住铁窗生涯的巨大压力呢？

所有的人都走了以后，我独自在法庭里坐了许久。我不想参加庆功宴。我不能忘却艾丽丝·康妮斯。

25. 依靠告密者的政府

此后，西格尔案一直使我良心不安。我每年都在我的刑法课程中讲这个判例，放窃听录音，并和学生讨论此案牵涉到的复杂事实和实体法律问题。有时我邀请普泽尔来代表政府的观点进行争辩，有时我邀请珍妮和哈维和我一起讲。学生的反映每年都不一样。有时帕罗拉像个英雄似地被人推崇，有时又像个恶棍，西格尔总是被人唾骂，被怜悯；鲍曼法官一般来说是不受欢迎的。我个人的作用争议极大，特别是我接受此案代理的决定，也有时对我的质证方式有不同意见。这些戏剧性的人物中间，学生总是把珍妮放在最光荣的位置上，因为她本人当时就是个法学院学生，在诉讼过程中起着举足轻重的作用。

因为此案提出了根本性的问题，既有法律问题，也有道德标准问题。牵涉到政府干预、预防犯罪的限度，并对最重大的罪行提起诉讼的权限，它成了一个极好的教学工具。这个案例要求学生们对西格尔这样的告密者角色深入分析。我们生活在政府靠告密支撑的时代。每个执法机关都有一批告密者；任何一个稍有影响的组织——还有许多一点影响也没有的组织——都被政府的坐探渗透了。告密已经成为大众职业，如果不是一种荣耀光彩的职业的话。很难估计现在有多少告密者在活动。他们扮演的角色频频更换，以致你都来不及识别，清点。这些人被胡乱地派遣去打探下至鸡毛蒜皮的小事，上至最严重的犯罪。他们为了出卖情报而自制情报。为了给他们的雇主提供他喜欢听的消息，他们编造犯罪的假情报。

帕罗拉——西格尔谈话录音带戏剧性地揭露了对告密者施加压力来压迫他们提供情报，不管情报内容是多么不可靠，不管情报是用什么不正常手段搞到的。然而，有效地选择一些告密者以便获得维持治安厉行法制须臾不可少的情报，历史上所有的政府都使用过告密者和坐探，现在仍然会这样做。如果没有联邦调查局的坐探打入三 K 党，民权运动很可能不会有这么大的发展；缺了从内部提供情报的人，我们对黑社会有组织犯罪活动就不会像现在这样了如指掌。

在犹太人保卫同盟案中，作为“治安长官”的并非心慈手软的鲍曼法官看起来是那样偶然无意地“酿成了大错”。在此案中，政府如果不使用违法手段，就不可能防止可能发生的灾难后果，因为政府无法渗透犹太同盟。鉴于此，才断然决定——一个精密谋划、深思熟虑的决定，经过最高领导批准，为了更大的国家利益，知法犯法去参与“民事不服从运动”。①

很多人在这个问题上争道，政府只不过是做了它必须做的事情而已；政府绝不能坐视

① “民事不服从”(Civil Disobedience)，是美国 20 世纪 70 年代反越战运动中出现的有意违反社会秩序，如游行、静坐、喊口号以便让警方逮捕的抗议方式。法庭一般以民事侵权行为对这些人进行罚款，或入狱一周。这种因某一条法律不合理或认为它不符合公众愿望而拒绝服从的违法行为不能与用暴力与法律对抗相提并论。——译者注

不见,株守法律陈规,不敢越雷池半步,以免招来非议,在这个案子的诉讼过程中,我有时也有同感,特别是当我了解到正是由于西格尔提供的情报,犹太同盟的一些行动计划才被挫败。

可是,最终的结论还是,政府在这个案子中败诉毕竟是天网恢恢,疏而不漏。政府情治人员顶着极大的压力,为保卫国家利益要害,万般无奈不惜采取权宜之计是一回事;而法院在审理程序中,细致周全地明察综观它作为刑事案件的来龙去脉,反而给它以宪法意义上的合法地位,就是另一回事了。正如罗伯特·杰克逊大法官①在第二次世界大战日本裔美国公民被关押到集中营案的最高法院裁定②中发表的异议中所说:如果一个政府官员违反宪法,"那是一个事件";可是如果法院随后认可这一行动,"那个已经过去的事件就变成宪法原则的一部分。这一部分东西有它自己的生殖力,其生产出来的东西却会损毁宪法原则本身。"

同样,在犹太同盟案中政府或许有必要采取措施以防止灾难性的后果;可是,在灾难已经避免,犯罪集团已被揭露,其成员已被抓获之后,再使用违反宪法的手段去确保犯罪的认定就绝非明智之举,也无这种必要。因此,在某种意义上我可以较容易地理解并宽容警官帕罗拉的行为,却难以理解为什么鲍曼法官煞费苦心地企图使这些行为合法化。

政府情治人员继续参与违反宪法的活动,一般情况下都不会比上述情况理由更充足。在大部分这一类案件中,他们都能得到两全其美的结果,因为法院会对违法行为视而不见,或认定其没有危害,并维持由此而来的有罪认定。每次法院在宪法原则上否决一项有罪认定,就会使想与宪法较量的人下一次付出更大的代价。一些特殊案例,像胡鲁克爆炸那样的重大案件中,这种代价会之高异乎寻常。可是考虑到法院实际上难得这样做,每一项与西格尔案类似的裁定都应看作美国宪法的胜利。

26. 尾　　声

犹太人保卫同盟现在已形影相吊,是它旧日荣耀的一个黯淡的倒影。它现在还有几百个持极端观点的成员分布在美国东北部大城市里,偶尔会在纳粹党派集会或巴勒斯坦人游行示威之时出来喧嚣一下。该组织在共产党的书店里放炸弹,威吓苏联外交人员。1974年11月,亚西尔·阿拉法特到联合国演说时,同盟的一位新领导悬赏暗杀这位巴解主席,

---

① Robert Houghwout Jackson (1892 - 1954)曾任美国联邦最高法院大法官。——译者注

② "Japanese American Internment Cases",是指在第二次世界大战期间,美国联邦最高法院于1943年和1944年裁定美国总统富兰克林·罗斯福在1942年2月19日签署的第9066号总统行政命令是符合宪法的。根据这条命令,美国陆军当局在加利福尼亚州及西海岸其他地方颁布戒严令,在加州等地共有11万余日裔美国人被关进集中营,他们的财产被剥夺,人身权利受到侵犯。这条行政命令后来受到激烈的批判,被称作"美国历史上自林肯解放黑奴以来政府剥夺人民民权的最粗暴违法行动。"美国联邦最高法院在1988年裁定罗斯福的第9066号总统行政命令是违宪的,应予推翻,并裁定政府应给予这些日裔美国人象征性的赔偿。——译者注

他为此被捕。同盟在美苏关系和国内政治中已经没有什么影响,现在美国国务院再也不用为他们的活动而在大洋两岸急电频频了。

为犹太人保卫同盟掘墓的最重要事件就是艾丽丝·康妮斯之死。这个毫无必要的悲剧击碎了维系同盟与犹太人社团之间的微弱支持联系。它告诉人们同盟滥用了不服从运动和暴力行动,使这些行动完全丧失了意义,也达不到若精心选择明智有节地利用可能达到的目的。连认为向苏联人或巴解组织官员使用暴力是有道理的同盟支持者,也对针对胡鲁克和哥伦比亚艺术公司的爆炸感到惊骇,特别是它造成了——即使是偶然的——一个年轻犹太姑娘之死。

有点讽刺意味的是,“犹太同盟三人”的开释,或更确切地说,对他们不能认定有罪的判决也可能促进了同盟的消亡。在西格尔指名道姓地透露了参与者后,同盟仍气势汹汹地否认参与此事,使人觉得,该组织的领导不愿承担自己极端过火行动的责任。然而更重要的是,不认定有罪的结果使同盟没有一个用来鼓吹人们效法的英烈——如果西格尔、科恩或戴维斯被认定有罪并判处长期监禁,同盟就可以利用他们“政治犯”的身份来发起抗议活动,寻求支持。可是,没有这样一个凝聚点,加上支持者日渐减少,犹太人保卫同盟已经成为一个吵吵闹闹的,成不了气候的古董。

大部分主要成员和积极分子都重新汇入美国生活的主流。斯图尔特·科恩现在开着一家旅行社;谢尔顿·戴维斯虽表面上还是同盟成员,但他把大部分时间用于在犹太教神学院攻读犹太法博士课程。伯特·兹维本又重新经营房地产,但他仍然不改那种即使参加葬礼还开玩笑的幽默感。最近他对我说,他是个“一事无成的小民百姓”。卡哈尼拉比现在以色列,领导着一批右翼东正犹太教徒,争取在约旦河西岸定居。在最近一次示威游行中卡哈尼被以色列警察逮捕,并受到相当粗暴的对待。他抱怨说,甚至在美国他都没有受到过这么粗暴的对待,以色列警察回敬道:“在以色列,我们用不着考虑什么‘犹太人的选票’。”

谢尔顿·西格尔和妻子托娃在审判结束后搬到长岛去居住,在那儿开了一家家具包装修理店。西格尔再也未和犹太同盟联系,在1973年6月他离开法院那天后,他没有遇到过麻烦。

桑托·帕罗拉还是当侦探。西格尔案了结几年后,我给纽约市警察局打电话,询问我是否可以跟他谈谈,经过一番踌躇,他答应跟我见面。

那是温暖的6月的一天,我来到位于布鲁克林大桥曼哈顿那边的警察局。“律师”,帕罗拉招呼我,一边热情地和我握手,“很高兴看见我在证人席20年作证中唯一搞得我露脸掉价的律师。”我对他说,不是我,而是西格尔使他栽了跟头。“你下回见到那小屎蛋时得告诉他,”帕罗拉说,“他逼得我们警察局制定了新规定。”他指着一架金属探测器,解释说,“那就是专为检查到警察局来的人是否藏有录音机用的。这条新规矩就叫‘谢利·西格尔规定’,所有的谈话都必须在警察局进行。”他对我搜了身,确定我身上没藏着录音机,我们就来到一个小房间谈话。

一开始就谈到布鲁克林。帕罗拉说,"你知道,我要不是在波洛公园区生长的话,永远也破不了这个案子。我是看着像谢利这样的犹太孩子长大的。那些小屎蛋、小傻帽儿老想学我们的样儿。如果你知道怎么对付他们,你能叫他们俯首听命。谢利就是那样。他心里有点想学我,像个硬气的意大利警察,我一眼就看出来,马上就跟他套这路子。我们两人在一起常照这路子瞎扯——意大利式的话题,不是犹太式的,谈车啊,炸药啊,黑手党啊,什么都谈,他喜欢谈这些东西。慢慢地,我把他变成一个意大利人,然后又变成一个警察,我当然没有完全得手。可我已经拿住了他的一部分,好的那部分,如果我不了解波洛公园区,如果我不是对谢利这样的小屎蛋了如指掌的话,那我永远也不可能控制他。"

为什么非要揭露西格尔的面目,利用他出庭作证呢?"那不是由我决定的,"帕罗拉反诘道。"这个决定也把我气得火冒三丈。谢利是我20年来找到的最好的告密者。你知道,他本可以借此发财呢。我认识的其他告密者干这种事都要钱,他可以为提供给我们的情报要2.5万美元,或许5万美元。可是他从未要一分钱。他作为告密者比当证人可珍贵多了,可联邦调查局那帮狗日的决定得用他。为什么非这样干?我也不知道。预防炸弹爆炸不比把几个小傻蛋抓进监狱关几年更重要吗?你看看这个结果,我们毁了自己的卧底,也打败了官司。这些假模假式的联邦调查局家伙,把事情都毁了。他们说话不算数,倒把这一切都栽在我头上。他们要我应允把月亮都摘下来捧给那小子,却拿我去糊弄事儿,最后把我推出去当成个骗子遭人唾骂耻笑。他们毁了我的承诺,我只得否认说过这话。"

像帕罗拉这样一个有经验的警察怎么会被谢尔顿这样的"小屎蛋"愚弄了呢?我问。"他干得漂亮。至少是越干越漂亮。有讽刺意味的是,正是我们自己制造了弗兰肯斯坦医生①的作法从而自毙。你知道,当我回过头来想一想时,我记得我曾经怀疑过,这小子莫非是偷偷录了音吧?我记得我想过。可是我想我麻痹了。他信任我们,我们也信任他。我们都是他妈的蠢货。我们都过分相信对方了。"

对帕罗拉来说,我是否也有着他对谢尔顿有的那种优势,只是由于我也是在波洛公园区土生土长,"跟许多你这样的家伙混在一起?"帕罗拉笑了。我接着说,"那时我经常和像你那样的孩子打篮球,那种意大利凶蛮的家伙,动不动就亮出块儿来要打架。我们的策略是让他们大意,让他们觉得仿佛我们害怕了,让他们麻痹大意,然后再进行反击。这办法当我们是小孩时成功了,现在对付你还是成功的。"

帕罗拉摇着头,哈哈笑着。"你真爱开玩笑,律师。你确实坑了我。我记得我想过你会在质证时用各种各样的方法开始套我,你确实使我麻痹大意,使我放心,然后你就下手了,我确实惊恐万状。我干这一行这么多年第一次感到法律的厉害,我不知道法官和联邦调查

① 《Frankenstein》是英国诗人雪莱的夫人玛丽·雪莱(1797－1851)在1818年写的一部恐怖小说。内容是,弗兰肯斯坦医生用尸体制造一个怪物,结果反被其害。——译者注

局人员会对我做什么。”

然后，他停下来，对我笑着，附在耳边悄声说，“律师，你知道你最后赢了这案子时我怎么想的吗？我觉得太棒了，真盖了帽啦。谢利本来就不该坐牢。”

我起身告别时，帕罗拉转过身来，把手放在我肩上。“律师，”他说，“这案子确实是一件波洛公园内部案子。我破了这个案子，把谢利弄成我们的卧底，因为我了解这个地方的街坊邻里。随后你从剑桥来，把我干掉，因为你还记得这些老街坊四邻。还有一个家伙对这儿一无所知，这就是鲍曼法官。他一直没有搞明白这案子究竟是怎么回事。他不理解谢利，他不理解我，他甚至连你也不理解。他觉着自己了解你，因为你们俩都是上等律师。他没看出来你其实是个布鲁克林的小混混，一个穿三件头西装的打群架小子。那就是我为什么喜欢你的原因。律师，那就是为什么一旦我遇到麻烦，我就会给你打电话的原因。我要一个打群架的小子跟我一拨，尽管你从来不是个‘两个半阴沟盖’的人。可在法庭上，律师，你是个‘三个阴沟盖’的人。”

这是一个波洛公园区老乡给我的最高评价了。

第2章 “不管怎么说，反正枪击一具尸体不是谋杀。人只能死一次。”

一个人躺在地上死了。他的仇敌走过来，以为他在熟睡，于是用刀猛刺尸体。这个仇敌有谋杀死人的**故意**吗？法律有时可能呆板颟顸，但还不至于像驴一样愚不可及。

——大法官里德勋爵在英国上院判决“霍顿诉史密斯案”(Haughton V. Smith)的结论(1974)

法学院一年级的课程一般都是用“苏格拉底教学法”进行的。教授扮演无所不知的贤哲苏格拉底，先提出假设案情，随即向困惑不已的学生提出一个又一个问题。只要学生的回答接近正确答案时，教授便会把案例中的重要情节稍加改变，然后再要求学生给出新情况下的答案。这种供学生讨论、不断改变案情的假设案例是法学院教学的主要内容，目的在于磨砺未来律师的心志，为将来在法庭上的唇枪舌剑作准备。有些学生对这种“纸上谈兵”的教学方法甚有怨言，但大多数学生似乎都享受这种挑战。

一年级学生上刑法课时总感到好奇又迷惑的一个假设题是：如果被告开枪打了一个在他看来是活着的人，但是后来发现其实是一具死尸或一个假人，那么，是否可以认定这个被告构成杀人未遂罪？

我开始在法学院教授刑法课程时，这类假设案例还从来没有在实际生活中发生过，所以这类法律问题必须借助假设或类似案例来讨论。

我最喜欢的案例是福尔摩斯侦探案中《空屋历险记》(The Aduenture of the Empty House)这篇。在这个故事里，一个叫莫兰的人在追踪福尔摩斯。莫兰据说是伦敦“最好的射手”，“伦敦第二危险人物”(伦敦最危险的人当然非詹姆斯·摩里亚蒂莫属，莫兰的老板)。为了诱使这人上钩，福尔摩斯让一位很有名气的雕刻师为自己塑造一个惟妙惟肖的头像，并把这个“鱼饵”放置在贝克街家中的窗口上，隔一会儿就转动一下，以便使人误认为他在那里。不久，莫兰就出现在街对面的小巷中，用他的远射程来福枪对准“歇洛克·福尔摩斯”。

他扣动扳机，子弹穿透头像，“正好打中后脑部”。莫兰旋即被捕，他承认企图谋杀福尔摩斯，却被这位名探的绝妙计谋给阻止了。正当警官把莫兰押走之际，福尔摩斯问道:“你准备以什么罪名向他起诉?”莱斯特雷德警长答道:“什么罪名?当然是谋杀歇洛克·福尔摩斯未遂喽!”大侦探低头不语,好一会儿才摇摇头,说:“不能这样做,莱斯特雷德。”他反而建议应该试试看莫兰和其他几个未侦破的谋杀案之间的关系。这样,大惑不解的读者一直没有搞清楚,根据英国法律,一个“杀人凶手”对准一个假人的头瞄准射击是否可以认定犯有谋杀未遂罪?

美国法院曾对一件这类真实的案子作出判决,该判例收集在好几本刑法教科书中。一个密苏里州的猎人看到有只“鹿”,就开枪把它打死,他后来发现这是一只用死鹿骨头假装的鹿,是公园守护警察为诱使偷猎者上钩的诱饵。该案的法律问题是:猎人是否可以被认定犯有在非狩猎期偷猎未遂罪?法庭的裁决认为“企图做一件法律意义上不可能做到的事不能构成犯罪。例如,**企图谋杀一具尸体不构成犯罪,因为尸体是不能被谋杀的。**”〔黑体字系作者注。〕

有些法学家对这一论断不以为然,他们争辩说,如果被告相信这具“尸体”是个活着的人而意图杀害他,就应该被认定为杀人未遂。

我本人从上法学院一年级起就一直对有关未遂罪的法律兴趣盎然。我学过的最早的判例之一,是一个丈夫谋杀妻子案件。有个叫丹姆士的人开车带着他妻子在路上飞驰,然后拔出一把手枪对准她,她吓得赶快逃跑,但被他一把抓住;他把枪顶在她头上,慢慢地、谨慎地扳动了枪机。这枪没有响!他竟然忘了上子弹!旁边有两个警察亲眼看见了这一场面,还听见丹姆士在扣动没有子弹的枪的扳机后大喊:“这枪不响!这枪不响!”(至于丹姆士大喊时究竟用的是肯定、失望、惊叹还是绝望的口气却没有任何证据可以证明。)丹姆士被判谋杀未遂罪,他以用一把没上子弹的枪是不可能谋杀妻子为由提出上诉。上诉法院裁定维持原判,认为:

> 当丹姆士扣动扳机时枪里没有子弹的事实并不能免除他杀人未遂的罪名,如果**他确实认为**那时枪里是上了子弹的话。

我后来在一家法学刊物上写了一篇有关此案的论文,把这种“不可能实现的企图”理论用在我假设的案情中进行分析。我的假设是,“枪击一个看起来像是正在熟睡实际上已由于自然原因死亡的人”是否可以认定犯有未遂谋杀罪。我试着区别两种未遂之意图,因为偶然的、非个人能力可以控制的因素造成不可能实现的犯罪企图(如用手扣动手枪扳机后因机械故障而未能击发),以及由于个人进行某种程度的自我控制而致使犯罪企图失败(如强奸者发现他的施暴对象已怀孕而放弃他的邪念)。我引证西格蒙德·弗洛伊德①对

① 西格蒙德·弗洛伊德(Sigmund Freud)(1856－1939),奥地利精神病学家及精神分析学家,他创立了弗洛伊德精神分析学说。——译者注

无意识行为的研究成果,推测丹姆士未能给枪膛上子弹可能反映了他亲手杀妻时不自觉的憎爱相间的矛盾心理。我这篇论文流露出生手的幼稚,处处是对心理学一知半解的疏漏。可是写论文使我深入思考未遂犯罪方面的法律,煞费苦心地琢磨如何为“不可能”辩护。

我开始在哈佛大学法学院讲授刑法时在课程中安排了相当多时间去解决刑事“未遂”这个谜团。每个年级上课时都分成势不两立的两派,在福尔摩斯的故事或假想的“杀人犯”用刀猛戮尸体的案例讨论上激烈论战。大部分学生开始都同意里德勋爵在上院做的结论,即:如果法律允许把戮扎尸体的人或枪击假人的人认定犯有谋杀未遂罪的话,这种法律确实是愚蠢如驴的。我则故意唱反调,鼓动学生在刺杀尸体案和其他被学生认为是杀人未遂的假设性案件之间比较异同。

我们讨论的假设情况中也用上了小说《豺狼的节日》(The Day of the Jackal)里的情节。在这部小说里暗杀者躲在暗处向戴高乐射击,总统出人意外地在这千钧一发之时,鞠了一躬,这当儿凶手扣动扳机,子弹几乎是擦耳而过。另外一个假设情景是:谋杀者在飞机上安放了一个爆炸装置,但该装置出了机械故障而未爆炸。

当课程结束时,很多学生都改变了看法,认为在不可能实现的企图(尸体案和假人案)和意外情况破坏了这种企图(鞠躬的总统和出故障的炸弹)之间并无原则上的区别。在这些案例中,被告有谋杀的故意,竭尽全力去达到这个目的。我甚至提出论证说,从道德角度讲,在竭尽全力去完成谋杀却未能如愿的被告,和成功了的被告之间,并无确凿的站得住脚的区别。那么难道应该由成功或失败的偶然性来决定被告应受惩罚的程度吗?

我上这种课时总感到兴奋不已,但用形形色色的假想尸体和假人来描绘错综复杂的“不可能实现的企图”总给人以远离现实的感觉。对法学院用假设情节教学持批评态度的人正好用“尸体案”来说明法学院的模拟方法是多么不现实,多么稀奇古怪。想想看,用这种方法教了10年书以后,有一天有人要求我出庭为一个真正的案子担任被告辩护律师时,我该是多么激动!这是美国法院遇到的第一个真正案例,被告被控用枪射击另一个人,而那个人后来查明是一具尸体。

1. 一个真实的死尸案

这件事发生在1975年10月,一个叫杰弗里·科恩的律师问我是否有兴趣为一个已被认定谋杀一具尸体犯罪的被告上诉,那个被告是他朋友的弟弟。

“你开什么玩笑!”我大叫道,“现实中根本没有这种事,这是法学教授脑子里才会发生的事。”

他明确告诉我这是真事。我告诉他,如果有关此案的材料中当真提出这个奇特的法律问题,我毫无疑问乐意为被告辩护。这对我的刑法课程该是多好的一个实例啊!

杰弗里几天后带着法庭审讯的全部记录飞到剑桥来,他跟我讲了与本案有关人员的悲惨故事。(法学教授有时会因案情的曲折独特而兴奋不已,却常常忘记那背后的人间悲剧。)他朋友的弟弟马尔·德鲁加什是个 23 岁的年轻人,出生于纽约布鲁克林本森赫斯特区(与波洛公园区毗邻而居)的一个中产阶级家庭。他父亲和两个哥哥都是会计师;姐姐是宾夕法尼亚州立大学医学院预科生。马尔跟他的哥哥姐姐一样上了大学。表面上看起来,这家人与这个地区其他中上阶层的家庭没有什么两样。可马尔却不一样,他有严重的癫痫,经常发作,变得神志不清昏头昏脑;他从少年时代起就一直被三灾五难缠扰。1971 年,当他在塞拉加斯大学读书时曾因私藏一把训练用手枪而被捕,他后来承认有轻微犯罪行为,换取了缓刑处分。这是他在大学期间唯一一次触犯法律,可是毕业以后他就连连碰壁……

1973 年 12 月 21 日星期五之夜,马尔和两个朋友麦克·盖勒和乔·布什一起外出饮酒作乐,麦克住在布鲁克林佛拉特布希区的一所公寓地下室里,乔跟麦克住在一起已有好几个月,他曾答应分担房租和一应费用。当晚麦克几次向乔提起这笔费用,乔总是勃然大怒,说他什么也不欠麦克,如果再提这事,“我就跟你玩命”。

子夜时分,这三个人回到麦克的住处继续喝酒。到 3 点钟左右,乔和麦克之间的冲突骤然升级。麦克再次向乔索要那笔 100 美元的房租,乔再一次威胁说,若麦克不闭嘴的话他就要动手了。麦克又说了一次。

突然,乔从口袋里抽出一把长柄的 0.38 口径的自动手枪对准麦克,麦克吓得后退一步,但什么也阻挡不了乔——他朝麦克的心脏打了 3 枪。马尔看着麦克倒在地上,血从胸口的枪洞中汩汩流出。

乔转向马尔,把枪口对准他,说:“如果你不向他开枪,我就干掉你。”乔这样做是想让马尔也沾上手,这样他们两人就是一伙了,马尔也就无法对乔进行指控。

马尔虽说也有枪,就插在他的靴子里,但他被乔吓坏了。经过一番犹豫,马尔走到麦克平俯在地一动不动的身体旁,拔出 0.22 口径的左轮手枪朝麦克头上打了 5 枪,这是在乔的 0.38 口径手枪子弹穿透麦克心脏几分钟之后。

第二天清晨,有人发现麦克的遗体时,乔和马尔正在去纽约州北部途中。他们在外面躲了几天,马尔癫痫发作了几次后,在圣诞节后第二天回到父母家中。

2. 马尔的自供

12 月 27 日,马尔的父母外出度假。他姐姐正巧从学校回家过圣诞节,便开车送他们去机场。马尔孤零零一人待在家中,他心头突然涌上癫痫症发作前那种熟悉的感觉,一两秒钟后他就倒在地板上翻滚,死死咬住舌头,很快便失去知觉。他姐姐回来后发现他躺在地下室的一张软榻上,双眼呆滞地望着开花板,神情恍惚。

她想问他话,可他说话前言不搭后语,只是咕哝着,颤抖地比划手势,表示要睡觉。这时正是下午 5 点。

一小时后,有人敲门。那人自称是“马尔的朋友”,要找他。这人来到马尔的沙发边。

他不是马尔的朋友,而是便衣侦探约瑟夫·卡拉斯基洛。他负责调查麦克的谋杀案。

卡拉斯基洛向目眩头昏的马尔宣读了“米兰达警告”,告诉他,他有保持沉默并要求律师到场的权利。这位侦探随后就提出那个必问的问题:“现在我已通知你你的权利,你愿意在没有律师到场的情况下回答问题吗?”马克点点头,表示同意。

于是,卡拉斯基洛探长就可以自由地向马尔讯问有关麦克之死的情况。马尔回答说,他对此一无所知,因为他和乔·布什到纽约州去了四、五天。探长问他是否愿意到警察局去一趟,以便辨认一些乔·布什的照片。他们来到纽约第69管区(在我十几岁时,每周我都会来到这个管区参加警察体育联盟的集会)。警察把马尔带到审讯室里开始审问。卡拉斯基洛一开始就告诉马尔,有好几个证人说他们能证明马尔非法持有枪支。

这时马尔对探长说,他刚刚来了癫痫。可探长告诉马尔,只有审讯完毕才能给他吃药。

随后,马尔开始向探长交代乔如何在房租问题上发生争吵,如何打死麦克的经过,他又是如何“害怕乔·布什”。他向这位侦探演示他如何走近麦克的尸体、用0.22口径手枪向麦克的头部开枪。马尔说在乔开枪和他开枪之间“大约相隔3分钟,最多不超过5分钟。”探长问马尔,为什么他会枪击自己的朋友,他解释说,麦克“那会儿已经死了,”他自己“很担心生命受到威胁。”

马尔交代后,卡拉斯基洛探长以谋杀嫌疑犯将他逮捕并起诉。探长随即召来地区副检察官约瑟夫·M.劳利亚,还有一位速记员开始正式的口供笔录。马尔的供词成了检察方面立案的主要依据,其部分内容如下:

[副检察官劳利亚问]:在12月22日凌晨3点30分左右,你是否在东区第五十二街740号?

答:是。

问:有别的人和你在一起吗?

答:我敢肯定的只有乔·布什。

问:你不敢肯定的是什么?

答:我不时地会痉挛。每当我痉挛——癫痫病的痉挛——我就……

可副检察官没等他说完就打断他的话。

问:乔·布什当时在干什么?

答:嗯,乔先是拔出枪来射击,他着实让我吃了一惊,我一点儿也想不到他会那么干。

问:那后来怎么了?

答:后来麦克倒在地上。我是在乔用0.38口径的手枪朝他开枪之后才开枪打他的。我之所以开枪是因为——

可副检察官又一次阻止马尔把话讲完。

问:我对你为什么开枪不感兴趣。你向他打了几枪?

答:大概 5 枪吧。

问:那时麦克对你做了些什么?

答:不,麦克已经死了。

问:你朝他开枪之前摸了他的脉吗?

答:没有,他一动也不动。

劳利亚先生:我没有其他问题了。

马尔的姐姐与杰弗里·科恩的弟弟很熟,她给杰弗里打电话向他求助。杰弗里答应相助,他对此案作了一番调研之后找到两位布鲁克林的刑事诉讼老手去为马尔辩护。

在这段时间内,乔·布什——正是他最早开枪杀害了麦克——却无影无踪了。他在全国各地东躲西藏,四处流窜,后来他回到纽约,又一次遇到麻烦。这回他被抓起来,可是纽约市警察局竟没有认出他就是那个正在追捕的杀害麦克的凶手,就在乔·布什被押在纽约警察局期间,他的档案上只记载着他是个流窜犯。天下竟有那么巧的事:有一天乔·布什和马尔·德鲁加什正好押上同一辆警车,马尔当即把这消息告诉他的律师。于是,乔·布什正式被控与马尔一起谋杀了麦克。

布什的律师后来与地区检察官办公室达成了认罪协议。根据协议条款,布什承认犯有过失杀人罪,检察方面则撤销对他的谋杀指控,只判他 5 至 10 年徒刑。马尔坚信自己既没有造成麦克之死,也没有置麦克于死地的意图,他拒绝承认犯有过失杀人罪,决定面对谋杀罪指控,在庭上斗个一清二白。

1975 年 9 月 8 日,纽约金斯县最高法院①对马尔以谋杀罪进行审判。法官听取了医学上对马尔癫痫症的证词后,认定马尔的供词是自愿的,可以向陪审团宣读马尔在被捕当天向探长和地区副检察官交代的内容。因为乔·布什不肯谈事件的真相,如果马尔自己不招供的话,本案根本不成立,现在检察官起诉的基础主要依赖马尔的供词。

起诉书指控马尔和乔·布什“共同行动”枪击麦克·盖勒致死。根据这一理论,“人民”(the People)——在纽约州的法院里习惯这么称呼检察方面——必须证明乔和马尔共谋杀害麦克。如果他们能够证明两人有这种预谋,至于谁发射的子弹杀死了麦克就无关紧要了。“人民”只要证明从任何一把手枪里发射的任何一颗子弹,或这些子弹一起造成了麦克的死亡即可。这是因为如果共同犯罪,每个罪犯就必须在法律上承担他自己做的、他

① 州法院对谋杀罪有审判权,而联邦法院一般对这类案件没有司法管辖权,但在特殊情况下联邦地区法院也可以对谋杀案件进行一审。

们同伙所做的及他们共同采取的行动的后果。举例说,如果两个武装劫匪抢劫一家银行,其中一人在抢劫之中开枪杀死了一个银行警卫,另外一个劫匪也同样犯有谋杀罪。如果两人都向警卫开枪,至于谁的子弹先将他击毙并不重要;这两个人都要为他的死亡负责任。

但是,如果“人民”不能证明乔和马尔共谋杀害麦克(如果有证据证明乔杀害麦克的决定是单独作出的,事先并未取得马尔的同意),那么政府使指控成立所担负的取证义务将更加艰难。要认定马尔有谋杀犯罪,“人民”必须以确凿证据证明:(1)乔朝麦克心脏开枪3到5分钟后,当马尔朝麦克头上开枪时,麦克实际上仍然活着;(2)马尔相信麦克还活着,并且故意开枪杀死他。

3. 专业人员的证词战

“人民”无法证明乔和马尔是共同策划行动的,这在审判一开始就可以看出。没有任何马尔与乔预先达成协议去谋杀麦克的证据。唯一的证据是马尔的供词,但该供词只是说乔在冲动之下单独地向麦克开枪;马尔只是在乔向麦克开枪几分钟之后才向他开枪。一审的法官在听取了这一证据后裁决“人民”未能证明有共同行为。现在“人民”必须证明乔向麦克开枪3到5分钟之后他仍然活着。此案成了医学专家作证的战场,双方都传唤美国著名的法医病理学家前来作证。

为“人民”作证的主要医学专家是弗朗西斯·梅洛莫医生,他是警方发现麦克尸体几小时后做尸体解剖的验尸官。当时没人知道究竟是谁打了第一枪,验尸官可以判定的只是麦克的心脏和头部都被数颗子弹击中,子弹分别来自两种口径的手枪。由于尸体解剖是从头部开始,尸体报告认为可能造成死亡的原因是“头部和胸部多处弹伤,造成脑受损及大面积胸腔积血,心脏被致命地击穿。”梅洛莫医生的证词只是重复了他自己的尸检结果。

在交叉询问时被告辩护律师向他问了个假设性问题——基于证据而假设出来的问题(普通证人一般都不允许回答假设的问题,但专家证人则可以)。向梅洛莫医生提出的假设问题是:

假如说死者被一把0.38口径的手枪〔乔的枪〕击中〔胸部〕。再假设约3分钟至5分钟后死者被一把口径小些的手枪〔马尔的枪〕击中〔头部〕。医生,请问在医学上你有否把握告诉陪审团,后来几次向他头部枪击时遇害者是否还活着?

医生琢磨着如何回答,陪审员等了好一会儿,他才回答说:“不,我无法回答这个问题。”

“人民”的另外一个专家证人是多米尼克·迪马伊奥医生,他是纽约市首席验尸官,负责监督刑事案件中的尸体法医解剖工作。他作证说,一颗0.38口径手枪击出的子弹——从布什的枪口射出——“穿透肺叶,然后由左至右横穿心脏。”随后问他那一颗子弹是否足以使人死于非命,他回答说:“是的。”

一审法官问他,这是否意味着“这人立即就会死亡?”

证人:不,不一定。

法庭:我想知道的就是这个。

辩护律师随即问道:

问:可你并不能肯定他到底需要多长时间才能死亡,是吗?

答:是的,我不能肯定。

最后迪马伊奥医生也被问到梅洛莫医生被问到的假设问题:在麦克胸部受到枪击3到5分钟之后他是否有医学上的把握肯定麦克仍然活着?

他的回答是:“没有把握。”

被告的律师们决定只传唤一位专家证人:弥尔顿·赫本医生,他曾任纽约市首席验尸官长达20年,是纽约大学医学院法医学系主任,是全世界公认的法医学及法医病理学老前辈。

我们向赫本医生问的问题是:“能否肯定本案中受害者在遭到布什的0.38口径手枪子弹枪击后需多长时间才会死亡?”

赫本医生肯定了控方医学专家的证词:

不,没有人能有把握肯定地说出需要多长时间。受害者可以因胸部的弹伤迅速死亡,实际上在有些情况下他可能会倒下就死。这些弹伤也可能会持续一段时间……受害者才会死去。可是在大部分情况下这种弹伤很快就可致死。

4. 作证或不作证?

这些医学专家出庭作证的时候,被告辩护律师必须作出一个事关重大而又困难重重的决定:是让审判这样进行下去还是让马尔自己作为证人出庭作证。乔·布什已经明确表示既不为原告也不为被告作证;原、被告双方都不愿冒险传唤他出庭勉强作证。

是否传唤刑事案件被告在对自己的审判中作证,这是出庭诉讼律师最棘手的问题,必须千斟万酌方可决断。即使被告可以根据自己不可侵犯的宪法权利拒绝在审判时出庭作证,但是许多饱经风霜的律师都相信,如果被告不肯作证,陪审团就会认为他一定隐瞒了一些真情。他们通常是对的!可是这些人通常想隐瞒的并不是他正在受审的犯罪行为,他极力想掩饰的是他过去有过前科并且被认定有罪。根据证据法的规定,如果被告拒绝作证,他以前犯罪的历史一般来说都不能在这次审判中提及。可是一旦被告决定作证,检察官就可以用质证来揭露他的前科,借此怀疑他作为证人的可信度。法官会指示陪审团不要把被告的前科作为判断他是否有罪的考虑因素,只能当做证人可信性的依据。每个人都知道这是不相干的事。大部分被告和他们的律师都害怕如果陪审团了解到被告有前科,就会对被告产生偏见,在认定有罪或无罪时作出不利的决定。有些陪审员甚至就此作出被告应该被认定有罪的结论,因为他是个坏蛋,是个危险的家伙,这样的人就该判刑,不管此案中他究竟是否有罪。

有时候被告辩护律师别无选择,尤其是检察官提出证据,要求被告对此作出直接回答的时候,被告辩护律师也可能拿他委托人犯有前科这个短处去冒险,除此别无他法。对此进行裁决是件错综复杂而又十分微妙的事,每个案子的结果都依具体案情而定。(我认识的一个刑事诉讼辩护律师打一场官司收费 50000 美元,他说准备工作和具体出庭辩护收费 5000 美元,剩下的 45000 美元是支付他指导被告在公诉方面陈述案情后是否出庭作证的费用。)

在马尔的案子中,问题差不多。一方面,马尔有前科,但相对来说只是上学时的轻微犯罪;另一方面,"人民方面"的把握并不很大。但对马尔不利的因素一直是个隐患,检察官对他进行质证时可以充分利用这些问题:他怎么解释他向朋友的尸体连开 5 枪这样古怪的行为?陪审团会相信他自己持有一支上了膛的枪还那么惧怕乔·布什吗?如果他真的吓得半死,为什么他还和布什一起潜逃到纽约州北部去呢?这些在质证时都是马尔的难题。

辩护律师们决定让马尔回避,不传他出庭作证。他们很清楚,若是马尔不作证,案卷中除了马尔向卡拉斯基洛探长交代的话,即乔用枪逼着他向麦克头上开了 5 枪之外,没有其他证据。法律认可被逼迫或被强制下的防卫措施,但这个限制很严格,也极难成立。辩护律师们认识到让马尔出庭作证可能带来的危险远比可见的好处大。

5."最关键的争议"

此案在医学专家提出的不同论点基础上交付陪审团讨论。被告辩护律师反对把此案提交陪审团裁定,因为根据医学专家提供的证词,陪审团不可能确凿地肯定马尔向麦克开枪射击时麦克仍然活着。然而法官仍然决定应由陪审员来决定本案"最关键的争议"——"开枪时受害者究竟是否还活着。"

这个争议提出了道德和科学上的根本问题:生命在什么时候终结?科学家、神学家、哲学家和律师对这个疑难之谜已讨论了几百年。有人认为心脏停止跳动之时生命即告终止。可是,自从人工呼吸设备发明之后,在人的其他生物器官死亡之后,人的心脏可以由这种设备维持跳动。这么一来,大部分医生都提出以"脑死亡"——大脑细胞电波活动的终止为标志——作为法律意义上更实用的生命终结的标准。(围绕生命周期的另一端也展开了如火如荼的辩论:生命的开始应该如何规定?)

然而,一审法官没有将陪审团带入这场对宇宙造物开天辟地的研讨,他只是指示陪审团说:

一个人只要有致另一个人于死地的故意,并实际上采取行动造成了另一个人的死亡,就犯有谋杀罪。

法官把谋杀罪中“故意”的定义是:

蓄意地采取某种行动,执意地、知道后果地、犯罪性地,而不是偶然地、错误地、过失地或由于疏忽大意而做了某事。

法官接着指示陪审团如何决定被告是否有认定谋杀罪必须具备的故意。他解释道,“故意是一个人心里隐秘无声的行动,这种行动没办法拍照留影。”可是,为决定被告是否有犯罪的故意,陪审团可以使用所谓“推断”的方法:

根据法律,可以推定每个人都指望自己所干的事都达到预期中的自然的效果。

然而,法官又提醒陪审团,“你们可以接受也可以推翻……这个推定。”

法官指示陪审团,他们只有在证明马尔向麦克射击时麦克仍然活着之后,才能认定马尔犯有谋杀罪;法官指出,如果不能证明这一点,陪审团仍然可以认定马尔谋杀未遂。法官的指示中谈到“不可能实现的企图”这么一个棘手的理论:

现在,女士们先生们,虽说事实上或法律上死者不可能被杀,因为他在这之前已经死亡,如果你可以确凿地证明……被告实际上有意杀害死者,被告心里认为死者当时仍然活着,即使他当时已经死了,你也可以认定被告杀人未遂。

这样,法庭授意陪审团认定马尔因枪击一具尸体而犯有杀人未遂罪,只要证明马尔当时认为麦克还活着。

经过两天秘密辩论,陪审团一致认定马尔犯有谋杀罪。陪审团的结论是,麦克在遭到马尔枪击时仍然活着。他们并不想就如果麦克那时已经死了马尔是否犯有未遂谋杀罪这样一个次要问题多费脑筋。但这个错综复杂的问题仍然埋伏在本案之中,随时都会露头。

审判结束几星期之后,马尔又被重新带回法庭宣布对他的刑罚。因犯谋杀罪他被判强制入狱15年到终身监禁。根据这个判决,马尔必须在狱中最少呆8年半才能请求假释,他是否会在狱中了此残生也未可知。乔·布什承认自己开了第一枪,也是致命的几枪,可他在庭外协议中承认犯有过失杀人罪就可以获得在5年之内请求假释,最多在狱中呆10年的对待。个人上法庭争取基本的宪法权利竟然要付出如此沉重的代价!

6. 第一次在州法院上诉

我是在马尔一审判决后才见到杰弗里·科恩的,他把我介绍给德鲁加什的亲属。德鲁加什的亲人于是聘我做马尔的上诉辩护律师,起草上诉书并出庭辩诉。

我的第一个任务是会见当事人。我来到布鲁克林的拘留所男号,监狱长把我带到一间塞满囚犯的牢房里,我看到关押马尔的牢房里至少有7个人从铁窗里朝外张望:这些家伙都是腰宽体壮的大汉,大部分是黑人,有几个不停地吵闹着。马尔站在里面,与他们恰成对照——他只有5英尺高,面色苍白,说起话来结结巴巴,但又不失镇定。马尔显然早就把他这点小个头锤炼过了,他的身体看起来肌峰迭起力量充溢,这正是在拘留所那种暴烈环境里所必须的防护条件。

看守把我们带到会见室里,我们在那儿谈了一会儿。我告诉他我的上诉计划,但他一点也不感兴趣。他想知道的唯一问题是:"你什么时候可以把我保释出去?"我告诉他,在法庭认定犯有谋杀罪后,保释实际上是不可能批准的。他要我试试看。我对他说这根本不可能,至少在上诉之前是毫无希望的。马尔大失所望,十分不情愿地回到牢房里去。

我向法院请求尽快举行上诉辩诉,并在几星期之内就递了上诉状。我们的主要论据是谋杀认定不能成立,因为现有的证据根本不能确凿肯定马尔开枪时麦克还活着这一关键。超越合理怀疑的举证责任意味着——至少在理论上是这样。

我们论证说,陪审团是不可能用确凿的证据证明马尔向麦克开枪时他仍然活着的事实,因为连检方的医学专家证人都承认,甚至他们这些负责解剖尸体进行法医检查的医生都无法"在医学上确定"麦克在受到乔枪击3分钟到5分钟后是否还活着。(我们从来没有讨论应该用"心脏死亡"还是用"脑死亡"作为死亡的依据这个问题。在大部分有争议的案件中,脑死亡先于心脏死亡。确实,用脑的状态来判断是否死亡,重要功用之一是决定是否切断人工生命维持系统,是否可开始摘除可供移植的器官,这时心脏仍然可发挥功用,但人已无法恢复知觉了。在本案中心脏死亡明显地早于大脑死亡,而我们不想让法庭把注意力集中在对"脑死亡"问题的研讨上。)

检方让步承认,没有麦克当时仍然活着的**直接**证据,可它争辩说,有许多有力的"**间接**证据"支持这个结论。现行法律规定在刑事案件中"**间接**证据"也可以作为认定的根据,但只能在"证实事实排除了其他可能情况,唯有此种情况可以成立之时。"①

检方在上诉听证的辩诉中指出发现麦克的尸体时他胸腔里积满了血这一事实,由于胸

---

① 用来解释"直接"与"间接"证据的最普通例子如下所述:如果有人告诉你,他刚刚从外面进来,看见天在下雨,那就是天在下雨的直接证据;但如果你看见一伙人带着湿漉漉的雨伞进来,那只能是天在下雨的间接证据。

腔充满血最多可达10分钟,这段时间内心脏仍然可能在跳动;所以马尔朝麦克开枪时他仍可能活着。可是,梅洛莫医生已经作证说他只能“约莫估计”本案中胸腔积满血需要多长时间。“猜测”——即使是医学专家的猜测,也不能构成超载合理怀疑的证据。

我们上诉书中的第二个主要论据是,不管麦克在马尔枪击时是否实际上还活着,谋杀罪都不能成立,因为没有马尔**认为**麦克还活着的确凿证据。如果马尔认为麦克那时已经死了,不管他这种判断是对是错,他都不可能有杀害马尔的故意。在这个问题上唯一的直接证据是从马尔的供词中找到的:他供认说,他朝麦克开枪时,认为麦克已经死了。

我们在上诉中提出的第三个论点是,马尔向劳利亚助理检察官供出的内容不应该作为证据,因为劳利亚不负责任地打断马尔的话,不让他解释他为什么要向麦克开枪。助理检察官的行为使我们有机会把马尔的“证词”呈递给上诉法院,而不用让他在陪审团面前冒险作证。杰弗里·科恩准备了一份签字宣誓证词,说明如果马尔不被助理检察官打断的话,他会如何对助理检察官说:

> 首先,我敢肯定在我开枪之前麦克·盖勒已经死了。其次,我当时对自己的生命安全感到极大的担忧,〔因为布什〕当时用枪逼着我,用断然决然的口气说,如果我不朝死人开枪,我自己也会被杀掉。我敢肯定他会说到做到,因为几分钟前,我亲眼看到……布什杀害了我最好的朋友。

不管这桩公案如何了结,我都要法官们好好读一读马尔的声明,了解他朝朋友的头上打了5枪时心里想了些什么。

上诉程序的口头辩诉于1976年2月5日举行,地点在布鲁克林上诉法院的大理石殿堂里,它坐落在布鲁克林高岗上一个美丽住宅区的安静街角,上诉庭由5位法官组成,但首席法官自始至终是一言堂。

首席法官欧文·夏皮罗是个地地道道的布鲁克林的儿子:提起问题来带着一种既玩世不恭又浮躁的口气。他用死不悔改的布鲁克林土音刨根问底,穷追我们论据中一个个脆弱之处。他提的不少问题很雄辩,目的与其说在于引出答案,不如说是在显示他洞察幽微,对此案的复杂性了如指掌。他在胸腔积血的问题上对我百般刁难,随后又对5发子弹紧追不舍:“难道一枪或两枪不能解决问题吗?”“他为什么一定要打5枪?难道这不说明一些问题吗?”他似乎对我的回答还算满意。正当我准备提出最后一个论据时,他突然切断我的话头(具有讽刺意味的是,这正好在我刚要提出助理检察官打断马尔话头之时,可我把这两者之间有什么可以类推之处的想法咽了回去),说:“你已经讲了不少了,教授。让我们听听你的对立面,听听地区检察官办公室的意见吧。”

地区检察官办公室的代表是一位负责上诉部门的领导人,一个叫赫尔曼·布鲁克的精明油滑的律师,这个人又很饱学多识。布鲁克还没走到讲台之前,夏皮罗就已经扑上去了:

“你有什么证据证明他那时还活着？我看不出你有什么证据。”

布鲁克开始井然有序地从他的上诉答辩状中列举间接证据。“证据不充分，证据不充分”，夏皮罗不断地插进来说。每次布鲁克提出一个间接证据，夏皮罗总是能找到一个被告是无辜的假设。首席法官夏皮罗实际上是在帮我辩论。

几分钟后，布鲁克开始改变策略。他深深地吸了一口气，然后承认马尔向麦克开枪时他还活着的证据有点“不充足。”

夏皮罗紧追不舍：“你是说你承认谋杀罪不能成立吗？”

“我们不再坚持认定谋杀罪了，”布鲁克用几乎听不见的声音说，他一脸丧气相。“可是我们坚持谋杀未遂的证据是充足的。”

夏皮罗咧开大嘴一笑，对检察官讥讽地说：“你是想对我说，企图杀害一具**尸体**的被告可以认定犯有未遂谋杀罪吗？”这位法官说“尸体”这一个字时音调几乎提高了一个八度。

布鲁克坚定不移：“这正是我们坚持的论点，法官阁下。”

夏皮罗摇着头，一脸不可置信的苦相。“这理论真是太有趣啦，从来没听说过哇。”

布鲁克继续理论道，纽约州议会最近修改了关于未遂罪的法律，取消了“不可能性”的辩护理由。根据旧的法律，如果一个被告被指控企图从事的犯罪“在法律意义上是不可能”完成的，他就应该无罪开释。

比方说，在一个经常被人引用的英国假设案例中，贵妇人埃尔顿夫人到法国旅行并购买了一些精美的花边，她认为这些工艺品是地道法国花边，这样回国时就须交纳进口税。可是这位心灵上也不那么高贵的贵妇不打算交关税，她想在过海关时蒙混过去。海关检查员发现了这些东西，这位狼狈不堪的贵妇坦白了她的“罪行”。可是再仔细看时，发现倒是这位想骗海关的贵妇人被人坑了——这些花边根本不是法国货，而是廉价的英国冒牌货。这些便宜货是无须上税的。埃尔顿夫人是否企图逃避关税？她当然有意犯罪。如果事实正像她所希望的那样，她就会被认定犯有走私罪。可是，只有犯罪的企图但行为是正当的能够构成犯罪吗？

现实中，每天在纽约都有埃尔顿夫人“犯罪”的当代翻版。当一个旅游者用很少一点钱买了自称是“偷来的”昂贵的名牌手表，后来发现这块手表只是假货，是专门用来坑旅游者的。这个上当受骗的旅游者是否犯有收购赃物未遂罪，因为他确实是想达到这个目的？

大部分法学权威都认为埃尔顿夫人不应该被认定有罪，因为她企图达到的目的“在法律意义上来说是不可能实现的”——一个人不可能从一件不须纳税的物品上逃税。可也有一些法学专家持不同意见，这样，“不可能”的辩护问题始终莫衷一是。

根据修改过的纽约州法律，对一个不可能实现的企图也可以判罪，如果实际情况正如被告“以为的那样”，该罪行就有可能实现的话。

这样，埃尔顿夫人（还有买手表的旅游者）就可以被认定有罪——就像那个在非狩猎季节射击伪装的假鹿的猎人，那个苦心孤诣地追杀一个仇敌，后来发现那个被他射杀的人早就死了一样。

当布鲁克就这个论点引水长流时,夏皮罗法官不断地把他拉回到本案中的具体问题上去:“可你认为被告以为是这样的证据何在?你怎么证明本案被告错误地以为他开枪时受害者仍然活着?你有任何与被告说他认为当时受害者已死亡的声明相抵触的材料吗?”

布鲁克说,5 发子弹即是明证;这也可以从一个人期待他的行动达到预期后果中得到推定;他自己认为是尸体,却又连打 5 枪不合常理;还有被告提不出任何使人信服的解释。

对布鲁克的每条论据,夏皮罗只是说,“理由不充足,理由不充足。”

布鲁克结束他的辩论后,我立刻站起来反驳。夏皮罗首席法官打断我的话,笑着问道,“你难道不懂适可而止吗?”我当然明白他比较倾向于我们这边,可我一点儿也不清楚其他 4 位法官是怎么想的,这些人几乎一句话也没来得及说。我想,还是让首席法官夏皮罗去说服他们。

我们没有等多久裁决就下来了。在 1976 年 3 月 1 日口头辩诉三个星期后,上诉法院 5 位法官一致同意推翻地区法院认定的谋杀罪。法庭在讨论了医学证据以后作出结论:

> 未能提出超越合理怀疑的证据,以证明麦克在被告朝他开枪时仍然活着。

决定了谋杀罪不能成立后,法庭转而讨论谋杀未遂论据,认为:

> 确凿的证据证明被告……认为〔麦克〕已死,对他这种说法对方没有拿出一丝一毫相抵触的证据。

因此,法庭裁定不能认定马尔犯有杀人未遂罪,因为他没有打算杀害这具尸体。

马尔被免除所有的罪名,对他的指控也全被撤销。(法庭结论中真正使我们感到惊奇的是,它并非出自首席法官夏皮罗的手笔,而是由玛图切洛法官执笔的,他在整个口头辩论中一言不发。)

《纽约每日新闻》刊登大字标题:“法庭裁决没有‘屠戮’那个死人”,还发表了长篇报道。《纽约时报》的故事则用了较为缓和的标题:“谋杀认定因受害者早已死亡而动摇。”

裁决下达后我们立即安排马尔出狱事项。现在马尔的官司似乎可以告一段落了。可一场新的诉讼正在酝酿,因为控方在被告上诉成功之后,有权向纽约上诉法院上诉。

7. 致命一击①的争辩

纽约上诉法院的复查工作包括两个步骤:首先,由败诉一方向该法院的一位法官提出

---

① Coup de Grâce,意指给予严重受伤的人以致命一击来结束其痛苦。——编者注

申请;然后,如果该法官认为有必要复查,该案就会呈交全体法官讨论,并择日进行口头辩诉。控方向首席法官查尔斯·布赖特尔呈递了复查申请。

1976年的一天,已是暮色沉沉时分,我正在家中做晚饭,这时电话铃响起来了。电话那边有人说,“我是查尔斯·布赖特尔。我想跟你谈谈那个有趣的枪杀尸体案。”

我一时语塞。我受的法律教育告诉我,单方面与法官探讨案子是不合适的。我向布赖特尔法官建议,应该让赫尔曼·布鲁克也参加进来。

“我已经跟赫尔曼谈过了,”法官对我说。“我对此案很熟悉,我也很倾向批准他的复查申请,可我想也得给你一个机会谈谈你的观点,看是否能说服我改变看法,虽然这种可能性极小,可这种案子我很久没有遇到了,它可以说是我办过的最有意思的刑事案件。如果我漏掉过问这个案子的机会,我的同事们不会轻饶我的。”

我问布赖特尔法官,他是否要我现在就在电话里提出我的论据,而不看此案的材料。

“那当然啦,”他说,“我只想听听你的总的看法,为什么我仍不应进行复查。只是非正式地谈谈,教授,我们在纽约就是这么办事的。”

我开始向他说明,上诉庭的结论是对证据逐条进行对证的结果,该结果明确表明“人民方面”未能证明他们提出的指控。上诉庭裁决并无广义上的外延。

布赖特尔哈哈一笑:“干得不坏。可是未遂问题又怎么说?这是不是第一桩枪击一具他认为是活人的尸体案?”

“这个法律问题与本案无关,”我回答道,“因为没有丝毫的证据证明被告开枪时认为受害者仍然活着。”

“但是,”法官打断我的话头,“他不能绝对肯定受害者已经死了。有理由假设他就像一个行刑队的队长,他的任务就是来这么‘最后一击免其受苦’(Coup de Grâce)的一下子,百分之百地保证不留活的。”

我不同意这种说法,但又没法说服布赖特尔法官;他已经参与进来了,他不会轻易放弃的。结束谈话时他建议我在“最后一击免其受苦”这个问题上做好准备。

一星期后,法庭正式批准了“人民”上诉的申请。这对我来说是一种极罕见的经历:我将作为被上诉人的律师出庭,为维护下级法院的裁决而斗争,而不是像我在一般情况下那样总是担任上诉人的律师,向下级法官的裁决发动进攻。

这场上诉的主要法律问题就是一开始吸引我介入此案的那个问题——它迷住了布赖特尔法官,也使一代又一代的法学院学生着迷:如果可能,在什么情况下可以认定一个向尸体开枪的人犯有未遂谋杀罪?我们都知道,这个案子不管怎么判,都将成为法律教科书上的经典判例,它将取代法学院教授由于没有实际案例而挖空心思假想出来的五花八门的情景。

我前往奥伯尼市①去参加上诉。上诉在纽约上诉法院雄伟壮丽的殿堂里举行,这座精巧的大理石建筑就坐落在奥伯尼繁华热闹的商业中心和下城贫民窟之间的大墙下面。前往奥伯尼的旅行使人感到时光倒流,仿佛这座哈德逊河上的小镇仍然是昔日金元帝国的首府。大部分出庭律师像法官一样,都是当天赶了150英里路从纽约来的,所以在这所法院开庭人们总显得有点无精打采,空气沉闷,特别是在一天即将结束,他们查阅班车钟点火车时刻,急于赶回纽约州的真正首都去的时候。

在上诉法院7位法官前举行的口头辩诉就像7种乐器发出的不合谐音,每个人都有各自的观点。法庭在关键问题上四分五裂。有一位法官坚持说,认定谋杀罪的证据是绰绰有余的,乔和马尔共同策划和执行了杀害麦克的计划。这是一个荒谬绝伦的观点,因为在案卷中没有任何关于预谋的证据,可这也不能使法官放弃这种观点。

另外一位法官一直在问,为什么枪击一具尸体可能构成未遂谋杀罪。第三个法官对犯罪故意的证据表示怀疑。余下的法官意见纷纭,对事实和法律各有高见。对于诉讼双方来说,每次在几分钟内要想澄清利害十分不易。

1977年5月12日,地区法院上诉庭作出裁决14个月后,纽约上诉法院的裁决下达了,该裁决带着明显的妥协印记。它同意上诉庭的观点,“人民”未能证明马尔向麦克开枪时麦克仍然活着,所以谋杀罪必须驳回。“不管怎么说,反正枪击一具尸体不是谋杀”,法庭认为,“人只能死一次。”可是,法庭认定马尔犯有未遂谋杀罪,因为有足够证据证明,他向麦克开枪时**认为**麦克还活着。

纽约上诉法院以综述美国司法机构对未遂谋杀的论断开始,认为“法律意义上的不可能性是站得住脚的辩护,可事实上的不可能性是站不住脚的……”它列举出一系列栩栩如生的“法律意义上不可能的”企图,其中包括:

> 向一只假鹿开枪的被告;〔或〕……企图向一个陪审员行贿,到头来发现受贿的人实际上并不是陪审员;还有埃尔顿夫人及她的法国花边。

法庭随后列举了不能构成辩护的“事实上的”不可能性:

> 一个人朝他想杀害的人通常睡觉的房里一枪射击。出乎意料,这人当晚极偶然没有在这屋里睡觉;一个被告同意给一个女人做非法堕胎手术(当时堕胎是非法的),后来他发现这女人实际上是个便衣警察,她也没有怀孕;一个男人强制与一个女人性交,他认为这女人并未认可他的行为,但实际上这女人在他强制进行性交之前已因一件与此无关的急病突然死亡。

---

① 奥伯尼(Albany),纽约州首府。——译者注

这一连串稀奇古怪的"不可能实现的"企图,展示了"法律意义上"的和"事实上"的不可能性之间的区别,这种区别经常是语义上为达到特定的目的而随需要变化的:如果法庭想要宣判被告无罪,这种不可能性就成了"法律意义上"的;如果想认定被告有罪,它就把它称作是"事实上"的不可能性。

法庭上提到的两个枪击案例堪称典范:在第一个案子中,被告射杀一只假鹿,而他以在"法律意义上"一只假鹿是打不死的理由而被判无罪。在第二个案子中,被告的子弹打到一只空空的床上,而他被判有罪,因为他的企图仅仅因为"事实上的"不可能性而失败。可是在射击一个假人,以为它是个活人和狂扫一只空榻,以为里面睡着一个活人之间有什么可能的区别呢?如果空荡荡的睡榻里放着的不是枕头而是一个假人又作何解释?根据惯常的做法,这之间的区别会把该案从事实上的不可能性转变成法律上的不可能性,被告则由未遂谋杀变成射击假人无罪。

所以,包括纽约州在内的好几个州已经修改了有关未遂的法律,取消了"法律上的"和"事实上的"不可能性之间的差别。根据修改过的法律,只要企图实施而未遂的"犯罪"当时如果以他想象的那样发生就可能既遂的话,法律上的和事实上的不可能性都不能成为有效的辩护理由。照这条法规,所有枪击假鹿的人都会被判有罪,因为子弹会杀害有生命的物体,如果情况真像打枪人"心里认为的那样。"

可是这条新法规在一些更难办的案子中也会造成左右为难的情况。比方说,一个信仰伏都教巫术①的人,按照他敌人的模样做了个假人,并用针扎它的心脏,认为这可以使仇敌死于非命。根据新法律,他可以被判犯有未遂谋杀罪,因为情况如果真像他"想象中的那样"——伏都巫术的神力真的发作的话,他就可以杀死他的仇敌;那个以为用好价钱买了名牌货,实际上买了廉价假货的旅游者,也会被判有罪,因为他当时相信这块表是偷来的真货(收买赃物未遂罪);就像那个和20岁的妓女发生关系的男人,因为他把她误认为是个15岁的处女(强奸少女未遂罪);埃尔顿夫人也是如此,她企图把她误认为是法国制的花边走私进来(未遂逃税罪)。

如果在未遂方面的法律,其立法意图在于惩罚那些意在达到险恶用心,并用具体行动表明这种意图的"坏人",还情有可原。这也是纽约州法律应该达到的目的,正像上诉法院指明的:

> 这些条例的基本范围是,判断人对社会危害性的标准应该是**肇事者心里究竟想了些什么**,也就是说,他对未遂的犯罪究竟应付多大代价。

以此为标准,法庭作出结论,根据修改后的法律,"如果被告认为受害者在开枪时仍然

---

① 伏都教(Voodoo),是一种在西印度群岛和美国南部某些黑人中流行的巫术信仰。——译者注

活着,那么以受害者那时可能已经死了作为反驳未罪谋杀指控的理由就不能成立”。换言之,根据纽约州法律,如果开枪者把一具死尸当做活人来打,他**就犯有**未遂谋杀罪。照英国上议院里德大法官所说,以企图杀害一具死尸而把某人判罪,这样的法律岂不蠢如驴了吗?可这毕竟成了纽约州的法律。

我们期待着法院得出这个结论,因为修改过的法律中包含着在这种情况中的处理方法。我们争辩道,由于纽约州的法律把重点集中到“犯罪者自己的想法”上,要想认定向尸体开枪的人犯有未遂谋杀罪,“人民”必须拿出他在开枪时心里想的是这人还活着的毫不含糊的确凿证据。当然,在本案中没有马尔认为麦克还活着的直接证据;确实有限的那一点儿证据都是马尔自己在交代中谈的,与所需要的证据正好相反。

上诉法院很明显的想在两者之间和稀泥,所以它很容易地找到“大量”证据,使“陪审团肯定地得出被告在向麦克开枪时仍然活着的结论。“可是这些大量证据是什么?法庭举出两个例子”:第一,它指出这一事实,即

> 被告承认,他用枪口顶着受害者,朝受害者身体上最要害的部位打了5枪。〔陪审团由此可以〕得出结论,被告的目的和企图是来这么“最后一击免其受苦”的一下子。

可马尔打了5枪而不是一枪;或他朝受害者的脑袋而不是他的腿开枪究竟有什么关系呢?如果受害者在马尔开枪时奔跑躲闪,如果要搞清的是马尔想杀害还是想击伤麦克,那么探讨子弹的数量及子弹打在什么位置上才有实际意义。可是这里要讨论的唯一问题是,被告是否认为他开枪时平躺在地的人还活着,至于打了多少颗子弹,打在什么位置却没有争议。不错,一般的“最后一击免受其苦”都是只须打一枪即可,而不需这般连珠猛射。

法庭接着又指出另一个事实,即

> 被告不仅没有立即讲出全部真相,反而在警察到他家里时编造了一套谎话以掩盖他和布什在谋杀事件中的共谋。这些事实都表明他自知有罪,如果他真的相信他开枪时麦克早已死亡,他就不须百般遮掩了。

这一论据并不很有说服力。当然马尔会产生“负罪感”——因为不管他是向活人开枪还是向死人开枪,他都干了一件糟糕透顶的事情。他一开始企图狡赖胡编乱造并不能证明他认为开枪时麦克还活着,只能证明他对自己参与杀害自己的朋友一事感到紧张和恐怖。这完全不能“确凿地证明”马尔认为麦克当时仍然活着。

不管怎么说,法庭想要认定马尔犯有未遂谋杀罪仍需费一番心思,只说可能有足够的证据可以使陪审团“感到可以认定”马尔犯有未遂谋杀罪是不够的。上诉法院必须弄清楚错误地认定马尔犯了谋杀罪的陪审团,实际上认定他还犯有未遂谋杀罪。

当然人们也有理由猜测,因为陪审团一致认定马尔犯有谋杀罪,他们完全有可能也会认定他犯有稍轻一些的未遂谋杀罪,如果触及到这个问题的话。确实,法律上有一种"重罪包含轻微犯罪"的理论也验证了这种可能性。这种理论允许二审法院在陪审团认定被告一项重罪,如武装抢劫的情况下,也可认定被告犯有包含在这项重罪之中的轻微罪行,如非武装抢劫。这样,在一个被告已被认定武装抢劫罪的案子中,上诉法院由于证据不足无法得出他确实是武装的,根据"重罪包含轻微犯罪"的理论,上诉法院不必驳回此案,要求地区法院陪审团就非武装抢劫指控进行重审;它只须根据上诉辩诉的结论,而不需地区法院陪审团的结论,即可做出被告犯有非武装抢劫罪。在本案中用武装抢劫与非武装抢劫之间的类推似乎是很有说服力的,逻辑推理也极为严密,可是"人民"的论据中有一点常人不易看出的微妙瑕疵。

虽说谋杀和未遂谋杀都要求被告有杀害受害者的"意图",但陪审团却用两种不同的**方法**来找出认定这两种不同犯罪所必须的犯罪故意:在谋杀罪中,只要陪审团作出被告实际上杀害了受害者的结论,法庭就可以从杀人的行动中推定他有杀人的故意。确实在本案中一审法庭明白无误地要求陪审团运用这种假设,只要它愿意这么做的话,来考虑认定谋杀罪:"根据法律,可以推定每个人都想造成自己行为的自然后果和可能的后果"。可是有关未遂罪的法律,特别是纽约州的法律却极为注重"行为人的精神意向"——即他"当时究竟想的是什么"。这样,在未遂案中陪审团不可以由行为人的行为推定他的动机。它必须在行为之外独立地判断被告是否有意造成这一后果。

然而,还有问题的另一面。如果构成较轻微罪行的一些条件并没有包括在较重罪行中,根据宪法关于陪审团审判权利的规定,应该由低级法院重新审判,因为二审上诉法院不能审查非陪审团认定的案件事实。宪法规定的由陪审团审判的权利包括由陪审员,而不是法官,甚至是7个法官来讨论每一件有争议的事实。

"人民"的主要论据是,未遂谋杀是包括在谋杀罪之中的一项较轻罪行。从表面上看这是对的。这两项罪行中被告都必须有杀害受害者的意图——如果成功了,就是谋杀;如果失败了,就是未遂谋杀。陪审团如果认定马尔犯有谋杀罪的话(就像本案中出现的情况),它必须满足两个条件:(1)马尔企图杀害麦克;(2)他成功地实现了这个企图。上诉法院裁定马尔成功地实现这一企图的证据不充足(因为不能确凿肯定马尔向麦克开枪时他是否还活着)。这样,谋杀认定不能成立。可是上诉法院似乎可以根据陪审团认定马尔有杀害麦克的企图而裁定他犯有未遂谋杀罪,而不需要进行一场新的陪审团审判。

这就是说,在本案中陪审团必须不依靠推定而靠确凿事实断定,马尔向麦克开枪时实际上认为他当时还活着,就是想要杀害他。实际上一审法庭在指示陪审团如何决定是否有未遂谋杀的故意时,就没有要求他们运用这种推论。他指示陪审团,要想认定马尔犯有未遂谋杀罪,他们就必须证明"被告实际上想要杀害受害者,心里认为受害者还活着。"

我们争辩道,至少在"不可能实现的企图"案例中,未遂谋杀罪并不是包括在谋杀罪之中的一种较轻罪行。由于一审法庭已就谋杀和未遂谋杀的不同犯罪故意做出解释，在本案的具体情况下，它当然不是一种包括在谋杀罪中的较轻罪行。

然而上诉法院根本不理睬我们的论据；法官装作没听见，这是他们回答不了困难问题时惯常使用的伎俩。法庭使用了一种三段演绎法来论述，并没有看出这种诡辩中微妙的，时至今日已非常明显的谬误：

……陪审团认定被告犯有谋杀罪。为证明这一点，陪审团认定被告有意杀害一个活着的人。在这个认定之中包含的是被告采取这一行动时心里认为麦克仍活着的结论。因此，没有必要再通过陪审团审判认定更多的事实。

纽约上诉法院据此裁定被告犯有未遂谋杀罪，应判处相应的徒刑。

这回《纽约时报》的通栏标题是：“尸体可以枪击但不可以谋杀”。它报导说：“纽约上诉法院——本州的最高法院已经裁定一个人不能谋杀一个死人，但是试图这样做仍然构成犯罪。”

上诉法院的折中裁决判定马尔没有犯谋杀罪而犯有未遂谋杀罪，使人民一方实际上在此案中胜诉。对未遂谋杀罪的徒刑最高可达15年到终身监禁；最低刑罚可以只判1年徒刑。有可能判马尔最低刑期，如果是这样的话，他只需关几个月就能出狱，因为上诉庭推翻原判之前他已经被关了一段时间。

8. 挑选一位法官

有一个故事讲到，当时最有名的刑事诉讼辩护律师受理案件为一个刑事被告辩护。该案一直打到最高法院。败诉后，被告凄切地问他，“现在我们怎么办？”这位律师盯着他的眼睛看了一会儿，说，“你说**我们**是什么意思？你进你的监狱，我回我的办公室。”

我可不甘心这么一个结果。这回，马尔已经出狱1年多了，他已经安顿下来，住在家里，在曼哈顿找到一个长期工作。他极力想免受铁窗之苦，尽管只是再回去几个月也不堪忍受。如果他重返监狱，他就会失业，失去他新结识的朋友，失去他的新生，他前功尽弃，出狱时又得从头干起，他不敢肯定他是否能做到这些。

马尔的家人在上诉法院裁决后对我极为不满。他们认为我的上诉辩诉太学究气，我未能充分利用此案中的感情色彩。我当然对此不敢苟同，我认为此案中的感情因素对我方不利，我们要想赢的话，只能从此案的法理讨论中一分高下。上诉法院对我们辩诉中的许多论据置若罔闻当然使我失望，可我下定决心要把案子翻过来，我无论如何也不会让他在我曾去探访过的那个阴冷悲惨的黑狱中再待一天。

我必须承认，我自身的形象在此案中也息息相关。我很清楚上诉法院的裁决会成为刑法教学和刑法教科书上的标准范例，我不想在这种经典范例中扮演一种失败者或一半失败的角色。我坚信上诉法院裁决是错误的，在未遂谋杀的问题上必须由新的陪审团重审一次，我自己对如果获准重审在未遂谋杀这问题上理论一番也跃跃欲试，我几乎能听到自己在陪审团面前慷慨激昂地陈述，判一个明知自己枪击的是一具尸体的人未遂谋杀罪是多么稀奇古怪。（"法律有时也可能颟顸糊涂，可它无论如何也不至于如此愚不可及。"）

可是我也有点太离谱了，上诉法院的裁决就是法律，我们首先得推翻它。我认识到我们最大的希望是在布鲁克林的联邦地区法院寻求下达人身保护令。人身保护令被人看作普通法里的"擎天巨柱"，使联邦法院有权过问州法院的有罪认定中是否有侵犯被告宪法权利的错误。在州地区法院认定被告有罪的情况下，如果被告拿出他被囚禁或受到迫在眉睫的囚禁威胁是由于违反宪法的有罪认定证据，该地区联邦法院就可以下达人身保护令。

人身保护令深深地植根于英美法传统之中，美国联邦最高法院就宣布因为这条大法在"个人自由和政府压迫间不间断对抗中的中心作用"，"维护它不受损害是我们的最高职责。"可是这条大法常常是理论上极受重视而在实践上受忽略，虽说身陷绝境的被告经常寻求这种法律保护，联邦法官却极少下达人身保护令。在本案中，我认为如果我们选对了法官的话多少还有一点儿希望。

根据法律，我们必须是在所有州法院都申诉无门之后，才能到联邦法院去请求下达人身保护令。根据这个规定，我们半心半意地要求上诉法院下令由一个新的陪审团重审，该法院则认为它无权这样做，而把该案批回原一审法院，这样它就可以重新把马尔判为未遂谋杀。这个结果至关重要，原因：第一，它可以决定马尔将被判的刑期是 1 年到 15 年徒刑；第二，它可以决定马尔是否得立即被关进监狱或继续取保候审，直至所有的申诉过场都走完。这些都对我们今后如何行事有直接影响。如果马尔被送进监狱，他也许就得服完全部刑期，特别是如果刑期已经即将服完，还不能被联邦法院受理的话。如果那时我们在联邦法院胜诉，这场胜利也只是空欢喜一场。

意识到这个判刑阶段是如此重要，当我们听说一审负责审理马尔案的法官已经退休的消息时，不禁释然。我们认为由一位新法官来重新审理，将与本案原判更少芥蒂，因而更易于用一个冤案平反后已经找到正当工作的被告的眼光看待此案。我们还认为，换一位法官，对我们要求暂缓执行马尔的刑期会更有同情心，从而使我们可以对原判进行辩驳。

带着这种想法，我们就像律师习以为常的那样，开始"挑选"对我们来说最合适的州法院法官。（在州法院里，律师在某些情况下总是有"挑选"他中意的法官的余地；而在联邦法院里，"挑选法官"几乎是不可能的，因为谁负责哪一个案子是轮流排的。）我们从现有的法官中挑选，选中了几位在我们看来不偏不倚，脑筋清楚，能够弄清楚我们相对来说挺微妙的论据。（有许多法官，特别是州法院法官，缺乏理解一件不算太复杂的法理论据的基本能力，这真叫人哭笑不得。有些人是愚不可及，另外一些人缺乏必需的法律教育，还有一些人懒散，缺乏专心学习的劲头。）

一天下午，杰佛里·科恩打电话来，口气十分激动："布朗斯坦因法官这星期主持庭务。”欧文·布朗斯坦因法官正是我们梦寐以求的那种法官——他聪明机智,独立思考,富有同情心,又受过良好的教育,且有丰富的司法经验。我甚至有点儿担心他别聪明过头了,不仅能理解我们的论据,而且还看得出这里面的不足之处。可我总是喜欢与聪明能干的法官打交道,布朗斯坦因是这里面最出类拔萃的人物。

杰弗里和我决定采取直接行动。我们先通知赫尔曼·布鲁克,然后就直接到法院去找布朗斯坦因法官,向他解释本案纷乱如麻稀奇古怪的经过,希望他把案子接过来。我们想凭着本案的奇特法理问题把他吸引住。果然,他被这案子迷住了,他本来有权把此案分给别的法官,但他没有这样做,而是决定自己亲手审理此案。他定于 1978 年 8 月 2 日对此案作出判决。

可我们对判决还未完全做好准备,我们想先在进行新的陪审团审判之前再做点儿什么。我们向布朗斯坦因法官呈递了一份申诉书,中心的论据是,不管纽约州最高法院(即纽约上诉法院)有什么理由,没有一个法官可以在未经陪审团审判认定有罪的情况下对马尔以谋杀未遂罪判刑,这样做是违宪的。

布朗斯坦因法官收到我的申诉书后,邀请公诉和被告双方到他办公室去谈话。赫尔曼·布鲁克、杰弗里·科恩和我到他办公室去开始非正式地讨论此案。

“这个案子简直是一笔烂糊帐,”法官说,“我一直在研究这些材料,我看被告也许有点儿道理,可我不敢肯定自己是否能帮他。我已看到要求缓刑的报告,这小子确实不应该再回到监狱里去了,可是我的双手却被上诉法院的裁决束缚住了。”

我们最大的希望是说服布朗斯坦因法官先判马尔一个短期徒刑,随后再决定对他缓刑,这样我们就可以在其他法院得到更正。我还要求他在正式记录中申明认为我们的论据十分充足。我希望此举可增强我们在联邦法院的地位,因为法官对法官的立场比较重视,对持相反立场的律师意见则轻视得多。使我万分惊奇的是,他把他的看法都正式记录下来。他认为,上诉法院的“裁决是对事实的认定,”而这一认定应该由陪审团做出,这么做的结果剥夺了被告经由“既定法律程序审判的宪法权利。”布朗斯坦因法官从司法角度上支持我们,对我们宪法意义上的论据予以赞许。

他随后按照最低刑罚允许的范围判马尔入狱 1 年,该判决将暂缓执行,直至被告在该州所有法院申诉均被驳回后 30 天后再执行。我们要求这个 30 天的宽限是为了在马尔被关进监狱服刑之前能有机会到联邦法院请求下达人身保护令。

当你为一个刑事案件进行诉讼时,如果你的委托人当时没有关起来,辩护律师在心理上会有很大的好处:很多法官,尤其是保守的法官极不情愿改变现状,他们尤其不愿下令释放一位在押的被告,这比下令让一个自由人暂缓入狱要难。

我们立即着手为在联邦法院请求下达人身保护令作准备。我们必须把州内所有的法律机构都过一遍,所以我们又逐一遍访纽约州所有的上诉部门,但我们还是盯住联邦法院不放,只有那里才真有希望。

9. 学生的建议

我们一边不厌其烦地在纽约州各级法院上下奔忙,我自己这里也不误哈佛法学院一年级学生的刑法课教学。当我讲到课本中有关未遂犯罪部分时,我突然觉得,马尔的这桩官司对我和学生探讨"不可能实现的企图"这个法律问题是个极生动的实例。

我安排两名学生在课堂上为马尔辩护,另外两人代表检察方面,再选三个学生当法官,剩下的学生则随意向这几方面提问。在进行口头辩诉的那天,教室里充满一种令人激动的气氛。每方代表都很认真,代表律师的两个学生表现之出色超出了经验丰富的从业律师,而充任法官的学生则比他们现实生活中的同仁准备得更加充分,他们尖锐的发问切中要害,令人拍案叫绝。

有个学生"法官"向学生"检察官"提出一个看起来简单而又直截了当,然而却大大出乎我意料的问题:

> 检察官先生,假如说被告**原本**被控犯有谋杀未遂罪,而不是谋杀罪,而一审法官在谋杀未遂罪审判中指示陪审团,"根据现行法律,可以推定每个人都指望自己所干的事情都能达到预期的自然的及非常可能的后果。"如果被告在这种基础上被认定有罪,你是否认为该认定可以成立?

充当"检察官"的学生——班上的尖子之一,尽全力争辩。她认为根据"假定的故意"的法官指示而认定谋杀未遂罪可以成立,但到头来她也不得不承认这方面的法律对她是不利的。

这一瞬间,突然一个解决死结的办法闪现在我的脑际。我对学生说,你们的讨论启发了我,使我产生了一个如何在联邦地区法院进行辩诉的新主意。

学生的课堂讨论使我在呈交给联邦地区法院的上诉书中得益匪浅,我几乎是逐字照录学生的提法。①

我也想在口头辩诉中用同样的方式提出我的论据,可是我们在联邦地区法院碰到的法官却用一种公事公办的态度来主持辩诉会。这位法官是尤金·尼克森,他曾任拿骚县的县长,在被任命为法官之前是一家极有名望的律师事务所的高级合伙人。

尼克森法官主持法院审判的方式正像一位饱经风霜的法律教授指导高年级学生研修班课程一样,他不鼓励律师出头露面,他告诉当事人双方,他对双方论述中哪些方面表示赞

---

① 假若马尔**原本**只受控犯有谋杀未遂罪(而不是谋杀罪);假若在谋杀未遂罪审判中,一审法官向陪审团作了有关"故意"的法律解释;假若陪审团已在这一解释的基础上认定被告犯有未遂谋杀罪,本法庭是否可以在该解释的基础上维持未遂谋杀罪认定呢?除非法庭说"可以",否则本案中的未遂谋杀罪认定必须予以撤销。

同,哪些又不能苟同,哪些方面需要加以澄清。你看得出他对结论究竟是如何不作先入为主的定见,他是真心实意地想主持公允(这种品质在法官中不多见)。他的“研讨会”开了大约个把钟头,然后对我们说,他从未签署过人身保护令,也不清楚这种命令如何具体下达。他不明说自己的倾向性,只是说他想告诉我们,本案是他遇到的最有趣的刑事案例。

而这恰恰是我求之不得的!我很清楚,只要引起他的兴趣,我们就有一半的把握。法官宣布休庭,表示他很快就会发表法庭的书面意见。

当他离开法官高高在上的座位时,他朝我走过来。“教授,我看到你父亲在场哩,”他指着坐在法庭旁听席上的一个小老头儿说。

“是啊,”我答道,“他常常旁听我和我弟弟出庭辩护。可您怎么知道他是我父亲的?”我好奇地问。

法官答道:“噢,我记得几个月前他被选上一个案子的陪审团成员,可是该案的公诉人把他踢了出去,因为他的孩子是当辩护律师的。”

这会儿我父亲已经走过来加入到谈话里来:“这些公诉人!他们因为我儿子的缘故从来不准我当陪审员。我怎么也闹不明白。我和我儿子不一样,我要是当陪审员,审判罪犯才不留情呢。”

尼克森法官同情地看着我父亲,他说,“这难道不是一个问题吗?父母总是为儿女的过失负责。”

经过这么一番隐喻暗讽的答对,我们都离开法院,听候尼克森法官的裁决。

几天后,尼克森法官的裁决下达了。在他司法生涯中,他第一次签署了人身保护令,命令州法院必须保证马尔的人身自由,除非纽约州法院允许对他的案子进行重审。

尼克森法官裁定,美国宪法中“既定程序”条款给予马尔要求对他的谋杀未遂指控进行新的陪审团审判,除非州法院可以证明原来的陪审团已经掌握马尔向麦克开枪时就认为麦克还活着,并且有杀害他的意图。裁决进一步判定,任何这类结论都必须根据法官就这方面的法律向陪审团作出正确无误的表述才可做出。他随后得出结论,马尔谋杀案一审中的陪审团之所以得出马尔有杀人故意的判断,是因为法官指示他们“每个人都可以推定有意达到自己行动自然的可预见的后果。”因为这种推定在谋杀未遂案中是不适当的,所以“根据宪法既定程序条款,这种认定不能成立。”

这个裁决对我们来说是大获全胜。马尔案可以重新审理了,这正是我们申诉的目的。对我个人也是一个安慰,对参加假想审判的学生意义非凡——我们的论点站住脚了。

可这案子仍未结束,州政府可以对人身保护令表示异议,向联邦法院上诉。上诉地点是联邦第二巡回区上诉法院——跨过东河去下曼哈顿即是。如果州政府在第二巡回区上诉法院再次败诉,它仍可以请求美国联邦最高法院进行复查。政府要求最高法院对刑事案件进行复查的成功率——特别是在伯格首席大法官治理下的最高法院——比辩护律师要求进行复查的成功率不知高多少倍。所以我们很担心在下级法院取得的胜利很可能被上级法院所否定。

10. 上诉后进行庭外交易

思前想后,我决定给地区检察官写封信。我希望劝说他不要对尼克森法官的裁决进行上诉,而主张他和我们一起搞庭外交易。在这场交易中我们建议马尔主动承认一项轻一等的罪名,而法院对这项罪行应判缓刑。

我在信中写道,马尔的罪行是6年前犯的,马尔在狱中待了8个月,出狱后找到一项固定的工作也有3年光景。如果州政府一定要上诉,须经过联邦上诉法院、联邦最高法院和地区法院的审理,"此案起码会再拖宕2年":

> 在这种时候把他送回监狱要达到什么目的?这个将重返铁窗生涯的人与被控参与一件多年前发生的悲惨事件的那个人已有天地之差。这只能是形式上的法律胜利,而非实质上的法律胜利。

赫尔曼·布鲁克收到信后过了几天即给我打电话。地区检察官尤金·戈尔德向他的4个主要助手询问他们的意见。这4个人僵持不下——两人主张认罪协商,另外两人主张把官司一直打到联邦最高法院去。后来地区检察官亲自投票表决才决定州政府将与被告达成一项庭外协议,至少是在原则上达成了协议,现在是对协议细节进行讨价还价的时候了。

地区检察官办公室建议马尔承认过失杀人罪。我们对此表示反对。这样一来等于承认马尔杀了麦克,但他不能承认这一点,因为他从来不认为麦克当时还活着。

我们提出一项反建议,即马尔承认犯有非法持枪罪。检察官办公室断然拒绝这个建议,赫尔曼嘲讽说:"你们干嘛不承认犯有亵渎尸体罪呢?"

双方相持不下。在法律上没有一种具体的严重罪行可以既满足地区检察官的要求,同时又允许法官作缓刑处理。

最后,我半开玩笑地提议,"我们为什么不能创造出一种罪名呢?"

赫尔曼问我:"这是什么意思?"

"那好,"我回答说,"我们为什么不根据本案的具体案情创造出一种罪名,比方说,未遂过失杀人罪?"

赫尔曼看起来对此欣然乐意,尽管纽约州的法规没有这种犯罪规范,但这种提法却符合逻辑。过失杀人是指由于疏忽大意而致人死亡。马尔确实是够疏忽大意的,即使是麦克在马尔向他开枪时仍然活着,即使马尔误认麦克已经死了,马尔也很可能犯有过失杀人罪。因为那时麦克实际上已经死了,那么马尔就自然而然地犯有类似未遂过失杀人罪。承认这个"罪行"使法官有机会对被告判处缓刑,这样也给地区检察官一个台阶,宣布被告已经承认了一项可以致人死亡的重大罪行。我们在这个基础上达成了协议。

1979年12月4日,惨案发生6年后,马尔回到布鲁克林的纽约州最高法院,承认他犯有“二级未遂过失杀人罪。”当布朗斯坦因法官向马尔解释这项“犯罪”的内容时,他语塞不止:

倘若认定你犯有未遂过失杀人罪,你就必须在1973年12月22日在金斯县,确定无疑地鲁莽地——毫无疑问地企图鲁莽地——真要命——确确实实鲁莽地企图用致人死命的武器,即一只上膛的手枪致麦克·盖勒于死。

然而,有关各方终于就本案达成协议,这些小小的瑕疵终究不应阻挡此案的庭外交易。布朗斯坦因法官判决马尔5年徒刑缓刑5年,这样马尔迈出法院大门时已经是一个相对自由的人了,当然他得在5年内夹着尾巴做人,他肯定准备这样做。

这桩两次被杀害的尸体案终于了结。这个案例将载入全美所有法学院的刑法案例集中,在课堂里进行讨论,使一代又一代的法学院学生迷怅惶惑。

第3章 “你愿意为纽约最卑鄙的人辩护吗？”

——伯纳德·博格曼案

很多人——这些人有学生、有讲演会上的听众、有朋友，甚至还有我父母——都曾问我，你怎么能明知委托人犯有为人不齿的罪恶，还去为他辩护呢？这个问题正是刑事诉讼辩护律师常常扪心自问的，因为他们受理的大部分案件中被告都明显有罪。有些刑事辩护律师声称他们只接受无辜被告的委托。不要相信他们！这是骗局！大部分专业刑事诉讼辩护律师代理的都不是无辜的被告。律师威廉·康斯特勒（我曾经协助他进行诉讼）声称他只为他“热爱”的人辩护，可是即使他想要和当事人谈恋爱他们仍然是有罪的。佩里·梅森式的刑事诉讼辩护律师帮助无辜委托人解脱困境，揭发真正的犯罪团伙，这类故事只是电视剧的虚拟，现实生活中并无其事。差不多所有的刑事诉讼被告，其中包括我的大部分委托人实际上都犯有受控的罪行。刑事诉讼辩护律师的工作就其大部分来说是受理犯罪者的委托，为他进行辩护，在可能的情况下解脱。可我们怎么能够心安理得地一边这么干，一边安心入睡呢？

这个问题很容易回答：

——判断当事人有罪与否并不是律师的工作，那是法官或陪审团的责任。

——就是犯有滔天罪行的罪犯也应享有受辩护的权利。

——律师向政府提出挑战是使之保持廉洁诚信的重要制约。

——代替这种法律制度的只能是苏联那样的制度，在那里律师只受理那些“可以享有”辩护权的人的案子为其辩护！

——律师的作用不只是为他的委托人洗刷清白，还包括庭外协商以认罪换减刑的讨价还价，努力争取最短的刑期，等等。

尽管以上论点可能很有说服力，但这些理由都没有完全讲清为什么律师为有罪被告辩护。辩护律师工作是一个扩大名气的抽签赌博——能否使显然有罪的委托人“安然逃脱”是一种挑战,知难而上就能大振名声。这也是扩大客源的办法,客源就意味着收入,这收入意味着众多辩护律师极力想争取的富裕生活。

很多律师都对给有罪的刑事被告辩护不感兴趣,他们应该为此钻研其他领域的法律。完全无辜的被告数量不多,所以只有为数不多的刑事诉讼辩护律师操办此业。如果一个律师没有做好心理准备的话,他最好不要涉足刑事诉讼辩护领域。

并非所有有罪的刑事被告都为人不齿。那些逃避服兵役的人、三K党徒、犹太人保卫同盟成员,城市骚乱参加者之中都有一些佼佼者。然而另外一些被告确实既有罪又为世人不齿。这些当事人就是刑事辩护律师最尖锐的两难问题。

1977年夏,一个老朋友要求我参与一桩案子。该案关系到一个原则,即不管一个被告是多么遭人唾弃,他都有律师辩护的权利。这个被告是个叫伯纳德·博格曼的拉比,他受控经营着纽约几十所不合格的老人院。博格曼那时成了纽约最坏的恶棍,没有人不诅咒他。虽说对他起诉的正式理由只是两条技术性违法行为,但新闻界斥骂他犯有无数滔天罪行,公众都要求把他投入监狱,我的朋友正是要我设法防止此事发生。

在1975年博格曼被起诉之前,新闻媒介和政客就已经把他推上审判台而且认定他犯有可能想象到的任何一种罪名:说他虐待那些老人院的住户,使他们奄奄一息坐以待毙;说他在人死了之后仍假借亡灵的名义寄医药费账单;说他经营的老人院里屎尿遍地,污秽不堪;说他利用老人院作为约瑟夫·科伦坡犯罪家族组织的洗钱基地;说他向政府最高层官员行贿,假借添置医疗器械为自己购买奢侈家用消费品,并且贪污银行个人贷款利息;说他欺骗联邦和州政府,诈取上亿元钱财;还说他秘密地控制了100多家老人院,掌握了价值上亿美金的老人院房产及其他资产,如此等等不一而足。

1. 新闻媒介的闪电战

新闻媒介发动的闪电战以《纽约时报》和《乡村之声》的一系列文章率先开始。《纽约时报》在3个月中就发表了62篇有关博格曼的文章,在1月份和2月份,差不多每天电视上都播放关于博格曼的新闻。我敢说在纽约新闻媒介影响力所能及的区域内无人不知有个留大胡子,戴犹太瓜皮帽的拉比。这个假意虔信宗教的伪君子,被控虐待孤寡老人,插手黑社会犯罪行为;他肆无忌惮地欺诈坑骗,向政府官员行贿,真是罄竹难书。

专栏作家彼德·哈米尔称他是一个“鼠窃狗偷的杂种”。另一位专栏作家杰夫·卡曼引用他93岁祖母的话,形容博格曼是个“可憎可恶的家伙,企图把他造的孽藏在犹太小帽下面,现在这家伙成了全体犹太人的耻辱。”《每日新闻》把他描绘成一个“拥有2亿美元家财的全国性老人休养院联合体的沙皇,在那里老人住户们在苟延残喘。”

路易斯·卡普兰法官曾经主持过几次对老人院的调查,他断言如果报上所说博格曼干的那些事属实的话,他就不认为博格曼还是“人”。《纽约时报》最早报道对博格曼的指责的记者约翰·希斯给一家犹太人报纸写信,谴责“博格曼一伙把宗教当作庇护所”,因此煽动了反犹情绪,他建议“犹太人社团立刻把这些玷污犹太人名声的人清除出去。”甚至连《全国讽刺杂志》也刊载了满满两版漫画,讽刺一个大胡子(有鸟喙)叫“拉比·博德曼”的老人院经营者①如何欢快地看着一位孤寡老人在屎尿之中挣扎,然后他自己又被一块水泥制成的十诫板重重击在头上。

杰克·纽费尔特是《乡村之声》报的撰稿人,他写了一篇头版文章:

我在这座城市里生活了一辈子,从来也没遇到过像伯纳德·博格曼那么腐败堕落的人。

我曾看见过贫民窟的房东如何从领救济金的房客那里多敲诈出几块美金。我曾目睹打家劫舍的人如何伤害瞎眼报贩然后把他那条相依为命的狗偷走。我遇到过腐化贪婪而又固执己见的法官。

可伯纳德·博格曼在某种意义上说是最坏的一个。他最可恶因为他应该是最被尊敬的。

正是因为世间有了博格曼这类家伙,才给反犹主义提供了借口。

《乡村之声》这篇文章的题目是“这是纽约最卑鄙的人吗?”提出这个问题本意是修辞学上的立论。

可是当新闻界发现或者说制造出这么一个坏蛋恶棍时,政客很快就会前来插一杆子。一个叫安德鲁·斯坦恩的曼哈顿市政厅参议、一个野心勃勃的年轻人就是靠攻击博格曼爬上来的。他把博格曼称作“我们听说过或调查过的最恶毒的人之一”,咒骂他是执掌着“欺诈帝国”大权的枭首,向人间播撒痛苦和悲哀。国会议员爱德华·柯奇——此人后来当选为纽约市市长——千方百计地拔高调门,想高出斯坦恩一筹。其他参加这场诅咒的人还有一些联邦参议员。议会小组委员会举行了听证会,电视实况转播中人们看到博格曼就所谓他与梅耶·兰斯基及乔·科伦坡②的关系受到审问。手持犹太圣经,头戴犹太小帽的伯纳德·博格曼的形象在纽约已经尽人皆知。

到我被要求介入博格曼案件之时,他受攻击已有两年半之久,但把他当作一个恶棍加以嘲弄诅咒的浪潮仍在汹涌澎湃。

那时博格曼已在律师协助下与法庭取得庭外协议,他对一项违反联邦医疗卫生规定的指控和一项纽约州行贿指控承认有罪。这些犯罪行为,与新闻界和政客们用来反对他的那些指控相比就轻得多了。联邦法院法官马尔文·弗兰克尔判处他4个月有期徒刑。这一

① 博德曼(Birdman)与博格曼(Bergman)音近似,“Birdman”英文中又有“鸟人”之意,故漫画上把他画成带鸟喙的人。——译者注

② 纽约黑手党五大家族之一的大龙头。——译者注

判决立即在全国引起轩然大波,报纸纷纷以通栏大标题加以报道。我还记得,在报上看到弗兰克尔法官的判决时,我自己对这个简直是个姑息迁就的司法惩罚感到火上心头的情景。新闻界给他的菩萨心肠一股脑地扣上许多骂名。杰克·纽费尔特文章的标题是:“请看黑买卖老头子是如何愚弄看起来聪明其实蠢不可及的法官”。斯坦恩参议先生号召所有纽约人给纽约州量刑法官写信,要求他判处博格曼“法律允许的最严厉刑罚。”众议员柯奇警告说,由于被告和法官都是犹太人,“这个事实将会导致反犹主义情绪高涨。”州老人院问题特别检察官查尔斯·海因斯召开了一次记者招待会,猛烈抨击这个 4 个月刑期“远远不够”,反映了“有特权的人同罪不同罚”。弗兰克尔法官的判决成了风暴中心,许多人呼吁对此进行调查,有人甚至提出要弹劾这位法官。

州老人院问题特别检察官查尔斯·海因斯对这个入狱 4 个月的判决特别恼怒,因为作为联邦和纽约州两个法庭共同的庭外协议,他已同意向州量刑法官建议按联邦量刑法官弗兰克尔判的刑期去判;同时,两罪应同时并处。如果州法院法官按照他的建议去做——一般情况下法官都照此办理——博格曼就会在两个法院被各判处 4 个月徒刑,两个判决同时执行,如果他表现好的话,在 100 天之内就可以回家了。

不过,公众报复的欲望部分地得到了发泄。这是由于纽约州量刑法官阿洛依修斯·米利亚拒绝按特别检察官半心半意的建议办。他判处博格曼在州立监狱服刑 1 年,该徒刑应在博格曼在联邦监狱服完 4 个月徒刑以后再执行。米利亚法官的判决受到新闻界的喝彩,监狱的大门在老拉比身后砰然关上,博格曼案似乎应到此为止了。

可是,这场战斗仅仅是开始。当博格曼开始在宾夕法尼亚州埃伦伍德的联邦监狱(“乡村俱乐部”,报纸都这样称呼它)服 4 个月刑时,博格曼的辩护律师们就着手对州量刑法官加判的 1 年徒刑提出法律上的质疑。杰克·利特曼,我以前的学生,就接受博格曼的委托对米利亚法官在纽约州法院作出的判决提出挑战。利特曼曾是弗兰克·霍根办公室的副检察官,他成功地把许多杀人犯绳之以法。现在他已转为私人开业,开始为那些被控有罪的人辩护。他被公认为纽约最出色的刑事诉讼辩护律师之一,他精力充沛,不屈不挠地为委托人请命,享有很好的声誉。但纽约法院拒绝听取他以博格曼的名义提出的请求。这是如此敏感的案子,以至于在纽约三级法院,在没有出具任何书面意见的情况下,全部驳回了利持曼周密的法律论证。

当我受邀参与博格曼案时,纽约州所有的司法机关都已经试过了,博格曼定于一星期内押送到雷克斯岛去执行州法院判处的 1 年徒刑。新闻界对他重新入狱一事兴高采烈。一群群摄影记者等在他家门口,有谣言说他将提前入狱以便避开新闻界的大肆渲染。

2.“几分钟以后有人会给你打电话……”

最早要求我担任博格曼律师的不是他本人,而是伯纳德·费希曼,纽约一家大律师事务所的高级从业律师,此人一生对民权事业极为关心,对人权活动鼎力相助。他与我早就相知,是我的挚友。费希曼那时 60 岁出头,作为原美国全国律师公会的创始人之一、美国全民自由联盟长期的积极分子,他一直是鼓舞我前进向上的精神支柱和榜样。

费希曼用他那轻声细语而又慢悠悠斟字酌句的口气对我说,他想要我考虑一下,是否可以做一件我肯定不愿干的事情。他要求我先不要急于回绝此事,先听他把这件事的原委从头道来,然后掂量再三再作决定。他委婉徐缓地对我说:"几分钟以后,伯纳德·博格曼拉比会给你打电话。他想请你做他的上诉辩护律师。他几天以后就要去纽约州监狱服刑了,他希望你能帮助他暂缓执行这个判决,使他能够交保在外。我知道,他也知道这几乎是不可能的。他的案子在本州各级法院审理时都败诉,也许你可以在联邦最高法院帮他提出暂缓执行刑期。他现在已陷入绝境!他自知无法熬过这 1 年徒刑从狱中活着出来了,特别是在雷克斯岛这么恶劣的环境里。请你千万予以考虑,是否可以接受他的委托。"

我开始回答他,可这位老朋友打断我的话头:"我知道你从报上读到些故事,我也看过了。这就是部分症结所在。法官们也读了那些报纸,看了同样的电视。请你在听取另一方的意见之前不要相信你在报上读到的故事。艾伦,作为朋友我敢向你保证,这故事的另一方自有他的道理。"费希曼说,他将把博格曼的律师要求重新考虑这个判决的备忘录及弗兰克尔法官的判决书寄给我参考。他请我先读一下这些东西再作决定。

费希曼的结语极富挑战性:"艾伦,他不是个容易对付的客户,这个案子既不会有什么乐趣也不是轻而易举就能够解决的,可是,我请求你,再一次请求你好好想一想。"

跟费希曼谈话几分钟后,博格曼拉比打电话来了。他的两个儿子斯坦利和梅耶,还有哥伦比亚大学法学院毕业的女婿阿夫拉姆·卡斯都在他那边用分机参加谈话。博格曼博士自我介绍说,他认识我家里的人,早听说我有专给处境艰难的人排忧解难的赫赫名声,"现在我是全世界处境最困难的人了,我需要你的帮助,我的心已支离破碎,我已被弄得身败名裂,我的健康江河日下。我不可能活着出狱了,这是对我的死刑判决。"我答应先看一下他的判决书及其他档案材料,他说他会在当天通过快递把材料送到剑桥去。

当晚我把判决材料看了一遍。博格曼的律师准备的要求重新考虑判决的备忘录写得十分有说服力并且慎重仔细。可是我感到震惊的是,这份文件的立论意在说服弗兰克尔法官不要判博格曼徒刑。大多数对判决书提出异议的备忘录都把被告描绘得像个纯洁无瑕的天使。这一份却不然。它一开始就提醒主持量刑的法官注意新闻媒介和政客扣在博格曼头上的那些污泥浊水;甚至,备忘录中附有报纸杂志攻击博格曼文章的所有影印副本。你第一眼看上去,这份文件就像是公诉人准备的起诉材料——如果不是市政参议斯坦恩准备的材料!随后,备忘录逐一审核每一项指控,找出它的来源,剖析它被滚雪球般夸张扩大之处,并指出它的诽谤性质。例如,备忘录对博格曼与黑社会犯罪集团有联系的指控是这样分析的:

《纽约时报》在 1974 年 12 月 25 日刊载了约翰·希斯写的一篇文章,基本内容如下:

·昨天调查转向关于勾结黑社会与政治庇护的“指控”;某篇报道指出,有个自称是黑社会老大约瑟夫·科伦坡的同党曾住在某家为穷人开设的疗养院的顶楼。

·这个问题是由联邦参议员查尔斯·珀西提出来的……在这之前众议员爱德华·柯奇首先就此发难……

·〔纽约市政参议斯坦恩〕谈到有关黑社会力量正在利用经营老人院来牟取暴利的报告时宣称:“据我们了解到的情况,伯纳德·博格曼王国与黑社会组织有联系。”

只要悉心细读这些章节就能看出这种“扭曲”是由以下一系列环节构成的:

·《乡村之声》报道斯卡福先生与博格曼经营的一家老人院之间有联系。

·众议员爱德华·柯奇抓住这个流言,经过他的转述,这就成了“指控”。

·根据这些“指控”,参议员珀西就“提出了这个问题”。

·安德鲁·斯坦恩……随即召开记者招待会。他对记者说,“据我们了解到的情况,伯纳德·博格曼王国与黑社会有联系。”

·约翰·希斯在《纽约时报》上写了一篇报道。

实际上,在这个故事中有关博格曼博士的每一项指控都完全是子虚乌有,这些都从罗柯·斯卡福的证词中得到证实。

细细剖析其他指控,真相也随之大白于天下。事实是博格曼只控制了几家老人院,而不是像新闻界所说的117家;所谓虐待老人院住户的指控根据是一篇有关18年前老人院一般条件的报道。经过深入调查,特别检察官“未能找出一件现实的博格曼博士虐待老人院住户的证明”。博格曼多收的钱或误收的钱与新闻界对他的指控相比,与其他老人院收费标准相比,简直是微不足道。

这篇对量刑持异议的备忘录列举的事实对新闻媒介和政客发动的围剿是毁灭性的。现在人们看到博格曼完全不同的另一副面目,也看到攻击他的人的嘴脸;博格曼虽说并非完全无辜,可他肯定不是像新闻媒介丑化的那样罪孽深重。

很显然,弗兰克尔法官用心研究了这份备忘录。他在法庭裁决中指出:

新闻媒介(及希望被新闻媒介宣传的人)丑化他,无中生有地捏造了许多罪状,这些罪行实际上都不存在。

……虽说确有严重犯罪行为,但这些行为与原来对他的漫天指控相比就轻微得多。博格曼经营的老人院提供的服务好坏与此无关。

读了弗兰克尔法官的结论后,我已认识到新闻界和政客们对博格曼的攻击是不公正的。这些漫骂攻击实际上使包括我在内的每个人都以为博格曼是天下第一号恶棍。《纽约时报》说的不错，它把博格曼作为经营老人院行业中虐待和丑闻的代表人物。在公众心目中博格曼身上确实"体现了"老人院事业的所有坏处；可是他之所以能够"体现"这种罪孽并非偶然，它是由新闻界和政客们制造出一个留大胡子戴犹太小帽的拉比作为这个腐败堕落行业所包揽的所有污泥浊水的生动体现；这是一个并不存在的人物形象，但从新闻角度和政治角度来看极易被人接受。

这并不等于说博格曼的老人院在体贴关怀住户和清洁卫生方面堪称典范，他的算账方法也并非无可挑剔。可是明摆着的事实是，其他老人院经营者控制着更多财产，他们经营得更差，却极少受到报纸攻击。

审判博格曼的是新闻界和野心勃勃的政客，是他们认定他犯有五花八门的罪恶，实际上这些犯罪事实上和法律上都不存在。如果这种事能够发生在财大气粗后台强硬的伯纳德·博格曼身上，它也可能发生在其他人身上。我决定受理此案，因为那时我确信，现在仍然这么认为，博格曼被人当作这个受人非议的行业的替罪羔羊了。忙得颠三倒四的美国人把他们年老衰弱的父母和祖辈丢弃在老人院，这种罪孽也通过指责博格曼而掩盖消泯。我认为他身上引人注目的犹太特点——他的犹太教博士学位，他与众多犹太组织的联系，甚至他留的山羊胡子，他戴的犹太式小瓜皮帽都使得犹太人和非犹太人对他群起而攻之，非要他的好看不可。我看到，为了搞掉博格曼，法制已被颠倒、被曲解、被滥用。我还以为，有些检察官，特别是有些法官缺乏秉公断案坚持法律原则的勇气。如果法律制度在这类案例中不能抵制叫嚷着要对一个人施以私刑的暴徒，那么人们又怎么能在发生危机的时刻仰仗它来抵抗不可避免的巨大压力呢？

我接受这个案子时心里很明白，我们极可能败诉。我知道我很可能遭到恶意诋毁，可对这场抨击的猛烈程度却丝毫也想象不到。

我曾经受理过各种各样臭名昭著人物的委托，出庭为他们辩护。这些案子包括受控犯罪的黑手党成员、贩卖色情淫秽物品的人、纳粹党成员及被判死刑等待执行的谋杀犯，但没有一个案子像这一次在社会各阶层之中激起如此巨大的反响，给我个人招来这么严厉的人身攻击——激进派称我的行为是背叛；民权运动积极分子警告我，我这个为受苦受难的人伸张正义的斗士的好名声也会受到危害。我家里的人为此拒绝跟我说话；在听说我为之辩护的竟是这么一个人后，我约会对象从晚宴桌上愤然离座、拂袖而去；在课堂上，当我讨论庭外协商以认罪换减刑的法律程序时谈到此案，学生们就会公开嘘我。甚至以自由派观点而知名的一位联邦最高法院大法官也向一位我们都很熟识的朋友抱怨："我弄不懂艾伦为什么要给那个乌龟王八蛋辩护。我还以为他是个民权主义积极分子呢。"

决定受理他的委托出庭辩护后，我们商量好在他曼哈顿中区的办公室见面。博格曼接待室的墙上高高低低地挂满逝去岁月遗留下来的纪念——各种各样的纪念牌、奖状，还有相片，都按原样挂着。在这间办公室，拉比伯纳德·博格曼博士仍然是个受人尊崇的人物。

我稍微等了一会,博格曼拉比在家人的陪同下来到接待室。他看上去个子比我印象中的矮些,人也瘦些。他脸拉得长长的,显得疲惫不堪,但眼中仍不时闪烁着光彩,说话时仍流露出热情。他热情洋溢地向我致意:“肖洛姆·阿莱汉姆”,①用双手握住我的手。“你家里人近来如何?”他问,并提到他与我祖父相识,还认识我的好几个叔父。他不等我回答就拿出一大捆文件给我看,“你一定不要相信报上那些关于我的说法,请看看这些东西。”他一封一封地给我看他经营的老人院住户及住户的亲属写来的证明信,这些信件都众口一词地说他的老人院情况很好。“在我们的老人院里,住户不是光坐着不动打发时光,我们开办圣经和犹太教经典学习班。我们还作犹太礼拜。我们举行很多活动。请看这封信,”说着,他递给我一封信,该信称赞他亲自关怀一个生活困难的住户。

就在我翻阅这些信件的时候,博格曼拉比开始跟我讲他的身世。他祖籍匈牙利,家世极为贫贱。他在 1929 年移民到美国,当初是在一家小小的鳏寡老人收容所当驻堂牧师,从此开始经营老人院生意。到 1974 年遇到麻烦时,他已经成为美国——也许是世界上——最有影响的东正教犹太人之一。人人都说他的家财有 1 亿美元之巨。他又是无数犹太人慈善、宗教组织和教育机构的主席。博格曼拉比给我看一份 1967 年 5 月 15 日国会记录复印件,收集了在一次专门为他举行的晚宴上赞扬他的发言。在写信表扬他,在演说中称颂他的人之中有林登·约翰逊总统(“他对公益事业的突出贡献……堪称楷模,值得全国上下学习效仿。”),有以色列总统(“只要有人痛苦呻吟,他就前去相助;他的内心充溢着犹太教义和人道主义的良知,为此普天下都有他的朋友,敬仰他的人何止千千万万。”),有耶希瓦东正犹太大学校长(“博格曼博士曾经在全世界犹太人社团中担任过许多重要的领导职务,成就卓著,尽人皆知。”),外加一连串州长、联邦参议员和其他著名政府官员。

他停下来向我解释墙上挂的每一块纪念牌的意义。有些是专为褒奖他的善行义举的,有些是因为他经营的老人院对住户“照顾备至”而予以表彰。

这场展览确实非同一般,它经过精心谋划想给我留下一种个人成就卓著的深刻印象,而不是他在法律上是无辜的。可这种展览太造作太生硬,以至你感到也就是那么回事,并不愿去领会每一块奖状的意义。他给我看的无非是他过去曾为别人作的好事,这些在我看来都是应该的;因为我很了解,如果你是个受尊敬的人(同时还是个大财主),你就不难得到政客们的赞扬,这正像如果你地位卑微就很容易遭人非难一样。我并不相信那些对老人院的溢美之词,因为我的熟人中就有家人被送到那里去的。

我对博格曼说,这些成就确实非常了不起,可我并不是到这里来评价他个人的功过,甚至连他经营老人院的是非也不打算过问。我的工作是在宪法立场上向米利亚法官加判他 1 年徒刑的判决提出异议。我要他当律师的女婿阿夫拉姆·卡斯把从宪法角度上对我们有利的事实告诉我。

---

① “Sholem aleichem”犹太人之间问候时说的意第绪语,意为“你好”。——译者注

卡斯简略地勾画了本案的法律问题,斯坦利和迈耶·博格曼不时插进来介绍有关老人院的具体事实。这位老拉比并不直接参与讨论,只是偶尔评论几句。此案牵涉到的法律问题相对来说比较清楚,检察官没有履行认罪协商的义务,这关系着重要的宪法问题。在我看来,如果被告是任何人,只要他不叫"博格曼"的话,本案早就会得出最后结果了。法庭差不多肯定会裁定检察方面未履行庭外协议对被告的承诺,他公开抨击州法院量刑法官的判决,而这种判决正是他在庭外协议时答应由他向法庭提出的。州法院米利亚法官裁决博格曼在联邦监狱关押4个月之上再加判在州监狱监禁1年是无效的。

但是公众对博格曼的厌恶情绪刻骨铭心,弗兰克尔法官却全然不顾这种激愤情绪,用诚实和公正的态度作出判决,这种以法律办事的原则毁了他很有希望的前程。他10年法官生涯给后人留下许多出色的裁决意见,好几本专著和一大批文章,人们却将永远记得他是只判博格曼4个月徒刑,让他"逃之夭夭"的那个法官。一个法官敢于这么做需要多么大的勇气呵。其他法官们,特别是在他们看到新闻界是如何对待弗兰克尔法官之后,还会甘冒相同的风险在裁决中为博格曼说话吗?

3. 法律问题

这个案子里出现的法律问题首先是由1974年底和1975年初新闻媒介发动的闪电战引起的。在1975年春,舆论要求纽约州和联邦检察方面把博格曼投入监狱的呼声日渐高涨。由于新闻媒介对博格曼的揭露,纽约州议会批准成立一个新的"健康和特别服务"特别检察官办公室,配备了约100名工作人员,年预算超过700万美元。对于公众来说,这个机构的主要任务是整博格曼。这个机构开始对博格曼家族进行大规模的调查,美国联邦纽约南区地方检察官办公室也单独开始调查活动。

然而,这些检察官们很快就意识到,在法庭上证明一项指控确有其事比在新闻媒介上或在议会里提出指责要困难得多。以专栏作家杰克·纽费尔特为例,他那篇文章的根据主要是来自一封匿名信,写信的人自称他远在博格曼移民来美时就与他相识。该信中对博格曼提出无数明显不实的指控,可纽费尔特依然全文照登不误。像这样的匿名信在法庭上当然没有任何效力。尽管调动了许多人力物力进行调查,传唤了几百名证人,调阅了几千份文件,可纽约州特别检察官和联邦地区检察官办公室都无法证实新闻界提出的大部分指控,或是对指控提供相应的根据。找不到任何虐待老人院住户的证据;没有博格曼秘密控制几百家老人院的证明;没有与地下黑社会犯罪组织联系的根据。纽约州和联邦检察官们可以向大陪审团拿得出手的罪状只是伯纳德·博格曼及其子在申报医疗医药费用表格中违反了一些技术性的规定。

根据调查结果预先安排好在同一天发表的纽约州和联邦起诉书实际上是对相同的问题进行起诉。这个起诉书对于那些对此案抱着热望的人,尤其是州特别检察官来说不啻是近乎尴尬的失望。在新闻媒介这番大吹大擂之后,公众心目中的博格曼决然不只犯有如此微小的罪过,他们期待的是更加严重的指控。

即使是这些贫乏的指控,检察官要在法庭上证明也须花费九牛二虎之力。博格曼的首席律师是华盛顿出类拔萃的律师南森·列文。他指示博格曼去“对簿公堂”斗到底。例如,医疗费用单据内容不实的指控并不能证明这种错误是蓄意的,所以检察方面要想证明博格曼是“明知故犯”绝非易事。确实,记录显示,博格曼的疗养院只违反了某项会计规定(专业术语是额外增值),对此由某个会计必须负起法律责任(这位会计师姓达肖维茨,一字之差使我的家族感到难堪,也使一些新闻界人士常常把我和他混淆)。博格曼称他并不知道有这种事发生,此事应由那位主管会计师负责。为了证明他说的都是实话,他主动提出要作一次测谎测验,结果证实他说的是真话。很明显,检察方面认识到要想认定博格曼有罪是极其困难的;更难堪的是,此案经过这么大张旗鼓的宣传,花了这么多钱之后一旦输了,就会成为天大的笑柄。

检察官们,尤其是州特别检察官还面对着另外一个严重问题。由于联邦和纽约州起诉书中指控的实际上是相同的刑事犯罪,很明显,博格曼不能在联邦和纽约州法院两次受审。美国宪法第五修正案规定,任何人都“不应为同一桩犯罪行为受到两次对生命或肢体的惩罚”。美国法院最近又裁决,只要被告已在联邦或州法院受过审判,其他联邦或州的机构就不能因基本相同的犯罪活动再对他进行审判。这样,纽约州特别检察官很担心,一旦联邦法院先对博格曼绳之以法,州法院就无所作为了,这是非常难堪的事。

为了保证多多少少认定博格曼一点儿问题,以便州特别检察官也好有个交代,特别检察官办公室的一位官员就去和博格曼的律师商量,提出用庭外协议解决,这个协议须经州特别检察官、联邦检察官办公室和博格曼家属三方一致同意。

4. 什么是认罪协商?

认罪协商这一程序并非什么莫测高深的东西。(一个电视节目主持人曾问我是否“相信”认罪协商这种东西,我引用一个不信教的人在被问到他是否相信浸礼教的施洗教规时说的笑话,回答道:“相信不相信?你怎么啦,我早已经亲眼看到了!”)认罪协商不过是一纸合同,讨价还价的双方互相交换承诺。这就像其他类型的合同一样,如食品、汽车、房租,只是利害关系不尽相同。在认罪协商中,被告放弃宪法赋予他有陪审团审判的权利,换取较轻微的刑期。有时它攸关更重大的利害:可能被判死刑的被告可以用讨价还价来挽救自己的生命。这种庭外交易使人想到魔鬼与浮士德签订的合同,不同之处只是这种交易完全合法,法庭将执行这种协议。

理论上说,就人们的宪法权利进行一番讨价还价是毫无道理的——没有一个法庭会容忍检察官向被告提出用钱来交换他的权利。想想看,如果法庭门口贴着这样的字句:“100美元换被告自动放弃律师辩护权利;200美元换主动放弃不允许自我控罪的特权;500美元换主动放弃陪审团审判。”

可是最高法院已经正式批准——更确切地说,是鼓励——检察官向被告提出一个比金钱价值更高的交换,即用他的自由去交换他的天赋的宪法权利。当今美国法院门口高悬的告示,用绝不亚于联邦最高法院的优雅书法含蓄暗喻地表示,以多少年多少月,或以被告的生命去换取该被告放弃对簿公堂的权利。更确切地说,这些公告经常是说,对那些援引自己的宪法权利要求在公堂相见的被告,将给予几个月,几年甚至是死刑的处罚。

在庭外进行这种交易由于最高法院的正式首肯,已经成为当代美国解决刑事诉讼案件的主要方式。大约四分之三的刑事案件都是用某种程度的庭外协议以认罪换减刑,而不是通过陪审团审判决定究竟是否有罪。

纽约州特别检察官向博格曼提出的认罪协商条件是,博格曼承认联邦起诉书中的几项指控有罪,同时也承认州起诉书中另外几项指控有罪,但他只会合并执行一项刑期——联邦法院法官判处的刑期作为对他执行的刑期;州法院法官随后将判处他在州立监狱服相同刑期,但与联邦法院判处的刑期同时执行。这样一来,如果联邦法院弗兰克尔法官判博格曼1年徒刑,州法院法官也将判处他1年徒刑,两项判决同时在联邦监狱执行(因为一个人不能分身,所以同时执行两项相同判决就等于说实际上只执行一项判决。)

博格曼在纽约州起诉书中要认罪的另一项指控是说他向州议会议员行贿。(博格曼不能承认原来的指控,因为该指控与联邦起诉书中的罪名相同,这样就等于是为美国宪法所不容的同罪重复惩罚。)这个纽约州议员艾伯特·布鲁门撒尔,他是州议会著名的自由派少数党领袖。这项指控是,博格曼曾经问这位相互熟悉的议员是否可以帮他通融一下有关当局,以便尽快使他拥有的一家老人院得到营业执照。布鲁门撒尔答应过问此事,但他有个条件。他对博格曼说,他的选区内有一个由联邦政府资助的少数民族裔公民职业训练项目,他要求博格曼,如果他的老人院获准开业的话,得准许这些少数民族裔职业训练的人在这所老人院开设的职业培训学习班学习。这个要求看起来似乎天经地义,博格曼欣然同意。可是布鲁门撒尔有一件重要的事瞒着博格曼——也没有人说博格曼知道此事——这就是布鲁门撒尔除了担任州议会议员之外,还以个人身份担任这个职业培训项目的法律顾问。这样,布鲁门撒尔的要求就可以解释为向博格曼索贿,博格曼同意这样做就等于行贿。

在调查过程中,博格曼曾告诉纽约州特别检察官,他掌握有关布鲁门撒尔议员犯罪行为的情况。根据纽约州的法律,博格曼有权不回答有关这方面的问题,除非他获得完全免于对他供述的罪行起诉的豁免。这种豁免叫做“交换性豁免”。州特别检察官很想知道议员的情况,但他又不愿给予博格曼全部豁免。他担心——就像联邦副检察官帕特森在犹太人保卫同盟案子中担心的那样——如果布鲁门撒尔的律师了解到博格曼供出全部情况以换取全部豁免,他们就会全力以赴地攻击博格曼证词的可信性,以及他作证反对布鲁门撒尔的动机是否纯正。检察官愿意就此进行交易,如果博格曼承认有罪,法院不会另外给他判刑。博格曼的家属接受这场庭外协议还有另外一个好处:如果伯纳德·博格曼承认有罪,他也被起诉的儿子斯坦利的案子就会了结,对他的指控都会撤销。

5. 为什么律师参与协商?

为什么公诉人在博格曼案这样的情况下愿意搞庭外协议呢?不管怎么说,他们已经说服了两个大陪审团,这两个大陪审团认为联邦法院和纽约州法院都掌握了足够认定博格曼和他儿子有罪的证据。这两个法院的认定每一个都可能判长期徒刑。检察官让被告不经审判先承认起诉书中指控的一部分罪行,答应他只要这样做,就只判处按原起诉书指控的罪名应判刑期的一小部分,检察官这么做有什么好处?

检察官并不是宽宏大量的善人。他们只是在看准了从庭外协议中能捞到好处的情况下才会建议或接受这种交易。这种预料之中的好处可能以各种形式出现,在有些情况下并不是很体面的。庭外协议在这种情况下对检察方面最大的好处是使他们心中有数:用这种交易可以使被告至少先承认某些方面有罪,这样检察官就不至两手空空白干一场。如果没有庭外协议,他对这场诉讼的结果一点儿也没有把握,陪审团,法官和上诉程序这一切都是千变万化难以预测的。

对于许多检察官来说,他们看重自己起诉认定比率就像运动员赢球次数一样重要,所以起诉能否认定的把握性就成了重要的考虑因素。庭外协议对他们的成功率至关重要:只要认定,在他们个人成就上就是锦上添花,即使只认定原起诉书指控罪行的极小部分也足矣;不能认定在个人成就表上就是一次失败的记录,尽管这个案子可能太复杂而根本无法认定也是如此。输赢的比率对于检察官来说仅仅是一种统计数字,没有实际意义,但人们却把它当作一种口碑,作为评价一个检察官水平能力的标准。辩护律师在这个问题上也是一样。

一个案子用认罪协商方式解决,也可使检察官避免在不能认定情况下招致的批评,任何一个在博格曼案子中失败的检察官都会被新闻界叱为不称职,甚至还有更恶毒的咒骂。不管怎么说,如果新闻媒介可以说服公众相信博格曼有罪,为什么检察官就不能使陪审团相信这一点?如果在新闻界广泛报道的案子中被告被判无罪,检察官的前途就有可能毁于一旦,至少是岌岌可危。

庭外协议有时还用来诱使被告与检察方面合作,来反对检察方面想起诉的另一个对象。在本案中,特别检察官非常想认定议员布鲁门撒尔有罪,这使他极想跟博格曼达成协议。

还有个更简单的层面,庭外协议对于工作负担过重、拿年薪而不是按小时收费的检察官来说意味着减少工作量,不用加班加点,有更多时间与家人朋友团聚。

在博格曼案中,检察官建议进行庭外交易的动机是寻求一种靠得住的结果。检察官在此案中获胜的把握不大,而公众又极力想把博格曼往死里整。这个案子又因联邦和州政府都对博格曼提起公诉变得复杂起来。虽说两个政府部门都指控博格曼犯有同一罪行,却只有一家可以就此对他进行审判。对于公诉方面来说,一旦对簿公堂而又没有把握认定被告有罪那就无法交代,而庭外协议虽不敢说是公诉方面指望的最好结局,在这种情况下却也是最上上的良策。

既然公诉方面能从认罪协商中得到好处,那么被告为什么还会考虑接受这个交易呢?为什么在这个案子的具体情况下博格曼还会接受认罪协商,即使他坚信自己是无辜的,即使他的律师认为法庭会认定他无罪,还对其中一项罪名认罪呢?最直接的回答是,有时用达成认罪协商的方法解决问题对公诉方面和被告双方都有利,而在有陪审团的审判上唇枪舌箭弄不好会两败俱伤。最后,庭外交易和其他任何一种交易一样均分利益和损失:双方都不能得到想要的全部东西,双方都有得有失。双方都能得到他们最急切想要的东西——明确可靠的保证。

毕竟,就连无辜的被告有时也会被法庭认定有罪,虽说这种情况极少见。只要一个案子一经陪审团审判结果就难说了。被告和检察官一样,希望对案子的结果有把握,尽管这么一来可能会判那么短短的一段徒刑也在所不惜。另外,诉讼、审判过程是相当费钱的,如果博格曼决意把官司打到底,诉讼费和律师费将高达几十万美元。当然这也许不是博格曼决意进行庭外交易的原因,可这是许许多多不像他那么有钱的被告,尤其是那些不够要求免费辩护资格,但又负担不起漫长的一审和上诉费用的中产阶级下决心这么干的原因。

有时出于自己的需要而非委托人的最大利益,刑事被告的辩护律师会鼓动他进行庭外交易。在这种情况下,不是别人而是辩护律师从庭外协议中得到好处。刑事诉讼律师打官司的报酬经常是预先谈好的一笔酬金,比方说2,500美元包这个案子,那笔钱大概是被告能付出的最大数目。律师收到那笔款了,不管他花多少时间去解决这个案子,这笔钱也不会再增加。在这种情况下,律师尽量使用庭外协议的方式解决问题,就可能对他有利,因为庭外交易比庭上诉讼花的时间要少得多。

他进行庭外交易越多,挣得钱越多。这样他每小时收费标准实际上就增高了。如果认罪协商解决一个案子花10小时,那么此案收费2,500美元就等于说每小时收费250美元;如果通过审判律师要花100小时,那么他每小时收费只有25美元,这点钱还不够他的成本开销。

律师在考虑这个问题时表面上却不是这么说的,他们总是找出理由来说明认罪协商是对委托人有利的。但是庭外协议有时对委托人有利,有时不利。我对总是进行庭外交易的律师就有怀疑,这种律师给他的委托人争取的一般都是最坏的结果,因为检察官知道这些人如果威胁着要上法庭奉陪到底也不过是说说而已。通常那些很少进行协商的律师才能为当事人争取最大利益,这些律师通常会选择上法庭辩论而且多数为胜诉。这些律师才是检察官最害怕的;检察官正是对这些律师才准备作出最大的让步以防自己落得个全军覆没的下场。

博格曼的首席律师南森·列文正是美国最使检察官发怵的律师之一。他参与的案子大部分是当庭审判解决的,他接手的大部分官司都胜诉。对博格曼起诉的检察官知道他们面前是怎样一个人物,这就是他们建议庭外协议的原因。

列文最初反对进行认罪协商,他想在法庭上审判,他认为他有把握胜诉。后来他写道:

> 面对着巨大的律师费,对自己健康情况的担心,受到公众煽动情绪感染的陪审团,以及审判结果可能不利,博格曼没有接受他的律师意见去由审判决定一切,他同意庭外协议解决。

博格曼决定认罪协商解决的最重要原因之一是出于对他儿子斯坦利的考虑。他不愿让儿子承担新闻界和政客们强加给他的罪名,而检察方面恰恰十分善于利用这种骨肉之情从中渔利。① 伯纳德·博格曼作为一家之长不忍让儿子背负罪名,尽管他坚信自己和儿子都是清白无辜的,尽管律师建议他不要接受庭外协议,博格曼还是指示列文与检察官进行交易,去努力争取他自己只认定一项最轻的罪名,撤销对他儿子的所有指控这种最好结果。

随后是几个星期激烈的讨价还价,就像是个波斯市场:每一笔交易都有一番争论,双方都装出要中止谈判的模样,实际上都悄悄地向对方靠拢。

因为建议进行这场交易就是为了保证只针对博格曼一项最轻的罪状判处刑罚,这样纽约州法院法官就必须事先同意他将不在联邦法院法官判的徒刑上加判。这样,由纽约州特别检察官办公室起草的协议原文中就包括如下文字:“根据伯纳德·博格曼承认向艾伯特·布鲁门撒尔行贿的认罪协议,纽约州高等法院②同意在联邦地区法院法官判处的处罚之外不再加刑。”

庭外协议有关各方去找纽约州负责该案的法官征求他对这个庭外协议的意见。这种做法,只要有关各方面都出席的话就是程序所允许的惯常做法。州特别检察官要求州法院法官同意不在联邦法院的判决上加刑,如果州法官同意(就像期待中的)问题就会迎刃而解,有关各方都达到目的。可是州法院法官不肯正式对联邦法官的判决承担义务,被这个协议所约束,“我是不会乱交易的,”他说,这下子庭外协议双方就出现了僵持。

经过一番争执,终于找到一个解决方法。其实这个方案也是为了达到相同的目的:由联邦法官判决一项罪行的刑期,但不要求州法官预先正式保证按照协议行事。

这个新方案的内容是,州特别检察官将向州量刑法官建议他不在联邦法院的判决上再加刑;州法院将在联邦法院判决之后立即判决。这样做实际上和纽约州法官在这种情况下

---

① 在我参与的另外一个案子里,美国联邦纽约南区检察官办公室的一位检察官威胁我的委托人,说除非他给政府当坐探,否则就要对他清白无辜的儿子(刚刚从法学院毕业)、80岁高龄的老父、妹妹及妻子起诉。我仍向联邦检察官办公室写了一封检举信。检察官答应,除非他有这孩子参与犯罪的确凿证据,他不会批准向这孩子起诉;后来这孩子到底没有被起诉。

② 纽约州高等法院(Superior Court of New York),是纽约州地区初级法院,并非该州最高一级司法机构。叫这个名字纯属历史原因。纽约州的最高司法机构是纽约上诉法院(New York Court of Appeals)。——译者注

一般都接受州检察官的建议不再加刑形同无二。协议规定州法庭判决必须紧随联邦法庭判决之后是为了防止新闻界、政客和其他人认为刑罚太轻而向州法官施加压力。

确实,纽约州负责量刑的阿洛依修斯·米利亚法官明确地告诉博格曼:“已告诉你的律师和特别检察官,一般情况下我接受检察官判处最轻刑罚的建议,我还对他说,我并不以为这一次有什么理由不这么做……”他随后按要求提醒博格曼,根据法律,“不管联邦法院判处他什么刑罚”他都可能被判处最重的刑罚。尽管有这个陈腔滥调的警告,向庭外协议各方发出的信息是明确的:博格曼只会被判一次刑,即由联邦地区法院法官弗兰克尔判刑。这份协议书随即由各方签字,封好并发送各方。

6. 联邦法院的判决

根据庭外协议条款,伯纳德·博格曼同一天在联邦法院和纽约州法院承认有罪,他以为按协议只会判他一项刑罚。

不久,博格曼本来已经意义不大的在纽约州法院认罪由于米利亚法官撤销了对布鲁门撒尔议员的受贿指控而更加名存实亡。米利亚法官认为,布鲁门撒尔并没有犯罪,因为虽说他答应关照博格曼经营的老人院申请执照一事,以此作为交换把一个少数民族裔人培训项目放在老人院里开展,“但他个人并未因此收取任何非法报酬,或得到给予其他好处的承诺。”如果主动提出这场交换的布鲁门撒尔都宣布无罪,那么仅仅是同意这么做的博格曼就更不应该为这个不存在的罪行而被另外加刑。

担负这个重责的是弗兰克尔法官。他现在负责联邦和州法院在此案中的量刑工作。正是他判的刑才是博格曼实际执行的刑期。其实弗兰克尔法官自己亦很清楚他在此案中独一无二的量刑角色。他说,“作为庭外协议详细内容的一部分,本法庭的判决将作为对联邦法院和纽约州法院认定全部罪行的合并刑罚。”

1976 年 6 月 17 日,联邦地区法院挤满了政客、新闻界人士及双方律师。弗兰克尔法官宣布,判处伯纳德·博格曼有期徒刑 4 个月。

人们对这个判决发出震耳欲聋的喧嚣。报纸、电台、电视都众口一词地谴责;政客们恶狠狠地进行攻击,群众则嗤之以鼻。

纽约州老人院问题特别检察官查尔斯·海恩斯担心新闻界会因为他同意建议州法院法官不加刑而把责任归咎在他身上。为此他指示新闻秘书在特别检察官办公室召开一次记者招待会。

检察官海恩斯随后去州法院要求暂缓作出量刑决定,他假托的借口是,博格曼拖欠纽约州政府的金额仍有争议。暂缓量刑的提议得到批准,这样特别检察官避免了站在法庭上兑现他承诺的、向州量刑法官建议在联邦法院法官弗兰克尔判决的 4 个月刑期之外不再加刑。他至少在当时避免了这种难堪。

一群群扛着电视摄像机,手拿录音机话筒的记者跟着特别检察官海恩斯来到他的办公室参加记者招待会。海恩斯用一种愤怒的口气说,他对弗兰克尔法官给博格曼判的“形同虚设的刑期非常失望。”他纳闷这到底是反映“本质的正义”还是“特权者的正义”。他埋怨说,“恐怕我们继续对老人院行业进行调查会因这个判决而受到不利的影响。”《纽约时报》全文登载了特别检察官海恩斯的声明,其他报纸也用大字标题刊登了消息,电台播放了他的讲话,全国大部分电视台也在新闻节目中播放了此事。

当海恩斯最终站在米利亚法官面前作出他先前承诺的“建议”时,大部分关心此事的人都以为他不是真心实意想这么干就不足为怪了。海恩斯承认博格曼已经履行了他在庭外协议中承诺的义务,现在

我有义务去履行我的承诺,向您建议,希望您的判决应与 1976 年 6 月 17 日联邦地区法院判决的刑期同时执行。

海恩斯明确表明他对自己担任的角色感到不快。他声明:“我只是在执行我的义务,向法庭提出这个建议。”照他的说法,他只是在要求法官判决一项用“令人失望”的对待“特权人物的专门法律”量刑的“形同虚设的徒刑”。法官很显然对他的用意一目了然,知道特别检察官只不过是在执行例行公事,完成他在庭外协议中承担的义务。

米利亚法官感到压力很大,他判决的刑期得超过弗兰克尔法官。安德鲁·斯坦恩参议前往造访,要求他用最严厉的刑罚来惩处博格曼。斯坦恩同时导演了一场给米利亚法官写信的运动。他和许多政府官员一道,在州法院宣判当日在米利亚法官办公室内外布置了纠察线,进行游行示威。因此,米利亚法官一反常态,“驳回”检察官的“建议”也就尽在意料之中了。相反地,米利亚判博格曼在弗兰尔克法官原判 4 个月基础上再加判 1 年徒刑。

米利亚为他不寻常的做法辩解的理由是,博格曼所犯罪行情节极为严重,这一罪行即他早已宣布犯罪不能成立并已撤诉的布鲁门撒尔受贿罪起诉;以及博格曼在他“拖欠纽约州人民款项上斤斤计较的态度。”

特别检察官现在可松了口气,他心里十分快活;政客和新闻界也得到了满足。米利亚法官一时间成了英雄。博格曼在保证只判他一项刑期,即由联邦量刑法官判决的徒刑这个条件的基础上同意认罪,到头来反倒落得个被判两项徒刑,刑期 4 倍于原来联邦法官应判刑期的下场。庭外协议承诺的条件并没有兑现,他用宝贵的宪法权利交换来的只是在监狱里关 16 个月这么个糟糕透顶的下场。

博格曼立即对附加刑期提出申诉,理由是特别检察官的行为有失检点。他召开记者招待会,他向米利亚法官建议的方式和态度都违反了庭外协议的规定。博格曼的律师向纽约州最高法院——纽约州上诉法院呈递了上诉书,随后又向联邦上诉法院呈递了上诉书。这两个法院都驳回了上诉,但未作任何书面结论。我正是在这个紧要关头开始参与此案。

7. 要求暂缓入狱

我采取的第一个行动是争取博格曼暂缓执行入狱服刑。他预定本星期就要被押送到赖克斯岛的州立监狱去服刑1年。我们得想办法一边在联邦上诉法院申诉,一边让他待在监狱外面。如果博格曼进了监狱,服完了他本不应服的刑期,那么我们的一切胜利都失去了意义,就连联邦最高法院也不能下令恢复一个65岁老人监禁1年所失去的年华。所以,最要紧的是,我们得向三个联邦法院中的一个请求暂缓执行入狱。可是联邦法院在牵涉到执行州法院判决的问题上是从不轻易干预的,这类暂缓要求很少获得批准。我们这个案子的恶名,加上新闻界一直在公开鼓动立即把博格曼关进监狱,使这种要求比一般情况难度剧增。但我们没有别的出路。

我采取的第一个行动是上书联邦最高法院大法官舍伍德·马歇尔。最高法院九位大法官都分别主管几个联邦上诉法院以便在紧急情况下,如请求暂缓执行这种情况下作出决定。因为马歇尔大法官进入最高法院之前曾在联邦第二巡回区上诉法院工作,辖区包括纽约州、康涅狄格州和佛蒙特州,所以他就负责第二巡回区。马歇尔一直被人认为是个自由派,可是他很少批准延缓执行的申请。有几次他虽批准暂缓执行,但即被其他几位大法官否决。所以我听说他现在在考虑暂缓请求时刻意小心谨慎。

收到大法官同意我们提出请求的批示后,我立即正式提交申请,请求马歇尔大法官批准暂缓执行。马歇尔要求州特别检察官办公室回答这件事,这对我们来说是个好兆,因为大部分请求都是直截了当地被否决,根本不需要经过检察官办公室。可是几天后,大法官还是否决了我们的请求。现在已经是星期五下午了,博格曼定于下星期二早晨10点整入狱。我们只有最后一个希望——去纽约联邦地区法院试试。我在这个周末连轴转地工作,准备好了要求法院下达人身保护令的请求书及暂缓执行入狱的申请书。我在星期一早晨4点完成了全部文件,在9点整来到纽约联邦地区法院把它交给了文书处。

到10点钟左右要求紧急推迟执行的申请已经准备完毕。在联邦法院总是有一个随时听取紧急要求的法官,这一天当班的法官是罗伯特·沃德。

我走进沃德法官的法庭坐下,等待正在听审的案子临时休庭以便插进去提出申请。法官审理的是一桩错综复杂的经济案件,当事人正在提出非常技术性的动议。法官看上去对此很不感兴趣 。当法庭临时休庭时,我走上前去,对他说我有一件要事须提出紧急请求。我一说出我的名字,沃德法官就迎上来,对我从剑桥长途跋涉光临本庭表示欢迎。我当时感到又高兴,又对他认识我并对我这么热乎感到有点儿不自在。他说,他的法庭对紧急请求总是敞开大门的,并问我手头要紧急处理的是什么案子。

"博格曼诉美利坚合众国案,"我回答说,同时开始提出我的请求。

"博格曼!"沃德法官嚷道,"你是说伯纳德·博格曼吗?"

"正是,"我说,"伯纳德·博格曼。"

这位法官看上去满腔的怒火已无法按捺。“那家伙早该关进去了。你现在到联邦法院来干什么?那是州法院的案子。你怎么能用那个案子来打断这里的诉讼程序。我现在正听审的案子很重要,全国各地的律师都来了。”

我告诉这位法官,博格曼在不到24小时以后就要开始服刑了,这种情况按法律规定属于“紧急情况”。

沃德法官打断我的话头:“博格曼坐牢就让他坐去吧,我会在几天后手头这桩案子结束时再考虑他的请求。”

“可是法官阁下,”我坚持说,“这里面牵涉到重大的宪法问题,如果被告开始实际上服刑这些问题就不存在了。”

这位法官无动于衷,“我的法庭对这种人不会给予特别考虑。大部分要求法庭下人身保护令的被告都是在监狱里提出来的,博格曼也应该这么做。我对他这个人没有一丝一毫的同情。”

这时我觉得法官最后一句话给我一个好机会,便提高声音回敬道:

“我们不是到这儿来寻求同情的,我们也不是要求法庭给予特别考虑。问题恰恰是对博格曼没有用通常的方法去对待。在本案中检察官故意违反他在庭外协议中作出的承诺,可是纽约州法院甚至不敢触及这个问题,连书面结论也不敢写。这个案子给联邦司法机构提出重大挑战,看它是否有能力抵挡住新闻媒介和政客。我相信这个法庭对此会有明谋善断。”

突然间这法官的腔调变了。沃德法官向我保证他对博格曼同情与否将不会影响到他的裁决,该案将由它的实体性内容决定。好像为了证明这一点,他开始对我们提出的法律问题表示赞许。他允许我细细阐述紧急申请中牵涉到的法律问题,然后传来特别检察官办公室的一位律师,一个叫阿瑟·温斯坦的小伙子,开始询问特别检察官在弗兰克尔法官作出4个月徒刑判决之后的声明内容:

沃德:我记得那位检察官——纽约州特别检察官发表了一些激烈的言论。

温斯坦:他表达了对判刑太低的不满,法官阁下。

沃德:这些言论是在州法院法官宣判之前就在新闻媒介上发表了吗?

温斯坦:是的。

沃德:你要为此辩护吗?

温斯坦:文字记录中这些材料都没有。

沃德:那好,我们现在就录以备考,这些程序就是为了这个目的。

温斯坦:法官阁下,我将尽我记忆所及加以回忆。我手头没有登有记者招待会的那张报纸。(德肖维茨先生把报纸递给温斯坦先生。)

温斯坦:我现在拿到一张《纽约时报》。海恩斯先生在那里批评了弗兰克尔法官的判决。

沃德：还有一件事我要白纸黑字地载入记录。他随后到州法院去说了些什么？

温斯坦：他建议，不管你——你们法官判什么刑都应与联邦法院判决的刑期同时执行。

沃德：他脸上表情显示出他就是这个意思吗？

温斯坦：法官阁下，我当时不在场。我不知道他当时的脸部表情是什么样。

沃德：律师，问题很简单：你们是否达成了庭外协议？如果达成了，你们是否履行了协议？

辩诉结束后，沃德法官回到他的办公室，他答应很快就公布他的结论。这是十万火急的关头——还有16个小时博格曼就会被关进监狱了。如果沃德法官作出不利于我们的裁决，当天再上诉也来不及了，上诉法院第二天早晨10点半才上班，那时博格曼已经入狱半个钟头了。我们觉得通过辩诉已经说动了沃德法官，可是，他随时都可能再次改变看法。

过了大约30分钟——这30分钟就像30个钟头那么难熬——沃德法官从办公室里回到法庭，开始慢慢地念他的裁定：

虽说司法部长已经表示本案中牵涉到的事实与本庭经常碰到的情况并无特别不同之处，本庭对此不敢苟同。围绕本案而发表的文章、评论、新闻广播并非我们熟悉常见的那种。本案将被受理，这将会在今天下午受到媒体强烈的关注。

本庭已经得到充足的论据来作出如下结论，即纽约州在履行庭外协议时严重地侵犯了被告的宪法权利。

还有，……上诉人定于明天开始执行的刑期很可能会执行下去，如果驳回暂缓执行的请求，上诉人的要求将失去意义……

鉴于此，本法庭将在本项请求进行审理之前，批准延期执行，并且由杰拉德·戈特尔法官审理……

第二天早晨报纸登出“博格曼赢得暂缓入狱11小时”的大字标题。《每日新闻》报发表了题为“耽搁正义”的社论，文中说：

耽搁正义就是打烂正义。博格曼，这个老人院行业所有污泥浊水的总和，又一次把正义玩弄于股掌之中。

杰克·纽费尔特嘲弄道：“到博格曼入狱之时，说不定我已经进了老人院呢。”

特别检察官办公室对新闻界的抨击极为恼火，特别是对他们未能把博格曼投入监狱感到狼狈不堪。他们对沃德法官的裁决提出上诉。但上诉法院维持沃德法官的原判，使暂缓入狱继续执行。现在由戈特尔法官主持的听证将核查证据。博格曼至少眼下得到了缓刑。

听证会在7月下旬的酷暑中进行。根据抽签负责此案审理的杰拉德·戈特尔法官是一个做事严肃认真,平时不苟言语的人。他被任命为联邦地区法院法官之前,曾在该法院担任联邦治安长官。

这次听证双方都派出强大的阵容:博格曼的律师除我以外还有杰克·利特曼及他的合伙人路易斯·弗里德曼;特别检察官方面派出六位律师上阵。法庭里坐满许多联邦副检察官,与此案无关的律师,经常旁听的人们,以及无所不在的新闻界大军,其中包括电视台派到法庭去画听证情况速写的专职画家,电视摄影人员则等在法庭走廊里。①

戈特尔法官宣布开庭,紧接着声明,他的"外婆叫玛丽·海恩斯",可能有人会以为他与特别检察官查尔斯·海恩斯有亲戚关系。他问双方是否希望对这个问题进行澄清。我们表示没有必要就此区区小事对他是否适宜担任此案审理工作提出疑问。

这场听证的基本法律问题,也就是所有围绕这个问题的证据证言都集中于一点:到底特别检察官违反庭外协议没有。这方面的判例法是最高法院在1971年在《圣托贝罗诉纽约州》(Santobello V. New York)一案中的裁决。在圣托贝罗案中,被告被控犯有两项州赌博刑事犯罪。他的律师帮他进行庭外协议,让他承认其中一项较轻的指控,即对最高可判1年徒刑的轻微非法行为认罪,换取州检察官同意不对任何判决提出建议。该案判决的时候,那个参与庭外交易的检察官被撤换掉,而换上来的检察官很显然对他前任做的庭外协议一无所知,他建议量刑法官按这种犯罪的最高刑罚判处1年徒刑。被告辩护律师对检察官的建议提出异议,可法官否认他的量刑受到检察官建议的影响,仍然判圣托贝罗入狱1年。

圣托贝罗对这个判决进行上诉,认为检察方面违反了庭外协议。像博格曼一样,圣托贝罗在纽约州各级司法机构进行申诉都没有结果,不得已而要求联邦最高法院下令暂缓执行他的判决。与博格曼不同的是,一位最高法院大法官批准暂缓执行,随后他的案子在最高法院九位大法官面前进行了辩诉。首席大法官沃伦·伯格作出裁决,认为由于检察官向量刑法官建议判刑而违反了庭外协议。

博格曼听证的关键问题就是从圣托贝罗案例法中直接引出来的:特别检察官公开批评弗兰克尔法官的判决是否违反了庭外协议?量刑法官是否知道他作了这种批评?

审核证据的听证一般都不会有什么使人感到出其不意的地方,因为基本事实对双方来说都比较清楚;这些情况都记录在案以供此次听证核查。可是这场听证却不断爆出冷门,有时还有惊天动地的新发现。

当然,我们知道特别检察官海恩斯曾经召开记者招待会对弗兰克尔法官的判决大肆攻

---

① 美国法院开庭审判时不允许任何人摄影、录音、拍电视;对新闻媒介亦不例外。所以电视台在播放审判新闻时总是代之以法庭速写的画像。——译者注

击，他讲话内容刊登在《纽约时报》上。这个讲话内容看起来有点像是即兴发挥，就好像是从法院到他办公室路上匆匆草就。可是这个讲话中有几个地方会使我们疑团顿生，刚开始我没办法明确指出问题在哪里，但很快就发现这篇讲话通篇都没有提究竟判了多长的徒刑——它没有提4个月刑期。这是很不寻常的做法，因为正是这入狱4个月的判决招来他这番抨击。我开始怀疑，这篇声明怕是早在弗兰克尔法官作出判决之前就拟就了吧？特别检察官唯恐判决太轻会把他置于尴尬的境地。我们决定传唤特别检察官海恩斯作证，以便搞清我们的怀疑是否确凿。利特曼对他进行了质证。

海恩斯是个谨慎小心但不愿合作的证人。一开始他竟然否认他曾经召开过"记者招待会"：

那不是记者招待会……我只是回答了记者向我提出的一连串问题。

确实，他最初作证时说，他"第一次决定与新闻界谈此事是在弗兰克尔法官判决之后"。在我们进一步追问之下他承认，他在弗兰克尔法官作出判决"前一天"就打定主意要预先写一篇对判决看法的声明。继续追问后，他又说他在"宣判之前两天"就已着手起草在记者招待会上发表的声明了。过了一会儿，海恩斯又改嘴说"我错了，我错了，应该是在宣判之前3天"。

海恩斯后来承认，在宣判前几天，他给华盛顿一位在国会山做新闻秘书工作的老朋友打电话，要求他就预料之中弗兰克尔法官对博格曼的从轻发落起草一篇新闻发布稿。这个朋友叫戴维·杰维尔，以前曾在《华盛顿邮报》当记者，后来被传唤到庭作证。他在证词中说，他到纽约去与海恩斯商讨在联邦法院宣判后发表一篇声明的事宜，这件事可能发生在"宣判前一星期的样子。"海恩斯自己的新闻秘书曾起草了声明的初稿，她肯定地说，根据海恩斯的指示，她在联邦法院宣判前一星期就动手写了。

根据新闻界人士的解释，发表这篇声明的目的在于使特别检察官海恩斯不致被新闻媒介套上颈手枷①，并维持"他的公众形象"。杰维尔证明他曾劝告海恩斯说，"给博格曼判的刑期长短是对老人院行业进行调查最事关重大的一个方面，这就是为什么要干这件事的原因。"他鼓动海恩斯发表一项强硬的公开声明，"因为你根本不可能走那些旧式律师的老路子，躲在壁橱里……现在正是水门事件后时期，我们已无法再这样做了。"杰威尔作证说，所有参加此案的工作人员"讨论了这项声明是否可以解释为是与庭外协议大相径庭的"。海恩斯方面的律师强烈要求他不要发表任何声明："律师是不干那种事的。"可是这位新闻专家坚持说海恩斯保持缄默会有灾难性的后果。杰维尔回忆道："我们和新闻界有一种传统的关系，那种律师式的切齿对抗。"

① 一种将罪犯的头和两手夹在木板间示众的古刑具。——译者注

很明显,特别检察官海恩斯认为他的形象比实现他在庭外协议中应许的承诺更重要。他支持这位新闻专家的意见,决定发表一篇公开声明,对弗兰克尔法官可能在判决中作的任何“从轻”处罚进行抨击。虽然他明知这么做会破坏他和博格曼的辩护律师达成的庭外协议,他仍然决意不预先通知对方他有意发表声明。

听证会完全证实了我们的怀疑。更有甚者,对弗兰克尔判决进行抨击全然不是一种心血来潮的冲动,它是有计划有预谋地用来维持特别检察官“形象”,甚至以破坏庭外协议作代价也在所不惜。当戈特尔法官了解到这种预谋时评论道:“出现了一些始料不及的因素。”

另外一个始料不及的因素是米利亚法官的态度。他否认曾读过或听说过特别检察官海恩斯关于弗兰克尔法官判决的声明。他的说法一下子使我们陷入困境。我们敢肯定他说的不是实话,因为在纽约市几乎不可能有人没读过或没听说这篇声明。可是参与此事的米利亚法官竟然声称对此一无所知。我们核查了事实,发现他那天晚上在纽约;他一般每晚必看电视新闻;他习惯阅读《纽约法律报》和《纽约时报》。可是他坚持否认这些明摆着的事实。每个人都很熟悉特别检察官的声明,连戈特尔法官也承认这一点。在听证进行当中有一次我提出由一个没有读过特别检察官声明的法官去给博格曼判刑,这时戈特尔法官插话说:“我看在全纽约州你也找不到一个一点儿也不知道〔特别检察官声明〕的法官。”我忍不住讥讽一句:“米利亚法官除外。”

要想对一个法官进行质证是相当困难的:律师根本不会这样做;他们宁愿假装相信他的证词是真的,也不愿招惹法官证人或其他法官的妒恨。可是,眼前的麻烦比这还大,我们现在进行质证要用特别的手段,我们得让他在证词中来个180度的大转弯:我们实际上是逼他承认他以前讲的不是事实。但我们别无出路,他矢口否认自己曾说过的话已使我们陷入绝境。如果他真不知道特别检察官的声明,那么尽管他的声明可能十分不妥,也只能是一个“无关大局的小错误”,不可能对他的量刑起什么作用。这样我们必须全力以赴地对他进行质证,以使他改变证词。

我们决定由我去完成这个困难重重的任务,虽然我在质证的经验和技术方面比起利特曼差得很远,但我推测利特曼和他的律师事务所必须经常与纽约州的刑庭打交道,他们经常会碰到米利亚法官。除非有必要,他们当然不肯轻易把米利亚法官逼得太狠。而我大概永远不会在法庭上与他相见,对我来说我的生计不会受到什么影响。

我决定在质证过程中把他当作说谎的证人;我将不考虑该证人本人是个法官这个事实;我当然明白米利亚法官会指望我对他圆通些,可我认识到让他措手不及可能会使他吐露真言。于是我一开始就用一种咄咄逼人的口气进行盘问:

问:米利亚法官,你在判决前就已写好判决时准备讲话的全文了,包括加判1年徒刑这一句也是在你判决之前就已决定了的,这是不是事实?说“是”或“不是”。

答:不是

问:在作出判决当天之前,你早已拟好判决文的草稿,这是否是事实?

答:我倒是写了一个——

问:是还是不是?

答:是。

问:可以给我们一份草稿的副本吗?你现在有吗?

答:我不知道。我看可能在——

问:请不要回答我没问你的问题,法官先生。

我随即开始对核心问题进行质证,使米利亚法官承认他是《纽约法律报》和《纽约时报》的长期订户,每天都阅读这两份报纸。我还使他承认,他收集了一份关于博格曼案件的剪报汇编。米利亚法官明显地感到,他如果坚持说他对自己司法生涯中处理的最重大案件、报纸上头版头条的新闻一无所知的话,是无论如何也不能自圆其说的。他变得闪烁其词,后来他承认他在报纸上看到弗兰克尔法官作出判决的消息:

问:在弗兰克尔法官对博格曼博士作出判决的第二天,《纽约时报》头版头条刊登了一篇与此有关的文章。

现在当着你的面,我是否可以有把握地说你肯定看过这篇文章?

答:是。

问:当着你的面,我是否可以肯定,你读了《纽约法律报》第二天头版头条刊登的博格曼判决的文章?

答:我不知道,或许有可能。

问:或许有可能?

答:或许有可能。我只知道我看了《纽约时报》。

问:你读了《纽约时报》上关于博格曼判决的全部内容了吗?

答:我想是的。

问:我想请您,法官阁下,看一份《纽约法律报》刊登的头版头条文章的影印件,并请你回答它是否勾起了你的回忆。这篇文章的大标题是:"博格曼州法院判决暂缓执行;联邦法院判处4个月徒刑。"

对于你这个订阅《纽约法律报》并且每日阅读的人来说,不可能对一篇标题是"博格曼州法院判决暂缓执行"的文章视而不见,是吗?

威恩斯坦先生:我反对。

法庭:抗议成立。

问:对于你来说,看到报纸标题上半部"博格曼州法院判决暂缓执行"是否使你回忆起你实际上当天看没看过《纽约法律报》上刊登的文章?

答:没有。

问:你现在作证说你可能没有看到《纽约法律报》上刊登的那篇文章吗?

答:我作证说我不知道究竟……

法庭:或许让他看看那份报纸会好些。(停了一下)

答:谢谢。(停了一下)

答:是的,律师,我想我看过这篇文章。

问:那么你的回答就是这篇文章勾起了你的回忆,你现在作证说你确实读了这篇文章,是吗?

答:是的,先生。

在迫使他改变了对报纸的证词之后,我开始盘问他电视的事,问他是否在特别检察官召开记者招待会那天看了11点钟在第四台播放的新闻节目。当我告诉他新闻节目中有电视台画家画的他的面容,还有关于特别检察官记者招待会的详尽报道时,他又开始闪烁其词。

最后,我向米利亚法官提出在我们看来最为至关重要的问题:

问:当你从报纸上看到或听说特别检察官对于联邦法院的判决极为不满时,你那时是否意识到特别检察官有责任向你建议判处博格曼相同的刑期,即他表示极为不满的那个刑期?

这回,米利亚法官没有闪烁其词:

答:我的回答是肯定的。

我们已经完成了我们预定的任务。法庭明白无误地记录下米利亚法官曾经在报纸上看到特别检察官“对联邦法院的判决极为不满”的报道;同样不容置疑的是,当米利亚法官看到这篇报道时,他意识到特别检察官有责任向自己建议判处博格曼相同的刑期。因此,无可争议的,特别检察官清楚地向米利亚法官传递了他对自己并非情愿地向州法院正式提出建议的真实想法。这样特别检察官就可以到米利亚法官面前,拉长脸正式建议他也判处4个月徒刑,与联邦徒刑同时执行;他自己心里明白米利亚法官知道他的真实观点是,如果法官当真接受他的“建议”,特别检察官当真要“极为不满”了。

余下来的听证过程就平淡无奇,全是公事公办了。新闻媒介对这次听证极为重视,每天晚上在电视新闻节目里都播放听证人参加者的速写画面。在听证会即将结束之时,《纽

约邮报》刊登了一篇罗伯特·李普赛特写的专栏文章,我的家人读到这篇文章时极为恼怒不安。该文有如下评论:

伯纳德·博格曼这个对老人院打家劫舍的强盗昨天没有锒铛入狱。实际上,他甚至没有出庭……而杰克·利特曼在场。杰克这个硬碰硬的前地区副检察官曾把拉普·布朗押上了审判台,也曾把威廉·菲利普斯这个心狠手毒的恶棍整得穷途末路,以致这个无赖的警员在堂上大骂"你这万人唾弃的渣滓!"还有,艾伦·德肖维茨也在场,就是哈佛大学法学院的德肖维茨教授,为电影"我好奇"(黄色)和"深喉"辩护的那位律师。德肖维茨写过不少政府有义务考虑一些行动中牵涉到的"人权因素"的文章,可是,昨天他也站在博格曼一边。这场审判是非常专业性的诉讼:没有明显的错对之分,没有伤病缠身的老人在博格曼经营的老人院痛苦呻吟的陈述,没有行贿舞弊那种石破天惊的铁证;有的只是程序动议,伪装和假象,还有暧昧晦涩的判例。德肖维茨曾要求法官把他掌握的一些文件给他看,因为"站在律师的角度看问题与法官看问题全然不同。"年轻的纽约州司法部长干得很卖力,但看起来似乎有点儿力不从心,因为利特曼和德肖维茨都是炉火纯青的法界投石巨人,他们太厉害了。在休庭时,安德鲁·斯坦恩纳闷为什么这么多著名律师会去为这么一个坏蛋辩护。"这对他们而言是大有好处的,"他说,"想想看,德肖维茨从博格曼那里捞了多少钱!"这些家伙又怎么能回去侈谈什么道德,写什么教科书呢,他们对哈佛的孩子们又能讲些什么呢?

听证会很快结束,现在该案到了戈特尔法官手中。一般说,经过如此漫长的听证后,律师多少可以了解到法官打算如何判这桩案子。可是戈特尔法官守口如瓶,他一字不漏。他看上去心乱如麻。也难怪他花了 2 个月时间来写判决书。这份判决书最后下达时足足有 40 页厚,从判决书里可以看出他吃不准的心情和层层疑虑。

戈特尔法官对听证取得的事实进行一番审核之后,在有关特别检察官的记者招待会问题上作出对我们性命攸关的有利决定:

海恩斯对联邦法院判决的抨击显然不符程序,完全与纽约州法律相悖。它违反了《纽约州职业行为规范》中关于禁止政府检察方面在判决前发表"极有可能对判决产生影响的言论"的内容。

戈特尔法官作出特别检察官海恩斯的行为违反了法律工作者职业道德的结论。为了证明这一点,他引用一条规定,禁止检察官发表"意在转移或影响公众舆论以此获取政治利益……或企图影响或恐吓司法机构的言论。"特别检察官的声明毫无疑义意在用加强"他的公共形象"来"获得政治利益",来影响米利亚法官的量刑决定。

在得出这些重大结论后,通常法官都会作出对我方有利的裁决。可此案绝非寻常,戈特尔法官也就随后作出了一些奇怪的不合逻辑的决定。

首先,他辩解说,虽说特别检察官的声明是违法的,不合时机的,但它并没有违反“庭外协议的具体内容”。法官承认该协议确实明确地禁止“在认罪后向记者发表声明”,但他强调“协议中没有提到判决后向记者发表谈话的问题。”(他故意视而不见这样一个事实,即判决明摆着在认罪之后,因此没有必要再加赘述。)耍了这样一个怯懦的小手腕,法官就可以作出结论说,特别检察官的声明并没有在技术上违反《圣托贝罗》案例法的规定。

第二,戈特尔法官转而讨论特别检察官在州法院量刑时实际上所作的建议是什么。在这个问题上他的结论也是对我们有利的:

> 毫无疑问,特别检察官作出不再加刑的建议是不甚情愿的,没有完全按照庭外协议所规定的条款去做……

现在又遇到那种通常的惯例:没有完全遵守庭外协议的结论应该使裁决对我们有利,特别是鉴于这位法官如此注重要求斟字酌句地按协议内容办,从而得出特别检察官不合时宜的非法声明并没有在技术上违反庭外协议。谁曾想,这回戈特尔法官来了个180度大转弯,又不要求斟字酌句按协议条款办了:

> 如果特别检察官假装自己是真心实意地做出这个判刑建议……那反而会显得虚伪透顶。

这样,戈特尔法官用一番杂技般高难度的花言巧语得出结论,特别检察官抨击联邦法院判决不合时宜的非法声明并不能使他作出不利于博格曼的裁决,因为它并没有违反庭外协议的具体内容;这也不能使他作出有利于博格曼的裁决,因为海恩斯真的字斟句酌地按庭外协议去办,反倒显得“虚伪透顶”了。博格曼横说竖说都得输,博格曼死说活说都不能赢,谁叫你叫博格曼来着!!

戈特尔法官的裁决说明他是个没有胆识的人,不敢作出有利于博格曼的判决,即使在认定所有的基本事实都对博格曼有利的情况下也不敢。当我读他的裁决时,我对他滋生出一些恻隐同情之感:他总的来说是一位正直聪颖的法官,他认定事实都对我们有利,这是何等难能可贵。可是他就是不敢签署使博格曼获得自由的人身保护令,因为媒体和大众的愤怒将会排山倒海般而来。我认为他是有意无意地在把这一重负分解开来;在他的结论中对事实作出认定,以使我们在上诉法院能比较有利地申诉。如果上诉法院准备依照这些事实作出结论,它就会裁决博格曼不必入狱。这样戈特尔法官作为核查事实的人就很好地完成了任务,又不致惹得新闻界怒气冲天。比起被指派单独审理本案的新法官,由3个法官组成的上诉法庭是比较能经得住这种压力的。

戈特尔法官不愿承担释放博格曼的责任,最明显的暗示在他结论的最后一段,关于博格曼在上诉前取保的请求。在判决书里,戈特尔承认这是一个错综复杂又严密的案子,但他就是不肯就取保的请求作出裁决。

这种逊让自己职权范围内义务的做法并没有任何法律依据。果然,当我们到上诉法院去申请取保时,法官毫不掩饰他们心烦意乱的狼狈之情。按照法律,取保是由联邦地区法院决定的,戈特尔法官没有理由把自己的责任推卸给他们。可博格曼案绝非寻常,新闻界和舆论的幽灵游荡在法庭上,戈特尔法官尽管享有终生法官职位也得乖乖地俯首听命于新闻界的淫威,被玩弄于股掌之中。

上诉法院轻而易举地就作出裁决:博格曼在上诉法院作出结论之前应准予交保候审,不受监押。上诉法院首席法官欧文·考夫曼——在犹太人保卫同盟案中判决我们胜诉的那位法官——在法官席上宣布,"本案中有一些极为严重的问题,"他敢肯定,"博格曼有可能胜诉。"

可是几个月后上诉法院就本案的实体进行辩论时,原先裁定取保请求的三位法官都换下去了,三位新法官似乎一上来就打算否定我们的论据。

沃尔特·曼斯菲尔德法官和亨利·弗兰德利法官在我还没走到讲台之前就开始对我的论据猛烈开火。这种攻击有时就像是针对我个人,因为我接受了博格曼的委托为他辩护;我觉得好像我个人是这次上诉的目标,这些法官们几乎没有对特别检察官有只言片语的批评,而戈特尔法官已经认定他的行为既不合时宜又是非法的。离开法院时我们大失所望,但也很疑惑为什么有了戈特尔法官的事实裁定和最高法院的例判,上诉法院竟然还是否决我们的论点。

结论在1977年圣诞节前夕下达——三位法官一致裁决博格曼败诉。这篇裁决书是弗兰德利法官的手笔,这种结论竟出自他之手令人惊愕不止,摩掌叹息。弗兰德利法官是个极拘泥于程序细节的人。他对上诉法院不能用自己认定的事实取代地区法院认定的事实这个规矩十分认真。上诉法院对博格曼案的裁决却完全不考虑戈特尔法官认定的事实!

弗兰德利法官的裁决完全不提戈特尔法官的结论——精心策划向记者发表声明既不合时宜、不道德而且是非法的;相反,弗兰德利想给人一种印象:正是博格曼要求上诉法院驳回地区法院认为向记者发表的声明是无可非议的结论;他也没有提到戈特尔法官关于特别检察官对米利亚法官的当堂判刑建议"没有遵守庭外协议的具体规定";这位法官拿不出任何根据就信口做出"毋庸置疑,海恩斯遵照他承诺的义务作了判刑建议"的结论。法官用"毋庸置疑"或"众所周知"这样的套话来抹杀律师反复强调的论点是最阴险的蒙骗行为,是最为律师们所不齿的自我作践。我们从来就没有认可或承认他的那些话。我们一直在争辩,戈特尔法官也同意的是,特别检察官"没有提出他在庭外协议中答应的那种建议”。现在弗兰德利法官不仅仅是反驳我们的论点,他不仅仅是对戈特尔法官的结论提出质疑,他还假装我们已承认了我们正在极力反驳的东西。

结论中余下的部分就不难想象了。法庭认为海恩斯对记者的声明无可指摘,他不情愿地提出的判刑建议也合情合理。庭外协议不能仅仅因为“在检察官的判刑建议中缺乏恰当的热忱”就说庭外协议受到侵犯。检察官提出不情愿的建议是无可指摘的,“除非他的面部表情或说话的口气使法官感到他本意是让法官不要接受这个建议。”这里用上了最后一个“除非”,对照着本案的全部记录就可以看出点眉目来。每个人都很清楚(戈特尔法官在听证时曾重复提出),事实上特别检察官宁愿他的建议不被采纳。他不需要通过悄然无声的“面部表情”或说话的“口气”来传达他的真意,他早已通过对记者发表的声明直接说出来了。可是,因为特别检察官在法庭上并没有什么特别的表情,对记者发表的声明就不能传达给量刑法官“不要当真接受他的建议”这一信息。

法庭认定“特别检察官未违反庭外协议条款”,博格曼必须按照纽约州判决入狱服刑1年。

我们提出重新审查的动议,这又引来新闻界一阵排山倒海般的怒潮:“博格曼简直是在耍弄美国司法制度,就像玩电子游戏机一样,他现在还无所顾忌,”杰克·纽费尔特抱怨道。纽费尔特还对我本人进行人身攻击,因为我竭尽全力通过一切司法渠道为我的委托人排忧解难。

当我们所有努力失败的最后一刻,那天是1978年2月6日,博格曼被带到雷克斯岛的监狱。

8.尾　　声

伯纳德·博格曼在雷克斯岛监狱里活下来了。他在囚犯中人缘很好,用各种各样的方法帮助他们。现在他已刑满释放,回到家中潜心研究犹太法规典籍并专注地写作。他的老人院生意已经完结,但他仍然花很多时间去过问他以前曾热心的事业。他与特别检察官办公室关于拖欠纽约州应交款项一事仍未完全解决。《纽约时报》在1980年一篇头版文章中冠以如下标题:“老人院审判已4年的博格曼问题仍讼案迭起乱麻难分”。这篇文章列举出与此有关的几十场未决官司和讼争。虽说我并未参与其中任何一件,但仍不断受到抨击,因为我曾在联邦法院审理博格曼时担任他的律师。

查尔斯·海恩斯官运亨通,当上了纽约市消防总署总监。

安德鲁·斯坦恩当选为曼哈顿区参政会主席,这当然应归功于他在调查博格曼案件中立下的汗马功劳。他曾用竞选口号提醒选民,不是别人而是他才使伯纳德·博格曼这样的“畜生”锒铛入狱的。

判处博格曼4个月徒刑的马尔文·弗兰克尔法官在此案终结后不久辞职。很多有识之士认为他这么做至少部分原因是由于舆论和政客们对他在博格曼案中作出的判决耿耿于怀。如果他入主联邦上诉法院的良机不是由于博格曼事件而坐失,他会成为多好的一位上诉法院法官啊!

但是,他在博格曼案中的量刑裁决已经被公认为司法论述的典范,这份经典已被许多刑法教科书收入,供法学院学生研读领会。

第二部　破坏和平

第4章 为色情电影辩护及与原教旨主义者和女权主义分子之争："深喉"案及宪法第一修正案

1976年5月的一天早晨，哈佛大学法学院前的停车场空寂无人，门可罗雀。这天是星期天，我在那儿等一个叫哈里·雷姆斯的新客户。虽说他的面容对成千上万美国人来说都已不是什么秘密，可我并不知道他长得是什么模样。我未曾看过他在电影《深喉》里演的医生角色，也没有看过其余几十部给他带来"无可争议的公认的黄色影帝"桂冠的影片。可我认为我认出他来大概不会有问题，因为我也看过几部脱露火爆片子，自认对黄色电影明星长的样子心中有数。

在停车场里只有一个年轻人，看他穿着三件头的西装，手提牛皮公文箱——这是哈佛法学院非正式的制服——你就知道绝对错不了，他是个法学院学生。我穿着牛仔裤和汗衫，几小时前刚从家里慢跑到办公室里，并没有料到会去见什么人。

我穿着运动服去见一个新客户有点儿不太自然。可是我又有点儿鄙视地想，他是什么人——他不就是个在银幕上脱得一丝不挂的黄色电影演员吗，他对我的装束还有什么可挑剔的呢？不管怎么说，他说来就来，也不预约，只是打电话问可不可以便立刻就来。我告诉他办公楼星期天不开门，所以约好11点半在停车场见。

到了约定时间，我到停车场去四下打量，却不见哈里·雷姆斯的踪影。我又等了15分钟，期待着驶来一辆出租车，从里面钻出一个小种马般的壮汉，可是没有出租车开来。最后，我走到一个身躯十分矫健的青年身边，他似乎也在等什么人。我问他，在我出来之前他看没看见有人乘出租车过来。

"除了我以外没有人乘出租车来。"

我问他，他是不是在等图书馆开门。

"不，我在等德肖维茨教授。"

我大吃一惊，瞧着他说："我就是艾伦·德肖维茨，你是谁？"

他用同样惊异的口气说："你就是德肖维茨教授？老天爷！我还以为他是个穿条纹西装白发苍苍的老道学呢。我是哈里·雷姆斯。"

“你就是哈里·雷姆斯?”我惊呼道,“我还以为你看起来是个敞胸露怀的性感炸弹哩。”

我们两人都哈哈大笑,同时也为各自的老眼光偏心眼感到有点儿狼狈。

到办公室里一坐定,我们就开始谈他的法律问题。

“我现在因为在《深喉》里扮演的角色遇到大麻烦了。”

《深喉》是有史以来最著名的一部黄色淫秽电影,票房价值超出6000万美元。这部电影里的女主角琳达·拉芙莱斯以她独特的口交技术使新闻媒介赞叹不已。它已经成了这类赤裸裸的黄色淫秽电影中得到公众认可的第一部。社会知名人士一反常态地在观看这部影片时既不戴墨镜也不穿风衣;喜剧演员在电视上谈论这部影片;伍德沃德和伯恩斯坦用《深喉》来代替他们调查水门事件中主要白宫告密者的名字。至少有1000万美国人看过一遍这部电影。在一些电影院里,这部电影连续放了近400个星期。据《时代》周刊报道,在中央情报局操纵的间谍船“格劳玛探险号”上,水手“最欢迎的脱露电影”就是《深喉》(他们是由美国政府出钱看这部电影的)。美国副总统斯皮罗·阿格纽曾在弗兰克·西纳特拉①庄园举行的招待会上看过这部电影。这部电影已经成了美国大众文化的一部分。

“我只不过在电影中扮演了一个角色,”雷姆斯接着说,“可在田纳西州孟菲斯市的一个联邦陪审团上星期认定我犯有重罪。现在我因为是个性感炸弹而面临5年徒刑。我正在找一个能帮我上诉的律师。”

哈里·雷姆斯不单单是个性感标志,他还是个极为聪颖的青年。用他自己的话来说,他是“一个老老实实的犹太孩子,靠干许多人花钱叫别人去干的那种活计吃饭”。他出生于纽约州的斯卡思代尔市。他原名叫赫伯特·斯特赖克。他曾上过匹兹堡大学,但中途辍学参加海军陆战队,后来开始戏剧生涯。他曾在“妈妈歌舞团”、“纽约戏剧歌舞团”及纽约市“美国莎士比亚话剧团”工作。他甚至还参加“威梯斯”麦片广告表演。在1964年圣诞节期间,“工作很不好找,光景相当惨淡……有一个家伙说,他知道到哪儿能在一部黄色电影里当个男角儿挣75块钱。”

哈里活到这么大还没有看过这种电影,他有点儿惴惴不安地前去报到,应下了这份差事。和他一起演出的两个女演员都是纽约大学的社会学博士研究生,她们使他平心静气下来,完成了好几轮“重头戏”。斯特赖克一上台就干得这么利索主要不在于他长相标致,而在于他一接到信号就能够反复性交的特殊本领。在这种时间即金钱的行当中,主要的障碍就是男演员性能力不足。对一个能够在一天之中连续拍许多镜头的男演员的需求之大是可想而知的。

斯特赖克告诉我他当上《深喉》男主角的经过。1972年1月,在佛罗里达州迈阿密附近他参加一部黄色淫秽电影的拍摄工作,负责音响和光线,每天工资150美元。当原来的

① 弗兰克·西纳特拉,美国著名歌唱家,电影演员。——译者注

男主角缺席时,导演杰拉德·达米亚诺就叫斯特赖克代替他上——但工资每天减少50美元。因为这部电影中的七八个性交场面只用一天时间就拍完(这些镜头后来剪辑成18个不同场景),他在演这部电影中的报酬只有100美元,合同上也没有任何分成的规定。拍摄结束后,他在这部电影中的角色也就随之完结:他既没有参与剪辑,也没有参与发行这部片子——更不用说分享该片带来的巨大利润了。他甚至连自己的名字也控制不了:导演给他起了个艺名“哈里·雷姆斯”,只是觉得这名字听起来能引起一丝意淫的奇想①,他甚至都不和斯特赖克商量一下。当然,这部电影大受欢迎连演不衰使他感到脸上有光。他保留了“哈里·雷姆斯”作为他的艺名,又在其他几部黄色淫秽电影中扮演了角色。可是他在《深喉》里的角色已经结束,或者说,他自认已经结束。

两年多以后,1974年7月7日清晨5时,斯特赖克在他格林威治村公寓里被敲门声惊醒。一个联邦调查局密探唤起这个满脸倦容衣冠不整的演员,递给他一张传票,命令他去田纳西州的孟菲斯——一个他从不曾去过的城市——出庭候审。赫伯特·斯特赖克——别名“哈里·雷姆斯”,已被孟菲斯市一个联邦大陪审团起诉,控告他参与一项在全国范围的州际商业活动中输送一部黄色淫秽电影的阴谋活动。他成了美国历史上第一个因在一部电影中扮演角色而被联邦法院提起刑事诉讼的人。

这案子立即在全国引起反响。这也就是公诉方面控告一个演员的目的。控告黄色电影的制片人和发行人早已是家常便饭,引不起人们的新奇感。公诉人是个叫拉里·帕里什的出类拔萃的年轻律师,一个美国中西部和南部正统派教徒集中地方的原教旨主义者。(参与这案子的人都起着怪模怪样的名字:雷姆斯、斯特赖克、拉芙莱斯、帕里什,听起来就像是未成年人喜欢用的双关语。)帕里什在纳什维尔土生土长,当地新闻界给他起了不少外号,如“道学先生”,或“孟菲斯的愤怒”,或“孟菲斯扫黄钉耙”。他是一个转信基督教的人,是第一福音教会的长期教友。帕里什真诚地相信,黄色淫秽物品是当代美国万恶之源。他曾对记者说过,“我宁愿看见毒品在民间招摇,也不愿看见这种电影在世上泛滥。”照他的解释,毒品是可以从身体内洗涤干净的,而淫秽物品对人的侵害则是刻骨铭心的。有人问他是怎么当上检察官的?帕里什引用圣经罗马书第十三章第四节中对作恶的警告②,称上帝授权世间的教士们执行“搜寻和销毁”淫秽物品这种行业的任务。在对淫秽物品进行诉讼中,帕里什成绩斐然,无人可望其项背,他经手的案子中40多个被告已经被认定有罪。

很多冷眼旁观的人都认为把雷姆斯带上公堂是帕里什公诉生涯的一大发明。正如一位熟悉帕里什手腕的孟菲斯律师所说:“帕里什觉得把演员摆在被告地位是扩大宣传的好办法,而男演员又不如女演员那么容易触发公众的同情。”帕里什自己承认,他对雷姆斯提起诉讼的目的就在于向世人宣告,参与制作黄色淫秽电影的人谁也不能逍遥法外,必将毫

---

① “Harry Reems ”与“harem”(后宫)读音相近。——译者注

② 罗马书第十三章第四节原话如下:“因为他是上帝的佣人,是与你有益的。你若作恶,欲当惧怕;因为他不是空空的佩剑;他是上帝的佣人,是伸冤的,惩罚那作恶的。”见 Romans:13:4,New Testment。——译者注

无例外地被起诉：

直到《深喉》问世之前，还没听说过有专演这类电影的男女演员。可是在《深喉》这部电影里，他们塑造了一位明星，竟至是可忍孰不可忍的地步，正像你爹在你不听话时狠揍你一顿那样。是啊，如果斯特赖克先生在新闻媒介作了那么许多宣传报道之后，轻而易举地逃脱责任，他的事业会益发飞腾，但如果狠揍他几下，或许他会三思而后行。

正如斯特赖克所说，孟菲斯市是美国中西部和南部正统派教徒的"接合部"，这地方是帕里什导演一场现代道德伦理戏剧的最理想地点。

1. 孟菲斯审判

指派担任这场审判的法官是哈里·威尔福德，他是田纳西州共和党执行委员会的前任委员。"如果不是因为有哈里·雷姆斯这样的人，"威尔福德法官在法庭上宣称，"就不会有《深喉》这一类电影……没有这样的演员，就没有这样的电影。"这位个头矮小脾气很坏的保守派指示雷姆斯在孟菲斯的律师说，他绝不会"理睬任何用宪法第一修正案的理由来为他辩护。"他警告这位律师，如果他敢以"你的委托人的行为受到第一修正案的保护为由与陪审团相争，我将指示陪审团，本案并非第一修正案案例。"有了帕里什这样的检察官和威尔福德这样的法官，对于政府选择孟菲斯市作为它对雷姆斯进行起诉的最适当地点就不难理解了。

本来，这部电影是在纽约发行的，大部分被告都住在纽约，纽约南区地方法院理应作为任何有关的调查、起诉和审判的地点。可是想要冒犯一个纽约人绝非易事，你在时代广场的电影院里可以看到任何性别的人或动物在淫欲之中进行交媾的画面。这里到处充斥着按摩院、健身房、单身幽会所——或是用现今人们伪装粉饰妓院的其他说法。这些场所提供各种口味的需要，哪怕是世间最稀奇古怪、解剖学上最无法想象的情景。如果在这么一个城市开庭，这里选出来的陪审团经过如此堕落口味多年的熏陶，很可能会以见惯不惊为由而作出无罪的认定。这也是政府选中孟菲斯市作为起诉地点的原因。

可是这里面有个问题。美国宪法第六修正案规定，"被告应享有在犯罪地点所在的州和地区进行审判的权利。"《深喉》这部影片不是在孟菲斯拍摄的，也从未在该市上映过。此外，哈里·雷姆斯在审判开始之前从未去过那座城市。那么政府又怎么解释雷姆斯从未在该市、该地区犯过罪这一事实呢？回答这个问题需要富有想象力的法理思辨，而帕里什已准备好应付这种挑战。

起诉书是帕里什精心起草的，它指控117名个人和公司企业参与进行了一场全国范围的阴谋，制作一部黄色淫秽电影并在全美发行。这样，这项罪行就会在该电影可能放映的每一个地区发生。根据这份起诉书的理论，任何一个地方的联邦检察官都可以决定在哪儿起诉最好。这种说法使得人们担心联邦政府会迫害热心鼓吹黑人权益的黑人出版社，把从密歇根州到北卡罗莱纳州的劳工运动组织者一网打尽，交给那些最富敌意的陪审员去审判。这也使联邦政府有权给本来专供专门人员看的电影或杂志在是否是黄色淫秽的问题上施行一种最狭窄、最富地方色彩的标准。

作为参与这个阴谋而受到指控的人有技术人员、发行人员、给电影设计舞台场景的纽约广告公司等，实际上只要是与该影片的制作、发行或放映有关的所有人员都受到指控。帕里什后来说，"参与此阴谋的约有500人，"可是，"我们将不对有些人，如电影院售票员、电影院里出售爆玉米花的人或电影放映员起诉。"

起诉书中受指控的117名个人和公司企业中，实际上只有18个被起诉，剩下的99个被当作"不予起诉的共犯"。对一个不予起诉的共犯，大陪审团——实际上是公诉人，他控制着大陪审团——认为他有罪，但出于一个或几个理由而决定不予起诉。（尼克松总统就曾被联邦大陪审团当作水门事件中不予起诉的共犯。）在这些不予起诉的共犯中就有琳达·特里纳，即《深喉》中用琳达·拉芙莱斯之名的女主角。她在这之前曾经在布鲁克林的一个大陪审团面前作证，因为她得到不予起诉的豁免，所以对她是否会在孟菲斯的案子中受到起诉有些疑问。后来她被传唤去作证反对雷姆斯，可她躲了起来，联邦调查局找不到她。（有些法庭观察员把她这个销声匿迹的证人称作"发炎的喉咙"。）

起诉书中对共犯们提出77项"公然犯罪"的指控。所谓公然犯罪是指任何一种行为，不管这种行为是多么正当，只要与该阴谋有关即是。在这77项公开活动中，只有一项提到赫伯特·斯特赖克："在1972年1月10日和1972年1月19日之间……琳达·特里纳（即拉芙莱斯）、查尔斯·特里纳、杰拉德·达米亚诺……及赫伯特·斯特赖克〔即雷姆斯〕从纽约州纽约市旅行到佛罗里达州迈阿密市。"虽说这类旅行无任何非法之处，但该旅行却被指控为整个阴谋活动的继续和发展。根据这种理论，斯特赖克即使从未在电影中担任过角色，只要他有过那次旅行也可以对他提起诉讼。

审判于1976年3月1日开始，共传了90个证人——政府传了77个，被告方面传了13个证人。这部电影在法庭里公开放映——这是公众在孟菲斯能够看到这部电影的唯一地点，而且是免费观看。该案被新闻媒介广泛宣传报道，特别是被告辩护律师企图传杰克·尼科森及沃伦·比蒂作为专家出庭作证，以说明演员在制作和发行一部电影中的有限作用。威尔福德法官拒绝允许他们出庭作证。仅有的一点点证据又与雷姆斯在被控阴谋活动中的作用毫无关系，大部分事件都发生于影片拍摄之前或拍摄之后。照起诉书的说法，该阴谋起于1971年2月（雷姆斯参与该片一年前），一直延续到1975年6月（雷姆斯的角色结束后三年半）。根据法律对参与阴谋犯罪的共犯不须自始至终参与的规定，与该阴谋某个阶段的犯罪有关的证言证词都可用来对任何一个共犯起诉，不管他们的作用大小。

美国联邦副检察官帕里毫不否认地说，在这场阴谋中雷姆斯起的作用极为有限。他对陪审团说：

雷姆斯拍了他的戏,拿了给他的表演报酬……然后就被辞退,其他事都没有参与……他很早就退出了。

帕里什的这一退却对雷姆斯的辩护来说至关重要。雷姆斯声明,1972 年 1 月他在摄影机前袒露身体之时,那时实行的法律并不认为《深喉》是黄色淫秽的。根据那时依然有效的最高法院裁决,一部在"性"方面极为火爆露骨的电影只要总体上看具有"可取的社会价值"就应受到宪法保护。不管影片在某一场景上是多么露骨,它都受到宪法第一修正案的保护,除非:"(1)总的来说材料的基调迎合对淫欲的兴趣(这是什么意思!);(2)该材料用当代社会的标准去衡量显然具有伤害性……;(3)该材料完全没有可取的社会价值"。最高法院在一系列最后终于导致了 1966 年关于《范尼山》一书的判例裁决中规定,要禁一部电影或一部书必须满足这三个条件,缺一不可。这就是说,不管一部电影或一本书是多么下流肮脏,只要它有一点儿社会价值——比方说一条信息,一些惹人发笑的描写,甚至是一个关于性交技术的新的情况——就不能对它提起诉讼。

根据这条准则,《深喉》大概应该受到宪法第一修正案的保护。这部影片对至少有些观众来说是有点儿滑稽的,而且这部影片与同类种马交配般的电影片相比技术要强不少。雷姆斯和他的出庭律师认为,以 1972 年 1 月实行的色情淫秽物品标准来衡量,他不能被认定有任何犯罪行为。

可帕里什并不是用这些标准来对雷姆斯起诉的。他是用一种最高法院在 1973 年 6 月裁定的极不同的标准进行公诉,那时雷姆斯完成电影角色已有一年半了。根据首席大法官沃伦·伯格在"米勒诉加利福尼亚"一案中裁定的新标准,对一部含有一些"可取的社会价值"的影片也可以起诉。根据米勒判例的标准,一部露骨描写性交活动的影片只能在总体上看该片具有"严肃的文学、艺术、政治或科学意义的情况下才能受到第一修正案的保护。"(这个标准的内容很快就缩写成"SLAPS"①)新旧标准的区别很大。例如,根据新标准,一部大轰大闹的性暴露喜剧也可能会被起诉,因为虽说它并非"完全没有可取的社会价值",可它仍然可能缺少"严肃的文学、艺术、政治或科学意义"②。

在雷姆斯案中,威尔福德法官指示陪审团:如果一部露骨地进行性描写的电影要受宪法保护的话,它必须具有"严肃的文学、艺术、政治或科学意义"。雷姆斯的一审出庭律师竭尽全力地对这一点提出异议,要求法庭运用 1973 年以前的标准来衡量,即只能对那些

---

① 该标准的内容为:"Serious literary ,artistic,political or scientific merit",缩写为 SLAPS。——译者注

② 《米勒》案例提出一个复杂 的问题,即露骨的性描写能用来增加杂志的读者人数,这是否至少在政治上具有相当的意义?性描写可以增加杂志的销路,销路越好的杂志政治影响就越大,这已经成为生活中的现实。毫无疑问,像《藏春阁》、《花花公子》以及《大都会》这类杂志在美国具有很大的政治影响。那么,如果这些杂志被禁止用满足读者的"色欲的需要"方法去出版发行的话,发行数量就会锐减,其政治影响也会相应地削弱。我曾以此为题写过一篇文章,讨论对《性交》杂志的起诉。详见 1977 年 1 月号《藏春阁》杂志,题:《围绕着第一修正案瞎胡闹》。

“完全没有任何可取的社会价值”的电影进行起诉。这个意见被威尔福德法官驳回。

对哈里·雷姆斯的起诉不是根据他参加《深喉》演出时实行的法律,而是根据这部片子完成一年半之后才实行的一套新标准。一般的规则是,对一个被告提起公诉,适用的法律必须是他进行犯罪活动之时适用的法律。可是帕里什对威尔福德法官说,“该阴谋”本身延续到1973年最高法院对《米勒》案的裁决之后,而且只要《深喉》一片继续发行,该阴谋就继续延续下去。(根据这个理论,雷姆斯的犯罪直到现在仍在继续,因为《深喉》一片迄今仍在放映。)根据公诉人的辩解,由此可以用一种在他的作用结束之后而他的犯罪仍在继续之时才出现的标准来衡量他的行为。

正像帕里什雄辩地质问的那样:“〔雷姆斯〕演了电影,拿了酬金,早在1972年就退出,这意味着,他并没有参与该阴谋的其他工作,他除此以外没有其他公开活动,他没有进一步参与此案,这样,问题是,他为什么反落得个电影拍完4年后又遭起诉的下场?真是岂有此理!”他的回答是:“只要一个人参与一项阴谋活动,他就得为该阴谋带来的一切后果负责,直到该阴谋结束为止。”(雷姆斯有一次问我,如果电影发行人使用的一些强制技术在该片完成几年以后造成某人的死亡,他是否犯有谋杀罪。我告诉他,根据帕里什的理论,他可能会被认定有罪。)

对帕里什来说,雷姆斯要想摆脱与此阴谋的干系,就必须“采取主动性的行动去摧毁该阴谋”。可雷姆斯又能做些什么呢?他没办法“揭露”这项罪行,就像揭露一件秘不可宣的阴谋那样,因为《深喉》在各州进行商业性公演是尽人皆知的。他也不可能依法防止该片发行和放映,因为他没有这种权利。公诉人是否想要他站出来亲手毁掉现有的《深喉》拷贝?

陪审团留在那里,一边考虑自己的意见,一边对这些问题进行揣测。讨论了几个小时证据后,他们只用了几分钟时间辩论是否应认定有罪,随后一致认定所有被告犯有所有被指控的罪行。由于等待被告呈交一份提请重新审判的动议,法庭裁决暂缓量刑决定。这样,雷姆斯开始四处寻找帮他上诉的律师。

现在,正是陪审团认定有罪之后几天,“离开了孟菲斯我才感到有了活路,”雷姆斯对我说,“如果你在那地方待得时间太长了,你就会慢慢地感到没准儿他们是对的。我一想到还得回孟菲斯去听候判刑就害怕。你认为威尔福德会判我什么?你觉得我上诉胜诉的可能性大不大?你愿意接受我的委托吗?”

我知道我一听到这件案子就会决定接受委托。我最感兴趣的法律领域有两个:一是宪法第一修正案,二是阴谋罪。这个案子用一种极有趣的案情把这两个法律问题都包括进去。

斯特赖克告诉我,他来找我的原因是他听说我在为“我好奇”(黄色)一片辩护中胜诉。那部瑞典影片是在美国第一部进行商业放映的露骨描写性活动的影片。

2. “我好奇(黄色)”案

“你这案子与‘我好奇’(I Am Curious)案不一样,”我对雷姆斯说,“我认为我们不应该用打那场官司的方法来打这场官司。”我解释道,在“我好奇”一案里,我们的论点是,在成人电影院紧闭的大门后面放映什么电影不属于政府或法院的管辖范围之内,即只要不让儿童入内,只要伤害性的材料不在电影院外面展示,进不进电影院、看什么样的电影完全由成年观众自主决定。我坚决主张,现在还是这么认为,这才是正确的宪法原则。宪法第一修正案规定,议会“不能立法……对言论自由的权利进行剥夺删减”。可最高法院曾裁定,法院认定是黄色淫秽的书籍和影片不在第一修正案保护之列。这就要求法院审看每一部电影以决定该影片中描写的性活动是否出了格而具有黄色淫秽性质,或者该片有足够的文学价值,这种价值压倒了它的伤害性。这一审查过程使法院成为对个人的道德观念和趣味进行检查的书报电影审查机构。

对黄色淫秽物品来说,从来就不可能有一个客观的标准,是否黄色淫秽全看观看者怎么看待,或如道格拉斯大法官有一次讥讽的,“就依观看者两条大腿根之间的反应而论。”对这个人来说是黄色淫秽,对另一个来说可能是艺术,对其他人来说则又可能是瞎胡闹。

前美国联邦最高法院大法官波特·斯图尔特曾经承认他无法具体写出何为黄色淫秽物品,可是他敢肯定“我看见了就知道是不是。”可是其他自称知道如何分辨的法官们又各持己见。每位法官都对黄色淫秽物品的定义有个人的看法,而这些看法又很少写入正式法庭裁定中去。拜伦·怀特大法官的书记员们称,他们的上司在决定一部电影是否属于黄色淫秽时依靠片中描绘性交的程度而定。他们把这些称作“勃起的角度”规则。布伦南大法官的书记员们则把他的标准称为“软家伙”规则,即只要不是完全勃起就不算黄色淫秽。已故首席大法官厄尔·华伦以前认为描绘“正常的”性活动,不管是多么露骨,都受到宪法的保护,可是对“不正常”性活动,哪怕只是一种暗示,也会使他勃然大怒。“我女儿是否会感到受了伤害”就是他的个人标准。已故大法官雨果·布莱克认为肮脏下流的电影绝对应受到第一修正案的保护,可脏话下流话,如“操你妈的征兵”,却不受保护。另一方面,约翰·保罗·史蒂文森大法官却认为,脏话下流话比肮脏下流的电影理应受到更多的保护。每一位大法官都有他自己的标准,他们对宪法原则和判例法的解释都或多或少地反映了个人趣味、头脑里的框框限制及各人不同出身背景的影响。

是否属于黄色淫秽物品的最低限度是,当最高法院9位大法官里有5位认为它是属于此类物品之时。这种现实贬低了最高法院作为宪法第一修正案的保护者的身份,使大法官们有权置个人的趣味于国家利害之上。它并没能给电影制片厂、演员和其他从事这类工作的人以具体指导,他们的作品介乎受保护的言论和不允许的黄色淫秽物品之间,使他们处于岌岌可危的地步。

在“我好奇(黄色)”一案中,我们决定针对黄色淫秽物品的这种司法规定方式发动一场进攻。当这部影片在波士顿被禁演后,我们在联邦法院提起诉讼。我们拒绝向好奇的法官放映《我好奇》,以便突出我们的论点,即只要该影片是在一个大门紧闭的成人影院里面上映,该片的内容如何就不属于政府管辖的范围。

在法庭辩论过程中,有一位法官提到他祖母曾经无意之中走进一家成人影院,看了一场法国电影。本以为是一部旅游片,后来性交的场面使她大惊失色。他问,你们怎么能够保证他祖母免受这类影片的伤害?我告诉他,这家电影院可以张贴醒目的警告。法官又提出:这类警告内容是如此露骨,它本身就带有伤害性。正当我们进行这场谈话时,我想起一个关于犹太人的古老故事。这个犹太人发觉他的表停了,他看见一家商店窗户上挂着许多钟表,就走进去,叫店主人为他修表。“给你修表?”那店主奇怪地问,“我不修表,我是个犹太祭司,我专门割包皮①。”“你专门割包皮?”这位顾客问道,“可你为什么在窗上挂钟表呢?”店主毫不犹豫地答道,“你要我在窗上挂什么呢?”

我提醒法官,我们可以创造一些并不十分露骨、没有伤害性、然而却又能让人明白的警告标志。这位法官对这个建议似乎比较满意。

联邦法院实际上在裁定中得出结论,该结论在短时期中成了黄色淫秽物品法具有里程碑意义的文件。该法庭以二比一裁决,一家电影院只要“没有用勾起淫欲的方式进行广告宣传……只要预先警告观众该片内容可能具有伤害性质,或……观众中没有18岁以下的儿童”就不能禁止它上演。

这个裁定承诺政府不应干预评价每部电影内容也不应由政府制定限制电影院的外部标准。

这样,马萨诸塞州司法部长对这一具有里程碑意义的裁定进行上诉就不足为怪了,联邦政府也以共同上诉人身份进行上诉(当时的尼克松政府曾把扫黄列入加强法制的五项重大行动之一)。联邦最高法院批准复查此案,我受邀请为格罗夫出版社——该影片在美国的发行人出庭辩诉。

3. 伯格大法官和引诱狗熊上钩

“我好奇(黄色)”案是我有生以来第一次在美国最高一级法院殿堂里为被告进行辩护的案件。当我走进用大理石和桃花心木建筑的肃穆庄严的法院大堂时,不禁脚软心跳。辩诉时间为15分钟,我为此做了充足的准备,可我仍无法预料自己会碰上什么问题。

我走到讲台前,还没有开始讲话,这时首席大法官沃伦·伯格就问我,他是否可以“打断”我的话,问一下我对州政府是否有权力禁止一场“引诱狗熊上钩的竞赛”有什么高见。

我对这种诱使狗熊上圈套的比赛究竟是怎么回事一无所知,因为在布鲁克林或剑桥没有多少狗熊,可我琢磨这种比赛一定牵涉到对动物施虐狂的残酷行为。我对首席大法官

---

① 犹太男子有在儿童时代就割去包皮的宗教习惯。——译者注

说,我不认为引诱狗熊上钩的行为是受宪法保护的,因为州政府有义务“保护动物的权益”。

我试图把我的辩诉引回到原来的轨道上:“我认为如果这是一部关于引诱狗熊上钩的电影的话,就更合适了。”可是首席大法官再次打断我的话:“我们还是接着谈刚才谈到的生命的问题。”我对一个生命伤害另一个生命的行为和一部描写双方自愿的性交行为对那些自愿来看这部片子的人的感情不会产生伤害的电影加以区别。首席大法官立即反诘道:

你是说,在拍电影的过程中可以杀死一只狗熊和五条狗,然而在现实生活中杀死更多的狗熊和狗都是不允许的。这就是你的区别吗?

我再一次试图回答他的问题:

不。我认为州政府应该有权禁止不论是在拍电影时或在其他情况下杀害狗熊和狗。

首席大法官坚持他那看起来越来越像有意阻挠别人发言的战术,他简直是不让我谈本案的关键法律问题:

14 个州没有制定任何禁止引诱狗熊上钩的法规,有 450 万人观看了诱使狗熊上圈套的比赛或是拍摄这种活动的过程。这对你评判能否在马萨诸塞州波士顿观看引诱狗熊上钩的行为多少有点联系吗?

我觉得这段话终于给我一个机会重新谈这个案子,我小心翼翼地避开诱使狗熊上钩这个话题,回到原来的话题,即宪法是否允许成年人在自己情愿的情况下在与外面封闭的电影院里观看一部对内容是否黄色淫秽尚有争议的影片:

不。第一修正案保护个人出于感情上和知识上的需要而获取消息的权利。在美国有些人已经看过这类东西这一事实与此并无关系。我们这一立场将会使公诉人从电影院里出来,因为在电影院里的人都是自愿来看的,把公诉人置于电影院之外可以使你我在一旦电影上出现了有人不愿看的广告或画面时都免受感情上的波动。

可是首席大法官依然不为所动。虽说我在回答中从未提到过狗熊,他还是问道:

你是说每个人都觉得引诱狗熊上钩这种把戏是有伤害性的,对吗?

只要我试图换一个话题，他总是把我们拉回来：

如果把引诱狗熊上钩的竞赛弄到一家剧院里去，每人收5美元入场费，你看怎么样？

我不想叫你没完没了地纠缠在引诱狗熊上钩的讨论上，可是为了拍摄这样一部电影，你首先得干一连串不合法的事情。

终于，离我发言时间结束不到1分钟，首席大法官问我，对引诱狗熊上钩的类推是否“有效”。我告诉首席大法官我的看法：

我以为关于引诱狗熊上钩的类推是无效的。因为这是一种非法活动，它伤害动物。它与一些自愿前来观看性交电影的人相去甚远。

讲到这里，规定给我的时间已快完结，我勉勉强强来得及总结我的论点，即从实用的隐私的意义上说：

一个用窗帘严密遮蔽的电影院至少应该享有一个把窗帘全都打开的住家所享有的宪法保护。

首席大法官用他引诱狗熊上钩的类推法霸占独揽了上诉答辩的全部时间。其他8位大法官完全未能提问，虽说有好几位都很想探讨某些具体问题。有几位大法官显然对首席大法官的表现感到尴尬。在辩诉结束时，我终于体会到，对于一只狗熊来说一场引诱狗熊上钩的竞赛到底是什么滋味。

几个月后，最高法院作出裁决，以5比3的投票对《我好奇》（“黄色”）案作出结论。该结论没有涉及联邦法院裁定中牵涉到的那么广泛的法律问题（也没有涉及引诱狗熊上钩的问题），它的结论只涉及小范围的程序问题。这样，我们实际上以对被告有利的结果打赢了这场官司。联邦法院的结论，即一切针对隔绝的电影院里给成年人放映的电影内容进行检查都是违反宪法的。这条裁定作为美国法院唯一的有关法律持续有效，直至1973年6月最高法院在《米勒》案中作出裁定为止。最高法院在这个判例中修改了对黄色淫秽物品的定义，并在其后的判例中作出一系列相应的结论。

在这些判例中首席大法官伯格以多数派的立场驳回了我在《我好奇》（“黄色”）案中辩诉的立场。

我们断然否定这种理论……即黄色淫秽电影只是由于向自愿观赏的观众放映而应享有宪法意义上的豁免，不受州法规的限制……美国对于这个国家生活和整个社会环境的质量、全国性大城市商业活动的状态，以及公共安全本身有历史性的公认的合法利害关系。

我对雷姆斯解释道，我们已不能继续说服任何一级法院接受我们用广义上的宪法权利在审查电影上作的辩护了。至少是在目前来说，首席大法官伯格已经使这个争论寿终正寝。

4. 新闻媒介为我们撑腰打气

我得出结论，在雷姆斯案中我们最好的法律防线应设在利用最高法院最新裁决的判例中对我们有利的那一部分上。因为这些判例改变了黄色淫秽物品法，我们可以争辩，孟菲斯的法官和陪审团不应以新的行为标准来衡量雷姆斯，因为他参加《深喉》拍摄时旧的标准仍然适用。

帕里什在上诉时会争辩，正像他在威尔福德法官面前成功地辩论那样：因为最高法院在“米勒案”(Miller)中作出裁决后该阴谋仍在继续，所以陪审团用“米勒”裁决的标准来衡量是非常合理的。

在我权衡不同辩护策略得失时，我对一项关于这个法律问题的裁定可以从两方面来解释有了清醒的认识，对双方来说都有据理以争之处。在目前这种反对黄色淫秽物品一面倒的气氛下，我若把希望完全寄托在一个技术性的法律论点上是靠不住的。我们必须劝说舆论、公众和法院，使他们认识到认定雷姆斯有罪是不法行为。此案在法院胜诉之前，必须先在公众心里取胜。

这就给我带来难题。我不喜欢看到用新闻媒介来干预司法裁判。新闻媒介的大肆宣传带有明显的危害。我一直在遭受这种做法的侵害，检察方面一向对他们表示支持的记者有目的地透露一些有关消息，造成对某些刑事诉讼案的被告不利的气氛。伯格曼案就是在新闻媒介和政客推波助澜下，把事情弄到歇斯底里程度的最好例子。除此之外，还有法律和道德方面的禁忌，使律师不能利用新闻媒介来影响一个未决案件的结果。我当然不想与这些禁忌对着干。

我把自己的保留意见讲给雷姆斯听。他说：“这桩案子自始至终与新闻媒介有关。我不能束手束脚地参加这场战斗。帕里什已经最大限度地利用了新闻媒介。《时代》和《新闻周刊》都写了他的专访，他在全国所有的电视讨论会上露了面，他已经成了那些知法守法的大众的宠儿。我们为什么不能以眼还眼呢？”

“你为什么不能当面跟他斗呢？”我问雷姆斯，“我将不出面，在幕后帮你出谋划策，制定法律对策。”

“那没用，”雷姆斯说，“他的律师身份已经给他带来不少信誉，他可以随时引用一个判例，或随手拿来一条对我来说则连听也没听说过的法规。在这个拳击场里得由律师跟律师斗，我希望你上场。”

我终于同意上场干一家伙,但我告诉雷姆斯我有限度。我不会主动去找新闻界,但会对新闻界的要求作出反应。我将不参与组织游行集会,但我将大声疾呼这类诉讼对公民宪法权利的危害。雷姆斯提醒我注意,新闻媒介会对我紧追不放,因为我参与此案,人们对这件事的注意力会越来越大,“你会使我的诚信声誉更好,”他说,“你来以前是道德先生与黄色电影演员之争,现在则是法律专业重量级较量。”

雷姆斯对新闻媒介的直觉敏感是很准确的。他一向新闻界宣布聘请我为他的律师,我的电话就开始整天没完没了地响。几十家报纸和杂志接连不断地登载我们的消息,我和雷姆斯应邀在电台和电视台参加讨论。新闻媒介正在帮我们撰写并散发辩护书。

最早一篇报道登载在《纽约日报》上。它描述了对雷姆斯的起诉刚开始如何被当作“笑谈”,可现在人们已经认识到它是一件“严肃的大事”:

> 以德肖维茨先生作为首席律师,美国公民自由联盟和其他著名组织、社会知名人士踊跃相助,雷姆斯已经找到一些美国最出色的法律界人士帮他进行上诉。
>
> 他还得到美国娱乐界的一些最著名演员的支持,他们之中包括科琳·杜赫斯特、本·加查拉、麦克·尼科尔斯、斯蒂芬·桑海姆……沃伦·比蒂、杰克·尼科尔逊及格里高利·派克。
>
> 按照德肖维茨先生对《深喉》案的见解,“任何人,只要参与了一部露骨描写性活动的电影、报纸、书籍、绘画或杂志的创作、制作、编辑和发行工作,就可以被押解到美国任何地方的联邦法院,以参与全国性阴谋活动的罪名被起诉。”

很快,纳特·亨托夫在《乡村之声》上写了一篇头版头条文章分析此案。其他作者又以此为基础引发了几十篇文章报道。亨托夫在文章的开头就警告读者,如果雷姆斯一案败诉将产生的直接后果:

> 哈佛大学法学院教授艾伦·德肖维茨是美国最出类拔萃的宪法专家之一,他从来就不是一个宣扬世界末日的民权吹鼓手。以此而论,当德肖维茨教授谈到,最近法庭认定一部黄色淫秽电影犯有刑事罪行就使人感到寒彻骨髓,它最终也会冰封出版业时,他这个警告就比那些经常喧嚷什么宪法权利的天要塌了的人的意见更值得重视……
>
> 如果法庭对哈里·雷姆斯的案子做出有罪认定,在全国范围对黄色淫秽物品的起诉就会风起云涌。

亨托夫指出,对雷姆斯起诉的影响意义远远超出黄色淫秽物品本身。如果这类阴谋罪指控在上诉中得到维护,政府就可以在一些政治案件,如牵涉到反战积极分子的审判中,开创一种危险的先例。他随后谈到我们正在准备的法律要点上去,用一种通俗易懂的语言总结道：

人们必须认识到，雷姆斯被认定有罪的罪行是他“进行”犯罪时并不存在的一种罪行。

“这就是本案中生拉硬扯的指控中的一个，”德肖维茨说，“一个演员，在拍摄《深喉》那天对这部影片最后究竟是一副什么样子毫无所知。他只知道这是一部描写性活动的影片，可是他事前从未看过剧本，他无法知道这部片子是隐讳还是赤裸裸地描写性交场面。实际上，哈里甚至从未在该片正式放映之前看过，然而他竟然被认定犯有阴谋将该影片在美国各州传播的罪行。”

亨托夫的文章影响不可估量。成千上万读者表示愿意挺身而出支持我们。这篇文章是我们最有力的辩护词。这篇文章又在千百家报纸杂志上引发出无数其他报道和文章，站在我们的角度仗义执言。撰写标题的报纸编辑充分发挥他们的想象力，写出如下双关语：

黄色电影天皇巨星陷身深喉
致命之骨梗塞在喉
请看哈里如何奋击
从深喉中发出绝唱
色情影片之替罪羔羊
雷姆斯与卫道士抗争决战

我们发表的讲话被新闻媒介广泛报道。《纽约时报》对我们在“哈佛法律论坛”举行的一次辩论会上的表现有如下描写：

哈里站在一幅最高法院大法官费利克斯·弗兰克福特的画像下面，大法官的炯炯目光直直地盯着他。坐在他身边的是艾伦·德肖维茨，看起来就像是身穿花呢衣服的马克斯兄弟，[①]一头蓬乱的麦色金发像一圈熠熠的光轮。他声称，他认为对哈里·雷姆斯的审判是自斯波克博士受审以来意义最深远的宪法第一修正案案件。[②]

德肖维茨看起来就像是给哈里瞎支招儿的人，他说在“格劳玛探险者号”上看过《深喉》电影录像片的水手比起哈里·雷姆斯在州际商业活动中传播黄色淫秽物品的作用更大。拉里·帕里什会对他们起诉吗？当我问帕里什时，他说：“他们随时都可能被起诉。”

---

① 马克斯兄弟二人都是美国著名流行歌曲明星。——译者注

② 斯波克博士（Dr. Spock）曾因为反对美国介入越南战争并且在课堂里宣传这种观点而受审。美国联邦最高法院在他上诉中裁决，根据宪法第一修正案，斯波克有权利进行这种宣传，因此宣布他无罪。——译者注

我们两人一起在汤姆·施奈德主持的节目中露面时,一位助理制片人把我们俩给搞混了(哈里穿着三件头的律师式西服)。我们就这么被人指鹿为马地过了好几分钟,雷姆斯口沫四溅地大谈人身保护令,而我则描述琳达·拉芙莱斯是怎么一个红粉尤物。可是后来施奈德出现了,认出了我们。

并非所有的报道都是向着我们的。麦克·罗依科在一篇被全国各家大报采用的专论中埋怨说,他感到,历经二百年沧桑,英伟聪慧之辈如杰弗逊、潘恩、德布斯及达罗迭出,“可现在我们竟然为使哈里·雷姆斯成为一个无人不知的讨厌鬼而大声疾呼,真令人愤愤不平……”罗依科下结论:“任何一个为他的辩护捐钱的人都是没事找事。”

如果赫伯特·斯特赖克不当演员,他能够成为第一流的新闻界公关人物。每当报纸上发表一篇关于他的文章,他就把它收集在剪报本里,并把复印件寄给其他记者。这种作法产生了滚雪球的效应。雷姆斯案成了新闻界的热门话题就是因为这是个动人的故事,所有记者都争着采写这个故事。本来嘛,所有的人都应该写这个故事。如今你拿起一份报纸,打开一本杂志,或扭开电视机收音机,就会听到看到有关雷姆斯案件的事情。雷姆斯一夜之间名声大噪,甚至连我有时也会被人认出,有人上前对我们表示支持,有人则表示反对。

然而,更重要的是,这些宣传鼓动正在对公众、对司法部、对其他各级法院发生明显的作用。我们开始听到认定雷姆斯有罪是一件难堪的事的说法,这正是我们指望达到的预期效果。

5. 司法部如何压制电影《深喉》

我们的策略成功的第一个迹象是美国联邦副总检察长罗伯特·博克在另外一个案子中所做的陈述。他在陈述中承认,一个联邦法院法官在认定肯塔基州的一家电影院业主有罪时用“米勒”判例法的标准来衡量是错误的。这家影院放映《深喉》是在“米勒案”裁决之前,虽说对他的公诉是在“米勒案”裁决之后。

孟菲斯的联邦政府机构不失时机地把对博克的不满记录在案。帕里什的上司、孟菲斯联邦检察官托马斯·特尔利在没有看到陈述原件时就攻击联邦副总检察长既“迂腐”又“无情”,指责他“仅仅靠乔治敦鸡尾酒会小圈子里的消息,在纽黑文和剑桥[①]的教授专用酒吧间里对法律究竟是怎么回事进行高谈阔论”。检察官对副总检察长的不满并非孤掌独鸣,孟菲斯市主持《深喉》公诉的哈里·威尔福德法官公开声称他因为副总检察长的行动而“受到极大的震动”,因为博克看起来“简直是在此案中投降认输”。

威尔福德法官火冒三丈地反对副总检察长,这与他明目张胆地企图影响最高法院对肯塔基电影院业主案的裁决而使用的异乎寻常手段相比就不足为道了。这位法官采取了一个没有任何司法先例的行动,他给最高法院文书处写了一封信,对肯塔基案中牵涉到的法

---

① 耶鲁大学在纽黑文市,哈佛大学在剑桥。——译者注

律问题表示个人的关切,并附上一份长达60页的陈述书,对这些法律问题加以讨论。这份“陈述书”只能出自拉里·帕里什的手笔,要求最高法院驳回副总检察长的看法。

我一听说威尔福德法官的行动——他没有那么大的度量把他的行动正式通知我们——就与总检察长和最高法院文书处联系。我提醒他们,法官在未决案终审之前是不应表示自己观点的。总检察长办公室跟我一样,对威尔福德的行动感到十分惊异,答应提出一项动议以驳回这份“陈述书”和那封信。最后最高法院文书处把威尔福德法官的邮件未加拆封就退回,实际上把它当作一封“怪信”来处理。

接下来几个月中,我们等待最高法院下达关于肯塔基案的裁决,雷姆斯则在全国各地穿梭旅行,企图筹集资金来支付他巨大的诉讼费用。虽说我给他上诉,只收取象征性的费用,雷姆斯在联邦地区法院一审时已花费了很多钱。

出庭、筹款,加上这般炼狱过程的后果都未卜先知,这给哈里带来巨大的压力。他对一位记者说,“在这种处境中不能依靠自己的独立精神,而只能仰仗他人的慷慨相助”,他感到心力交瘁。在《深喉》一片起诉之前,他正在欧洲十分卖力地演正经电影,而且小有名声。现在他破了产,没有办法工作。他抱怨说,新闻媒介的宣传并没有给他的演员生涯带来好处,反而使他成了人们探奇寻幽的目标。他现在认识到政府的力量是多么强大,当它用来反对一个单独的个人时,即使这人名气很大,受到很多人积极支持也抵挡不住。

1977年3月1日,最高法院下达了它对肯塔基案的裁定。法庭全体大法官一致同意撤销联邦法院的有罪认定,裁决被告“参与推销电影这一有风险的行业,”没有给他合理地警告,使他认识到这些电影可能要以新的标准来衡量。法庭强调指出,合理的警告这个法律问题在牵涉到宪法第一修正案权利时就具有超乎一切的重要性。

孟菲斯《深喉》审判中的所有其他被告立即向威尔福德法官呈递了动议书,要求他根据最高法院的新裁决重新考虑前些时候作出的结论。

正当新的裁决改变了法律之时,美国发生的事件也改变了全国范围的政治气候。1976年1月,杰米·卡特上台。他很快就撤换了特尔利这个共和党的保守派,代之以麦克·科迪,一个民主党自由派,他曾支持黑人在南方竞选公职,担任过美国公民自由联盟的分部负责人,甚至还为受控放映黄色淫秽电影的电影院业主辩护过。这对拉里·帕里什来说简直是太过分了。在1977年3月初,他宣布辞职,转入私人开业。他的许多支持者对此表示极为不满,后来达成协议由帕里什在“他参与公诉的案子”上诉中担任顾问工作。

孟菲斯美国联邦检察官撤换不久,威尔福德法官下达了他对于《深喉》案被告要求重新审判动议的裁决。肯塔基案与《深喉》案之间有着极大的区别:肯塔基案被告被指控在《米勒》案裁决之前的特定一天犯了罪。另一方面,孟菲斯案的被告却被控参与了一次仍在进行的阴谋活动,该活动据称直至现在仍未停止,因为该影片至今仍在发行。威尔福德法官紧紧抓住这一点不放,否决雷姆斯的其他共同被告要求重新审判的动议,理由是在《米勒》案裁决后进行的这些活动应该用该案颁布的新标准来衡量。他还说,他掌握了足够的证据,证明在“米勒案”裁决后这些被告继续犯有刑事犯罪活动。

可是威尔福德法官却用另一种不同态度对待哈里·雷姆斯。在一份简单扼要的判决书中,法官声明因为雷姆斯的所有活动都发生在“米勒案”裁决下达之前,所以特别批准重审他的案子。很多人都认为威尔福德法官一反常态对雷姆斯大发善心,只是因为他想平息沸沸扬扬的舆论,使新闻媒介对他的攻击能够缓和下来。从法律上说,雷姆斯的案情与其他同谋者的案情并无大异,如果雷姆斯在“米勒案”裁决之后如公诉人指出那样,仍是该阴谋活动成员之一,那么也可以用新颁布的“米勒”裁决的标准去衡量他。雷姆斯和其他被告唯一不同之处,也就是促使法官尽速作出决定的因素是:雷姆斯已经成为美国举国上下同情的目标,而其他被告则与此无缘。就因为这一点,雷姆斯将被判无罪,而其他被告将被投入监狱。

威尔福德法官下达重审令后几天,美国司法部宣布将对雷姆斯撤诉。现在雷姆斯是个自由的——如果不是疲惫不堪的——人了。我们已经在法庭上胜诉,也在司法部打赢了这场官司。我们之所以赢得了这场战斗,不仅仅是因为我仔细推敲法律细节,申诉书处理得好,而且还由于哈里·雷姆斯熟练地利用新闻界把他的故事传遍千家万户。

6. 绕路走的“灰狗”旅行车案

哈里·雷姆斯此后洗手不干黄色电影拍摄工作,帕里什后来也辞去政府检察官职务。可是帕里什对黄色淫秽物品进行起诉的方式——根据起诉是否有利来挑选审判地点,不管被指控的行为发生在何处——仍继续构成对美国民权的威胁。雷姆斯案了结后几年我又参与了另一桩关于黄色淫秽电影诉讼的辩护工作,该案就出现了上述危害。

这个案子牵涉到一部露骨描写性行为的影片,片名是《贝琳达》(Belinda),由特里·莱文这家完全合法的电影制片厂和演出公司发行。这部影片从票房价值来说是一个灾难,可是至少有一个对该片极感兴趣的观众——他是一个联邦调查局侦探,受命到布法罗市附近一家观者寥寥的影院里去看一遍这部电影,并作一些笔记。以下是他对《贝琳达》的描述:

> 这部彩色、有声电影……开始时有一群人……在医院的停尸间里看见了一具死尸。这场景又转到……一个叫米勒的人,他正在把贝琳达拖来拉去,越过一座白雪皑皑的高山……米勒把她按在地上,用手扯她的衣服,贝琳达的男朋友道格一直在旁边冷眼瞧着。这当儿他扑到米勒身上,他们两人开始厮打。下一个镜头是道格和一个女人在一起,那女人正在诱惑他,一片红色的灯光照着她,她身下的背景是红红的一片……下一个镜头是米勒和一个黑人妇女在共享床笫之欢。完事之后,他爬下床朝门口走去,敲门,说他找威廉。他随后推门进去,那间房显然是卫生间,他进去时里面有个女人坐在马桶上。米勒站在她面前,她开始口交。

我们极力对这份记录的准确性提出疑义,这份电影内容简介就好像是主角性生活的解剖说明书。在我们的辩护词中,我们提供了一份完全不同的图面:

> 《贝琳达》……是一部未删节的电影,有主题,有人物性格发展。该片运用了严肃的摄影技术和剪辑手法,配了有趣的音乐。该片用不同的电影摄影技术来表达它的观点。在并非纯粹性活动的镜头中,该片采用了一种电影艺术工作者熟悉的曝光过度手法。这种技术给演出加上了温和的筛选过的特质,这样使观众与性交的细节拉开了距离,使性活动在观众眼中显得不那么露骨,那些场面总的来说产生了一种流动的感觉。这种手法已经被诸如费里尼[①]这样的电影大师广泛地运用,最近在获奥斯卡金像奖的影片《寻找古德巴先生》中又使用了这种手法。这种手法的目的是更加衬托突出威廉·米勒,即那位拉皮条的人,和他的两个妓女之间野蛮而又充满宣泄的性行为。为了使这种触目惊心的对比更加醒目,摄影师用比一般情况下露骨、真切得多的镜头描写性交场面。

对于那段60分钟胶片内容,联邦调查局侦探的描述与我们的报告截然不同,这再好不过地表明一部影片包含的价值因观众的不同而不同——或说一个律师能把粪土变成黄金。

然而,此案的主要法律问题却不是该片是否属于黄色淫秽影片,而是本片从纽约市运到布法罗市的途中是否经过新泽西州疆域。1972年1月,布法罗的一个客户订了一部《贝琳达》拷贝,该拷贝从曼哈顿的一个仓库里发出。布法罗市的美国联邦检察官当时正参与一项扫黄运动,指控特里·莱文把一部黄色淫秽影片在两州之间做商业性的输送,并向他起诉。

起诉书送达后,莱文的第一个反应是,布法罗联邦检察官应该好好地温习一下他的地理知识,因为纽约市和布法罗市都在纽约州境内。可是,使他懊悔万分的是,他很快就了解到这位联邦检察官不仅仅熟知地理,而且精通州际运输法规的细枝末节。莱文始料未及的是,储存《贝琳达》拷贝的仓库决定雇用"灰狗旅游汽车公司"来运送这部片子。"灰狗"在曼哈顿和布法罗之间行驶的正常路线是经过林肯地下隧道上纽约州公路干线,这条路线中有一小段路穿过新泽西州的小镇帕拉莫斯。根据政府的理论,这部锁在铁盒子里的影片,在一辆高速行驶的公共汽车行李厢内,曾在新泽西州逗留了几分钟。政府的论点是,这一偶然事件把它的州内运输性质改变成州际运输,因而使联邦政府拥有对此事的司法管辖权,使莱文变成一个联邦刑事被告。经陪审团审讯后,他被认定有罪。虽说他被判缓刑,但如果认定联邦刑事重大犯罪成立的话,他的前途就完了。我在这时受委托给他上诉,准备上诉状。

我听说此案的案情时,不由自主地回忆起少年时代经常乘"灰狗"旅行车旅游的往事。

---

① 费里尼(Federico Fellini,1920－),是意大利著名电影导演,其摄影手法异常奇特新颖。——译者注

我有个女朋友住在新泽西州;我曾去过卡兹基尔山的好几个夏令营度假,在好几个旅馆里工作过;我有好几回和中学时代的同学一起到纽约州联盟市去怀旧,这是允许荒诞舞蹈艺术进行演出的少数几个地点之一。我记得,公共汽车在位于四十街和第八大道的纽约港始发站开出,然后穿过林肯隧道。我脑海中只有那些长时间的误点和永无止境的交通堵塞的印象。我还记得好几次司机因为堵车而改变行车路线。"我们要绕过隧道,伙计们,试试看从桥上走,"他这样宣布。随后就从市内马路上绕到乔治·华盛顿大桥上,偶尔也会从威斯切斯特附近的塔潘齐大桥上过去。

可你猜是怎么回事!从林肯隧道出口或乔治·华盛顿大桥出纽约后都是到新泽西州境域,而塔潘齐大桥另一端恰恰是新泽西州界上边一点的纽约州界域。如果运送《贝琳达》电影的"灰狗"公共汽车走的是塔潘齐桥路线,它就没有经过新泽西州界,而封在盒子里的影片在整个旅行期间就安全地停留在纽约州的地理界限之内,就不存在州际间运输,不存在联邦司法管辖权,也不存在联邦刑事犯罪。我委托人的有罪认定也就必须撤销。

我开始在图书馆和附近的公共汽车站寻访调查。我发现从纽约市到布法罗市的正式路线有好几条,其中有一条,确切地说间接的一条是走塔潘齐大桥到奥尔巴尼市,然后再去布法罗市。我还打听到,州际商业管理委员会允许公共汽车偏离授权的正式路线以便绕开交通堵塞或躲开坏天气,这样便不至误点。我给气象局打电话询问,结果令人沮丧,一月份那一天里没有下大雨或下雪。可是交通严重堵塞以至公共汽车不得不改道走纽约境内的路线仍然是可能的。

开庭时,政府未能明确指明影片是由具体哪一班"灰狗"公共汽车运送的。政府只是提供了运输的日期,而那一天有许多班公共汽车从曼哈顿去布法罗,这一点并无争议。

我进行这番调研时,不禁想认定我的委托人有罪的法律依据是多么荒谬可笑。他的声誉和前途竟然系在某辆公共汽车在某天走这条路还是那条路这种偶然事件上。他自己根本不知道影片将由哪辆车运送,他甚至连影片是由汽车运送这一点都不知道。联邦司法管辖权经常由这样的小事决定,如是否从这个州往另外一个州打了电话或写了信。可是法律就是由一系列技术细节构成的,胜诉或败诉就在于谁能把这些技术细节最大程度地朝有利于他的委托人的方向转化。我还记得在此案上诉辩论时,上诉法院的所有法官和原、被告双方律师都全身沉浸地察看"灰狗"公共汽车旅行路线印刷十分精细的地图上,而不是探讨该案牵涉到的重要法律和道德问题。

最后,我们终于以二比一这样分崩离析的法庭裁决在上诉中获胜。詹姆斯·奥克斯法官似乎对"绕路走的灰狗公共汽车"这个问题很是感兴趣,他有时就乘这条线路的公共汽车从他在佛蒙特州的家到曼哈顿的法院上班。他的意见是,没有一个陪审员可以合理地从证据中推理出"在一个州的两点之间进行运输需要经过另外一个州,特别是鉴于从路线图上看,从纽约市到布法罗市并没有明显的比走纽约州公路干线更近的路,而这条路线并未跨出州界。"约翰·巴特尔法官没有触及这个问题,他认为有罪认定必须予以撤销,因为在起诉书送达与开庭之间有不必要的延误,这个问题是我们为安全起见后来匆匆加进上诉申辩书的,就连我们自己也不指望靠这一条来赢。

主持上诉的第三位法官沃尔特·曼斯菲尔德写了一篇恶毒刻薄的反对意见。尽管他并没有亲眼观看这部影片,他仍作出结论说该片是"赤裸裸的露骨的黄色淫秽影片"。他还把那个联邦调查局侦探描写该片内容的报告,即贝琳达性生活的解剖图附在他的结论之后。这个附录想用来派什么用场,他的结论未曾提及,可它确实引起一代又一代律师和法学院学生的好奇心,他们可以翻开联邦法律汇编(第二总汇)660 卷第 392 页,找到这篇东西一睹为快。

由于负责起诉此案的联邦副检察官对我说,政府或许会"由着金口不开的灰狗扯谎",①不再继续复查。可是在政府对该案进行上诉的时间过了两星期后,联邦检察官办公室向联邦上诉法院呈递了一份特别请求,要求追补延缓上诉期的请求,以便申请在上诉法院全体九位法官面前重新复审一遍。曼斯菲尔德法官几乎立刻就核准了这项请求。我认识到,现在是我们采取非常手段的时候了。我给司法部写了一封六页纸的长信,督促它否决联邦检察官办公室——实际上就是曼斯菲尔德法官的请求,撤销这个案子。只有联邦副总检察长才有权批准政府重新复审或对上诉法院裁决的案件再次上诉的请求。我在信中陈述了此案的要点,强烈要求副总检察长否决公诉人上诉的请求。总检察长最后否决了上诉请求,该案终于了结。

7.《深喉》和女权积极分子

除了前面所述三个案子,我还与美国保守派的代言人之一威廉·巴克利辩论过。巴克利是一个著名的专栏作家,我对他极为钦佩。这些在电影院里举行、在电视台上转播或被新闻界广为报道的辩论,人们一致认为是一贯鼓吹对言论自由不加丝毫限制的传统自由派与主张保护道德风尚而需要施加某种程度的检查限制的保守派之争。

在哈佛大学桑德剧院举行的一场辩论会上,巴克利认为,我们作为人民大众,不能允许"放弃对我们自己和后代的责任心。"作为这种责任心的一部分,我们应"万众一心协力抵制某些堕落的表现",这是完全合理的,也是义不容辞的:"任何人看了《深喉》以后都不同意个人的神圣权利在这种堕落的情况下能够有什么存在的可能。这个损失是全民的损失。"

我没有把我反对检查制度的要点放在争辩黄色淫秽物品的害处上,我认识到,这种东西的泛滥可以:

> 使人的感情变得粗俗不堪,可以极大地贬低妇女的人格,甚至可以使社会生活素质发

① 意思是"灰狗"旅行车不会说话,因此到底走了哪条路线也就不得而知。——译者注

生潜移默化的深远变化。我认为这种东西确实非同小可，观念确实会对人们产生作用。

可我也指出，如果这被用来当作禁止一切产生"不理想作用"的表现、言论的借口，在更大程度和范围内进行检查，限制之门就会洪泄而开：

像《飞翔的恐惧》一类的书籍，《花花公子》、《大都会》、《销魂时光》一类的杂志，《巴黎最后的探戈》一类的电影以及鲍勃·迪兰一类的歌星——这些都是性革命中的"马克思"和"列宁"。禁止《深喉》这样的电影和廉价的黄色杂志，同时又准许其他传播"性革命"信息的更有影响力的提供者存在，是一种自欺欺人的顾影自怜。斯皮罗·阿格纽①知道怎么做最好。为了开始对男女性行为的混乱和其他"罪孽"进行有效的影响，你必须对电台、电视、歌曲、大学、新闻界、畅销书、好莱坞电影——一句话，所有大众传播媒介进行检查控制。

在结束辩论时，我问巴克利先生，是否只对露骨描写性行为的物品进行检查控制会有好处，或是否有必要"建立一种检查控制制度，由政府决定有识别力的成年人可以看的东西内容是好是坏。"

巴克利回答道，他不打算"制定一套一般性的规定"，可他"表示人们互相之间如何对待是一种合法的社会关切。"

他以如下典型的巴克利风格结束辩解：

如果我们赞同德肖维茨的哲学先验模式，我们就会逐渐看到，终有一天十五、六岁的黄口少年会在公众场合大模大样地白日宣淫，只要付给他每小时最低工资就万事大吉。

在这种辩论中是没有实际意义上的赢家的，因为观众一般都为支持自己一方而来，带着现成的观念。直到几年前，在黄色淫秽物品辩论中的阵线泾渭分明：政治思想上倾向自由派的男女一般都反对对黄色淫秽物品进行检查控制；而支持这种控制检查的人一般都是政治观点上比较保守的男女。可是，最近几年来这场辩论中又加进了另一度空间。许多女权主义者，其中不少人对自由事业怀着赤诚之心，也呼吁对黄色淫秽物品不能掉以轻心。她们认为黄色淫秽物品鼓励对妇女使用暴力，把妇女当作性玩物。有些人鼓吹抵制这类物品，另外一些人要求政府加强检查控制。民权主义积极分子们大多数都支持女权主义运动，但他们继续反对对黄色淫秽物品进行检查控制，尽管这些物品有一定的危害性。

8.《深喉》在哈佛大学放映

1980年春，这场矛盾冲突在哈佛大学导致了一场戏剧性的对抗，我被卷入风暴的中心

---

① 斯皮罗·阿格纽(Spiro Agnew)，尼克松任总统时的副总统，后因偷税漏税事发而辞职。——译者注

里去。

这一切都是由一群喝醉了的年幼无知的哈佛学院学生闹起来的。他们在观看《牲口棚》这部电影时不停地把啤酒罐扔到银幕上去,把银幕毁坏。组织这场电影的昆西堂电影协会必须作出赔偿。为了筹集这几百美元来修补银幕,他们决定放映《深喉》,预计在一个5月份的周末共放4场。

这个决定立刻引起一些住在昆西堂宿舍里的女生的抗议。“这是我们的家,”一个女生抱怨说,“我们不应该在自己的卧室里受到这样的贬低和侮辱。”

这种喧嚣倒是使昆西堂的男生大吃一惊。在考试期间放映《深喉》在许多学校已经成为一种惯例。这种活动一直被用来解脱考试带来的压力。可是这回女权主义积极分子对黄色淫秽影片,尤其是《深喉》动真格的了。

预定上映前几星期,葛洛丽娅·斯坦纳姆在《女士》杂志上写了一篇关于《深喉》和该片女主角琳达·拉芙莱斯的煽动性文章。斯坦纳姆指出,此片据悉已赚了6,000万美元,还不算“由于这部电影而产生的副业——续编故事、录音盒带、T恤衫、汽车上贴的小标签以及这部电影带来的性广告热潮。”《深喉》这部粗制滥造的电影被人哄抬成“全国以至全世界的财源和下流笑话”。照斯坦纳姆的话说,这下流笑话的中心便是琳达·拉芙莱斯。“她一脸纯洁无邪的模样使看电影的人不禁去想,就是住在自己隔壁的那个姑娘也可能会成为淫荡下流的性生活猎物。”可是这个笑话产生的后果却极为深远:“这几百万看过《深喉》的女人差不多都是跟他们的丈夫或男朋友一起去的(且不说那些跟拉皮条的人一起去看的妓女),所以只要她们愿意,每人都可以在女人怎么取悦男人方面学上几手。”

此外,琳达·拉芙莱斯现在声称她的纯洁无邪是装出来的,在这个面具之下掩盖着的是一个受拉皮条丈夫侮辱损害的妻子的苦闷。在《深喉》拍完8年后,拉芙莱斯写了一本自传,题为《炼狱》,书中描述了她悲惨的经历,她是如何在枪口威逼之下表演“吞刀咽剑般的性交技能”的。她从当众宣淫之中并没有得到任何快乐,相反身心却受到极大摧残。

读了琳达·拉芙莱斯的故事,我打电话问哈里·雷姆斯,琳达在电影《深喉》中扮演角色是否是受她丈夫逼迫?哈里那时不在百老汇,而在演一出话剧。他听后哈哈一笑,说,“别开玩笑了,她丈夫查克确实是个王八蛋,可他在拍摄过程中几乎都不在场。达米亚诺把他支开了,因为怕他看见琳达这么沉溺于性交之中会妒火中烧。她确实完全进入角色,我们在拍电影之前关系就不一般,拍摄期间关系也很好。”

我告诉哈里,拉芙莱斯在书里写道,“当她看见查克那么心烦意乱,就决定假装享受的样子”。我问他,琳达可能只是在做戏吗?

“琳达·拉芙莱斯只是在逢场作戏?”哈里惊叹道,“你看过她演的电影吗?她假戏真做,甚至对自己在鱼水之欢中失去控制都掩饰不了。她的书是别人给她写的,这是骗钱的把戏。”

不管琳达·拉芙莱斯的故事是真是假,还是半真半假,反正女权主义积极分子发出一片喧哗。葛洛丽娅·斯坦纳姆的文章流传甚广,使琳达·拉芙莱斯在人们心目中成了万恶之源的黄色淫秽物品牺牲品,是那些卑劣的贩黄者的受害者。很多女权主义积极分子在斯坦纳姆和苏珊·布朗米勒等人的领导下宣布要展开一次全面的扫黄运动。《深喉》已经成了商业性黄色淫秽物品业摧残妇女的罪恶象征。

以葛洛丽娅·斯坦纳姆为首大声疾呼的机构叫“妇女反对黄色淫秽物品”组织。该组织强调教育、宣传和抵制,以此为最重要武器反对黄色淫秽物品。

虽说抵制活动本身是受到宪法保护的言论自由权利,民权活动积极分子明智地认识到不分青红皂白一概抵制,比如说抵制一般性的书店会带来的后果。我们还记得在麦卡锡时代抵制活动被滥用的情景,那时有人以电影制片厂和电视台雇用了“赤色”、“粉红色”或“可疑”的演员、导演或技术人员而对他们发出威胁,后来竟制订出一份“黑名单”来。我在一次《花花公子》杂志的采访中,表达了一丝忧虑之情:

> 看看有些女权主义积极分子正在做的事,再扪心自问,如果她们反对的书是有关无神论或共产主义,而不是黄色淫秽的内容,你会支持这种行动吗? 如果你不反对,那么对我来说你似乎没有理由支持那些抵制销售《花花公子》和《藏春阁》的书店,因为这些杂志也同样受到宪法保护。

在预定于昆西堂放映《深喉》前几天,我参加了一次邀请葛洛丽娅·斯坦纳姆作讲演的晚宴。由于在过去一些政治风云中我们曾是同一条战壕的战友,我们偶尔也有交往。而如今想不到我们在女权主义与民权卫士之争中各执己见,有大动干戈之势。我问她传统的盟友之间是否有豆萁相煎的必要,她回答说,双方绝对不应树敌,因为绝大部分女权主义积极分子都反对政府对言论施行检查控制。我们还记得同样一条联邦法规——科姆斯托克法,这条法规禁止邮寄黄色淫秽物品,同时也禁止邮寄有关避孕和堕胎的介绍材料。她对我说,她提倡教育和私下的抵制活动,认为这比政府检查控制好。我们探讨了广泛的大规模抵制活动可能带来的滥用,她认为我这种担心不无道理,我也对她的担心表示理解。这次晚餐会结束后,我认识到一个女权主义主张扫黄的观点与宪法第一修正案并没有什么根本的矛盾。确实,女权主义积极分子对黄色淫秽物品进行猛烈的抗议,就像她们猛烈地反对其他已知的罪孽一样,是第一修正案赋予她们的权利,只要不对这些罪孽进行检查和控制即可。

可是,昆西堂一些反对《深喉》的妇女不满足于抗议活动。她们先是召集住在昆西堂的学生进行投票以便取消这次放映。投票结果并不如意,她们以3∶1的差距失败,49%的妇女投票反对放映,48%的主张放映《深喉》①。然后,她们试图鼓动哈佛大学当局禁止放

① 原文如此。——译者注

映这部电影。教务长致函昆西堂电影协会,要求不放映《深喉》,可他并不打算禁这部片子。电影协会迫于女权主义者的反对,举行了一场投票,结果是如期放映这部电影。

昆西堂宿舍女生在女权主义活动分子协助下,决定在放映那天设置纠察线,并利用这个机会向学生宣传黄色淫秽物品的危害性。她们准备了阐述自己观点的小册子,还有一套露骨真切地描绘这类物品赤裸裸宣扬淫欲本质的幻灯片,预备在《深喉》第一次上映前一小时在电影院隔壁的一个房间里放送。她们还邀请了好几个当地著名的女权主义积极分子在首映那天给预计几百名前来参加抗议的人演讲。

我早已听说这场预期的冲突,但我对它一点儿也不感兴趣。宪法第一修正案权利之树那年春天似乎在哈佛大学开出累累硕果,没有一个人被禁止发表自己的意见。昆西堂电影协会准备上映《深喉》;哈佛大学当局表了态,但不强迫你接受;女权主义积极分子准备散发材料,放映幻灯,发表演讲来宣传她们的观点。每个人都有选择听什么看什么观点、或什么观点也不听、什么也不看的权利。

女权主义者看起来宣传鼓动得十分有效——预期参加纠察线和前往观看幻灯映出的学生比前去看《深喉》的人多。哈佛大学社区有许多人一方面支持昆西堂电影协会放映《深喉》,另一方面又认为该协会忽略了女同舍的感情,在共同居住的家园放映这样一部伤害感情的影片。我同意这种观点。

9. 女权主义积极分子试图要求法庭下禁映令

突然之间这一切都变了。在预定上映之前几天,昆西堂宿舍的两个女生不满足于抗议活动和设置纠察线,她们告到当地检察官办公室,要求警察阻止放映《深喉》。

哈佛大学所在的米多尔塞克斯县检察官约翰·德罗奈是个年纪不小的政客,由于他冥顽不化地主张毫不妥协的严厉法制,便一次接一次地连任该职。此人一听到黄色淫秽物品就恨不得脑溢血全身瘫痪,他也不喜欢哈佛的学生。当德罗奈听说除黄色淫秽电影这件邪孽之外,哈佛在那个5月的一个星期五晚上将会出现激荡风云,就立即派出一位助理到法院去要求法官下达不准该片上映的禁令。

那时正是星期五中午,电影按预定计划几小时后就要上映了,这时昆西堂电影协会的两位主席卡尔·斯托克和南森·黑根接到地区检察官办公室的电话,通知他们在下午2点到法院去,出席由查尔斯·阿尔贝蒂法官主持的有关禁止令的听证。斯托克和黑根当时都是哈佛法学院一年级学生,他们忙不迭地给我的办公室打电话。可那时我正好外出吃午饭,我的秘书找不到我。斯托克和黑根把紧急情况告诉她,请求我尽快去法院助他们一臂之力。

我在2点15分吃完饭回到办公室,这才知道他们期待着我在15分钟之前到达法院!

就像我以前第一次见哈里·雷姆斯那样,我这回又没穿律师的装束——这回我穿着意大利产的“奇诺”便裤和一件运动衫。我马上向同事借了一件不合身的西装,从办公桌抽屉里找到一条旧得发黄的领带,跳上汽车向剑桥市中心的法院疾驶而去。

几分钟后我气喘吁吁地站在阿尔贝蒂法官面前,开始陈述反对禁止令的理由。我手头没有任何资料、法律文件和现成的判例,我只得即兴发挥。法官非常通情达理,他叫地区检察官劳伦斯·哈顿粗略地告诉我有关法规和判例。

辩论了几分钟后,法官宣布暂时休庭以便让我和我的委托人交谈一下。这些人我从来没有见过面,也没有与他们谈过话。我们互相介绍,然后我要卡尔把此案的背景介绍一下。直到这时我才得知,是昆西堂两位女宿友告到地区检察官办公室,才导致检察官要求法院下达禁止令。

这个新情况对我来说并没有改变本案的法律条件:正是地区检察官约翰·德罗奈要求法院签署禁止令,虽说原来的指控是由单独的公民个人作出的。他以马萨诸塞州前几年通过的允许法院预先禁止已发现内容属于黄色淫秽的影片放映这条法规为理由,请求法院下达禁止令。

美国公民自由联盟理所当然地反对这项立法,认为它是违反宪法的,可是马萨诸塞州法院仍然裁定该法规合法。地区检察官手头握有两件反对黄色淫秽物品的武器:他既可在电影上映之前要求下禁止令也可在电影放映之后进行起诉。德罗奈先试着寻求法院的禁令。

现在,我在法庭上以马萨诸塞州公民自由联盟的名义代理斯托克和黑根反对签署禁止令,这个禁止令将禁止原定上映的《深喉》在今晚8点整放映。

经过一番辩论,阿尔贝蒂法官宣布,他准备亲自看一遍《深喉》以便决定内容是否黄色淫秽。我对此表示异议,认为法官不必审看这部片子。我的论点是,不管该片内容如何,他预先禁映任何一部影片都是违宪的。如果地区检察官认为此片内容是淫秽的,他可以等到影片放映之后再逮捕有关人员。然而阿尔贝蒂法官坚持要审看该片。当工作人员在安装播放设备时,我通知法官:本人无意观看此片。

我的目的是,为了对付我的委托人将来可能遇到的陪审团审判,我得在一个重要的问题上留有一手。我将告诉陪审员我从未看过《深喉》,因为我不想看。我的委托人也从未看过,因为他们也不想看。我将就此阐述我的观点,即看一部电影的权利和不看一部电影的权利是一样重要的。我将提醒陪审团,正是地区检察官让那些不想看一部电影的人去看这部电影以便决定其他不想看这部电影的人如果看了这部电影是否会受伤害。我希望用这种论据可以使陪审员认识到陪审团在向黄色淫秽物品起诉中荒谬可笑的作用,使他们把注意力集中到更加重要的问题上,即在电影院外面那些不愿看这部电影的公众不可避免地看到电影院外表,知道里面正在上演,是否会感到伤害的问题。

阿尔贝蒂法官允许我回避。直至今日我还没看过这部电影。我和斯托克及黑根离开法院,法官和五六个检察官、几个法院工作人员在法庭上用一台小录像机观看琳达和哈里·雷姆斯气喘吁吁的活动。

过了约40分钟，阿尔贝蒂法官突然下令关掉录像机并把我们召回庭上。“我已经看够了，”他一脸鄙夷不屑的神情，“你真幸运，而我却要耐着性子看这些乌七八糟的东西。”法官随后作出裁决：他决定不对预定上映的电影《深喉》下禁止令，因为虽说他认为这部影片中的男女都是堕落的，可是根据马萨诸塞州有关法律这部影片还够不上是黄色淫秽的。

阿尔贝蒂法官裁定的直接作用是使地区检察官办公室丧失了预先禁止这部电影上映的法律授权。根据该法规的内容，检察官办公室仍然有权在一部黄色淫秽电影放映之后逮捕组织者并起诉。可是，阿尔贝蒂法官的裁定是建立在《深喉》并非黄色淫秽影片基础上，地区检察官是否可以用放映黄色电影的理由逮捕斯托克和黑根就成了问题。

那天下午，我离开法院时对地区副检察官劳伦斯·哈顿说，希望阿尔贝蒂法官裁决此片并非黄色淫秽了结这个案子，对任何一个当晚放映该影片的学生都不提起公诉。哈顿说，他可不愿告诉我地区检察官办公室将如何动作。

我告诫斯托克和哈顿，虽说我已经尽一切可能采取预防措施，可是仍然不能保证他们当晚放映电影后不会遭到逮捕。我要他们小心为是，不要有流芳千古的不切实际的念头；在过足了万众欢呼掌声四起的瘾后，监狱里就更显得凄清悲凉了。然而放不放电影到底由他们自己决定。他们告诉我他们决定冒险如期上映电影。

10.“释放昆西堂二君子！”

我在当晚差几分8点时来到昆西堂，四周是一派马戏团的热闹情景。几百人组成了纠察线在昆西堂外行进，鼓动想看电影的人不要进去。人群中发生了推搡和扭打。有人在喊口号：“出版自由不是性骚扰的自由！”“黄色淫秽物品教唆暴力行为！”

我穿过纠察线，对准备看电影的人和抗议者发表演讲：

> 不管你们这些人喜欢不喜欢，你们都是一个相当重要的政治事件的组成部分……我现在对那些决定去看这场电影的学生既不鼓励也不反对……如果不是因为我参与了这场诉讼，我会参加纠察线，保护抗议放映这部电影的人的权利……会劝说你们不要去看这部影片。

我接着用一种我现在读起来都感到过分严厉的语言谴责那两个向地区检察官控诉的学生：

> 援引法律来逮捕、来起诉、来检查控制是一件严肃的事情。正像沙特阿拉伯政府极力要对电影《公主之死》进行检查控制一样，像尼克松试图对“五角大楼文件”进行检查控制一样，这两个向检察官控诉的妇女把自己与这种传统联系在一起。如果这两位妇女想成为这种传统的一部分，她们至少应该先搞清她们接受的是什么东西。女权主义的法西斯分子

并不比其他任何一种法西斯分子更好。

在电影院里有两位观众把抗议者和吵吵闹闹、喝着啤酒的二十几岁青年观众隔开。这两个人是马萨诸塞州侦探托马斯·斯帕蒂切诺和威廉·佛林。这两个人穿西装打领带，他们一声不响地坐在权充电影院的食堂角落里，耐心地等待电影开映、结束。

地区检察官已决定逮捕斯托克和黑根，尽管阿尔贝蒂法官已裁决《深喉》并非黄色淫秽电影。《深喉》一案对于德罗奈检察官来说至关重要以至他把州侦探托马斯·斯帕蒂切诺从正着手调查的一个谋杀案中抽调出来观看这部电影，然后执行逮捕任务。

我给联邦法院负责处理紧急事务的法官打电话，要求他下令不许检察方面逮捕我的委托人。可是正当我们谈判一半时第一场电影放映完毕，两位侦探上前逮捕了斯托克和黑根，没收了影片和电影协会的门票收入。德罗奈没收了这部影片就等于干了阿尔贝蒂法官说过他不能干的事——他以该片内容黄色淫秽为由禁止放映另外三场预定的《深喉》。

在"释放昆西堂二君子"的呼喊声中，斯托克和黑根被带到剑桥警察局拘押，罪名是有意散布黄色淫秽物品。他们后面跟着一群学生，这群人就在警察局大门口台阶上抗议逮捕这两个学生。抗议的人群中有一些女生就是早些时候组织女权主义游行示威的人。我后来谈到这个具有讽刺意味的现象时说：

……这两个孩子被捕之时、法律被动用之时，一切都发生了变化——这些妇女成了恶人，这些孩子成了英雄。我们都得到一个教训：贬低这类言论的合法性的最无效的方法就是召唤启用法律；这种办法会带来相反的作用，你会把好人都赶到做坏事的人那边去。

捕人后几天，马萨诸塞州公民自由联盟在波士顿联邦法院呈递了一份民权诉讼请求，控告地区检察官德罗奈侵犯了斯托克和黑根的权利，还侵犯了购买了那三场电影票的观众看电影的权利，因为他没收了这部影片，取消了放映。珍妮·贝克当时是公民自由联盟的常年法律顾问，充当这场诉讼的负责人。我仍然担任斯托克和黑根的律师，在可能面临的州法院对他们的刑事起诉中为他们辩护，对他们的指控是最高可判5年徒刑的重大犯罪。

在法律问题上就像在一些体育比赛中一样，最好的辩护经常是漂亮的主动出击。因此我们决定呈递一份联邦民权诉讼请求，控诉地区检察官，这将成为我们辩护策略的一部分。我将逼他处于守势——实际上在一位联邦法官面前把他当作被告，要求他就逮捕斯托克和黑根的行为拿出充足的理由，就为什么阿尔贝蒂法官裁决该影片内容并非黄色淫秽仍一意孤行地没收影片做出解释。更为重要的是，从实际的角度来看，我们原告方提起联邦诉讼会使地区检察官处于承担取证义务的位置。这一取证程序是强制原告被告双方回答对方律师提的问题的技术手段，双方回答问题之前都必须起誓所言皆实。这些诉讼技术手段是为加速审判过程而设置的，鼓动律师在开庭前尽心尽意地弄清事实，尽可能地精简有关的法律问题。一般来说,在刑事诉讼中没有取证这一程序,所以斯托克和黑根无法强制地区检察官德罗奈在这场刑事诉讼中回答他们的问题。可是取证可以作为联邦民权诉讼中的一部分,所以我和珍妮·贝克把可以在联邦民权诉讼中使用取证的手段串在一起来帮助我们准备在州刑事诉讼中的辩护方案。

我们立即着手准备提取证言——这是一项在起誓所言皆实情况下对地区检察官德罗奈所作的口头审问。由于提取证言是联邦民权诉讼的一部分,所以这由珍妮·贝克来进行。我就坐在她身旁作记录,以便找到一些在州刑事诉讼中有利的材料。

珍妮首先证实了德罗奈有意识地随意解释法律:

贝克:事实是,阿尔贝蒂法官认定这部影片内容并非黄色淫秽,并没有阻止你禁止这部影片上映的打算,是吗?

德罗奈:是这么回事。

贝克:你认为你可以下决心把这两个人以刑事犯罪为由加以逮捕,尽管地区法院法官已经认定该影片并非黄色淫秽物品?

德罗奈:没错。

贝克:你觉得你可以禁止一部地区法院法官已经裁定不是黄色淫秽的电影?

德罗奈:我们已经这样做了。

贝克:你在这个案子里有效地起到检查控制的作用,是吗?

德罗奈:没错。

珍妮·贝克使德罗奈承认——或者更确切地说,声明他的行为起到检查控制的作用,她下一个目标是把德罗奈逼入绝境,而唯一出路是撤销对斯托克和黑根的刑事诉讼。我们知道德罗奈认为所有的黄色淫秽物品都与有组织犯罪集团有关系,所以贝克问他,他是否认为在昆西堂放映《深喉》与这类犯罪集团有关系。德罗奈上钩了:

德罗奈:我认为任何情况下放映这部电影都与有组织犯罪集团有关系。

贝克:你有黑根先生和斯托克先生与有组织犯罪活动联系的证据吗?

德罗奈:总得有人向他们提供影片吧。

德罗奈接着回答其他问题时说,如果让他在起诉提供影片的人或是放电影的学生之间二者择一的话,“毫无疑问,我将起诉供应影片的人。”德罗奈企图用缺乏人手来推卸他未能找到是谁提供影片的责任——“我们是很想调查一番,可你知道,我手下人员有限。”他这个借口很快地在贝克的质问下变得难以置信:

贝克：你是否曾要求一位副检察官通过黑根和斯托克先生的律师向他们查明，他们是否能够向检察官办公室提供影片来源的材料？

德罗奈：没有。

贝克：你是否曾经向昆西堂电影协会调查过提供影片的人现在什么地方？

德罗奈：没有。

这时，德罗奈的法律顾问要求暂时休庭。我利用这个机会看了一下地区检察官办公室收缴的电影片铁罐上注明的标记。

取证会继续开始后，贝克问德罗奈，如果斯托克和黑根告诉他向学生提供《深喉》一片的公司的名字，他是否会撤诉。德罗奈别无选择，因为他已经发誓声明他宁愿向供应影片的人起诉也不愿控诉学生。他不得不同意。

我们指着装影片的铁罐上面贴着的运输标签告诉德罗奈提供影片的公司的名字，这铁罐自从昆西堂收缴后一直在地区检察官的看管之下。罐上赫然用印刷体印着"S. R. O. 娱乐公司"几个醒目的大字，还有它在纽约市的地址。"S. R. O. 娱乐公司"是一家规模很大的发行公司，它发行了一份影片目录，可以向全美各大学租借影片。

指控斯托克和黑根的所有罪名都撤销了，检察官既没有起诉 S. R. O. 公司，也没有追究其他人在昆西堂事件中的责任。后来马萨诸塞州公民自由联盟也撤销了对地区检察官德罗奈的起诉。哈佛的《深喉》事件终于了结。斯托克现在是西雅图一家电子计算机软件公司总经理的技术助理；黑根在波士顿工作，准备不久上法学院。（哈里·雷姆斯在百老汇以外的话剧界磨砺了几年，钱挣得很少，便又重操黄色淫秽电影旧业。）

11. 在黄色淫秽物品问题上继续争论

可是主张对黄色淫秽物品进行检查控制和反对的意见仍在斗争。我最近参加了两次与此有关的辩论，再好不过地说明政治能使人同床异梦的道理。

第一次辩论是与安德利亚·德沃金这个激进的女权主义者，她主张"直接行动"，包括在必要时使用暴力来摧毁所有的黄色淫秽物品。德沃金写了一本书，题为《黄色淫秽物品：男人占有女人》。她自诩这本书是"革命性的"，书中四个字母的脏字比比皆是，大段摘抄露骨的性活动描写，以此来显示黄色淫秽物品的罪孽。

这场辩论被人形容是"知识分子极端观点之间的撞车"，就像一场车祸，它发出巨大的喧噪，却没有具体的进展。几百名听众中有几个妇女试图起哄轰我下台，只要一轮到我发言，她们就喊："打倒黄贩子！""我们不想听支持色情淫秽物品的人讲话！"这些妇女不仅仅想对黄色淫秽物品本身进行检查控制，而且对那些以第一修正案为由进行辩护的人也进行检查控制。一小队自称"自行车堤坝"的人，手拿铁链子，叫嚣着要诉诸武力。《波士顿环球报》的一位女记者用如下词句形容这场事件："这些男男女女看见的，由他们之中一些人炮制出来的是40多个怒气冲天的激进女权主义者听众和捍卫言论自由的德肖维茨之争。德肖维茨成了美国整个法律制度的象征。”

在辩论过程中,德沃金号召彻底摧毁黄色淫秽物品:“我们会认识到,只要色情淫秽物品消失,我们就自由了。”她鼓动她的追随者利用一切机会用法律来遏止色情淫秽物品的暴虐,在必要时甚至可以自己认为怎么好就怎么干,来摧毁这些罪恶之源。

轮到我讲话时,我试图在一片嘘声和起哄之中解释,我所支持的是,人民对色情淫秽物品有选择的自由。我告诉听众,伊朗最近通过一项禁止色情淫秽物品的法律,同时也规定所有妇女必须把脸部遮盖住。我提醒她们,高唱道德经的多数派正努力荡涤电视节目中的污泥浊水,符合这个标准的女权主义节目也不例外。我告诉他们正是那个曾经企图禁映《深喉》的检察官成功地制止了一部优美的关于妇女同性恋的影片上映,他的根据就是那条反色情淫秽物品法律。我援引葛洛丽娅·斯坦纳姆的例子,证明“反对黄色下流物品法律的漫长历史已经证明这些法律经常被用来反对在政治上或生活方式上持异端的人。”我提醒他们不要忘记,如果美国人无法无天随意行事的话,占上风的就可能是唱道德经的多数派,这些人在数量上远远超过激进的女权主义者。他们将把他们认为有害的出版社捣毁——那些鼓吹计划生育、堕胎、婚外性行为的书籍都在此列。“他们要禁的第一批书,”我警告道,“就有安德利亚·德沃金的著作。”德沃金对此嗤之以鼻。

另外一场辩论是与汤姆·麦克尔牧师之争,他是新英格兰地区正统道德主流派的领袖,主张政府毫不手软地对黄色淫秽物品进行检查控制。有人问他是否愿意和安德利亚·德沃金这样的女权主义者携手并肩清除黄色淫秽物品这个大敌,麦克尔牧师说他欢迎任何愿意参加这场征伐的人。我随后问他,如果他的组织有权的话,是否会禁安德利亚·德沃金的书。麦克尔毫不迟疑地说:“我们当然要禁这种亵渎上帝的书。”他辩解说,“你不必用黄色淫秽物品来勾画这种罪孽的危害性,你只要读一读圣经就明白了。”我提醒麦克尔牧师,圣经这本书就是世界历史上被审查最多的书之一。

12. 人人都想对他不喜欢的东西进行审查

在人们的内心深处,每个人都希望对他不喜欢的东西进行审查。很多犹太人认为,应该禁止佩戴卐字符号的纳粹党徒在二次大战犹太人集中营中幸存者居住的街道上行进;有些黑人想禁止像《小黑孩》和《哈克贝利·芬历险记》这样的书,认为这些书中有侮辱黑人的描写;同性恋者反对贬低同性恋行为的电影。没有一种客观地衡量什么是有害什么是无害的标准。如果说,衡量黄色淫秽物品全在于观看者,那么有害性就深深地植根于历史的沃土之中,在于有这种感觉的人如何对待。一个从纳粹集中营幸存的人看见纳粹黑十字作何感想?一个奴隶的后代看见有人在焚烧十字架又作何感想?一个曾经被人强奸过的妇女看见用暴力对异性进行蹂躏的画面又作何感想?有人——特别是政府——能对此作出相对客观的衡量标准吗?如果政府准备禁止以上任何一种现象,政府就必须一视同仁地全部禁止,如果政府不准备禁止其中一种,政府就必须毫无例外地一概不禁。

如果女权主义者可以禁止她们认为有害的材料,那么道德主流派当然也应该禁止他们认为有害的材料。这个社会想要相安无事,除了二者择一别无他路:要么大家都对自己感到有危害的东西作些容忍退让,以换取一个多样化的社会,或是生活在那种只允许没有人感到有危害的东西存在的单一社会之中。

第5章　我的暑假生活

——科德角海滩的裸体浴者及环境保护纠纷

科德角低地的沙丘是世界上最壮丽的景观之一。高高地屹立在亚特兰大白色沙滩之上，风和潮汐加上神奇的自然力造就了它上下起伏、千变万化的精细形态。在夏天，我总是在这里租赁一幢小木房，能待多久就待多久。小屋就在沙丘之中的特鲁洛镇。我手边的很多法律文件和撰述都是在海滩上或在小屋阳台上起草的(冬天我有时从文件中抖落出细沙时，就感到一种怀恋之情)。我一般都是和另外两位搞民权法的律师一起合租这幢小木屋，这使一个朋友在屋前路上立了一块牌子，上面写着："警告：被告辩护律师庇护所，检察员禁止入内"。

离我们房子约四分之一英里处便是科德角最高最奇伟的那座沙丘。这座名叫"大沙丘"的景观高出海面约150英尺，它在一个灌丛浓密的小山谷里陡直下垂，这个小山谷叫作"灌木谷"，是这片沙丘最低矮的地方。沙丘、灌丛、海洋和天空形成奇异的不对称反差，景色之美令人心旷神怡。八十年来，这个风光旖旎的去处成了一个非正式的天体浴场，科德角的居民可以随心所欲地脱光衣服追求全身日光浴。许多年来，"大沙丘"一直俯瞰着这些赤身露体的人，他们之中也有名声赫赫的文豪如尤金·奥尼尔，玛格丽特·桑格，约翰·里德和他的妻子路易莎·布莱恩。这地方是追求风雅的人的去处，又是非正式的裸体浴场，但这事从未加以宣传报道。一小群一小群当地天体浴者相互隔开适当距离，各得其所。很少有伸长脖子呆呆地瞧的人，如果漫游者穿游泳衣裤沿着小镇的沙滩朝南边一英里外的"大沙丘"缓步徐行，约定俗成的海滩礼节要求他对一丝不挂的邻居们装作视而不见的样子。

六十年代末和七十年代初，随着人们对身体自由的呼声日高，裸体成了一个理由。成千上万的青年认为，掩盖自己的肉体是道德上的谬误。裸体就是美丽，"大沙丘"下的海滩成了从美国东北部来的美丽和不美丽的人的聚会地点。到1974年夏，非正式的天体浴场已拓宽到约1英里长的一段海滩，在8月的星期天里你总可以看见1000多个裸体浴者躺在这片令人炫目的白沙之上。这片海滩的古朴淳厚之风已荡然无存，浴者一伙一伙挤在一起,已经谈不上适当间隔,或假作视而不见。喜欢偷窥春光的人潮涌而来,特别是那些骑摩托车的家伙,直冲到沙丘之上用望远镜照相机饱览无遗。商业性的旅游车定时从镇上往海边来回运载喜欢偷窥和暴露的人。叫卖的、演杂耍的,甚至还有贩毒的都来了,把这地方弄得五光十色、一派狂欢节气氛。奥尼尔一类文坛名流聚会的时光已一去不返,可这儿仍然是个有意思的地方,正当的娱乐,人人自得其乐。

可是也有不高兴的人,就是那些特鲁洛的居民和镇上的神父。这个小镇冬季人口只有700人,夏天猛涨到3000人,是国家科德角海滩公园的一部分。在天体浴场广为人知以前,特鲁洛是个静谧的夏季避暑地,只有几家小餐馆,几个汽车旅馆,几乎没有商业气息。乡间小路曲折狭窄,空寂无人风景如画。骑自行车的、跑步的、漫游的,加上那些骑翻沙爬山车的人比汽车多得多。这小镇的度夏者大部分是律师、学者、还有医生(特别是精神病学家);从政治观点上来说,绝对地自由派;从种族背景上来看,大部分是白种盎格鲁-撒克逊新教徒和犹太人。

突然间,特鲁洛成了一个开拓时代标新立异的"新潮"去处。扛着吉他留着长发的海滩混混们从整个东北部滚滚而来。刚开始有很多律师和精神病医生觉得赏心悦目,有些人还和这些年华似锦的少年一起,用使人看不惯却旁若无人的放肆姿态脱去他们身上昂贵的法国游泳衣,安之若素地显露他们的自由,全然不顾忌身上臃肿松弛的肥肉。

我记得8月份发生过一件事,一群裸体的年轻女人坐在一张毯子上,这时一位看起来很显眼的老者慢慢走进视线。当他越走越近时,尽管他身上一丝不挂、全身赤裸,你仍然可以看出他是个精神病学家:留长胡子抽烟斗,他身上带着典型的精神病医生的所有标志。突然,有个女人尖叫一声钻到毯子底下,说"上帝啊,那是科恩医生,我的精神分析咨询医生啊!"

科恩医生旁若无事地走过,神气自如,不失常态。可我们心里却在想,不知他下次给他的女顾客进行心理治疗时会是一番什么情景。

不久,拥塞的人群就使特鲁洛的居民不堪忍受了。当地居民已经没有地方停车。1974年8月在18天内,公园巡警查出1248辆违章停放在路边的车辆。私人宅地和小沙丘上新近出现了抄小路踩出来的捷径。最重要的是特鲁洛一点儿也不喜欢那种被天体浴场的名声吸引而来的人。这些新来的人比起一般的游客来更吵闹、更粗暴、更放肆、更嗜毒、更肮脏。有谣言说他们白日宣淫,在"大沙丘"下不远的地方出现了一个同性恋天体浴场。特鲁洛生活的质量和趣味被改变了——刚开始是不知不觉地,慢慢地就显而易见了。

会议随之召开,怒气冲天的争吵开始了。有些居民不愿干预,有些居民——甚至那些自己就是这种最受欢迎的运动的热衷者——却建议一律禁止裸体游泳;还有一些人建议定出规章来减少人数,控制胡乱放肆行为。所有的人都否认他们是反对**裸体本身**,虽说有些居民向来反对裸体游泳,并且用其他问题来反对裸体。禁止天体浴的鼓吹者争辩道,裸体游客破坏了沙丘天然形成的美丽线条;而不反对天体浴的人则讥讽地叫他全身披挂地从沙丘上滑下去,而自己则一丝不挂地滑下去,然后看哪一种人对沙丘的损坏更大些。后来,那些要求彻底禁止天体浴的人占了上风,特鲁洛居民委员会决定游说联邦政府制定法规,在国家海岸风景区禁止天体日光浴。

1. 裸露胳膊的权利

1974 年夏,有一些最强烈主张裸体自由的人到我家来进行法律咨询。这帮人的领导叫斯蒂夫·威廉姆斯,他是个一身古铜色皮肤的游泳爱好者,整年住在特鲁洛,他被选为特鲁洛的海滩管理委员会专员。另一个人叫李·巴克森德尔,他是研究马克思主义美学的学者,领导着一个叫"自由海滩"的组织。其他一些男女,大部分是学者和专业人员都为了要求开放海滩而来寻求辩护。

起初,我们把他们的这种宪法要求当作笑谈。"当然,人们有赤身裸体的宪法权利,"我肯定地说,在人权宣言里,在宪法第二修正案中都有"有权'裸露胳膊'"的内容。可是他们是严肃认真的。他们要我向任何禁止在有这种活动传统的、孤立的海滩裸体日光浴的联邦法规提起诉讼。我告诫他们,很难劝说法院同意,在公有海滩裸体玩乐的权利是一种公民的宪法权利。我还对他们说,我不以为他们赤身露体的愿望是当今世界最紧迫的法律问题。可我认为,彻底禁止裸体,甚至在国家海滩公园的孤立地段也加以禁止,就太过分了。

在我看来,这问题与成年人在一所关上门的戏院里看电影有点相似。海滩上没有门,可是孤立的海滩起着相同的作用。政府应该有权对外部情况进行管理——比方说人数多少、停车地点、穿越私人宅邸、破坏沙丘景观,以及那些不愿看见光身露体的人的感情。可是政府并没有禁止自愿进行天体浴的成年人在孤立的海滩裸体的权利。我同意去游说美国公民自由联盟(我当时在该组织全国委员会任职),如果政府制定完全禁止裸体的法规,就参与诉讼。马萨诸塞州公民自由联盟同意代理天体浴爱好者,条件是我得担任他们的律师,亲自参加诉讼工作。我们组成了一支队伍,其中包括珍妮·贝克——我曾和她一起在犹太人保卫同盟案的辩护工作中合作过;朱迪·米兹纳,刚从法学院毕业正在自愿从事民权工作,以及约翰·莱因斯坦,公民自由联盟的律师。我们在科德角小屋阳台上设立了为此案服务的"律师事务所",着手设计保卫我们委托人在"大沙丘"地带进行天体日光浴的宪法权利的策略。

我们决定用两种不同方法去解决这个问题:第一种,采取攻势,只要任何一种禁止天体浴的联邦法规发布出来,就立即对它在宪法角度上的合法性提起诉讼;另一种,采取守势,静观等待,只要有一个委托人因裸体被捕,我们就在宪法角度上为他辩护。这么做,就像贝克所说:"我们就可以把肋腹两面都遮盖住"。(像在黄色淫秽物品案件中,几乎在每个紧要关头都会陷入青春期的两面性,其中最坏的情况牵涉到"片面说辞",对方的"非诉",及"讯问"我们的委托人。)

联邦政府没让我们等多久就采取了行动。在 1974 ~ 1975 年冬,美国联邦公园管理局颁布了如下规定：

禁止……在公众场合赤身露体，包括在公共场合裸体游泳。公共场合赤身露体是指在公共场合有意识地未能用完全不透明的衣服遮盖该人的外生殖器、内生殖器、阴毛部分、肛门部分，或女性乳房低于乳晕边缘之上部分。此规定对10岁以下儿童不适用。

劳伦斯·哈德利，科德角国家海滩公园管理者宣布，自1975年5月19日起，禁止在科德角国家海滩公园地带赤身露体；初犯者将课罚金25美元。（联邦规定允许的最高罚金为500美元，最高刑期为6个月徒刑。）政府估计会有大规模的不服从活动，因而在海滩布署了直升飞机监视，公园骑警巡逻，还在沙丘顶上布置了无线电监视哨，指挥开着翻沙过山车的警察分队，甚至还派了穿便衣的密探（这些人自然而然地很快就被人称作"脱衣警"），还新招募了几十名公园守护人，专门进行了训练。警察小组都由一男一女组成，规定执行逮捕的警官必须与被逮捕的人是相同性别（这条规定是否适用于同性恋海滩就颇费猜测了）。这年夏天，从波士顿派来一位联邦治安长官到科德角执行禁止在公共场合裸体的特别任务。联邦政府决心动用巨大力量来执行这项法令，而裸体者们也决心脱它个精光来对抗。双方针锋相对，冲突势在难免。

在该规定实行那天，我们在联邦法院提起诉讼。原告是八男四女，他们都是天体浴场的长期光顾者，希望能继续这样做而无被捕之虞。他们不是在特鲁洛有房产就是在此居住多年，其中之一是个波士顿律师，另一位是波士顿附近的私立寄宿学校弥尔顿学院的科技自然课教师；第三个人是一位由卫理公会任命担任圣职的牧师。

特鲁洛海滩管理委员会主席斯蒂夫·威廉姆斯，在一份起誓证词中陈述了对天体浴场的记忆：

我小时候和家人一起走到海滩人最少的地方去。面对着迎面而来的一个个家庭，一群群其他天体浴者，我们都习惯地有礼貌地避开他们，在脱衣服之前先拉开一段适当的距离。

埃德蒙和苏珊·卡波特谈到他们的经历：

……我39岁，我太太36岁。我们有4个孩子，年龄从4岁到9岁。我在弥尔顿学院教科学技术课；我太太是家庭主妇，还当选为弥尔顿镇议会成员。我们在弥尔顿和特鲁洛各有一所房子。我们在今年夏天开始去"灌木谷"附近的"自由海滩"游泳，在这之前我们带着一种百感交集的感情从附近的巴尔斯顿海滩观望了两年。对我们大家来说，和很多不认识的人一起裸体日光浴是一件全新的经历。开始，我们很为自己和别人的反应担心，但是我们很快就搞清到"灌木谷"去的人都是自由自在地下水游泳，晒太阳，也不需忸怩作态。

看着自己的孩子脱了衣服露出身体的一部分以后，那种顽皮的偏执随之消散，真令人高兴。他们开始更好地领受人性的万千变化，更好地领略他们自己。

我们提出，这条法规侵犯了宪法第一修正案赋予公民的言论自由和第四修正案赋予公民的隐私权。我们认识到人太多已经造成了一些问题，可是这些问题可以用慎重周到、较少限制人们宪法权利的规定来解决，而不是用绝对禁止的方法。我们建议，为防止破坏沙丘，公园管理局可以在人们最常去的沙丘上派几个巡警；为了解决停车问题，巡警可以严格执行不准停车的规定；为了减少人流，管理局可以规定海滩人数限制。这样做比执行完全禁止裸体所动用的人力物力要少，更省钱省力。

我们请求法庭颁布禁止令阻止政府在传统进行天体浴的孤立海滩地段执行禁止裸体的规定。弗兰克·弗里德曼法官受命审理此案，同意为此进行一次听证，但又建议我们先去"犯罪现场"——在"大沙丘"的裸体浴场"实地观察一下"。

6月里晴朗凉爽的一天，一大群衣冠楚楚的司法人员——法官、法院文书、天体浴鼓吹者的律师、特鲁洛镇的代理人及政府的律师，大部分都穿着三件套西装，登上几架单引擎飞机前往科德角湾巡视。我们在普罗旺斯敦机场着陆，随即登上一队吉普车和翻山车，翻过小沙丘去天体浴场。在这个天清气朗的日子，海滩上没有裸体游泳的人，甚至连游泳的人也没有，令所有的人大失所望，法官只得就近观察一下裸露的沙滩来发挥他的司法想象力——在沙丘和海滩上重重叠叠的裸体究竟会有什么后果。

"实地观察"既已结束，听证定于当月下旬一个炎热的日子里召开，这一天人们其实更想到海滩上去。我传唤第一个重要证人——科德角国家海滨公园管理者及禁止裸体的倡导者之一劳伦斯·哈特利出庭作证。我诱导他说出之所以要有这项立法的根本原因：

问：把这些指控〔侵入私人宅第；破坏资源（主要指沙丘和草地）特鲁洛镇马路两边垃圾增多；〕归结为都是与过度使用这些设施有关，〔而非〕游客在海滩穿不穿泳衣的问题，这么说公道吗？

答：我想答案是肯定的。

问：这问题不是"**裸体本身**"的问题？

答：不是。

我接着问哈特利，如果另外一些游客，如大批非天体浴者被吸引到"灌木谷"附近的海滩去，问题是不是一样。

问：假如……众所周知这儿变成一个黑人喜欢聚会的海滨胜地……突然你发现有

1200 个穿着泳衣的黑人家庭星期天会到海滩来,你认为问题会与现在有什么不一样吗?

答:我觉得问题没有什么不一样。

我开始要哈特利就游人过分拥塞的问题逐一说明,并问他,这些问题是否可用除完全禁止裸体以外的办法来解决:

问:乱停车的问题是否可以通过除完全禁止裸体以外的办法来解决?

答:可以。

问:我们听说有的沙丘因人们在上面行走而遭到破坏。目前有否禁止人们在沙丘上行走的联邦法令?

答:没有,先生。

问:在美国,国家公园——如黄石公园及约塞米特公园——的过度使用是不是一个普遍现象?

答:是的。

问:作为国家公园过度使用的后果,是否有任何对登山道路限制使用的规定?

答:……我知道有如何使用登山道路的管理规划,对各种不同方法的规定。

既然游客过分拥挤的问题可以用其他方法解决,我就拿出一份公园管理局的文件呈交法庭作为物证;该文件列出几种在特鲁洛解决天体浴场的方法:

问:据我的理解,方法之一是继续允许在"灌木谷"进行裸体日光浴,但是对于使用该浴场的人数会有具体限制。

答:是的,先生。

问:允许裸浴,但限制使用"灌木谷"海滨浴场的人数,推行这种方法的花费与推行绝对禁止裸浴的费用相同,这是事实吗?

答:是事实。

哈特利承认,天体浴场每日平均人数约为 340 人,这个人数没有超出海滨浴场的承受能力;星期六和星期日约为 600 人,也在承受能力之内。确实,甚至在 8 月的星期天里人数高达 1200 人时也还是能够管理好的。真正的问题是对未来人数的预测,如果使用天体浴场的人数像前几年那样逐年成倍增加的话。他也承认,对于游客,不管是赤身露体还是穿衣服的,都可以用禁绝裸体以外的办法解决。(作为纽约人,我过去只有幸在康尼岛和罗克威下水饺似的拥挤海滩洗海水澡,我以为在"大沙丘"下的长长海滩上容纳 5000 人并不应称作"过分拥挤"。)

特鲁洛居民委员会的律师随后传问一些反对天体浴场的居民。有一个房主作证说,渔业受到了损害,因为这些裸体浴者把大西洋的鲈鱼吓跑了。另外一个人说,他房子的市场价值在过去几年中降低了,可他看见我当下掏出支票簿准备写一张支票作头金买他的房产,就收回他的话。(在特鲁洛,所有房屋的价值在过去几年内都增加了近一倍,我确实是准备用他6年前的原价把这幢房子买下来。)

听证很快就结束。我们期待着弗里德曼法官会在本周末7月4日美国独立日前作出裁决。可是裁决一直没有下来,裸体游泳的法律地位几个星期来一直悬而不决。这种情况刚开始时“裸体警察”和“裸体爱好者”之间有一种令人不安的对峙。“大沙丘”底下这个传统的天体浴场看起来就像是个海军陆战队集结待命地区:沙滩巡逻车载着装备着报话机的巡警包围了这个地区,封锁了所有的进出口;巡警在山丘上用望远镜监视瞭望,几公里内都看得见;直升飞机在头顶上盘旋,用望远镜头拍照。警方已做好一切准备与成千名以赤身露体为武器的天体浴坚定分子较量。(“不用怕人群里藏着武器啦,”我听见有个警察打趣说。)

可是没有人来。美丽的海滩上一片荒凉,天体浴者都分散到从威尔弗利特到普罗旺斯敦之间几英里长的空阔海滩上,去寻求孤立和隔绝。在这片海湾出现了新的小块小块的天体浴场。这儿有几个裸露的身体,那儿有几对夫妇,另外一处又有一个家庭在享受天体浴的好处,如果不加干扰,则相安无事,不会有停车的问题,也不会有人破坏沙丘,更没有过分拥挤的问题。

2. 抓天体浴者的警察

可是公园警察却接到命令:绝对禁止任何形式的裸体。他们下决心完全彻底、不惜任何代价地执行这个命令。他们在沙丘上布下搜索队,直升飞机来回巡逻,对这一地区进行扫描,搜索暴露的乳房或是没有遮盖的屁股。他们运来了开起来悄寂无声的沙滩摩托车,这样就可以悄悄地接近一对对裸体男女,在他们套上衣服之前当场拿获。这场斗争刚开始是斗智。天体浴爱好者对警察的每一个策略都找到一个反策略。一群群的裸体浴者配备了望远镜和哨子,占据一块孤立的海滩,设置了穿衣服的岗哨,任务是,一看见警察就猛吹哨子,警告这些不穿衣服的人赶紧装束整齐。后来这些海滩巡逻队增加了人员,提高了搜寻频率。很快从威尔弗里特到普罗旺斯敦这片20英里长的海滩上就压满了车印。警察甚至对穿衣服的游客也进行盘问,怀疑他们可能是刚刚钻进衣服里以免被捕。一个过分积极的巡警问一个穿长外衣的妇女,“你外套里面穿衣服了没有?”抓捕裸体游泳者的警察无所不在,在天空上,在沙滩上,在沙丘顶上,甚至驾驶着汽艇巡弋于海上,他们已经破坏了海滨的平静。

对抗不可避免:裸体的人因为他们的特殊情况随身不能携带证件,不肯将他们的真名实姓告诉警察。我们原告中的带头人斯蒂夫·威廉姆斯就因偷拿了一块写有“禁止裸体”

的警告牌而被捕。他对我们肯定会胜诉信心百倍,想把牌子上“禁止裸体”的“现在式”改为“过去式”,在胜诉之日作为礼物相赠。有些赤身露体的人在警察前来捉拿时拼命奔逃或跳入海中,使警察无能为力。另外一些人企图和警察论理或和他们贫嘴。有个正游泳的人把游泳裤搭在胳膊上,当警察逮捕他时,他辩解说他“胳膊肘以下到屁股都看不见”。还有个人赤裸裸地躺在一根中间空的管子里浮在海面上,警察抓他时,他说他的身体“已妥善包裹起来。”这些游客被捕时都口出詈语,还有挥动老拳的。这样一来,巡警(他们当中大部分是大学生)都开始佩带枪支。(有个女警察一年前经常光顾天体浴场,后来说她“不适合此工作”而取消她的职务。)

有些赞成禁止裸体的当地居民后来认识到,他们这是自作自受。很清楚,过山车压的印辙,沙丘顶上的巡逻队,天上盘旋的直升飞机对环境的破坏比天体浴造成的损失还大。甚至连《科德角人报》,这份狂热鼓吹禁止裸体的当地保守派报纸,也开始思忖该禁令是否有必要执行了。它写了一篇社论,加上恰到好处的标题“裸体:转过另一面脸来”,其中有如下评论:

那些单独地、或差不多是单独地脱掉游泳衣尽情享受阳光和海浪的人并不触犯联邦法规。你只需对他们好言相劝。这在我们看来,只须停止在威尔弗利特和特鲁洛海滩驾驶吉普翻山车巡逻,代之以更有益健康的步行巡逻即可。把望远镜留在警察局里也不会有什么不便之处。

3.“此案不牵涉到道德问题”

联邦警察们继续展示强大的力量,一直到 7 月 4 日的那个周末以后。在弗里德曼法官 7 月中旬下达了他的裁决后进一步加强了力量。法官在裁决中复审了证据,其中不包括公园巡警实际执行禁令的情况,得出一些耐人寻味的结论。他开篇就注意到“此案不牵涉到道德问题……不是裸体本身的问题,而是天体浴场的观瞻问题……”法庭随后论述决定此案性质的“必要条件”,即“如果宪法赋予天体浴爱好者任何在传统地作为天体浴场所的半孤立小块公有海滩聚会的权利,这种权利的范围是什么。”他的结论在我看来十分通情达理:天体浴爱好者言论自由的要求与“蓄长发的学生宣称受第一修正案的保护相似”。他随后继续考虑我们人身自由的要求,这在我看来是本案的要害:

虽说这种实质性的权利源于宪法的哪一部分无关紧要,我裁定这种权利确实存在,它来源于自由的概念,受到宪法第五修正案既定程序条款的保护。这种自由就是“人民有权按自己的意愿和方式支配独特的纯属私人的活动。”

个人的自由并非仅仅由那些根本的自由组成,还包括在意义并不十分重大的事情上,不受政府专断地干预，自主地决定并行事的自由。

我的结论是，虽说这种要求极为新奇，但在“灌木谷”海滩传统的天体日光浴做法也应该给予宪法意义上一定程度的保护。

直到这个地步，该法庭裁定对我们是个胜利。弗里德曼法官是第一个作出裁定，在孤立的海滩裸体日光浴的权利应该在某种程度上受到宪法保护的联邦法官。他意识到这“可能看起来是对这种原则的最大延伸解释”，弗里德曼法官接着继续平衡天体浴爱好者的权利与政府对海滩进行管理限制的权限。

他首先讨论过分拥挤、停车难和环境污染问题，这些正是眼下制定出来的法令打算解决的问题。正如我们估计到那样，他认为这些问题是严重的。他随后考虑这些问题是否可以用除完全禁止裸体以外的办法解决，比如说用限制攀登沙丘，制定停车规则的方法。弗里德曼法官同意我们的主张：

法庭同意原告的意见，每个由天体浴产生的问题都可以单独地处理，或许这样问题可以迎刃而解。

根据我们从法律角度分析，这就要求他以违宪为由否决禁止裸体的法规。不管怎么说，他已得出在孤立的海滩进行天体浴应该“在某种程度上受到宪法保护”，他还认定每个与在“大沙丘”附近的天体浴场有关的外部问题“可以单独地用除完全禁止裸体以外的方法解决”。可是他随后继续衡量对这种自由要求的重要性与允许继续进行这种活动现已带来和将要带来的问题。他总结说：

本法庭已认定对原告主张的权利应给予一定程度的保护；同时，也认识到促使被告制定法令的因素已压过了这一有限权利。

完全禁止裸体的法令是基于环境保护和过分拥挤的紧迫原因，所以该法令就得到确认。这个裁定对特鲁洛的天体浴爱好者是个挫折，但对于“自由海滩运动”来说，是个胜利。这个“运动”的领导人对我们这么说，弗里德曼法官已为裸体游泳者撰写了一份大宪章。① 法庭裁决，在孤立的地区进行天体浴应受到宪法一定程度的保护，政府只能在它引起一定的外部问题时才可加以禁止。法庭从这个角度肯定了天体浴的合法性。政府已不能仅仅从道德的角度来禁止这种活动，它必须有其他的、外部的理由来压倒天体浴者享有的一定程度的宪法保护。我们相信该裁决会给天体浴爱好者在国家公园不拥

① 大宪章（Magna Charta），指英国历史上的大宪章运动，即保证公民权和政治权的基本大法。——译者注

挤的地区、在美国其他地方的海滩、河流、小溪进行天体浴的权利带来极大的影响。

4. 裸体的挑战

裁决的消息传遍了整个科德角,公园巡警也加强了执法的力量。在1975年夏天余下的日子里,发生了无数次小冲突,还有一次重大冲突。“自由海滩运动”委员会的领导人整个夏天都在秘密计划要在8月底的一个星期天举行一场大规模的“裸体示威游行”。这些领导人越战期间领导过“民事不服从运动”,对当年的活动耿耿于怀,他们长时间地讨论进行这场裸体示威游行的具体细节。

我不同意这个策略。我认为民事不服从的抗议方式应用在最紧迫的道德问题上。可是美国公民自由联盟同意派出观察人员以防警察粗暴对待游行群众。(自愿担任观察员的人数是公民自由联盟创建50年来所参加过的示威游行最多的一次。)由于公园管理局明智地决定放手不管,没有发生警察粗暴行为。几百名坚定的天体浴爱好者在几十名同样坚定的有偷窥欲的人以及一些观察者的陪同下行进到海滩上,他们非常小心地不侵入私人宅地,也避免违法停车。有些领导人极力想避免被逮捕,就穿上与皮肤颜色相似的游泳衣裤,在上面画出生殖器。(法庭曾裁决,图画比真实的物体更应该受到宪法第一修正案的保护。)有一个领导人向我咨询,他是否会为游泳裤上画的淫秽图画而被起诉。察看了他游泳裤上画的生殖器大小形状,我告诉他,淫秽图画的问题不大,但他可能会因欺骗,或在不实广告这方面遇到麻烦。这一整天滋扰笑闹都未受到警察的干扰,有几个脱了衣服的领导人在停车场被穿便衣的公园警察逮捕。我们为这几个人辩护,除有几个人由于细节上的原因而获胜,其他的都以付25美元罚金而了结。

1976年春天,我们准备对弗里德曼法官的判决向联邦第一巡回上诉法庭提出上诉。我在4月7日作了上诉辩诉。经过这个夏天很长时间的“藏猫猫”游戏,以及许多巡警与天体浴爱好者的对抗,上诉法院终于在7月底作出了裁决。该裁决响应地区法院的结论,不过用的是有点儿降低了的音调:

> 就本案而论,我们或许可以假设,上诉人在公共场合继续进行娱乐活动的利益必须给予某种程度的具体的宪法保护。
>
> ……然而,以此假设而论,我们认为地区法院提供的证据足以支持地区法院的结论,即[政府的]行动是有充分理由的……

由于最近联邦最高法院裁决的倾向对我们十分不利,若上诉,胜诉的可能性极小,所以我们没有上诉。科德角的裸体浴法律之争到此结束,我们败诉。可是坚定的天体浴爱好者们仍坚持开展游击战,用越来越多的机智方式与禁止裸体的法令周旋。

目前天体浴在特鲁洛海滩的现状可以用20世纪20年代在美国流传的一个故事来概

括。一个英国记者问一个美国人,他对“禁酒令”有何感想。这位美国人的回答代表了当时人们的普遍态度:“这比起根本没有酒来说要好不知多少倍呢。”法律仍禁止裸体,并在特鲁洛海滩上仍然有效。可是,对于许多继续脱光衣裤的人来说,这比起根本没有裸体浴来说要好不知多少倍呢。

第6章　宪法第一修正案及越南战争
——斯坦福大学布鲁斯·富兰克林教授案及中央情报局内幕揭发者案

如果说艰难复杂的案例产生坏的法律，就像奥利佛·温德尔·霍尔姆斯[①]曾经说过的，那么战争则制造更恶劣的法律。一些限制人们基本自由，最富危害性的判例就是政府为压制反战力量而努力的结果。在内战期间，林肯总统就中止了“人身保护令”(Writ of habeas Corpus)；在第一次世界大战期间，威尔逊总统下令对大批和平地反对征兵的人及政治激进派提起公诉；二次大战期间，罗斯福总统下令把11万日裔美国人强制关进集中营。越南战争的恶劣后果之一是美国人在宪法第一修正案赋予的自由上大步倒退，这个恶果比起越南战争本身带来的惨痛记忆还不堪回首。

我参与了好几个至关重要的“第一修正案”审判，这些案子都来源于越南的灾难经历，我自己也得以近距离观察战争对美国言论自由的浩劫。

第一个重大的越战案例是政府以阴谋罪对本杰明·斯波克博士、威廉·斯洛安·考菲因神父及其他几个反战领导人的起诉。我在该案中作为被告斯波克博士的法律顾问，后来给《纽约时报》写了一篇关于该案的文章。

最著名、最广为人知的反对越战案例是以阴谋罪对“芝加哥七人”进行的公诉。该案的起因是1968年在民主党全国代表大会召开期间发生的大游行示威。该案审理后为被告辩护的主要律师威廉·康斯特勒被判藐视法庭罪入狱4年。我是为他上诉的律师团成员。

另一桩重要审判，是对抵制征兵运动的贝里根兄弟及其他激进派领导人的起诉。我曾应邀为此案被告辩护，但是当其中一位更加好斗的被告得知我是个犹太复国主义分子后，就辞退了我。

1971年，“五角大楼文件”被泄露和发表了，它可能是推动美国舆论反对越南战争的最重要事件。当《纽约时报》和《华盛顿邮报》在法院为继续发表这些文件的部分内容而诉讼时，阿拉斯加州当选的联邦参议员麦克·格拉威尔正采取更直接的行动——他召开参院建

---

① 霍尔姆斯(Oliver Wendell Holmes)，1902年至1932年任美国联邦最高法院大法官。——译者注

设和土地小组委员会夜间紧急会议，在会上把这些文件列为供公众查阅的正式国会纪录。这个五角大楼文件“格拉威尔版”其后由波士顿比肯出版社出版。我后来代理比肯出版社——实际上是代理格拉威尔参议员进行诉讼，官司一直打到联邦最高法院。

越南战争带来的苦涩很快地就在大学校园里传播开来。一开始是罢教和抗议活动，很快就演变成对抗和暴力。哈佛大学1969年举行了罢课，其后这个文弱的校园开始了3年不间断的动荡，暴烈的对抗不断升级。这些不愉快的事件导致学校对许多学生采取开除或留校察看处分。我曾代表过某些学生控告校方。

在斯坦福大学，反战组织的领袖是一个叫布鲁斯·富兰克林的教授，他教授英国文学。他鼓吹直接行动并身体力行。斯坦福大学当局决定剥夺他终身教授的待遇，并把他解雇。这是自暗无天日的麦卡锡主义年代以来，一所全国性的大学头一回因政治原因解雇终身教授。我受美国公民自由联盟的委托代理他的诉讼。

最后，由于越南战争逐渐结束，美国决定从越南脱身，中央情报局在监督美国撤退中扮演了重要的角色。中央情报局负责这一行动的最高级官员之一是弗兰克·斯奈普。斯奈普把他的经历事无巨细地写了下来，当然他也小心翼翼地注意不泄露那些仍然保密的情况。他拒绝按照雇佣合同中的规定把手稿在出版前交给中央情报局进行审批。当这本名为《庄严时刻》(Decent Interval)的书出版以后，中央情报局对他提起诉讼，该案一直打到联邦最高法院。在整个诉讼期间，我一直是他的律师之一。

这些越战案子有很多都被法院判败诉，驳回关于言论自由的要求。所有的案子都提出了宪法第一修正案赋于人民的权利和所谓战时“国家安全”需要之间复杂的矛盾冲突。这些法律问题远比在色情淫秽物品和裸体浴场争议中牵涉到的第一修正案宪法权利复杂。此中双方的利害更为深远，因为政治言论，如反战，反对征兵比色情物品或裸体案件所牵涉到的关于性的言论更接近于宪法第一修正案的实质（虽说两者之间的界限有时模糊不清）；国家安全的需要，如情报人员或战争行动计划的保密，比起个人隐私权、公民自决权、色情淫秽物品和裸体问题争议中“道德规范”牵涉到的利害关系更加重要。所以，对这些战时第一修正案诉讼的裁决是美国有史以来最困难的判决。它作为对第一修正案赋予人民自由权利的最沉重打击，是不足为怪了。

本章讲的两个故事都是这种案例：斯坦福大学解雇布鲁斯·富兰克林案及中央情报局诉弗兰克·斯奈普案。我选这两个案例，一是因为它们代表了在最不寻常的情况下牵涉到的最根本的言论自由问题，而这些法律问题并未真正详尽探讨过；另一个原因是我曾为打这两场官司殚精竭虑。

1. “这家伙确实不是个好东西”

1964年我开始在哈佛大学法学院执教时，哈佛校园是一个安稳无事的世外桃源。大部分法学院学生对政治不感兴趣，缺乏激情。他们穿着整齐体面，看上去十分保守，似乎对自己的俱乐部、体育活动、他们的职业生涯比那些每天发生的激荡事件更感兴趣。

到了20世纪60年代末，这一切全变了。空气中充满了骚动不安，特别是对于美国在越战中日渐升级的介入。1969年4月初，哈佛学生开始罢课，从反对在哈佛设立预备役军官训练营大示威开始，很快就扩展到广泛抗议反对学校支援战争的“同谋罪”上去。激进的学生占领了大学办公楼——哈佛的主要行政管理中心，随后被校长南森·帕赛召来的警察用警棒驱散。此后哈佛校园就不复从前了。

教室里明显地充满了敌意和不信任情绪，暴力威胁，至少是不文明的举动比比皆是。教员之间分成誓不两立的两派，开明大度地探讨问题的气氛已荡然无存。争论双方因政见的不同而分歧日深。哈佛大学已经不是一个舒心学习可心工作的地方。这当然不否认哈佛充满慷慨激昂的气氛，这种气氛令人振奋，令人着迷。每当我回忆起这几年就想起那些教员会议，在会上讨论着对入侵神圣而安静的大学殿堂的行动是否合理。院长们变成了仲裁者，大学校长们成了警长，教授们成了公诉人和被告辩护律师。

我家里的电话总是响个不停——不是学生被逮捕、开除就是教授在课堂里遭到学生斥骂而无法上课；或是抱怨院长以不合理的规定威胁学生。当我身不由己地卷入这些无穷无尽的风波中，我有时也怀念刚到哈佛时的那种宁谧气氛，虽说细细品起来有点儿索然无味。

正在这当儿，我得知我已经被推荐去加利福尼亚州帕洛阿尔多的斯坦福大学，参加一个由行为科学高级研究中心主办的为期1年的学者进修班。与哈佛校园的白炽程度相比，就地点和气氛来说，没有一个地方比该研究中心看起来更遥远了。它位于一座青翠葱茏的山坡上，俯瞰着拉古尼塔斯湖。这个“斯坦福智囊”——它有时被人这样称呼——由一座座鳞次栉比的小平房组成。每一位前来讲学的专家都在其中占据一间房子，窗外是晴天碧海，配备着秘书和研究助理，可以任你闭门幽思不受干扰。办公室里不准安电话，办公室外活动则不被鼓励，因为建立这样一个研修班的目的就是为了平心静气地反思，坐下来研究、写作，进行学术交流。每年都从一大批推荐来的候选人中选出40人。1971至1972级研修班中包括不少著名学者，如精神分析学家布鲁诺·贝特海默，社会学家南森·格莱泽，哲学家罗伯特·诺齐克，心理学家加德纳·林齐，教育家劳伦斯·克赖明，还有政治策略家麦克尔·瓦尔泽。一般来说，每年都选一位法学教授参加，我有幸被选中，自然高兴万分。我期待着那没有电话吵闹、学生纷扰和客户上门的清静时光，一心做学问，间或打打排球（这是研修学者通常的消遣方式）。

1971年9月初一个星期天晚上，我来到帕洛阿尔多。我睡觉时没有给闹钟上弦，因为第二天不必早起，这是我带薪休假的一种享受。可是早晨7点半我被电话铃声吵醒。电话那边传来刺耳的声音，一点儿也不像我想象中的加利福尼亚人的柔声细语。这人声称：“我得和你谈谈富兰克林的案子。”在清晨这样一个美好时刻，我不想和任何人讨论案子。难道我无权不理睬那些夸大其词地声称对方“枉法”的申诉人吗？哪怕只是1年也好。而且再也没有比帕洛阿尔多小丘更好的地方，可以假装这世上一切都很好。

“什么案子？布鲁斯·富兰克林是谁？他受到什么指控？”我问。我只是模糊地对这名字有一点儿印象，但就像每天在新闻报道中出现的城市和人名一样，什么“芝加哥 7 人案”、“广东城 9 人案”等，早已成了日常生活用语中的一部分。我一听到有关“印第安纳波利斯 500 人案”时，脑海里立即涌现重大阴谋，而绝不会是一场汽车大赛。

“你是说你不知道富兰克林案吗？他是斯坦福的英国文学教授，有终身聘约，而他被解雇了。我们需要帮助，列奥纳德·波丹说你可能愿意帮助我们，所以我们就立即给你打电话。”

确实，他们一分钟也没耽误。我甚至还没去过我的新办公室呢。我对她解释道，这是我的休假年，我无意参与此事。“你何不给斯坦福大学法学院的教授打电话，”我满怀期望地建议，并告诉他，这些教授中有不少人在民权和学术自由领域中十分活跃，在美国相当有名气。

打电话的人——她声称自己是斯坦福大学教员政治行动小组成员——笑了起来，“他们是我们的敌人。我们从法学院得不到帮助。莱曼校长把他们都抓在手心里了，那些站在我们一边的年轻教师也不敢说话。”

“那你让富兰克林的律师给我打电话吧，”我建议道，希望就此了结此事，“我倒是愿意和他讨论这里面的法律问题。”

“这正是问题之所在，”她回答说，“富兰克林没有律师。他以前有个律师，可现在他钱花光了。学校也不肯用公费为他请一个。他想找一个法学院的教授来助一臂之力，可就是没人肯自愿出来。”

我告诉她，我不相信像斯坦福这样的大学会不给一个终身教授任何辩解的机会就解雇他。至少法学院的教员中应该有人主动出来给他当顾问，提供咨询意见。

她答道：“你真是初来乍到。过几天你对富兰克林案件就一点也不会大惊小怪了。”

我同意在吃午饭时与她及另外两个小组成员见面。只是我再次声明，除见面之外，其他什么事情也别指望我。

富兰克林案件第二天又在谈话中出现了。我偶尔碰上一个新邻居，这人在斯坦福大学法学院任教，我 5 年前在斯坦福大学法学院暑期任教时与他曾是同事。我向他打听这个案子。

“你得明白，这不是一件民权案，它也不牵涉到学术自由问题。这个人不是个好东西，他在山里训练墨西哥非法移民使用武器。他是一个叫作‘必胜’组织的头儿，专门在校园里搞炸弹爆炸。几星期前他们就在附近扔了一颗炸弹。”他指着不远处，“就在‘教员贫民窟’附近。”

“教员贫民窟”是指校园内教职员工住的一所所漂亮小楼，建造在斯坦福大学信托基金会长期租赁给他们的土地上。“富兰克林已经把这儿变成了一座丛莽，他也在课堂里进行政治宣传，”我的朋友继续说道，“你知道把他的麦尔维尔和霍桑的文学课程叫作什么吗?”他不等我猜,就自问自答道:“叫作‘毛’尔维尔和‘胡’桑①。他不是教授,他是政治煽动者,是个恐怖分子。”

“不过,你说的显然跟给我打电话的女人讲的不一样,”我说,“如果能证明他干了这些事情,尤其是那些暴力活动的话,解雇他就没话可讲了。”

“对他的指责不完全是这些事情,”我的朋友有点儿歉疚地说,“他干任何暴力行动时都小心翼翼,不让人当场拿获。他在校园里暗中活动,用对讲机向小孩子和当地墨西哥移民下命令,而暴力行动发生时他总不在现场。但我们终于抓住了他的把柄。他发表了几次煽动暴力的演说,我们有证据。他还企图在亨利·卡伯特·洛奇②在丁克斯派尔堂演讲时起哄捣乱,阻挠洛奇大使演说。”

“这么说,这是一个言论自由的案子了,”我反驳道,“对他唯一真正的指控都与他发表的言论或叫嚷有关。”

“是的,”这位斯坦福大学教授承认,“如果你用孤立的眼光来看待这案子的话。”

“那么关于他请律师的问题呢?”我问。

我的朋友回答说,“他不要律师,他想自己为自己辩护,这样他就可以在听审时发表政治演讲。如果他想要律师的话,不费吹灰之力就会有许多人来为他辩护。”

几天后,当布鲁斯·富兰克林打电话给我,问我是否愿意在听审时作为他的律师,这着实叫我吃了一惊。他告诉我,他确实要进行一场政治辩护,但他也想要一位律师在宪法第一修正案和其他法律问题上出谋划策。

我告诉他,我现在在研究中心的访问学者身份不允许我担任他的律师。他对此表示理解,可他问我是否愿意跟他见一次面,谈谈找律师的问题,只谈一个小时。

我跟乔尔·克莱恩一起去见他。乔尔那时刚从哈佛法学院毕业,在中心担任我的研究助理,为期 1 年,现在是一位华盛顿小有名气的律师。我们花了半小时在帕洛阿尔多城中下层人士居住的平房区,一条阴暗沉闷的街区寻找富兰克林的住所。(后来我们得知,他的住所没有地址牌,因为邻居经常故意对他滋事搅扰。)

我们终于找到他的住处,按电铃时可以听到许多把门锁打开的咔嚓咔嚓声响。富兰克林出现在门口,他穿着一件蓝色工装衬衫,用怀疑的目光四下打量,然后叫我们进来,随即把门锁上。

他用典型的黑人腔调说“谁也不知道什么时候那些猪猡们又会破门而入。几个星期前这儿发生过一场枪战。”

我们谈了约 15 分钟。他用录音机放了几段他演讲的录音,这些内容被当作向他起诉的根据。我们简短地讨论了一下这些言论是否能受到宪法第一修正案言论自由的保护。

---

① 麦尔维尔(Herman Melville,1819 - 1891),美国小说家,此处作者写成 Maoville;霍桑(Nathaniel Hawthorne,1804 - 1864),美国小说家,此处作者写成 Ho-thorne;这里 Mao 指毛泽东,Ho 指胡志明。——译者注

② 洛奇(Henry Capote Lodge)是当时的美国驻南越大使。——译者注

然后,他又问我是否愿意接受他的委托,做他的律师。我则再次强调说不行。

当我告辞时,他递给我两本书——一本是《毛主席语录》,那本著名的小红书,另一本是《林彪著作选读》。他说,这两本书应收费若干美元。他见我把这两本书还给他,又说,可以免费赠送,以代替"律师费"。

克莱恩开车送我回家。我后来听说,他又返回富兰克林的住所继续讨论如何帮他找律师的问题。经过一番取舍后,克莱恩同意帮助富兰克林准备在委员会听证时的发言稿及书面辩护词,尽管克伦那时尚未取得律师执照。这恐怕是富兰克林在斯坦福大学对他起诉中能够找到的并且心甘情愿地为他辩护的最好律师了。

我开始在中心从事研究,情形正像来以前人们对我说的那样。我的小屋旁边住着布鲁诺·贝特海默,他是弗洛伊德最得意的门生,曾经用精神分析法对性情孤僻的儿童进行治疗,使这门学科产生飞跃,他撰述的几篇论文在这个领域里被奉为经典。他在中心讲学1年期间潜心撰述一本关于情绪受到波动的儿童的专著,后来以《心灵之家》为书名出版。因为我在对神经不健全者进行医疗监护的法律问题方面写了不少文章,我们经常就彼此的研究著述交换心得。布鲁诺和他迷人的夫人走到哪里就带去一种战前维也纳的派头——差不多每天下午四时贝特海默太太都会来到布鲁诺的小屋,随身带着用银餐具装着的午后茶和多种蛋糕烤饼。我经常受到邀请参加他们的饮宴,一起回忆流逝的时光。

我那时正着手写一篇关于英美法律中预防性拘留法理渊源的论文,所谓预防性拘留是指因为预测到可能的犯罪行为而予以监禁。我每天去我的小屋,瞧着窗外的景色,读几小时书,与我的助手交换意见,与我的同事们一起去吃午饭,然后打几场排球(一般都是由社会科学工作者与"真正的"科学工作者各为一方进行比赛),最后坐下来写作。这以后我去附近的圣克鲁兹海滨,或回家在游泳池里游泳。这种悠闲的生活节奏使我的研究写作极富成效。

但是我却不能完全置身于富兰克林案件之外。布鲁斯有时会来中心找我;他的支持者有时会在我家等我,一些与此无关的人从全国各地给我写信、打电话,认为解雇富兰克林这件事可能会危及学术自由。报纸上每天都报道该案,双方的调门越来越尖锐,日益走向极端。

布鲁斯·富兰克林已经实实在在地打破了斯坦福大学的宁谧气氛。在所有行政人员和大部分教员眼中,他已经成为斯坦福困难年代的象征,正像斯坦福和其他大学在20世纪60年代末和70年代初所经历的那样。与大部分恬静生活般的大学一样,斯坦福大学对这一时期出现的激进观点毫无准备,因为这种浪潮在这所全美最漂亮,有着精心维护的草坪和随风拂荡的棕榈的校园里毫无历史渊源。斯坦福被称作"西部的哈佛",早已是富裕的加利福尼亚保守主义的象征。在第二次世界大战前,它一直是种族主义的顽固堡垒,现在已经打开禁锢,从全国各地,特别是从那些常春藤名牌大学中招募了一大批出类拔萃的教授。为了稳定教员队伍,斯坦福提供无以比拟的物质条件,如在环境优美的校园无偿使用土地和对住房进行补贴。正因为有这种舒适圆满的安排,教员从个人角度和作为专业人员两方面来说和学校荣辱相关。斯坦福大学一发生针对学校的抗议活动、游行示威或破坏捣乱,他们就会感到这是针对他们自身的,对很多住在校内的资深教授则更是如此。

在1967年和1971年间,斯坦福校园里经历了一场浩劫,有一位教授形容它"有点儿像在暴政下"的年月。破坏性的捣毁造成了25万美元的损失,纵火事件烧毁了无法重新获得的文件,燃烧弹和子弹破坏了教职员工安宁静谧的天堂。校园里的激进革命者布鲁斯·富兰克林的幽灵无所不在。他被认为是暴力活动的策划者,虽说每次犯罪的现场都没有人看到他。照恶魔的理论,他是撒旦的投胎转世,和斯坦福校园格格不入。

我完全反对布鲁斯·富兰克林的政治活动,也不同意他的方式。作为个人,我也不喜欢他,尽管我们的出身相同,年纪相仿,都出生在纽约布鲁克林中下层家庭。他和我一样,是家里第一个从大学毕业的人。他在阿姆赫斯特大学上学时参加了后备役军官培训班,其后被征召到空军;在战略空军司令部干了3年,是空军中队的杰出军官。(布鲁斯一边驾驶一架载有核武器的飞机,一边阅读毛泽东和斯大林著作,这两种不协调的情景有时还在我的想象之中浮现。)照着这个路子,他在斯坦福念完研究生,并得到英国语言文学博士学位,受聘留校当了助教。那时他的政治观点是自由派的,充满民主思想,他是阿德莱·史蒂文森和林登·约翰逊的支持者。

像许多自由派专家学者一样,越南战争使他的观点变得激进起来,这种激进的思想由于他在巴黎待了1年,受到一些越共知识分子的影响而愈加坚定,回到斯坦福后,他成了一名老练成熟、一心要搞武装斗争的革命分子。他妻子简同他思想一样狂飙突进,他们创立了一个叫作"半岛红卫兵"的组织,它们后来又与一个激进墨西哥移民组织的分支,一个叫作"棕色贝雷帽"的派别合并,成为"必胜"组织。"必胜"是一个主张暴力的激进革命组织。它的正式宣言鼓吹武装斗争,并且要求其成员随身携带武器(最好是M-1自动步枪)。

富兰克林竭力否认他个人曾在任何情况下参与了暴力活动,但他以在"必胜"组织中担任中央委员会委员、持有好几件武器而自豪。他在该革命组织中的作用,实际上是决策领导作用,使大学的同事们既惧怕又鄙视他,因为斯坦福大学是该组织最喜欢攻击的目标之一。

随着越战逐步升级,富兰克林的活动也随之升级。当亨利·卡波特·洛奇在1971年1月到斯坦福来演说时,他的演说不断被"猪猡"、"战犯"的喊叫打断,最后完全淹没在有节奏而持续的呼喊和鼓掌声中。后来,洛奇大使的讲演计划不得不取消(就像几年前他在哈佛大学一次类似的讲演被迫取消一样)。富兰克林明明中叫嚣不断,却否认他是用持续鼓掌叫嚷迫使讲演提前结束的策划者之一。

这次事件后,富兰克林收到斯坦福大学校长理查德·莱曼的信,通知他,学校决定给他留职3个月不发工资的处分。富兰克林给莱曼校长写了封回信,信是这样开头的:

致：

利兰·斯坦福财产托管董事会指定的首席代理人；盗窃这片土地巧取豪夺建筑铁路劳工血汗家族的继承人们；发战争财的倒爷们；及美利坚帝国的统治者们

该信结尾署名为：

阮文追精神不死/权利属于人民/布鲁斯·富兰克林/“必胜”中央委员会

（阮文追是一个越共游击队员，他曾在西贡企图暗杀肯尼迪政府的国防部长麦克纳马拉未遂。）

几星期后，富兰克林在一次反战集会上讲演，矛头指向斯坦福大学计算机技术中心，该中心参与越战中的一些武器技术研制工作。他的讲话包括如下内容：“我们应该为人民作出一点小小的姿态，即我们应去关闭那些与战争机器最有关系的东西，例如计算机中心，依我看这是个好目标，即使这样做会给我们自己带来不便也在所不惜。”

随着“现在就动手”的喊叫，一些听众就朝计算机中心进发，并且动手关闭了该中心，造成了一些损失。富兰克林自己并未参与这一行动，他在一个安全而又隐蔽的距离之外注视着这一切。警察后来把所有人赶出计算机中心，并且命令示威群众解散。

那天晚上，校园里又举行了集会，富兰克林在结束时发表了讲演。在演说中他鼓吹“人民战争方式”。人们对于他是否解释了这句话的实际意义有些争议。他声明，他告诉示威者“人民战争意味着，学生们应该回到宿舍去，把人分成小组，和他们谈心，或在一起玩橄榄球，或干些其他事情，总而言之拖得越晚越好。”

富兰克林讲话后几小时发生了更多的暴力行动，许多学生受了重伤。

第二天，莱曼校长宣布，富兰克林教授将被解雇，剥夺终生教授待遇，因为“他明显地严重失职，对大学和大学社区造成极大的破坏。”

富兰克林要求学校当局举行一次正式听证会以给他申辩的机会，由 7 名正教授担任的顾问委员会来审查对他的指责，并提出适当的制裁意见。可是，找出 7 个对富兰克林不抱成见的教授谈何容易，大部分教授都不齿于他。

在我看来，布鲁斯·富兰克林表面上看起来风度翩翩，实际上他是一个心胸偏狭隘走极端的人，在他眼里这个世界只能黑白分明地分成善恶双方。一切资本主义或美国的东西都是假恶丑的。他不承认美国社会制度有任何可取之处，甚至不承认美国宪法保障人权的优点，而他恰恰是依靠宪法赋予他的权利来为自己辩护的。

有个偶发事件或许可以勾勒出富兰克林政治思想的轮廓。有一天富兰克林上门来找我，要求我把林彪的那本书退还给他。“林彪已经正式倒台了，我受到指示要收回并销毁所有林彪的书。”

我哈哈一笑,说我可不想参加什么焚书活动。这本书现在已经属于我所有,我倒是想把它收藏起来。我开玩笑说,如果他能够把所有林彪的书都追缴回来,我这一本没准哪一天就成了收藏家的珍本。

布鲁斯可不觉得有什么好笑的:“我必须收回这本书!”他口气十分坚决。

“很抱歉,”我用同样强硬的口气回答,“你不能收回我的书!”

布鲁斯口气变得蛮横起来:“我会把它弄回来的,就是从你手里夺回来也在所不惜。”

在这种情况下,为了避免和他冲突,我就对他说,我已经找不到这本书,它大概早就被我扔掉了。他看起来对这个回答还算满意。

2.“这根本不是一桩有关民权的案件”

我到斯坦福以后,有几个星期平安无事。我确实不想参与此案,特别是因为我不喜欢富兰克林此人,不喜欢他待人接物的方法。我倒是希望大学方面能掌握富兰克林亲身参与了暴力事件的证据,这样就不是因为他的言论和声明而解雇他了。

可是,随着时间的消逝,有两件事实越来越清楚,它使我心烦意乱:富兰克林是因为他的言论而被开除的;富兰克林没法从斯坦福大学和周围社区找到一位律师,也无法从其他地方找到律师在听证会上为他辩护。

我在哈佛大学度过了3年激烈动荡的时光。在这段时间里,我看到不少煽动者和激进派受到学校的处罚,我不由自主地对哈佛和斯坦福的不同之处作了一番对比。在哈佛大学,学校当局尽一切努力保证受罚的学生有律师为他辩护。更确切地说,我曾因为担任这些人的辩护人而受到某些同事的抨击,但我总是被允许去充当这种角色。在斯坦福,没有一个法学院的教授准备去为富兰克林辩护,相反,学校从校外花巨款请了好几个第一流的律师对富兰克林起诉,却拒绝支付富兰克林提出的一笔数目不大的钱,以支付他到外面请律师的费用。我对这种情况看不下去:学校花巨款在校外请第一流的律师对一位终身教授的言论进行起诉,而他却无法找到一位律师,甚至是一位法律教授来帮助他,在复杂的事实和宪法权利上为他仗义执言。

要求我给富兰克林辩护的请求一直不断,我也一次又一次地拒绝这样做。最后,几处绝境的我只有想办法把这件事抛给别人,于是我给旧金山的美国公民自由联盟打电话,告诉他们这个案子的情况。他们早听说过这个案子,但没有参与进去。我感到,他们好像不想跟斯坦福大学过不去,这使我更加恼怒。我在来斯坦福前曾经为美国公民自由联盟全国委员会工作过好几年,我坚信这个组织成立的宗旨。旧金山美国公民自由联盟的前任主席曾经在斯坦福大学法学院教书,他极力主张该联盟不要参与此案。我给他打了电话,他在电话中表达了他的观点:“这根本不是一桩民权案件,这是一件合同案子,富兰克林违反了他的合同。”

我问他,合同中哪一款不准他享有第一修正案赋予的言论自由的权利?

他回答说，第一修正案不保护富兰克林的这些言论。然后他向我挑战："我曾任旧金山地区美国公民自由联盟主席，我了解这个组织的宗旨。我敢说，除你之外，联盟组织中没有第二个人敢说这是一桩民权案子。"

我接受他的挑战："好吧，我们在联盟执委会当场辩论一次，让他们来决定。"

他同意了。于是在旧金山进行了一场辩论。在我们两人提出各自的见解之后，执委会进行投票表决，结果是：除一票反对，所有的人都同意我的观点，认为此案有关民权要宗，案中牵涉到的言论应受到第一修正案的保护。委员会要求我就此案牵涉到的法律问题写一份意见书呈送大学教员顾问委员会。我认为自己可以进行这项工作而不损害我在中心工作的超脱立场，于是我打报告请求中心允许我写这份意见书。

流言一下子就开始在斯坦福大学校园里传开，说我把美国公民自由联盟搅进这个案子里来。有人抨击我，说我不该干预邀请我来做客的主人的家务。莱曼校长在学校电台广播中攻击我：

所谓一切言论都在宪法意义上受到保护本来就是神话。美国没有一个精通宪法的律师敢这么说，甚至从哈佛降临到斯坦福把我们从罪孽中拯救出来的德肖维茨教授也不敢出此狂言。

我在《斯坦福大学日报》上发表如下声明，给予反击：

在解雇富兰克林一事中，牵涉到至关重要的民权问题。如果莱曼博士愿意与我就宪法或民权问题，或就美国公民自由联盟的主张一见高下的话，我愿就此中的实体性法律问题与他辩论。

莱曼拒绝与我辩论，他自己继续对我进行人身攻击，还通过形形色色代理人对我大加讨伐。对我和公民自由联盟的敌意很快就蔓延到大学教员中去。不用说，不久就影响到正在考虑富兰克林案子的教员顾问委员会。

刚开始，委员会不接受公民自由联盟提供的任何帮助，既不接受它的口头辩护，也不接受书面辩护意见。后来，它允许我们呈递一份"委员会之友"函。我起草了这份文件，两个斯坦福大学法学院教授——约翰·卡普兰和保罗·布鲁斯特后来在这份文件上签了字，使它生色不少。这份辩护词不是一份激进的文件，它以阐述美国公民自由联盟传统的要求给予受指控的人"合理的警告"开头："除非已有明文规定禁止，而且这种规定在该被告从事这项行为时已经明确地被告之，否则不能对他从事这项行为给予处罚。"

我强调，这种"合理的警告"在牵涉到言论的案件中至关重要：

牵涉到言论的词句,一个斟字酌句的人有权利使用言论允许的极点,他必须在发表言论之前清楚准确地被告之这条界限在那里。这条界限不应在言论发表之后才划定或找到。

辩护词接着逐项分析对富兰克林的指控。首先是起哄搅扰亨利·卡波特·洛奇大使演讲一事。公民自由联盟当然根本不同意富兰克林关于他有“权”制止一个货真价实的“战犯”进行演讲的争辩:

如果委员会得出富兰克林教授参与了有预谋地旨在阻挠洛奇大使演讲的活动,即根本不让他讲话,民权联盟的立场是,应该给予一定的纪律处分以示惩戒。

然而,辩护词认为富兰克林有权诘问讲演者,有权发出嘘声,有权表示不满,有权表示不同意演讲者的观点。如果听众可以用赞赏的掌声和欢呼表示同意,他们必须同时享有不可分割的表示不同意的权利:

一般的规则是,必须让演讲者讲下去,但可以不断地打断他的讲话,只要每次中断一会儿后就接着让他继续讲。这种规则当然不是为着满足那种最顺心如意和有效的演说,但是美国公民自由联盟认为这种顾全双方的平衡是符合宪法的……

谈到富兰克林在下午占领计算机中心和晚上校园内发生暴力活动之前的讲话,公民自由联盟争辩道,这些言论本身是受第一修正案保护的,因为它们并未鼓动即刻的暴力行动。

最后,辩护词讨论富兰克林在计算机中心前,当警察下令人群散开时的言论和行动,认为宪法允许讲演人与警察争论下令让群众散开是否得当。他也有权鼓动其他人不服从命令,只要他出于诚信,认为该命令是不合法的。唯一的例外情况是,如果讲演者的鼓动明显地、即时地有造成严重人身伤害的危险。所以我们的结论是,只有——

确凿证据证实富兰克林煽动人们立即进行暴力活动反对警察时,这样,这种鼓动才能充分地造成明显的、即时的危险。

这份辩护词确实不是一份激进的文件,它仅仅强调公民自由联盟的一贯立场,并要求委员会把这些原则落实到富兰克林的案子中去。它同时要求大学当局用第一修正案的原则衡量,不要一味强调斯坦福是一所私立大学,宪法对它行动限制是有限度的。辩护词没有讨论案件的事实情节,也没有就此得出具体结论。

听证会的进行完全在人们的意料之中:大学聘请的高级律师小组经验丰富,有节制有分寸地进行诉讼;富兰克林则把听证会当作政治宣传和论战的讲坛。作为公民自由联盟聘请的律师,我参加了几次听证会。

会场上富兰克林一方设一张桌子,另一边是斯坦福大学的席位。富兰克林用各种各样革命领袖的画像把他的桌子装饰起来,其中也包括一张斯大林的粘贴画。由于公民自由联盟代表他一方,布鲁斯邀请我坐在他桌子旁就座。

我对他说,我坐在一张贴有斯大林画像的桌旁感到不自在。他坚持不肯取下画像,所以我就在他桌子旁边另放了一张桌子。有一天,我也带了两张粘贴画,在听证开始之前贴在桌子上。我的粘贴画上的人和布鲁斯招贴画上的革命英雄同姓但不同名,面孔也不一样:我的马克思是格罗查·马克斯①;我的列宁是约翰·列侬②。当然,我并不想把这些无关痛痒的招贴画保留到听证时,我只是想表示一下幽默感而已。但布鲁斯并不认为我的粘贴画有什么可幽默的,他申斥我有意嘲弄他心目中的英雄。他警告说,在真正的社会主义民主制度下,这种行为是绝对不会被容忍的。

听证会结束几星期后,顾问委员会提出了一份168页的结论。该报告根据公民自由联盟的辩护提纲分析了富兰克林在阻挠亨利·卡波特·洛奇讲话中的表现,结论是,没有证据认定富兰克林阻止了洛奇讲演。

谈到富兰克林在占领计算机中心之前的演说,委员会认为——

> 富兰克林教授确实故意煽动唆使在怀特广场集会的人们非法占领计算机中心。

委员会也认定富兰克林煽动人们不服从警察下令散开的命令,认为:

> 富兰克林确实有意煽动和唆使人们不服从警察下令散开的命令,从而加剧了使在场人员被捕和受伤的危险。

最后,委员会驳回了公民自由联盟关于富兰克林在晚上演讲作用的立场:

> 委员会坚定地认为,富兰克林教授故意煽动和唆使他的听众去破坏大学及其周围社区的正常活动,这些活动会危害到人身和财产安全……

最后,委员会表决,以5票对2票,做出富兰克林应立即予以解雇的决定。这个决定使许多人感到意外。因为不少人,包括富兰克林的最强烈的批评者都认为对他的处理应有某些妥协,如留职察看或降级降薪之类建议。但是委员会排除了这些较轻的处分。莱曼校长和斯

---

① 马克斯(Groucho Marx),美国著名的电影演员。——译者注

② 约翰·列侬(John Lennon),美国著名的甲壳虫乐队歌星。列侬和列宁(Lenin)发音相似。——译者注

坦福大学信托基金董事会立即执行了委员会的决定，富兰克林被通知限期卷铺盖走人。

3.“富兰克林的时代已经过去”

可这并不意味着富兰克林在斯坦福大学销声匿迹了。他对解雇的反应是可想而知的。他在帕洛阿尔多的“必胜”组织总部召开了记者招待会。当他发言时，他妻子手持一枝M-1卡宾枪站在一旁。布鲁斯拒绝接受委员会“自由派法西斯分子”的判决，他要求人们用暴力来回答这个判决，“我认为忍耐是有限度的，我当然不认为，应该允许顾问委员会里的人继续在课堂里讲课。”富兰克林发誓要在校外继续反对斯坦福的“法西斯分子”，他威胁说要动用游击战的策略。

可是，有效的游击战争需要内部支持，而富兰克林却没能从斯坦福大学学生教员对解雇他的反应中得到什么鼓舞。《纽约时报》形容校园里的情绪是“冷漠”和“微弱”的。除了一次小规模集会，外加有人威胁要进行破坏捣乱，学生和教员都平静地回到教室去，再没有什么事情发生，布鲁斯·富兰克林在斯坦福大学校园的影响已经微乎其微，尽管以前可能有声有势。用斯坦福大学一位教授的话来说：

斯坦福大学的富兰克林时代已告终结，为大学里的暴力行为辩解的人已经离开……对那个时代、对那些破坏捣乱、纵火、人身伤害的回忆将留在斯坦福大学教职员工心中。

富兰克林被解雇后，我曾就这个案件带来的影响发表了一次演讲。我断言富兰克林本人很快就会被遗忘，因为他的思想方法和行为方式在自由竞争的思想市场上不受欢迎。然而，委员会的裁决将作为有关学校内部争端司法裁判的开创性判例得到记载。我批评该裁决未能在受到第一修正案保护的“鼓吹”和未必受到保护的“煽动”之间划出清晰的界限。我解释道：

鼓吹是思想的交流；它仅指脑际的思辨，让听者有机会对它进行思考。而煽动则避开思考过程，驱使人们采取即时行动。正是在这种简明的背景下，才有了在拥挤的电影院里有人大喊“着火了”这一经典案例。喊“着火了”的目的不在于交流思想，让人们去琢磨其中的意思，它的作用和故意拉响火警铃声一样，目的在于激起一系列连续发生的反应。

“而委员会”，我评论道，“却把这些概念混为一谈，把鼓吹混淆在煽动之中。”

结束演讲时，我指责有些教授企图掩饰富兰克林案件中牵涉到的民权问题：

我常常听到那种认为富兰克林是因为他的“行为”而非他的“言论”而被解雇的谰言。这种诡辩并不能抹杀富兰克林的“行为”只是发表言论的事实。多少次，有人说此案不牵涉到"学术自由"问题,它仅仅是雇主解雇不忠诚雇员的问题,就好像忠诚和言论自由是一回事似的。检验是否真正尊重民权的标准,是看他在出现危机时如何对待。

富兰克林案件,至少目前已告一段落。其他方面的活动在继续进行,包括富兰克林在加利福尼亚州法院已经提起的诉讼。(在他被解雇10年以后,这些诉讼仍没有最后结果)。我继续在中心从事研究,很少关注斯坦福校园内每天发生的事情。然而,有一件事却挑动了我的神经。

4."斯坦福大学永远不会允许教授这种课程"

斯坦福大学众多教授之中,最有争议的人是威廉·肖克利教授。他在1956年因半导体方面的成就而获诺贝尔物理奖。许多年来,肖克利教授一直从事实验遗传学的研究和写作,他曾发表了不少引起争议的论文,宣称白人在智力上优于黑人。不出所料,他的这些奇谈怪论自然受到最受尊敬的遗传学家们的嘲笑和反驳,许多学生和科学家要求对他的著作进行审查删节。斯坦福的激进左派,包括布鲁斯·富兰克林都认为斯坦福校园里不应允许讲授这种观点。肖克利的课经常被阻挠、打断、取消,连他的物理课也常常被充满敌意的学生打断。

我在中心工作期间,这个问题变得严重起来了。肖克利准备了一个研究生选修课程,题为:《劣生学:人类行为遗传学及种族差异的新研究方法》。这个课程一出台,立即在校园里引起轩然大波。一个激进的左派学生组织领导声明:"不应该允许这种课程在斯坦福大学讲授。"

经过一番争论后,一个由5人组成的教授顾问委员会被指定来讨论肖克利教授的课程是否可以在斯坦福讲授。该委员会花了3个月的时间研究这件事,并决定该课程应该在一个授课时完成,而且没有学分。尽管如此,大学研究生部主任还是拒绝批准该课程。

斯坦福大学的左派们对解雇富兰克林十分不满,却对禁止肖克利的决定万分快乐。斯坦福的右派们,虽说对富兰克林的解雇欢欣雀跃,却对禁止肖克利的决定惴惴不安。那些不偏不倚的人对学校的这两个决定都表示支持。差不多没有一个人对这两个决定都持批评态度。

我却认为,研究生部主任禁止肖克利课程的决定恰恰是富兰克林案件的另一个极端:两者都否定了学术自由,而只是党同伐异的争辩。

一开始,我在肖克利事件上保持缄默。我参与富兰克林案件对我的工作干扰不小,而且使我与我在斯坦福大学法学院过去的同事之间产生了严重的隔阂。我极有兴趣地注视着肖克利观点的争论,但在公开场合不发表意见。可是,在主任否决教授顾问委员会允许肖克利开课的决定后,在没有一个人站出来对此公开批评的情况下,我在《斯坦福大学日报》上发表一篇文章,评论说,学校在剥夺一个"激进分子"的学术自由权利几个月之后又剥夺了一个“反动分子”的学术自由权利，从而完成了一个镇压言论的循环：

我想有人把这看作某种对称性，以此证明斯坦福在当前一些紧要问题上是不偏不倚的。我以为，在肖克利和富兰克林案件上的两个孪生裁决表现了斯坦福对待言论自由和学术自由令人黯然的立场……它又一次想找到一条捷径，在肖克利案中向左派的言论检查控制投降，而在富兰克林案中向温和的中间派和反动的右派的言论控制屈膝。真正的悲剧是，在斯坦福似乎没有为言论自由和探讨各种政治观点的学术自由声张的力量。

我的信立刻引起反应。最先一批呼声来自大学里那些无所不在的卫道者。处分富兰克林的教授顾问委员会主席唐纳德·肯尼迪不是去讨论这里面的具体问题，而是学着莱曼校长的腔调对我进行攻击：

德肖维茨教授最新的布道能帮助我们去领悟莱曼校长在谈到这件事时所作的形象描述：“他从哈佛被派到这儿来把我们从罪孽中拯救出来。”可怜的德肖维茨，像猫头鹰一样从研究中心的阳台上向下凝视，错把拉古尼塔斯湖错当成加利利海。

德肖维茨应该回哈佛去，找一个不属于法学院的系开一门课……我一开始想到哲学系，可我又寻思德肖维茨在那儿的同事们会觉得他的道德观点有点儿不同寻常。所以我决定建议德肖维茨教授在哈佛医学院开设胸外科课程，不管德肖维茨的医学知识底子如何，如果医疗事故出现后控告他失职的诉讼随之而来，他应付起来肯定是不成问题的。

我想只要他愿意讨论具体问题而非鹦鹉学舌般地进行人身攻击，我可以回答他提出的问题。可我也忍不住指出，实际上，尽管没有医科学历，我曾在哈佛大学医学院教过课，从未有人告我胡乱行医。

哈佛大学哲学教授罗伯特·诺齐克那年恰好也在中心讲学，他的回答要中肯得多：

唐纳德·肯尼迪竭尽全力地想丑化艾伦·德肖维茨，说什么如果德肖维茨教授提出开设一门普通大学的伦理道德教育课程，他在哲学系教授伦理道德的同事们就会提出抗议。但我们不会提出抗议。

诺齐克争辩道，指责肖克利的观点不足论道，实际上只是为审查他的论点寻找借口。诺齐克问，如果另外一位资历相同的教授想开一门阐述种族智力平等理论的课程，他是否也会被禁止呢？最后诺齐克指出：

斯坦福大学舆论对待德肖维茨教授在富兰克林和肖克利案件中的观点的卑劣态度，一点儿也不能反驳德肖维茨教授指控斯坦福大学对于异议分子的仇视态度。

我至少成功地使自我陶醉的斯坦福教员们在肖克利案件上发生了一些争论。《斯坦福大学日报》接连几个星期连篇累牍地刊载评论、读者投书和讨论该案的文章,但这些都无济于事。至少当我在斯坦福时,肖克利和富兰克林都不能在课堂里陈述他们有争议的观点。斯坦福又恢复了往日的宁谧;持不同观点的人、分裂者及不那么忠心耿耿的人,不管是左派还是右派,甚至是不偏不倚的民权主义者都感到微风轻扬的棕榈树也不欢迎他们。

我在中心研修一年快结束时,《斯坦福大学日报》的一位记者写了一篇关于富兰克林和肖克利案件的报道,该文对我有如下一段描绘,使我颇感自豪:

可是,通过他生气勃勃地为富兰克林和威廉·肖克利教授辩护,他与莱曼及其顾问们那些广为发表引人侧目的笔战,德肖维茨填补了大学里近年来一直空缺的那个位置——斯坦福大学的牛虻。

1972年底我回到哈佛大学。回到哈佛后,我和大学当局之间发生过许多次争论歧见,可我从来没有像在斯坦福那样受到人身攻击。

布鲁斯·富兰克林还是以他的革命方式行事,他后来因包庇藏匿在逃杀人犯而被捕。他现在新泽西州新布隆斯维克的拉特杰斯大学教文学课。肖克利教授还在继续演讲他众议纷纭的种族优劣论。理查德·莱曼已经卸去斯坦福大学校长职务,赴洛克菲勒基金会任董事长新职。填补空缺的,不用说,是唐纳德·肯尼迪。

5. 对中央情报局黑幕揭发者的起诉和打击

1977年11月20日,千百万美国人在哥伦比亚广播公司名弥遐迩的《六十分钟》电视节目中观看麦克·华莱士采访前中央情报局人员弗兰克·斯奈普。

这个节目绝非寻常,因为它是在一个秘密地点摄制的,提供了极周全的安全保密措施,节目事先也没有预报。这场采访占整个《六十分钟》节目三分之二的时间,而不是像往常那样只占全部时间的一小部分。

斯奈普在节目中讲述了他是怎么从中央情报局的效忠者转变为一个内部的批评者,然后又怎么成为公开揭露中央情报局的腐败、愚蠢、变节和忘恩负义的人。他描绘了中央情报局是如何为了摆脱危险处境而抛弃朋友:

斯奈普:我们把四五百个西贡特种警察部队人员丢弃在跑道上和使馆院墙外面。这些人都是我们训练的,他们的生命直接受到共产党的威胁。我们还抛弃了400~1200名中央情报机构人员,这些人也都是我们训练的。我们还留下了约3万名曾经参加"凤凰行动"

的人员。

华莱士:“凤凰行动”是——?

斯奈普:是中央情报局在20世纪60年代中期领导的一次反恐怖特别行动,目标针对越共。

华莱士:你把这种抛弃形容为一种“中央情报局冷酷无情的叛卖行径”,是吗?

斯奈普:在有些情况下确实有叛卖行为。我们只救白种人,而把越南人弃之不顾。

华莱士:你在书里说情报档案都丢弃了。

斯奈普:对。当北越人涌进西贡时,他们发现档案都是完整的。如果经验丰富的反情报人员把资料收集起来,他就可以了解美国在危急情况下是如何行动的。这无论怎么说都是最重要的战略情报。

华莱士:你描绘的图景,斯奈普先生,是中央情报局在越战结束时无可掩饰的劣迹。

斯奈普:是领导的失败。

华莱士询问斯奈普关于没有得到上级准许,绝不泄露他作为中央情报局人员所了解的情报的“誓言”:

华莱士:你签字起誓你不会向公众泄露秘密。

斯奈普:是的。

华莱士:你真以为中央情报局不知道事情已经发展到这个地步了吗?他们真不知道你正在接受我们的采访吗?

斯奈普:麦克,我认为,如果他们知道了,他们就会制止我。我想他们会让法院裁决叫我闭嘴。如果中央情报局用可恶的老一套行事的话,像窃听电话、非法监视,我现在就不可能接受你们的采访。

斯奈普未经批准将在越南看到听到的情况向外界泄露,中央情报局恼怒交加。有人说斯奈普可能会被起诉。

斯奈普接受《六十分钟》节自采访向公众放映几星期以后,他问我是否愿意接受他的委托担任他的律师。虽说他尚未受到起诉,可是这种时候正是一个人最需要法律咨询的时候。我同意他的请求,并约好时间见面。

几天后,当我们在他的出版商的办公室里见面时,他的相貌使我出乎意料。他看起来就像中央情报局招募人员广告画上的模特:西点军校毕业生藏而不露的翩翩风度,礼貌备至几乎到了做作的地步(他甚至称我为“长官”);对祖国极为忠贞不二,小心翼翼地不多说多道。他犯了什么罪?他没有发表或泄露任何不能披露的秘密材料。他对“公司”①的批评一点儿也不偏激。确实,他写的这本书即《庄严时刻》在许多方面就像作者本人一样:温文尔雅、不偏激、材料丰富、消息灵通、透露情况时谨小慎微。总的来说,这本书有点儿枯燥无味。

可是,为了使他的书能够出版,斯奈普没有按常规办事——他执意不肯把书稿呈中央情报局主管部门进行审读,做必要的删节,这使中央情报局怪罪于他。中央情报局规定,任何一个工作人员都不能擅自决定某件情报是否可以公开泄露。只有中央情报局对每件准备发表的具体情报进行研究后才能决定。所以每个工作人员都必须签下保密约定,以使他们有义务在发表这类材料之前呈交中央情报局预先审查。

虽说中央情报局只应对那些泄露之后会危及国家安全的材料进行预先审查,但它却动用这种审查权利来保护自己不致因政治丑闻而处境窘迫。例如,它曾对1974年出版的一本书进行审查,该书中有这么一段:“要不是局长理查德·赫尔姆斯在指那个年轻的国家(通常称作马达加斯加)时把它错叫成马拉加什,否则是一次无可挑剔的行动。”它也对这一类“秘密”进行审查:“智利大选定于9月份举行,阿连德,一个毫不掩饰的马克思主义者,是主要竞选者之一”;“亨利·基辛格是有关智利问题40人委员会中权力最大的人”。以上仅仅是几个公开的例子,其他几个经过审查删改的例子仍然秘而不宣。

斯奈普知道中央情报局对那些泄露后不危害国家安全,但会使它受窘难堪的材料也照样进行审查的政策。虽说他的书中并没有任何未公开过的秘密,但他唯恐经过审查后,书中对中央情报局在西贡撤退中表现无能的评价将会被删除。所以他拒绝将此书预先送审。

实际上,在司法部内部经过几番争论后,卡特政府决定对斯奈普不予追究刑事责任,而只是要求法院禁止他将更多的中央情报局材料不经审查而发表,强制他将出版《庄严时刻》一书收入全部上缴。弗兰克花了18个月整天埋头此书写作,这意味着如果政府在这场诉讼中胜诉,这位前情报局人员将被剥夺这段时间的全部劳动所得,这笔钱总数约为10万美元。

我在该案中担任的工作是弗兰克的私人律师——以保证他个人权益是在宪法第一修正案的保护范围之内(后来,正是弗兰克本人不断地要求他的律师们把民权的利益置于他个人利益之上,甚至在自己可能一文不值的情况下亦如此)。以马克·林奇为首的美国公民自由联盟几位著名律师在法庭上为斯奈普进行辩护。林奇是一位华盛顿开业律师,精通国家安全方面的法律,他承担了主要的取证和法庭辩论任务,我协助写书面辩护词并对诉讼进行顾问咨询。

此案的审判地点是在弗吉尼亚州联邦法院,正是中央情报局总部所在的那个区。主持审理该案的法官是奥伦·路易斯,一个瘦弱的老法官。(我们本来要求进行一场有陪审团

① 指中央情报局。

的审判,但他否决了这一要求。)路易斯法官被弗吉尼亚州的律师们称作“咆哮的奥伦”,[①]《美国律师》杂志进行民意调查时把他评为他任职的联邦第四巡回区所有法官中最差劲的一个。路易斯的认定总是预先就作好的主观结论。开庭之前他就对斯奈普的律师们说,他敢肯定他们会对他的判决进行上诉。“我不会使你们失望的,”他讽刺地说,然后开始阐述如何去上诉法院上诉。“如果你不知道怎么驾车去里士满[②],你就向南开,上 I-95 号高速公路。”

开庭本身就是一场笑话。当马克·林奇据理要求法院允许他出示有关中央情报局的证据,证明该局并未向那些夸奖该局的回忆录作者起诉,这些前情报局官员在书中泄露了该局的秘密,却并未按规定事先把书稿送审。路易斯法官却怀疑地问:“你不是开玩笑吧?”并裁决道:“此案并非第一修正案宪法权利性质的案件。”当林奇向政府提供的证人质询时,法官 20 多次支持公诉人的抗议,而问题恰恰是公诉人和政府提供的证人都没有提出任何抗议,路易斯法官是支持他自己的抗议!

经过一番激烈的唇枪舌剑交火,路易斯法官裁决斯奈普违背了他向中央情报局所作的忠诚保证,故意不将该书送审就予以发表。因此,政府应有权收回该书所得收入。路易斯法官同时发出禁止令,斯奈普不得继续违反保密协议,他必须把其他手稿交给中央情报局进行审查,否则,就犯有藐视法庭的刑事罪责。

斯奈普果真向里士满的第四巡回区联邦上诉法院上诉,取得部分胜利。上诉法院裁决,联邦地区法院剥夺作者全部收入是不妥当的,因为并没有证明作者“违反了保密协议规定的义务”。如果政府要求的赔偿超出了象征性赔偿的数额,或进行惩罚性罚款的话,就必须进行有陪审团的审判。

这样,斯奈普和公诉方都处于一种无所适从的中间状况之中:因为上诉法院裁决中央情报局合同具有的契约效力应高于宪法第一修正案赋予斯奈普的不经审查而出版著作的言论自由权利,所以政府已经在它的主要理论基础上获胜;可是,斯奈普却在实际问题上取得重要胜利,因为除非政府准备进行一场艰难的陪审团审判,他不用交出稿费。

这个裁决使弗兰克·斯奈普处于长久的两面为难局面:如果上诉到联邦最高法院,他上诉法院妥协的结果会被推翻,他最后会两手空空一无所得;如果他决定不上诉,他大概可以保留稿费收入,但他就得放弃自己不惜以死相求的民权原则——不受预先审查而出版的权利(我们也被告之,如果斯奈普不上诉,政府也将放弃要求最高法院调卷重审的权利,同时也不进行一场有陪审团的审判)。出于周全审慎考虑,他应接受这种很不舒服的妥协,但原则性却又主张他去最高法院最后一搏。我把所有的风险都写在一份提纲里交给斯奈普,只有他自己才能作出决策。

---

① 咆哮(Roaring)和奥伦(Oren)谐音,故有此文字游戏。——译者注

② 里士满(Richmond),联邦第四巡回区上诉法院所在地。——译者注

斯奈普,这时候已经成了一个世界级的业余宪法律师,对这一些了如指掌。他不需要再深思熟虑,他决心破釜沉舟,即使破产也在所不惜,去最高法院上诉。

现在,故事就真正变得稀奇古怪起来了,居然还有点儿复杂。我们呈送联邦最高法院一份重审请求书,要求最高法院考虑复查(最高法院有复查和不复查的自主权)。在请求书中,我们对联邦地区法院和上诉法院认为中央情报局要求对出版物预先审查的制度是合法的裁决提出异议。我们要求最高法院对这两个裁决进行复审,驳回下级法院的观点,即中央情报局与前雇员订立的手稿出版前必须预先进行审查的合同效力高出第一修正案赋予公民不受预先审查的出版自由的宪法权利。(议会从来没有授权中央情报局订立这种合同)。最高法院从未正式处理过这个重要问题。我们认为这是最好的案例,因为政府已经承认,斯奈普并未将任何秘密或未解密的材料写进书中。

按照最高法院的程序和规定,我们呈递了一份简短的重审请求书,只有 15 页,目的只是向最高法院阐明该案牵涉到重大法律问题,要求它允许我们写一份答辩书,并就我们争辩的具体问题进行口头辩诉。牵涉到的第一修正案问题意义重大,这是再明白不过的了。如果最高法院发出复审令,我们就有机会就具体问题进行辩诉,该案就可以得到复查。

政府对我们上诉采取了一种耐人寻味的方针。它呈递了两份文件,第一份是反对对该案进行复审的申辩。该文件认为联邦上诉法院裁决基本上是正确的,所以没有复审的必要。另一份文件则是政府有条件的附带复审请求书。在这份颇不寻常的文件中政府再次强调它在头一个文件中的主要论点,即最高法院应否决对上诉法院裁决进行复审的请求。用它的话来说,在该案中,“上诉法院对违反合同义务的赔偿看起来可以保护情报局的利益。”可它又争辩道,如果斯奈普复审的请求得到批准,政府亦将要求最高法院对上诉法院的裁决进行复审,并将就上诉法院推翻地区法院裁决,否定斯奈普应把该书所得交还政府的判决进行上诉。

正当这些申诉和有条件的附带申诉正在等待最高法院回复时,另外一本书出版了。很多关注此事的人都认为,该书的出版对于最高法院对待斯奈普案件的态度产生了决定性影响。

1979 年 12 月,鲍勃·伍德沃德和斯考特·阿姆斯特朗出版了一本揭露最高法院内部勾心斗角的书,名叫《兄弟会:最高法院内幕》。泄露这些难堪的内幕,尤其是把首席大法官描绘成一个愚蠢、腐败、恶毒和不称职的人,透露这些消息的正是最高法院各位大法官的助理。即使没有明确的合同,按照传统的看法,这些助手们也有义务不泄露大法官的隐私和秘密。据说,首席大法官对这种背信弃义的行为暴跳如雷。《最高法院内幕》一书的出版成了司法界的热门话题。毫不奇怪,它当然也是正在考虑斯奈普案复查请求的最高法院大法官们关心的话题。在这种背景下,他们用一种无先例可循的态度处理斯奈普的复审请求。

最高法院通常在星期一作决定。我们每星期一都给大法官的助理打电话,询问大法官们是否已经决定批准我们的复查请求。可我们得到的消息一直是“尚未决定”。在1980年2月19日星期二(星期一是华盛顿诞辰日),坏消息终于来了:最高法院已经决定不复查斯奈普案,也不让我们呈交上诉辩护词。这消息就像晴天霹雳,令我极度失望。可是,最高法院已“根据该案的实情,在没有审议辩护词和进行当庭辩诉的情况下对该案进行判决”。更有甚者,它批准了政府有条件的附带复审请求,推翻了上诉法院关于该书出版所得的判决。这样,在不给我们呈交上诉辩护词和当庭辩诉机会的情况下,最高法院以6票对3票的表决作了终审裁定,判决斯奈普必须把《庄严时刻》一书收入交给政府。

在最高法院裁决书中,9位大法官对其论述都没有签字。这个裁决既含混又模糊,在9页纸的裁决中未列述任何判例(只在11个脚注中引用了很少几个案例)。我们强调的第一修正案宪法权利的理由只在一条脚注中加以评论,认为“即使没有明确的协议,中央情报局也可以合理地限制雇员活动,以便保护政府的重大利益,即使这种活动在其他情况下受到第一修正案的保护。”

裁决认为,上诉法院判给中央情报局的损失赔偿(政府在上诉请求书中说这种赔偿“足以保护该局的利益”)不足以保护该局的利益。换句话说,最高法院想给政府的比它所要求的更多。政府得到一半就会满足,而最高法院却给他一倍半。

没有一个判例比这一个更能刻画这些所谓“保守派”法官的伪善了。他们声称坚持“司法约束”原则,反对“主动创造司法先例”,而斯奈普案恰恰是他们主动创造司法先例的典型:议会已经表示不能通过禁止政府工作人员透露重要情况的立法,就像斯奈普案中的那种泄露方法;也不能授权政府以没收有泄密情况的作者稿费收入的权力。另外,政府对上诉法院作出它不能得到损失赔偿的裁决是满意的。尽管这样,掌握最高法院大权的那些所谓坚持“司法约束”的“保守派”法官们也主动给政府未经议会批准的权力,给予政府连它自己也没有要求的权力,这难道是“司法约束”吗?

最不能容忍的是,弗兰克必须把《庄严时刻》一书收入缴还给政府,虽然他并没有在书中发表任何列为保密的材料,或泄露任何中央情报局尚未解密的机密情报。其他政府雇员,如亨利·基辛格就被允许保留他出书的收入。甚至在他们泄露了机密,没有预先把手稿交付审查的情况下也不追究,仅仅因为他们在书中替他们工作的政府部门涂脂抹粉。[①]

斯奈普从此受到终身禁止令必须把不管什么内容的手稿在出版前交给中央情报局审查删改,否则就冒着藐视法庭受到刑事处分的危险。一句话,这是联邦最高法院在言论自由方面迄今作出的最重要、影响最深远、因而最富危害性的裁决;而这一裁决是在没有审阅上诉辩护词和当庭辩诉的情况下作出的。斯奈普的名字已经成了法律词汇的一部分——

① 中央情报局最近作出决定,认为该局前局长威廉·科尔比在他的回忆录法文版中没有删去某些保密情报,但他并非故意违反保密协议。中央情报局从局长到一般工作人员都签有一份同样内容的保密协议。

律师们现在把一位当事人在最高法院申诉受到不予考虑对待称作“予以‘斯奈普处理’”。①

公众对斯奈普案裁决的反应显得又快又激烈。《纽约时报》评论员安东尼·路易斯写道，最高法院的保守作为影响之大，可以适用于千百万政府雇员身上，“因此，当最高法院在‘斯奈普诉美利坚合众国案’中那么突然地、武断地判决时，人们就有足够的理由感到不安。”纳特·亨托夫认为，“在美国历史上还没有一个这样深深危及内幕揭发者的判决，美国人民可能因此再也无法揭发政府的愚蠢和腐败。”

该案裁决后不久，在纽约召开了一次讨论会来研究该裁决的影响。主持讨论会的人是麦克·华莱士，安东尼·拉法姆（他是前中央情报局首席法律顾问），还有我本人。华莱士谈道：

> 弗兰克是我的朋友，但我并不赞同他违反合同义务。在我看来，合同应有约束力，如果你参与了违反合同约定义务的活动，你就得为此付出代价，作出赔偿。
>
> 当然，马丁·路德·金不应为他的民事不服从行为而被判无期徒刑。而弗兰克·斯奈普……写书挣的所有收入却被剥夺了。

拉法姆则陈述了中央情报局的立场：

> 这些义务，即不泄露在受雇期间了解到的保密情报，在手稿发表之前给中央情报局一个审查的机会，是不可分割的义务。如果没有保密要求，中央情报局就没法干下去了……
>
> 这个裁决可能在极有限的程度上减少新闻界与那些愿意拿国家机密来换取钱财的前政府工作人员接近的机会。这在我看来并没有什么大不了的。

我指出，如果最高法院的论点在几年前，当伍德沃德和伯恩斯坦写关于尼克松政府内幕的书时实行的话：

> 如果那个秘密情报来源是个政府雇员，签了保密合同（很明显，他必须这样做才能受雇），那么，政府就可以没收伍德沃德和伯恩斯坦写书的收入、《华盛顿邮报》发表文章的收入、《深喉》电影的制片公司的利润，如此等等，不一而足……

在讨论会上，为了展示最高法院裁决中可能孕育的一系列可怕后果，我假设，“弗兰克·斯奈普写了一首诗，一首歌颂越南树木的诗歌，”我大声问道，最高法院的禁止令是否

① 斯奈普，英文为 Snep，此字与 Snipe（狙击）相近，此地作者暗喻委托人受到最高法院的暗算，就像他们对待斯奈普一样。——译者注

对诗歌小说也适用？不久，这个假设不幸而言中。

裁决下来不久，斯奈普开始写一本关于暗杀肯尼迪总统的小说（那场悲剧发生时，斯奈普才20岁）。中央情报局认为，即使是这样虚构的作品也必须送审。根据中央情报局对保密协议的解释，斯奈普在小说初稿呈交中央情报局审查之前不能让编辑看。这太令弗兰克感到惊骇了，可他又无可奈何，只有把手稿交给中央情报局审查，同时附上一封未加审查的信来表达他的愤慨：

谁能想象得到，这种事竟然发生在美国？我敢肯定那些起草宪法的先辈万万想不到，他们苦心孤诣地酝酿了第一修正案，以此抵制抗拒18世纪英国用来镇压异端言论文章的制度。在那种黑暗年月里，作家只能用一种策略来绕过政府施加于他们的束缚。他们写寓言……但你们却比当年英国人走得更远，你们实际上认为你们甚至有权审查删改寓言，我们已经糟糕到什么样子……

你们现在面对着的是一部小说，它可能带来的唯一"无可弥补的危害"是使花钱买书的读者感到索然寡味，而读者有权指望他们花钱换来的应该有价值。

中央情报局不理睬斯奈普的抱怨，将该书送有关部门审查。后来此书通过审查，一字未删。

6."争取自由使人心焦力瘁"

国家安全和言论自由之间的矛盾是真正的麻烦，每一个对民权负责，同时又关心自身安全的社会都应正视和解决这种冲突。在这方面，现实情况与支持对所谓黄色淫秽物品进行审查的理由就不同了。在大多数黄色淫秽物品案件中，这种"冲突"是由人们分析解释出来的，根本不需要实际存在。在一个自由的多样化社会中，有足够的地方去满足一些人从淫秽物品中得到快感的需要，也提供足够的保护，使另外一些人不受那些令人不快的物品干扰。"你有权挥舞你的拳头，但必须在没碰到我鼻尖前就停住，"这条指导性原则指出了一种可行的方法，去限制纯粹冒犯性的物品。可是对言论自由和国家安全来说，就无法定出简单的规则，因为言论可能泄露国家安全，造成很大危害。

然而，以下指导方针不无裨益。首先，大部分认为言论自由将危及国家安全的说法都是不真实的，这种说法甚至连提出此种理论的政府官员自己都不相信。那个符咒般反复袭用的"国家安全"老谱，明眼人很容易看出只不过是一种权宜之计，仅仅为了某种政治上的好处，避免个人或政治上的难堪。所有关于国家安全，或"公司安全"，"大学安全"或任何一种机构的安全之说，都应该受到严格的检验，以便搞清什么是虚构的，什么是实际存在的。但这也不能消除矛盾冲突在安全和自由之间仍会有些真实而难以处理的冲突案例。美国宪法目的在于消除对自由的疑惑，可是有些案例即使用这种推定也解决不了，尤其是，当真正出现了国家安全利益超出了言论自由宪法原则推定的情况。

在这种情况下,我们需要找到适当的方法去解决争端。解决的办法不能撒手让那些负责安全的人去干,尤其是政府行政部门或军队。经验告诉我们,在危机时刻把决策的权威托付给他们是不可靠的。

十分幸运的是,为着我们自由的生存,总是有一些美国人,常常是少数几个人,有时并不直接牵涉到他们的利害关系却勇敢地站出来与政府的高压作斗争,甚至在危机时分也义无反顾。根据美国宪法制定的制度,只要有一个人反对政府的行为,就足以构成一个争议、一场诉讼,最终必须由司法部门去解决。

这并不意味着正义公道在国家存亡的真正危机前应不闻不问。正像前最高法院大法官阿瑟·戈德伯格曾经说的:“宪法保护个人权利不受侵犯,但它也不是一种自杀协定。”正是在危机时刻,当短期利益和长远保证之间的平衡发生倾斜,法院就显示了最要紧的作用——保持或恢复正确观察事物的态度。

自由与国家安全之争长期存在,斗争中我们预期行政和司法单位会支持后者。司法当局,它的成员的终生职位,它传统的独立性及其独特的维护美国人天赋不可剥夺权利的地位,使其成为一个在危急时刻抵御怯懦避免冲动的最适当机构。

可是,自由不是可以一劳永逸地永久留存的商品,它不能被动地保留着。为民权而战斗,正像美国民权联盟创始人罗杰·鲍德温经常喜欢说的那样,“永远不能一战而胜”,它必须由新一代人来保持,通过战胜新的危机来维持活力。托马斯·潘恩在美国独立革命前夜教导我们的话语现在看起来仍然是千真万确的:“希望收获自由带来的果实的人,必须殚精竭虑地去支持它。”

第7章 犹太人劫机未遂案与夏兰斯基案

在1972年秋犹太保卫同盟谋杀案诉讼刚开始时，被告和律师们经常一起去纽约一家叫“什穆尔卡·伯恩斯坦”的著名犹太美食店吃午饭。什穆尔卡很可能同情这些被告，因为我从未见他收过饭钱。

我们一边吃饭，努力消化滋味辛辣的罗马尼亚①风味帕斯特拉米熏牛肉②，一边听着犹太同盟支持者的高谈阔论，这中间也有同盟领导人麦尔·卡汉和他的副手伯特·兹维本，他们谈到苏联犹太人的困境：“他们正在精神和肉体上被灭绝。可是你们这些中看不中用的自由派又做了些什么呢？一事无成！你们和那些眼睁睁地看着600万兄弟姐妹被纳粹扔进毒气室而缄口不言的美国犹太人没有什么两样！”

没有这些引水长流的训诫，什穆尔卡的帕斯特拉米已经够难消化了。加上这些，我整个下午就一直胃灼热，大概那就是我在下午开庭时更加好斗的原因。巴迪·哈克特也是个波洛公园区老乡，有一次开玩笑说，连续吃几星期清淡无味的军队食堂伙食才会使他了解到胃里一直冒火并不是天生或长年不变的。

这些训诫对我产生的作用已经不限于倒胃口了，它触动了我的内心深处。像许多犹太人家庭一样，我家族中也有一些人是从现在属于苏联的地方移民来美的。我也曾想，如果他们没有走为上计的先见之明，我现在正干什么就很难说了。我会成为一个追随萨哈罗夫的持不同政见者吗？我会成为一个申请移民去以色列或美国而被当局拒绝出境的犹太人吗？或者成为千百万缄口不言的犹太人中的一个。想着这些可能的情况，我开始感到要不是上帝恩佑，要不是我曾祖上先人大智大勇的见地，我就没有今天。所以我有责任做些事情。

可是我也认识到，犹太同盟的行事方法并非我喜欢的方法。我憎恶暴力，尤其反对用暴力对待无辜的人。我得找到另外一条出路。听着麦尔·卡汉拉比关于犹太人使用暴力

---

① 东欧国家，首都布加勒斯特。——编者注

② Pastrami，一种用牛前臀肩肉熏制而成，用料极为辛辣的犹太民族菜。——译者注

的传道,我开始思考保护在苏联的犹太人权利的新方式。

当时苏联发生了一起举世瞩目的劫机未遂事件,它成了犹太同盟抗议活动的焦点。16个苏联人,其中14人是犹太族,因为要求移民到国外被当局一再拒绝,就劫持了一架小型民航机飞往瑞典。这个计划被苏联政府挫败,这伙人都被逮捕,受到审判被认定有罪。虽然在该劫机事件中没有人受伤,但是两个犹太人主谋还是被判处死刑,国际上对此掀起了轩然大波。

1. 苏联犹太人法律保护计划

正当我们讨论为苏联犯人辩护的法律策略时,另外一些纽约律师也在想着这个问题。不久我们就联合起来,建立了"苏联犹太人法律保卫计划"组织,该组织的目的是给这些"思想犯"提供法律帮助。

写法律备忘录和辩诉状是一码事,而叫苏联政府读这些东西并倾听我们的意见是另一码事。

我们决定去找一位美国教授,在我们看来,这个人说话苏联司法部门能听得进去,他就是哥伦比亚大学法学院教授塔尔福德·泰勒。泰勒在成为一位著名的国际法和刑法教授之前,曾出席纽伦堡审判,担任审判战犯的美国首席律师。在对纳粹战犯起诉时,他曾与两位苏联司法工作者紧密配合,这两个人是苏联首席公诉人罗曼·鲁登科和鲁登科的高级助理列夫·斯米尔诺夫。鲁登科那时已经成了苏联总检察长(相当于美国的司法部长)斯米尔诺夫那时当上了苏联最高法院院长。泰勒的苏联同事已经跃升为苏联司法机构里的两个最有权势的律师。

在纽伦堡审判之后,塔尔福德·泰勒事业上又有建树,不过此回是宏图另展。他成了美国司法界良知的象征,在与人权、民权运动有关的所有问题上活跃万分,他本人已经成为不偏不倚忠实公正执行国际司法准则的体现。在美国介入越南战争期间,他写了一本影响很大的书《纽伦堡和越南:美国的悲剧》。他在文明世界受到广泛的尊敬和爱戴。

我最初与塔尔福德·泰勒相遇是在耶鲁大学,那时我在法学院读书,他教授一些选读课程。他成了我心目中的榜样。我选修了他教的全部课程,我希望有那么一天我能在他手下工作,或一起合作。现在并肩共事的机会终于来了。泰勒同意担任我们为苏联犹太人提供法律服务计划的负责人,只要我答应指导法律调研和撰写法律文件的工作。

我们第一步工作是从现有的证人处尽可能多地收集有关证人的背景材料。我们了解到,很多人,包括一些被告的配偶和子女已经移民到以色列去了,所以决定去以色列找他们谈谈。

我们在以色列去了好几个城市,进行为期一周的紧张调查访问工作,我们尽可能地询问了大部分现在被关押的苏联被告的亲属朋友,还访问了另外6个以前被审判、认定有罪并和这些被告一起关押过的人。

这些谈话令人感情冲动，当我们听到那些深夜逮捕、秘密审判和非人的监狱条件时，常常热泪盈眶。很难理解他们的绝望感觉，正是这种感觉逼得这些男女采取一种注定会东窗事发而且一旦被捕就会被长期监禁的行动。被告的亲戚，还有一些"同谋犯"本人——没有被起诉的妻子和女儿，向我们倾诉了 1970 年 6 月在列宁格勒①发生的未遂劫机企图前后过程。

2."我们有一位经验丰富的飞行员"

这个故事发生在 1969 年，当 42 岁的马克·迪姆西茨，一个犹太飞行员，碰到 38 岁的犹太人积极分子希莱尔·普特曼时开始的。迪姆西茨是共产党员，在列宁格勒当工程师，他一直不能开飞机，仅仅因为他是犹太人。普特曼既是律师，又是工程师，他是列宁格勒犹太人社团的领导人，讲授犹太历史、语言和文化课。迪姆西茨极想移民到以色列去，在那里他就能当飞行员了。但是苏联政府不批准他的申请。普特曼也想移民去以色列，但他的努力也没有成功。还有几百名犹太人递交了护照申请，同样都遭到拒绝。这些犹太人被人通称为"不准离境者"。

迪姆西茨开始谋划一系列轻率的逃离苏联计划。他曾想制作一只热气球或是滑翔机用来飞越边界。后来他感到劫持一架 TU－124 民航机更为现实些，在这个航班从列宁格勒飞往摩尔曼斯克时动手，然后由他驾驶飞往瑞典，他可以在瑞典寻求政治避难，最终转道去以色列。迪姆西茨把这想法告诉了普特曼和列宁格勒的另外两个犹太人积极分子。他们最初的反应十分热烈，这是很容易理解的，毕竟通过合法的途径寻求出国许可已经无望，几次三番的回绝带来的只是更大的沮丧。成败似乎在此一举。

普特曼认识不少住在拉脱维亚海滨名城里加的另一个犹太人"不准离境者"组织成员。该组织成员中有爱德华·库兹涅佐夫和他的新婚妻子西尔娃·查尔曼森。库兹涅佐夫是一位激进的知识分子，早在上学时期就积极参加持不同政见者的活动。他在 20 世纪 60 年代就曾参加三种最早鼓吹民主运动的地下出版物的编辑工作——《文章》、《飞去来器》及《凤凰》周刊。22 岁时，库兹涅佐夫被投入监狱达 7 年之久，罪名是"反苏活动"。在狱中，他屡屡因"不服管教"而受惩罚。他早年与法律的对抗与犹太人并无干系。确实，他的护照上民族一栏没有填成"犹太人"，因为他母亲不是犹太人，丈夫死后，她把丈夫的姓从"格森"这个犹太姓改为"库兹涅佐夫"这个俄罗斯姓。爱德华在第一次入狱获释前二个月向监狱长申请把他的民族改为犹太族，这是当局第一次碰到一个 50% 犹太血统的人要求把他的民族从俄罗斯改为犹太的例子，当局一般只碰到过相反的情况。这要求被断然拒绝。

爱德华与西尔娃·查尔曼森结婚后，更加积极地参与犹太人事业。这对年轻夫妇，加

---

① 俄罗斯城市，现改称圣彼得堡。——编者注

上他们的一些亲戚都提出移民去以色列的申请。这个请求没有得到批准，还不断受到骚扰、侮辱和挑衅。爱德华在狱中日记里这样形容他的经历：

有人会说"以色列"这个字，并作一个猥亵的手势。每当人们听到这样一个古老的笑话，就会明显地分成两派："犹太人举家去以色列，你坐的火车会从北站开出！"〔西伯利亚的方向。〕

当你无时无刻不被这种喧嚣困扰，你又能怎么办？你可以年复一年的等待，多少人都在这么做；你打好行装等待着……然后通知来了，〔告诉你〕移居国外的理由不足。

生活在半死半活之中，期待着某种结局，这就是不少"不准离境者"的绝望境地。

希莱尔·普特曼第一个向库兹涅佐夫夫妻建议逃亡。那天他们一起在隆布拉森林中散步，就是在这地方，1941 年纳粹在当地反犹分子的协助下，杀害了里加的 25,000 名犹太居民。他们走到立在大屠杀现场那块不起眼的纪念碑前，这是一些勇敢的犹太青年在 1963 年树立的。里加的犹太人经常乘公共汽车到隆布拉森林去，在这里凭吊和怀念过去的悲惨事件。普特曼和库兹涅佐夫夫妇谈到，再继续申请移民是徒劳无益的。他们都认为，除非发生戏剧性的突变，犹太人移民运动是没有指望的。普特曼提出举行大规模绝食斗争，可以持续 1 年之久。库兹涅佐夫总是那么喜欢愤世嫉俗，他反驳道："我们随时都可以在红场把慈祥的老岳母烧死以示抗议！"

他们需要采取一些不同寻常的手段，能够表达出"不准离境者"绝望心境的手段来解决这个问题。他们需要有一些下定决心赴汤蹈火的人，紧紧抱成一团采取激烈行动，来"击穿水坝以便让其他人突出去"。他们继续在林中漫步，一边警惕地注视着是否有人跟踪，然后普特曼细声耳语道，"我们有一个经验丰富的飞行员。"爱德华和西尔娃简直不敢相信自己的耳朵，普特曼接着谈了细节，库兹涅佐夫提出疑问："总共多少人？这些人可靠吗？"

他们朝身后的森林望去，在林间深处埋着 8 万名犹太先烈，他们未能逃脱死亡的命运。"要么就是在这儿结束，"库兹涅佐夫轻声说道，他知道他们已经作出了生死存亡的决断。只要爱德华和西尔娃依稀看到远方出现摆脱压在头上的反犹行为的一线光明，他们就会义无反顾。他们接受普特曼的要求，加入这个行动小组，爱德华还邀请了另外两位非犹太人持不同政见者阿列克塞·穆尔琴柯和尤里·费多罗夫参加，这两个人都是因"反苏活动"和他一起被判徒刑的。这个出逃计划的暗号是"婚礼"，因为这些人准备假装乘飞机去参加朋友的婚礼。

可是普特曼和列宁格勒小组开始对迪姆西茨的计划有了另外一种想法。他们决定征求以色列当局的意见。他们用暗语写了一封信，寄给一个刚刚移民到以色列去的苏联犹太人。以色列当局不同意这个计划。普特曼收到从特拉维夫打来的电话，告诉他以下内容："希莱尔，我见到你叔父西蒙·普特曼医生，请教了他。他给我如下处方：'那种药吃了有害'"(普特曼虚构的"叔父"的名字简称 S. B. 正是以色列情报局 ShinBet 的头两个字母)。接到以色列当局反对该计划的指示,列宁格勒小组撤销了这个计划,并试图劝说其他人打消这念头,因为这个行动可能会危及整个犹太人移民运动。

迪姆西茨告诉普特曼,劫机计划必须取消。这计划果真取消了。迪姆西茨在参观了一架 TU－124 飞机的驾驶舱后意识到这种飞机由他一个人来驾驶确实是太大,太复杂了。因此他决定取消这个计划。普特曼和他的列宁格勒朋友听到取消的消息后很高兴,又回过头去从事他们的犹太教育事业。

可迪姆西茨又策划了另一个出逃行动,他没有将这个计划告诉列宁格勒小组。这行动的目标是一架更容易驾驶的小飞机且不用采取空中劫机行动。该行动计划是准备劫持一架能坐 12 个乘客的小型 AN－2 飞机。计划中库兹涅佐夫小组订下从列宁格勒飞往普利奥泽尔斯克航班的全部 12 张机票,当飞机在普利奥泽尔斯克这个离苏芬边界只有 40 英里的小镇降落时,乘客就用一把假枪和土造的"铁护掌"将两名飞机乘员制服,让他们离开飞机,并不伤害他们的生命。这个计划施行时不会有人受伤,这样苏联当局就没有理由要求引渡逃跑者了。(在苏联与瑞典签订的双边协定中,只有政治犯,而不是刑事犯才能受到免于引渡的待遇。)在普利奥泽尔斯克接上另外 4 个人之后,这架超重的飞机就由迪姆西茨驾驶飞越苏芬边界,一直飞到瑞典去。在那里这些逃跑者将要求政治避难,并要求把这架飞机送还给苏联。

乘客中一个叫约瑟夫·门德维奇的人起草了一份"最后遗嘱",万一全体参加行动的人遇难,就将这份文件公布。鉴于连他们自己都认为成功的希望小于 5%,这份文件实际上是一份自杀宣言。它引用先知泽卡里亚的一段恰到好处的诗篇开头:"……从北方土地出逃……逃吧,住在巴比伦的犹太儿女。"随后,它写道:

> 我们要用这个行动引起苏联政府领导人注意到犹太人在苏联无止尽的悲剧处境……并向他们宣布,允许我们犹太人回归祖国是符合他们的利益的。
>
> 全世界的犹太人!为你们在苏联兄弟的自由而奋斗是你们的神圣职责。活着还是死去,是俄国犹太人的命运,我们知道这命运很大程度肩负在你们身上。

这些阴谋出逃的人不知道,苏联政府已经获悉他们的计划。在 1970 年 6 月 15 日出逃那天,克格勃采取了周密的行动,将犹太积极分子一网打尽。那 12 个买了机票的人在登机之前就一一落网;那些等在普利奥泽尔斯克的人在这之前就被逮捕。普特曼自己甚至还不知晓这个最新计划,就在一个海滨胜地与 4 岁的女儿一起度假时被捕;其他一些犹太领导人也在列宁格勒被抓获。同一天,克格勃在列宁格勒、莫斯科、里加和其他城市对犹太人家庭进行了搜查。一个精心谋划的司法围剿开始了,几天之内就会影响到其他大小城市,克格勃实际上已经搜查了在俄罗斯、摩尔达维亚①、乌克兰和拉脱维亚的所有犹太领导人的家。在苏联几个主要城市的犹太人团体领导人全部被捕，隔离起来，并以阴谋进行犹太复国主义活动被起诉。

3."这些家伙都该处以绞刑"

第一个列宁格勒案子审判的是那些当场抓获的人。他们这个案子也可能比较简单，这是个普通刑事犯罪起诉：被告肯定会被认定企图非法离境及非法动用国家财产——这些犯罪的量刑相对来说比较轻。然而，此案的大部分被告都被控犯有叛国罪及窃取国家珍贵财产罪——这些犯罪的最高刑可以是死刑。

审判是这样一个场面：公诉人、法官和被告辩护律师都照着稿子念；被告大声疾呼他们的信念，陈述他们的愿望。法院里三百个座位都被克格勃的啦啦队占据，这些人一得到信号就高呼"这些家伙都应该处以绞刑！"或其他类似的口号。有一些被告的亲属被允许旁听审判，其中一个人秘密地把某些情节录了音。

在苏联，被告在正式起诉前的调查阶段就被隔离监管起来，他们没有机会进行商讨，制定出较好的辩护方案。每个被告（只有一个例外）都把主要责任归咎于自己。所有的被告都否认有任何损害苏联的叛国企图；他们唯一的动机是移居国外，建立新生活。他们还声称他们盗窃国家重要财产飞机的意图，本来就准备由瑞典当局把这架飞机交还给苏联。

由检察员——在苏联指公诉人——进行的质证主要是围绕政治问题：

检察员：你不以为反犹主义是因为犹太复国主义而引起的吗？

库兹涅佐夫：犹太复国主义只是到了20世纪才出现的，而反犹主义一直都存在。

检察员：你是否读过任何犹太复国主义宣传品？

库兹涅佐夫：若是以你对犹太复国主义的理解的话——没有读过。

检察员：对犹太复国主义只有一种理解方法，那就是马克思列宁主义的方法。

库滋涅佐夫：犹太复国主义是你们的替罪羔羊。

有些被告打算列举他们一直忍受的反犹主义困扰，例如，一个公共汽车司机曾对迪姆西茨吼道："希特勒还没有杀光你们！"检察员总是打断他们的陈述，训诫他们，苏联人民是"不可能反犹太民族的"。

检察员在结束语中反复提到"国际范围的犹太复国主义阴谋"，并否认这是"一场针对犹太人的审判"。就好像要加强他的论点，他随后建议法庭判处一个犹太人和一个"非犹太人"死刑：犹太人是迪姆西茨；"非犹太人"是库兹涅佐夫（"我不认为库兹涅佐夫是犹太

① 现改称摩尔多瓦，苏联的一个加盟共和国，已独立。——编者注

人,我认为他是一个俄罗斯人,"检察员宣布。)

被告最后陈述是他们仅有的一次解释他们行动的机会。西尔娃·查尔曼森以所有被告的名义作最后的陈述,她说:

我感到万分悲痛……如果法庭判处死刑,那么像迪姆西茨和库兹涅佐夫这样杰出的人将会被消灭。我不认为苏联法律会把一些人移居国外的动机当做叛国行为……我们中的一些人不认为我们的行动会获得成功……甚至在芬兰车站①我们就注意到有人在跟踪。可那时已无路可退——退回到过去,继续等待,打好行装铺盖等待。甚至到现在我一刻也不怀疑,海枯石烂,终有一天我会生活在以色列,这就是我的梦想,它经过两千年等待和期望的锤炼,永远不会被放弃。明年在耶路撒冷再见!!

西尔娃随后放声大哭,一边哽咽着用希伯来语吟诵那些她早就熟读的犹太祈祷文:"Im eskacheck Yerushalayim…"("如果我忘却你,呵,耶路撒冷……")。可她的话被检察员截断,命令她不准用外语讲话。

4."分期执行死刑"

法官随后退庭考虑判决和量刑。(苏联有个古老的说法:"上天决定婚姻,克里姆林宫决定生死。")所有的被告都被认定有罪。库兹涅佐夫和迪姆西茨被判死刑,枪决执行。其他人分别判处 4 年到 15 年的有期徒刑。宣读死刑判决时法庭里响起雷鸣般的掌声和欢呼。

但是欢呼死刑的掌声并不来自世界的其他地方。教皇发表声明,希望基于一种人道主义的立场,赦免这两个被谴责的人的生命。西欧的共产党呼吁对这两个人缓刑。(美国共产党一如既往,对此缄口不言)。安德烈·萨哈罗夫同时给美国总统尼克松和苏联最高苏维埃主席团主席尼古拉·波德戈尔内发了两封信——给尼克松的信是表示支持一位年轻的美共党员,安杰拉·戴维斯,他因被指控向革命者提供武器而可能被判长期徒刑;给波德戈尔内的信则支持库兹涅佐夫和迪姆西茨。另一个请求来自一群苏联学者,他们呼吁西班牙的右翼政府延缓对一些巴斯克民族运动成员的死刑,同时要求苏联政府对两个即将被处决的犹太人宽大处理。

在苏联法院开庭听取缓刑请求的前一天,佛朗哥将军赦免了巴斯克人的死刑。全世界的目光现在都盯着克里姆林宫。1970 年 12 月 31 日,法院宣布,将库兹涅佐夫和迪姆西茨的死刑判决改为 15 年"特殊刑制"——一种最严厉的监禁方式。

"这是分期执行死刑,"库兹涅佐夫的一个朋友听到改判消息后讥讽道,"他怎么也熬

① 列宁格勒的一个火车站的名字。——译者注

不过15年特殊刑制。”确实,一个判15年特殊刑制的罪犯,他吃的伙食只能让他活几年,可是不少人竟也坚持下来,支撑他们薄汤寡水伙食的是另外一些对策,加上不屈不挠坚韧刚毅的精神。

5.“国际犹太复国主义阴谋”

迪姆西茨——库兹涅佐夫案审判之后,在苏联主要犹太人聚居城市开始一系列个别审判。在列宁格勒进行的第二个审判是针对该市犹太人社团整个领导集团的地道政治阴谋,即针对那些对各种劫机计划知情的人,也针对那些对此事一无所知的人。起诉书本身毫不掩饰它的政治倾向:

国际犹太复国主义正在进行一场针对苏联及其他社会主义国家的意识形态破坏活动,发表充满诽谤污蔑的文章,派遣所谓旅游者进行活动。这些活动已经导致〔一些人〕在列宁格勒成立了一个犹太复国主义组织。该组织的成员与以色列的犹太复国主义社团保持着紧密的联系,在犹太人中间鼓吹教唆移民去以色列。为了这个目的,他们使用了反苏联的犹太复国主义文学,甚至还有在资本主义国家里出版的书籍。

起诉书中提到的印刷品包括利昂·尤利斯的《出埃及记》(这本书成了苏联犹太人地下出版物长盛不衰的畅销书①),霍华德·法斯特的《我光荣的弟兄》(这本书我上中学时在美国被禁,原因是该书进行共产党宣传),查依姆·比亚利克的诗集,还有兰道夫·丘吉尔的《六日战争》。

这些阴谋活动和印刷出版物的审判结束后,接着又开始对那些申请移民的普通工人和各行各业的人进行审判。有些人的罪名是“流氓行为”,或是“寄生虫生活”。有一个人被指控为英国和以色列刺探情报。还有一个人因“把一个女人手中的生日蛋糕打落在地”而被捕。所有的人都被认定有罪并判刑。

对大批人起诉和对个别人的逮捕的交替现象,几年前就由亚历山大·索尔仁尼琴②在他的《古拉格群岛》里描述过了:

这个下水道系统的历史就是一个永不间断地流进和流出的历史;涨和落,落和涨;潮水流进,有时大,有时小,水从溪涧和小河,从四面八方流入;涓涓细流从街上的水沟渗进来;还有一下子一下子舀进来的水滴。

---

① 很明显书报新闻检查的心理是有传染性的。这些“不准离境者”翻译《出走》一书时就哪一部分应该加以删除发生过激烈争执。例如,书中有关不同宗教背景的阿里·本·卡纳安和凯蒂·弗里蒙特之间的爱情描写都被删去了。

② 苏联著名作家。——编者注

有一个一条腿的木匠,来自德尔本特市,叫平卡斯·平卡索夫。这个人从来不关心政治,可他想移居以色列。他的全家人——他老婆、6个孩子和他自己是这个地区第一个申请离境的。1973年申请批准了,但当局极力劝说平卡索夫一家不要走,唯恐他们的出走会鼓励别人也跟着走。当他坚持非要走时,他就被以做木匠胡乱收费的罪名抓进监狱。他家里人都被允许出境,可他被判了5年徒刑。

6.“纳粹准将”

我们采访的这些过去的犯人告诉我们狱中生活条件。有些人和库兹涅佐夫——迪姆西茨案犯关在一起,这些人向我们提供了关押他们的详细情况。除了那些差劲的生活条件的描述,最令人不安的消息莫过于监禁我们当事人的集中营里大部分囚犯是那些过去与纳粹合作的俄奸,他们中不少仍冥顽不化地坚持反犹主义立场。一个刑满释放的牢友告诉我们,在一个总共450人的集中营里,只有8个犹太人:

> 其他人都是在纳粹德国侵略苏联时当俄奸而被认定有罪的罪犯。他们因为一件或更多的杀人罪而被判长期徒刑。犹太囚徒被派去做最艰苦、最累的活。而纳粹合作者则被分配去做文书、警卫等工作,有些人还被称作“准将”。

有一个牢友告诉我们这样一个故事,库兹涅佐夫案中最年轻的囚徒,一个虔诚的犹太正教信徒约瑟夫·门捷列维奇遇到的特殊经历。别人强迫他刮去大胡子,摘掉犹太小瓜壳帽。另外一个令人心碎的故事是曾与门捷列维奇关在一起的一位牢友告诉我的。那是在逾越节,门捷列维奇偷偷地举行了一个纪念仪式,他用一些干花瓣当做逾越节吃的死面饼。临到做传统的死面饼夹苦草药时,他没法弄到苦草药。可那挡不住门捷列维奇,他吟诵道:“苦药草是缅怀犹太人苦难的象征。在这儿我们不需要象征。我们每天都在吞食着真实的苦难。”

7. 偷运出来的日记

有些曾经和库兹涅佐夫关押在一起的牢友告诉我们,他写有一本狱中日记。在狱中,他们怀疑这本日记是否有重见天日的机会,因为监狱管理当局定期搜查,对收缴的文字材料一律销毁。偷运东西的唯一机会是在亲属探视时,通常是在一间小木屋里,可以和妻子或父母待上一整天的时间,在这一天里很少有人搅扰他们。可是,在囚犯和家属进入小屋之前,他们都被脱光衣服进行搜身,身体上每一个可以藏匿东西的地方都检查过。

这些不相信日记可以带出去的囚徒错了:库兹涅佐夫无论如何也要把他的经历向世人披露,他对自己是否能活着离开这里并讲述这一切没有把握,就想出一个聪明的办法把他的日记偷带出去。他学会了写显微镜下才能看清的小字,这使他能够在一小块手纸上密密麻麻地写几千字。随后他把这块珍贵的手稿卷成小球,外面涂上从集中营的药房偷拿的蜡。每次在小屋会见之前,他就吞下一些小球,这样搜身时就不会被发现。会见期间,他就去厕所大便,然后从马桶里把小球找出来洗干净。来看他的人再把小球吞下去,通过搜身检查,然后回家把小球排泄出来。剥掉蜡皮后,把小纸卷打开,把内容写下来。用这种方法库兹涅佐夫从狱中偷运出去10万多字的日记。

日记的第一卷在西方用俄文、法文和英文出版,题为《狱中日记》,向人们提供了索尔仁尼琴之后的古拉格群岛内幕。这里有些内容读起来像但丁的《地狱篇》,其他地方读起来又像《鳄鱼》杂志上的幽默小品。

库兹涅佐夫的日记偷运到西方去后不久,我们就收到了副本。我们现在已掌握了不少所需要的情况:证人证词,签字证词,有关文件,日记和物证。每个囚犯的最直接亲属已经给予塔尔福德·泰勒授权委托以这些囚犯的名义全权处理一应法律事宜。可是还有些半明半暗的疑问。苏联政府会允许美国律师代理苏联人进行诉讼吗?这些囚犯希望我们替他们草拟申诉书吗?那些仍在莫斯科、列宁格勒和基辅的"不准离境者"对我们的干预又作何感想呢?搞清这些疑问的唯一办法是到莫斯科去,与苏联当局和"不准离境者"直接谈谈。这可不是件容易事。去以色列办理这些法律事务是一回事,要想取得签证,进入苏联去为那些被认定犯有叛国罪的囚犯申诉又是另一回事。从来没人做过这种事。在犹太人保卫同盟爆炸案审判中我公开为被告辩护,《真理报》和《消息报》都用大量篇幅刊登过这些案子,这使苏联当局已经注意到我的名字。"你想进入苏联的困难程度",一个消息灵通人士告诉我,"几乎和你的委托人想要离开苏联一样。"

我们决定分两批向苏联大使馆申请签证。塔尔福德·泰勒和乔治·弗莱彻教授——他是洛杉矶加州大学法学院的教授,精通俄语,是苏联法律方面的专家——两人一起申请,在申请书上注明他们因法律事务去苏联。泰勒同时给总检察长鲁登科和斯米尔诺夫院长写了私人信件,告诉他们,他"希望不久即去苏联访问"。他在信中写道:"自从我们一起在纽伦堡对战犯进行审判以来,已有多年未见面,若是有机会在莫斯科与你们重逢,重温我们之间的友情,畅谈互相关心的专业问题,我将感激不尽。"泰勒将在弗莱彻的帮助下与苏联当局进行正式接触,争取他们批准我们代理被关押的囚犯,并以他们的名义写申诉书。

大家认为我应该单独申请签证,以免我与犹太同盟的关系牵连泰勒和弗莱彻的申请。我本来打算一人单独作为旅游者去,可是我们这些律师们在一起商量以后,认为这太冒险,要是能跟什么人一起旅行会好一点儿。我决定带我12岁的儿子埃隆一起去。我们递交了申请书,理由是对苏联的法制感兴趣。如果签证批下来,我的任务是会见"不准离境者",了解他们对我们提出干预的看法,再想法收集一些有关囚犯们狱中境况的其他资料。

8."记下来,把一切都记下来……"

使我们感到意外的是,所有4本护照的签证申请都得到批准。我们分别踏上去莫斯科的旅程，预先约好到时在莫斯科民族饭店的大餐厅见面。

埃隆和我按时到达约定的饭店，坐在餐厅里等待。可是泰勒和弗莱彻踪影全无。当我等得心烦意焦时，侍者一次又一次地给我杯中斟满伏特加酒，给埃隆的杯里倒百事可乐。什么意想不到的事都会发生，我们没有商量好万一这种情况不行又怎么样，在莫斯科实际上没有办法找一个美国人，因为苏联国际旅行社只是在旅游者到莫斯科以后，才具体安排他们去某家饭店住宿。

等了两个小时后，我终于听到弗莱彻那与众不同热情洋溢的声音。他们的班机晚点了，但我们终于团聚，互相交换了各自旅馆的地址、电话号码，约好下次见面的时间地点，我们在一起吃了晚饭，聊了一会要办的事。

第二天是星期六，我早上决定去寻访莫斯科唯一的那座犹太教堂。有人曾经告诉我，这就是可能碰见一些"不准离境者"的地方。

这座犹太教堂很不好找，从我下榻的旅馆去得走很长一段路，出租车不肯去这地方。可是以前来过的人给我一份地图，我们终于找到阿希波夫街，看见一座古老的建筑，它看起来就像是纽约下东区那座犹太教堂。我们进了教堂，在后排找了座位坐下。唱诗班的领唱正在用希伯来文吟诵；教友们都在用意第绪语低声交谈；而教堂执事讲的是俄语。呆了一个钟头以后，一个叫尤里的小伙子走过来，用标准的英语小声说，"你为什么不到外面去和真正的犹太人见面？"我问他，这是什么意思。他说，"跟我出来，你就明白了。"我们走到街上，看见满是闹哄哄的莫斯科小青年。尤里把我们介绍给他的朋友，我们和几个"不准离境者"热烈地谈了一上午。

当晚，我在日记中写下一些对莫斯科犹太教堂的印象：

犹太教堂戏剧性地呈现出两个不同的层面。教堂内部代表着过去：留着大胡子的拉比用意第绪语发表着预先审批过的布道，听众是一群心惊胆战任人摆布的七八十岁老人，他们的儿女和孙儿是永远也不会到犹太教堂里来的。用意第绪语交头接耳的话题是即将到来的节日：死面饼会充足供应吗？克格勃会像过去那样限制参加宗教节日仪式的人数吗？会有携亲属捎带的祈祷书和信件的美国旅游者来吗？

犹太教堂外面代表的是未来：那些不甘于二等公民生活的人；那些渴望在苏联之外过犹太方式自由生活的人。在教堂门口他们几十人聚在一起，有时达几百人，一直待到祈祷结束。他们过去一直在路对面两只篮圈之间权充球场的空地上聚会，直到当局把这块空地围上篱笆，每到星期六就锁起来。现在这些小青年站在街当中，有时无意之中阻碍了车辆的穿行，给警察在重要节日，或有外国人混迹其中时驱逐人群提供了借口。

这些站在外面的人拒绝进里面，认为这是苏联官方的橱窗，目的在于抑制犹太文化，使之慢慢消亡。这些人说着结结巴巴的希伯来语和英语，这种语言反映他们朝思暮想的梦幻而不是眼前的现实。他们最珍视的物品是偷运进苏联的《艾勒佛·米林》(Elef Millim)，一本初级希伯来语读本,它在苏联是禁书,因为它是"民族主义的";还有从美国旅游者那里要来的过期《时代》周刊。他们脖子上戴着有大卫之星的饰物,上面刻着"犹太人永生不死"这句口号。在他们心中只有一个念头——离开。

大部分在教堂外面的人也是被这个制度所不容的人。他们都已毅然决然地选择了自己的前途——他们都已提出申请移居国外。只要一个苏联犹太人申请移居国外,他就只剩下两条路可走了——命好的话,他或许可以获准放弃苏联国籍,离开这个国家。如果他的申请被否决,或者就是不给肯定答复,他会遇到一连串的难题,这些难题差不多都会让他落得个进监狱的结局。

那么,为什么这么多人都选择移居国外这条羊肠小道呢?回答很简单:作为一个犹太人在苏联是活不下去的。歧视无所不在,有些重点大学的专业完全不招收犹太学生,甚至没有申请离境的犹太人也不收。犹太人的价值观念和理想在苏联到处受到贬低蔑视。苏联当局声称并不存在犹太人的问题,这话不错,除非你是个犹太人。

尤里·维克斯勒,那个犹太教堂里接近我们的年轻人正面临着被判刑的惩处,因为他拒绝应征入伍。他成了我们的义务导游。经他介绍认识的人之中有艾达·努塔尔。我们在离圣瓦西里教堂华丽的葱形尖顶不远的公园长凳上会面,她矮小,丰满,40 多岁。艾达给我的印象是一个温和的犹太母亲,她承担了完整地收集每个思想犯情况的任务,她对这些人的情况了如指掌:关在哪个劳改营;最后一次家属探视的日期;他们身体和精神健康状况;他们需要的治疗药品;他们在狱中所分配的工作;他们可以用来申诉的法律根据,以及许许多多其他狱中生活的细节。她有一个小本子上面记满了这些情况。

我问她,为什么要做这件事。"当纳粹屠杀我们的人时,全世界听到的只是人数,而不是那些具体的人。你没办法为人数寻求帮助,全世界必须了解这些囚徒的所有情况——他们长得是什么模样,(她一边说,一边抽出一份贴着这些囚徒照片的材料,这些照片都已经被揉搓得皱皱巴巴);他们想什么;甚至包括他们互相之间说些什么笑话。"她流着眼泪告诉我下面一些监狱里的笑话:

"有一个囚犯因为称赫鲁晓夫是个白痴而被判刑。对他的指控不是诽谤,而是泄露了一项国家机密。"

"一个看守问一个囚犯他被判了几年徒刑。'10 年,'囚犯回答。'你都干了些什么值得判你 10 年?'看守问。'什么都没干,'囚犯答道。看守满腹狐疑地看着囚犯,说:'我不信,什么都没干应该判 5 年,而不是 10 年。'"

就像问所有的"不准离境者"一样,我问艾达:把美国律师搅进这些政治犯的案子里来是否有用处。"有用处,肯定有用处,"她回答说。

"可是这会有什么反作用吗?"我问:"我们的干预会不会伤害囚犯呢?"

"我们大家随时都可能成为囚犯,"她平静地说,"我们已经花了不少时间讨论策略。

我们大家在这个问题上意见是一致的：必须宣传这些事，必须得到外界的关心，这是我们的生命线。"然后，她提醒我，伟大的犹太历史学家西蒙·杜布诺夫被纳粹拖到隆布拉森林枪决之前最后说了几句话："沉默是最大的犯罪……记下来，把一切都记下来……"

余下几天里我会见了许多"不准离境者"社团的成员。我们在地铁上，在教堂里，在公园里；在特殊情况下，还在他们的家里见面。在家里谈话一般都不涉及具体问题，因为大家都知道很可能会有窃听。"不准离境者"成员们在许多问题上的看法也不尽相同，比方说离境申请获准后去以色列以外的国家是否妥当等。但囚犯们需要外界的法律帮助这一点上他们是完全一致的。有些莫斯科的律师也告诉我，苏联的司法机构希望得到西方的承认，并不想被人看作是一种自斯大林时代开始的无法无天的野蛮制度。他们还建议道，或许西方的律师把苏联的司法制度真当回事，认真严肃地向它呈交申请书，苏联当局反而会受宠若惊，忙不迭地去细读这些材料呢。

9."所以一个美国律师就到莫斯科来了……"

正当我会见这些犹太人时，塔尔福德·泰勒和乔治·弗莱彻在他们旅馆房间里等待着鲁登科总检察长的电话。总检察长的电话一直没有来，他们就到最高检察院和最高法院去找。他们被告之，鲁登科正在休假，斯米尔诺夫得了急病，不清楚这两个人是否能会见美国客人。他们要求这两个美国人回到旅馆去等候通知。星期二、星期三、星期四过去了，没有人打电话来。星期五是我们在莫斯科的最后一天，下午四点钟还是没有消息。泰勒和弗莱彻开始收拾行李准备动身回国。弗莱彻不打算空着手回家，所以他想步行去附近一家书店买几本俄文书。他刚一离开，电话铃就响了。（弗莱彻的行动受到跟踪吗？）打电话的人是第一副总检察长马利亚洛夫。泰勒用他从伯利兹出版社录制的俄文读本里学到的俄文和副总检察长寒暄了几句，但他并不了解，其实话中有刺。几分钟后，一个翻译打电话来，告诉他鲁登科仍未痊愈，[①]但马利亚洛夫愿意见他，希望他马上就来。泰勒找了个翻译，匆忙赶到最高检察院，马利亚洛夫正在等着他。一番客套之后，泰勒说明此行的本意，并给副总检察长看了律师委托书，说明他是囚犯家属的全权法律代表。

"原来是美国律师来到莫斯科代理一个苏联公民，"马利亚洛夫讥讽地说道。"你是怎么弄到这些审判材料的？"他问。泰勒告诉他，我们在以色列采访了移民者。"你怎么能证明他们的材料是可靠的？"马利亚洛夫问道。

泰勒知道是他开始谈的时候了："我们已经尽可能审慎地反复查证了，可我仍然愿意有机会查阅审判记录，如果这些记录允许查阅的话。"

马利亚洛夫摇摇头。"你们有你们做事的方法，我们有我们办事的规矩。"泰勒向马利亚洛夫保证，我们的目的是用一种纯粹专业人员的方式来处理这件事，如果苏联当局能够

---

① 原文如此；从上下文看此处似应是斯米尔诺夫。——译者注

收下我们呈送的法律文件,加以研究考虑的话,就可以避开宣传报道,免去公开的批评,这样岂不更好。经过一番踌躇,马利亚洛夫准予泰勒以犯人代理人的身份呈交申诉书,并保证会研究这些文件,并由检察院的最高领导来考虑处理意见。这样,我们成了第一批被允许正式参加苏联司法工作程序的美国律师。

我们对泰勒的胜利欣喜若狂,但对此案的实际结果一点儿也不抱希望。回到那个俄国古老的笑话上来,我们不仅已经跟死人"谈了话",那死人甚至还"聆听了"我们讲的话。现在,最困难的工作是要这死人站起来干点什么!

10."我与他们有一种手足之情"

令人精神振奋的苏联和以色列之行回来后,我们觉得,现在是踏踏实实地坐下来准备马利亚洛夫批准呈送的法律文件的时候了。作为这个项目的负责人,我联系了办公地点,安排了速记员,购置了打字设备,雇了翻译。办公室的套间就在哈佛大学法学院,我们在剑桥和波士顿尽可能到处搜索用西里尔字母①的打字机。我们把哈佛法学院图书馆收藏的苏联法律书籍中很大一部分搬到我们的办公室里来。我们找到了两位在苏联受教育的律师自愿帮忙,并找了好几个俄文打字员和翻译,以及两个刚刚毕业在纽约的律师事务所里工作的年轻人。我们这支由十四五人组成的队伍,1974 年 5 月 20 日在剑桥正式成立。

我们这个从事国际业务的律师事务所在哈佛大学法学院拥挤不堪的办公室里日夜不停地干了几个通宵,工作量巨大惊人,手头共有 19 个案子。每个案子都需要单独的申诉和宣誓签字证词,都须用俄文和英文书写。我们还得准备大量的申诉书,包括主要的法律问题。一句话,我们得完成 50 多份法律文件,实际上,这些都要从打草稿开始。

当我坐下来开始工作时,心头有一种异样的感觉:虽说我还不曾见过一个作为我们委托人的苏联犹太人,可是我觉得他们与我情同手足,就好像我们已相识多年。我发觉自己用亲热的绰号"埃迪克""尤西"称呼他们,而不是用正式姓名。我从未如此亲密地和自己的委托人认同过,尽管我与他们从未见面,可是在我内心深处,我知道总有一天会见到他们,我会喜欢他们的。

为了起草申诉书和撰写法律备忘录,我们必须利用一晚上的时间自学全部苏联刑法和刑事诉讼法。幸运的是苏联的法制完全是依靠法规和行政规定组成的,不像普通法那样建立在判例的基础上。成文法相对来说数量不多,总的来说也不难掌握,而按普通法制度必须加以研究的判例则卷帙浩繁。更可庆的是哈佛法学院图书馆藏有这些苏联法的英文版本。这样,经过一番苏联法的速成课,我们已经做好写申诉的准备。②

时间非常紧迫,因为泰勒已经定好几天后去莫斯科会见总检察长鲁登科,会见时他将

---

① Cyrillic,9 世纪时传教士西里尔发明的字母,系现代俄语等字母的本源。——译者注

② 这些工作的结果后来都编进塔尔福德·泰勒所著《恐怖法庭》一书中(纽约克诺普出版社 1976 年出版)。

试着面呈我们准备的法律文件。我们在泰勒走前才完成这些文件,在他登机前几分钟才把申诉书的复印本从誊写房里取回。

这回鲁登科出现了,泰勒见到了他,谈了几个小时,鲁登科接受了我们写的法律文件。

现在,我们需要等待。几个星期过去了,一直没有消息。6月27日尼克松总统到莫斯科举行最高级会谈,我们劝说他的法律顾问给在莫斯科的美国总统一行人拍了一份电报,要求把我们的案子包括在他要提出讨论的会谈内容中。我们寄去了申诉书的副本。后来我们得知这些案件在双边会谈中被提出来,并在会谈中进行了讨论。

11. 西尔娃·莎曼莎森获释

到8月底以前,我们什么消息也没收到。突然西尔娃·查尔曼森被释放了,理由是出于健康和人道主义的考虑——报道中说她患有肠胃溃疡和肺结核。虽说我们并没有特别的理由来证明这是我们工作的成果,因为很多人都在呼吁释放她,但我们还是感到欢欣鼓舞。不管怎么说,她的释放与我们的申诉努力不会毫不相干,因为在为她呈交的申诉中强调了“许多关于她身体和精神健康恶化的详细报告,”特别要求总检察长“运用他的地位去关心她的情况,尽一切可能给她帮助,改善她的情况,”还建议“全部或部分免去尚未服完的刑期”。西尔娃一获释就到安德烈·萨哈罗夫度夏的地方去,在那里她发表了一份声明,对国外支持援救表示“无以言喻的感激”,要求国外继续援救那些“我亲爱的人们及所有的犹太政治犯。”

西尔娃在被“驱逐”去以色列之前获准短暂地与丈夫爱德华见了一面。她先去以色列治病,不久就赴美国作支持仍被关押的犹太人的巡回讲演。塔尔福德和我,还有其他参与她案子的律师一起安排了一次午餐会与她见面,地点在曼哈顿一家叫“卢·西格尔”的犹太餐馆。这将是我们第一次“团聚”,希望它是以后我们与许许多多从未见面的委托人团聚的开头。这次会见真叫人激动得热泪盈眶。听说西尔娃热心犹太传统风格,我们决定在星期五的午餐会订一桌真正的老式犹太佳肴来款待她。第一道菜上的是Cholent——一种美味杂烩菜,用豆子、土豆、燕麦,再加很少一点牛肉,放进浓汁和辛辣调料在火上慢慢炖熟而成。这道菜端上来后,我向西尔娃介绍说,这菜是犹太人在安息日吃的传统菜肴。她尝了一口,脸上露出悲哀的表情,随后她大笑着说:“犹太传统风味菜?这是俄国监狱里的伙食!我已整整吃了4年这种饭了!”

直到这时候我们才意识到,这种传统的风味菜,对我们来说妙不可言的珍馐佳肴,只是一种故意尽量少放肉的农家食品。我们祖先的精打细算精神现在又被监狱当局用到囚犯伙食上去了。我们大家都酣畅淋漓地大笑起来,然后我又给贵客叫了一份烤得很嫩的牛肉。

她向我们讲了她丈夫目前的境况,请求我们继续声援他。她毫不怀疑囚徒们需要我们继续提供法律援助。因为这是我们的委托人第一次直接确认需要我们的法律干预,所以意义很大。她强调继续支持费多洛夫和穆尔琴柯两个非犹太犯人的重要性。她还告诉我们其他已释放或即将释放的囚犯的消息,要求我们再去一趟以色列,以便获得最新的情况。

12. 平卡索夫案

这样,在圣诞节放假期间,我们再次去以色列采访犹太移民,并结识一些新的委托人。我们会见的人当中有雅尔塔·平卡索夫,她就是德尔本特那个一条腿木匠的妻子。她对我们说,她丈夫是冤枉的。作为有经验的刑事诉讼律师,我们对家人的无罪主张都持保留态度。对他的指控在这个案子里似乎没法再明确了,因为乱收费在苏联私人工匠中是家常便饭。可平卡索夫太太坚持说,"不包括平卡索夫,他从不乱收费。"我们向她保证,即使她丈夫有罪我们也会为他辩护,因为很清楚,之所以从这么多乱收费的人中把他挑出来关进监狱,仅仅是因为他申请移居国外。这使他的案子成了政治迫害,他是一个思想犯、政治犯。

可这还不能说服他的妻子:"不,不,你们必须强调他是完全无辜的。"最后,她在绝望之中脱口而出,"如果你不相信我,去问那个法官好啦。"我笑着说,跟在德尔本特的法官谈是很麻烦的。陪同我们的以色列翻译对平卡索夫太太提到那个法官显得有点儿不安,当她接着又提到她时越发显得心绪不宁,"负责审判我丈夫案子的法官之一现在就在以色列。她是犹太人,我丈夫被认定有罪以后几个月,她自己就移居到国外了。"

我决定我们必须见这个法官,就打听她的下落。以色列人不鼓励我们这样做:"她永远不会跟你们谈的。这一切对她来说是个创伤。我们答应过,不会再重提旧事。她到这儿来是重建新生活,而不是修补她的过去。"

像所有的律师一样,我咬住不放,特别是我有一个被监禁着的委托人。"我一定要跟她谈话,甚至要我亲自去找到她也在所不惜。"我坚持到底。

以色列人想劝说我:"可她并不是个真的法官。她是个临时找来的法官,和美国的陪审员差不多。"我对苏联的法庭组织还是熟悉的,它由一个专业法官和两个非专业的陪审法官组成,这两个陪审法官的作用半是陪审员,半是兼职法官。我向以色列人强调,由主持平卡索夫案审判的陪审法官中的一个提供一份宣誓签字证词,证明平卡索夫是无辜的,对我们来说作用非同小可。最后,他们答应帮我们去找里雅·米莎也娃。

我们手中关于这位女法官的唯一线索是,她被分配到希德洛特定居,这是一个在边远地区新开发出来为移民居住的新镇。这个小镇在以色列南部某地,从特拉维夫开车需走整整一天。我出发去寻找里雅·米莎也娃,自己心里也没数,因为她家里没有电话,没办法预先和她联系。

到希德洛特后我就开始四下找她。这小镇看起来就像从沙漠戈壁中冒出来似的,房屋建筑都是用一种拉毛水泥材料盖的,看起来就和支撑它们的砂地一样。这小镇有个中央市场和一个小操场,显得原始、简朴、空阔——然而却很美。我在市场上到处打听里雅·米莎也娃,最后终于碰到一个男人,他声称知道米莎也娃的住处。我匆匆忙忙地赶到那幢公寓去，却听说她刚刚搬走。可有人带我们到她的朋友家里，在那儿找到了米莎也娃。这个单元里只有一张桌子，几把椅子，几张帆布行军床，这家人的行李还没有从苏联运到。

我一告诉米莎也娃来找她的目的，她就变得恐慌起来，不肯跟我谈话。她和朋友们匆匆商量了一下。有一个人就走到我跟前，脸上带着笑容邀请我和他们一起吃点东西。我迫不及待地接受了这个邀请。我又试着重提我来访的目的，可是主人们在切面包时不愿谈这个话题。我能感觉到他们是在探我的情况，看我是不是一个可以信赖的人。他们问我的家庭出身，我就告诉他们我的俄国——波兰祖先的情况。

正谈着，第一道菜上来了。这是一条巨大的鱼，搞不清楚是什么种类，用报纸整齐的包着。我看到这些俄文报纸，令我吃惊不小。我寻思这鱼是不是和这家人一起从苏联来的。我尽量作出漫不经心的样子问主人什么时候到以色列的，回答是“几个月以前”。这说明这条鱼已经有些日子了，我开始感到有点想呕吐，可我决定，一个好律师必须能够时不时吃点不新鲜的食品，以便不得罪提供消息的人。我尝了尝这条鱼，味道真不错。后来我听说它是在德尔本特用当地方式腌制的。不管怎么说，干了几杯浓烈醇厚的伏特加后，鱼的滋味怎么样也就无所谓了。

最后，米莎也娃说道：“你跟我们谈了你的身世，看起来你是个好人。现在我要告诉你我的家世。”她开始谈她的生活，她年轻时在共青团的经历，她怎么入党，后来怎么被任命为德尔本特一家糖果厂的干部。她至今仍然是个忠心耿耿的共产党员，无时无刻不全心全意地为党和苏联的社会制度辩护。很明显，她的朋友并不同意她这种态度，于是她们之间不客气地争论起来。她强调说，移民到以色列来是出于“个人原因”，虽说党并不支持反犹主义态度，但在工人农民中这种情绪仍然存在。

米莎也娃向我们介绍了兼职陪审法官制度，解释受信任的党员干部是怎样定期地担任“人民陪审员”。她自己以这个身份“已经干了5年，审了许多许多案子”。她说，当法官是她的“第二职业”，谈到这里，她戛然而止，好像是表示她的故事再没有什么可讲的了。

“你可以跟我们讲讲平卡索夫案件吗？”我问。她坐在那里沉默不语，泪水开始在眼眶里滚动。“你跟我们讲的情况能救他的命，”我小心翼翼地鼓动，可是她仍不作声。于是我就稍微逼得紧一点儿。“你不以为，或许你欠着他点什么吗？在这个问题上，你不应该讲真话吗？在这里，如果你讲真话，任何人都不能把你怎么样。”

她立刻开口说：“你认为是我给他惹的麻烦吗？你错了，我救了他，要不他的情况会更糟。”随后她开始滔滔不绝地谈起来。

她说，她之所以被派去审理平卡索夫案，是因为她也是犹太人，这样就更有可能劝说他回心转意，不再要求移居到以色列。一个叫拉斯马萨诺夫的专职法官指定她去跟平卡索夫谈话，做一个交易：如果他收回移居国外的申请，并把全家从以色列召回来，对他的所有指控都会撤销，还会分给他一套新公寓单元。平卡索夫提出，他是无辜的，米莎也娃告诉他，“这没有关系，如果你不照我说的做，其他法官会从严处理你。”平卡索夫拒绝照她说的去做,于是检察院对他进行了起诉。公诉人传唤了11个证人,都是平卡索夫给他们做过木匠活的当地居民。所有的证人都肯定独腿木匠平卡索夫活儿干得好,工钱按规定价格收,从不多要一个子儿。有几个人作证说,他们曾给过他一点食品或饮料,或在额外干的活儿上加点小费。有一个人说平卡索夫的儿子曾经帮他干过活,他给过他一件小礼物。

拉斯马萨诺夫法官和其他人民陪审员要判这个木匠7年徒刑,米莎也娃则主张从轻处罚。后来,3位法官一致同意判5年徒刑。米莎也娃有点心虚地解释说,如果她拒绝签字,平卡索夫恐怕会判7年徒刑。最后,她泪流满面地跟我说,平卡索夫是完全无辜的,她审阅了他的全部卷宗,听取了所有证人作证。“绝对没有乱收费的证据。全部指控都是凭空捏造。我们接到上边的指示,除非他收回移民申请,否则必须认定他有罪。”

我问米莎也娃,她是否愿意把这些话对着录音机再讲一遍,然后再写一份签字证词,证明平卡索夫是无辜的。她说她想知道我们准备拿这些材料干什么用。当我告诉她,我们准备把这些证明呈交苏联司法当局时,她又踌躇起来。“这些东西对我还在国内的朋友们不会有什么坏处吧?”她问。我告诉她,这可保证不了,可是估计不太可能会对无亲无故的人造成影响。她用一种悲怨、差不多是哀求的口气说,“你说得对,我确实欠他的,我答应做这件事。我已经跟那个国家没有关系了。”

得到米莎也娃合作的保证后,我以谈话内容为基础起草了一份证词,由米莎也娃签字,并做了公证。随后,我们以平卡索夫的名义写了一份详细的申诉书,指出哪些地方违反了苏联法律,侵犯了被告的权利,并强调事实可以证明他是无辜的,这一点可以从审理该案的3位法官之一写的证词中确认。

我们对平卡索夫上诉成功比别的案子寄予更大的希望,因为我们知道对其他被告起诉、尤其是那些集体被告,是由莫斯科最高层决定的,要他们改变决定绝非易事。而我们推测对平卡索夫起诉的决定是由地方当局做出的,这样,收到我们写的申诉书后,最高当局很可能会推翻地方当局的结论,特别是有了米莎也娃证词这种说明该案显失公允的证据。

这回,反应来得更快,而且更直接。在1975年9月24日,我们呈交平卡索夫申诉书几个月后,消息来了,塔吉克斯坦苏维埃社会主义加盟共和国①最高法院主席团已经作出决定,把平卡索夫的刑期“减为剥夺自由2年”。因为到这时候这个木匠已经差不多在狱中整整待了2年,他随即被释放,并允许去以色列与家人团聚。

考虑到其他的囚犯,有几个月我们一直没有公开这件事。现在我们决定召开一次记者招待会,宣布我们已受委托代理苏联囚犯的申诉事宜;苏联当局已批准我们呈交申诉书;迄今为止我们已经应委托人的要求呈交了相当数量的申诉书和法律文件。

13.“一个国际阴谋故事”

可是,克里姆林宫一直没有任何反应。这一回,我们竟等了好几年。终于在1979年4

① 苏联加盟共和国,现已独立。——编者注

月27日，一架苏联民航机冲破遮天蔽日的浓雾在肯尼迪国际机场降落，然后被拖到远处的一座周围用栅篱隔开的机库，外面的人看不见里面的情况。这时7辆黑色轿车驶到苏联民航机后面的舱门，从里面带下来5个表情忐忑不安的人——他们不知道自己究竟到了什么地方——直接送进轿车里。另外两个人从前舱门被送进飞机以便飞回莫斯科。新闻界预先有所耳闻，听说某种"重大事件"正在进行，可是任何人也不准靠近飞机。从远处看见的只是雾色中影影绰绰的人影。轿车很快驶离跑道朝纽约东区一家豪华旅馆——联合国广场饭店驶去。下午4时25分，轿车驶抵饭店，从车上下来5个剃光头的人，他们身体枯瘦、面色苍白、神情疲惫。这些人中间有爱德华·库兹涅佐夫和马克·迪姆西茨。另外3个人分别是亚历山大·金斯伯格、格奥尔基·维恩斯和瓦连丁·莫洛兹。正像《纽约时报》形容的，在这场恰似冷战期间在柏林发生的戏剧性国际阴谋故事中，5个政治犯被用来交换两个俄国人，这两个人最近被美国联邦法院认定犯有间谍罪，判处50年徒刑。这是头一回没有美国人介入、用苏联公民换苏联公民的交易。（当时在苏联监狱里没有被关押的美国人。）

企图劫持苏联飞机阴谋的两个中心人物，经过差不多9年的特殊刑制关押后，终于自由了。这两个人很快就在以色列定居，从普利奥泽尔斯克机场到本·古里安机场是一段多么漫长的道路呵！

这场"交换"过后不久，我在安德烈·萨哈罗夫的继子阿列克赛·谢苗诺夫家里见到了爱德华·库兹涅佐夫。谢苗诺夫现在在麻省理工学院工作，而他妻子从苏联移居国外的努力由于萨哈罗夫进行绝食斗争而获成功。

过高的期望往往会带来失望，我确实早已期待着这次会见。当我驾车去马萨诸塞州纽顿市一条清幽小街上的谢苗诺夫家时，我心里琢磨着库兹涅佐夫究竟是什么样子。我了解这个远近闻名的人物，这个我们为他写申诉书和辩护状的勇敢的人，这个人不愿保持缄默，甚至自己全部青春时代都被迫囿于监狱也在所不惜。（他在22岁到40岁之间的18年中，在监狱中度过了16年。）库兹涅佐夫这个人确实名不虚传。他个子实际上比我预期的矮，"埃迪克"[①]身上洋溢着智慧、敏锐和远见卓识。他对苏联当局实际上剥夺了他的青春期似乎并不太耿耿于怀。虽说他看上去比实际年龄40岁要大，但他保持着乐观和充沛的精力。我见过一些释放的囚犯，他们花费很多时间怨天尤人，怀恨抓他们的人，可库兹涅佐夫不想纠缠过去。为了搞清情况，尤其是了解他的3个仍被关押的共谋者的现状，我们向他询问了狱中情况。"现在名气大的人已经获释，"他明确地说，"可我们不能让全世界遗忘费多洛夫、穆尔琴柯和门捷列维奇。"他特别关切费多洛夫和门捷列维奇的健康，因为他们两人健康状况极坏。

话题又从囚犯转到国际大事上。听到他的另一个评论，我深感诧异："不要让囚犯和人

---

① 爱德华的昵称。——译者注

权问题妨碍紧张的国际关系，妨碍限制战略武器谈判，如果那样做的话，正中苏联强硬派的下怀。这些人不想进行限制战略武器谈判，他们要把更多的人投进监狱。在囚犯问题上你们得很好的施加压力，可是不要把核灾难当作讨价还价的筹码。”

他又说，“扩大宣传是囚犯们赖以生存的水和空气。在监狱里每天都有默默无闻的囚徒死去，可是只要西方国家知道这个人的名字，他们就不敢把他弄死。”他告诉我们，我们进行的法律保护工作非常重要；它很可能促使当局放弃对另外几个人的起诉，而且极大地促使当局下决心提前释放另外一些囚犯。

会见结束时我有一种使命完成的感觉，虽然只是部分完成，却是实实在在的。不管我们的法律保护项目是否已经发生作用，它成了我生活中最有意义的一部分我知道只要在苏联仍有思想犯，我就不会停下来，在我的职业生涯里，将一直为这些异议分子，不准离境者和其他政治犯辩护。

14. 赫尔辛基监督协会

在劫机案审判后的几年里，一个新的犹太领导核心开始出现。它和著名物理学家安德烈·萨哈罗夫领导的民主运动有更紧密的联系，它仍然保持着犹太人的特征，把注意力放在移居国外上。

美国和苏联 1975 年签定赫尔辛基协议后，苏联的持不同政见者、宗教领袖、民族主义者和“不准离境者”成立了一个非正式的监督小组，监督协定中有关人权的条款在苏联执行情况。这个小组后来被人称作“赫尔辛基监督者”或“赫尔辛基守望者”，它在 1976 年 5 月 12 日在莫斯科召开了第一次会议。很快又在乌克兰、立陶宛、格鲁吉亚及亚美尼亚成立了分支。此后两年中，有 58 名苏联公民冒着被捕入狱的危险公开加入这些监督小组。小组定期地发表苏联国内人权状况的报告。在 1976 年和 1978 年之间，他们发出近 300 个报告，其中搜集了大量的文件并且有详尽的描述。

赫尔辛基监督协会成员中有一个叫阿纳托利·夏兰斯基的人，他曾经是莫斯科赫尔辛基监督团犹太人“不准离境者”的代表。

夏兰斯基是个 29 岁的国际象棋专家，他曾经用心研究过把电子计算机技术应用到俄国这种传统比赛中去。年轻的阿纳托利出生贫苦，他学习刻苦钻劲极强，由于成绩卓著，获得过金质奖章，他在科学或象棋上前途都不可估量。17 岁时，他最好的一个朋友发现他是犹太人，就揍了他一顿，大声对他叫骂“犹大，犹大”。这件事对阿纳托利发生了根本性的影响，激发起他对犹太复国主义的兴趣和对以色列的关心。他给自己起了个犹太名字“纳坦”，并且经常在阿希波夫街的犹太教堂闲晃。在那里他与一个身段很高，俊逸姣美的女人邂逅，她叫娜塔丽亚·斯泰格利茨，也想移民去以色列（她的犹太名字叫阿维塔）。1973 年夏兰斯基申请移居以色列，但遭到苏联当局的拒绝。

夏兰斯基决定，与其参加日渐增长的“不准出境者”的队伍，当一个直言不讳的批评者,不如在苏联这个制度下暂栖身伺机以求一逞。他反复托人终于得到和负责审批出境护照部门的魏林将军谈话的机会。魏林答应,如果阿纳托利不吵不闹两个月,他就可以得到签证,他以"一个共产党将军的荣誉"作保证。阿纳托利保持沉默,不参加游行示威和抗议活动。可是这位将军后来通知他,他移居国外的申请最终被否定了。这以后阿纳托利决定不再保持沉默。

我1974年春天去莫斯科时,夏兰斯基的名字在西方尚不知名。我也没有听说过他。可能在我会见的人们中有他,要么是在犹太教堂门口,要么在某个"不准离境者"家里,可是我不记得曾经单独与他交谈过。

1974年6月,阿维塔被批准出境移居以色列,可阿纳托利没有。阿维塔的出境签证到7月5日就要过期了,延长期限是不可能的。阿维塔和阿纳托利决定在她离境前结婚,可是当局拒绝批准一个"不准离境者"和一个即将移民出国的妇女结婚。7月4日这对男女举行了犹太式的婚礼,由一位拉比主持,有犹太教士们祈祷,还按照传统风俗摔了玻璃杯。这对情人互相注视着低声说道:"明年在耶路撒冷相见。"在第二天黎明前,阿维塔离开了苏联。

孤寂的阿纳托利很快就成了苏联人权运动的核心人物。他具有好几个不可缺少的优越条件:他有绝佳的英文听写能力;他有和美国记者广泛接触的本事;他有为人权事业献身的永不枯竭的精力;他有能力把看起来难于同舟共济的形形色色人权运动派别撮合起来,他还有一种令人神往的幽默感。

安德烈·萨哈罗夫每次都要夏兰斯基在他召开记者招待会时做同声传译。来访的美国要人要求会见人权运动组织时常常指名要他负责安排。美国记者,如《洛杉矶时报》的罗伯特·托恩公开称他为有关人权活动积极分子的消息来源。

这样,夏兰斯基经常被拘留,被抓起来盘问,特别是外国要人准备来访问,或即将召开记者招待会的时候。在一次拘留时两个抓他的克格勃人员要跟他下象棋。阿纳托利答应,只要输的人肯在地上爬,他就肯和他们下。几分钟后,阿纳托利就看到了极难得的两个克格勃官员跪在地上的景象。

当赫尔辛基监督协会在1976年成立时,该组织的精神支柱尤里·奥洛夫和安德烈·萨哈罗夫建议由阿纳托利·夏兰斯基代表犹太人移民运动。夏兰斯基全心全意地参加监督协会工作,特别是撰写报告的工作。他当然意识到,他时刻受到克格勃的监视。他知道他的电话被人窃听,他的墙上装有窃听器,他的行动被跟踪。他有可能不知道的是,有段时间和他同住一室的沙尼亚·利波夫斯基是个克格勃的眼线和坐探。

1977年1月22日,苏联中央电视台向全国播放了为时1个钟头的专题节目。这个题为《出卖灵魂的人》的纪录片把犹太"不准离境者"——包括夏兰斯基在内,描绘成"苏联境内的犹太复国主义走卒。"该节目采取一种在苏联前所未有的方式,在电视屏幕上放映出一些"外国走卒"的名字和地址,并把他们的照片清楚地放出来。

夏兰斯基勃然大怒。“这是在用录像手段煽动排犹运动,”他对朋友说。然后,夏兰斯基做了一件苏联公民根本想不到也做不出的事情:他向法院起诉,控告电视台,要求它正式“否认那些损害我的尊严和人格的污蔑性内容,”并要求“这种否认必须用相同的传播方式发表。”

克格勃打算搞掉夏兰斯基。为此,夏兰斯基的“朋友”沙尼亚·利波夫斯基被召到克格勃总部,命令他写一封公开信,指控夏兰斯基曾企图招募他为美国中央情报局工作。

苏联新闻界对利波夫斯基的公开信大肆渲染。在1977年3月13日,该信发表一星期后,夏兰斯基拟了一份公开信,他写道:“现在的情况是,我好像是一个人质……被一伙无法无天——不管是从国内法还是从国际法上讲——的恐怖分子抓进手心任意摆布,随时都可以采取极端行动。”

他还给在以色列的阿维塔写了一封私人信件:

娜杜丽亚,[①]我亲爱的,我的欢乐:

想想发生的一切,我只对一件事引以为憾。真令人懊悔呵,我简直想哭——我后悔我们还没有孩子……

我现在住在斯利帕克家里,盯梢的人就住在隔壁……

这一切对爸爸冲击很大。他夜夜不能寐,心力交瘁,他血压剧烈增高,我觉得他已无力支撑到这一切完结之时了。

我会在给你打完电话后坐下来好好写一封长信,我会把它寄出去,这样你就可以收到……

可是他没能打电话,也没有寄信。两天后,1977年3月15日,阿纳托利被绑进一辆克格勃的囚车里,投入阴森恐怖的列伏托沃监狱。他被捕的消息在西方各国成了头版头条新闻。

15. 你愿意当我的托利亚的律师吗?

夏兰斯基被捕几天以后,我接到一个电话。打电话的女人说着结结巴巴的英语,自我介绍说,她是阿纳托利的妻子阿维塔·夏兰斯基。她要求我帮助她丈夫。我通过翻译交谈下去。“你愿意当我的托利亚的律师吗?”(托利亚是夏兰斯基的昵称。)我告诉阿维塔,苏联当局不太可能允许我以他的名义在苏联法院出庭。她说她懂,但“托利亚需要一位美国律师,一位能够把他的案子在美国公布于众的辩护士,把这案子转达给总统、国会、新闻界、传给美国人民。你愿意当这样一位律师吗?”她问。

“那将使我三生有幸,我感到无尚光荣,”我回答道。我认识到她说得何等正确,这里

---

① 娜塔丽亚的昵称。——译者注

面承担的工作远远超出律师范围,特别是这样一个案子,我要做的不光是以被告名义出庭,我可以向其他司法管辖领域呈递辩护状并作辩诉。这将是一场真正的挑战,我愿挺身面对这种挑战。过了不久,我收到阿纳托利的母亲米尔格拉姆写来的信,她现在仍在苏联,她委托我也做她的代理人,并寄来了委托代理书。

因为苏联新闻媒介把夏兰斯基斥为给美国效力的间谍分子,我决定,他的美国律师应该做的第一件事就是促使美国政府否认这一指控。我明白,这绝非易事,因为美国国务院和中央情报局的政策是在面对间谍指控时一概不作否认。此中的逻辑是,如果对有些指控加以否认,有些不加否认,全世界就会认为如果不否认,就是确有其事。若政府否认所有的指责,甚至确有其事的指责,将导致难堪后果,损害美国政府的信誉。尽管如此,我还是要试它一试。我做了一番调研,发现至少有一个先例可循——有一位美国总统,即约翰·肯尼迪曾专门发表声明,否认对耶鲁大学的弗里德里克·巴洪教授是中央情报局特务的指控。当然,我手头的案子具体情况更加复杂,因为巴洪是美国公民,而夏兰斯基不是。

我觉得,与其打通国务院和中央情报局官僚机构,不如直接找白宫。我约两个人见面一个是过去的学生斯图尔特·艾森斯塔特,他现在是卡特总统的首席国内事务顾问;还有罗伯特·利普舒茨,他现在是总统的律师。

我在1977年4月一个温暖清新的日子去白宫,随即被引到艾森斯塔特的办公室里,我们先聊了一会儿他那届学生在哈佛法学院的时光,谈了卡特的竞选活动,还扯了一会儿熟人的近况。我们谈到他的新职务——卡特总统此时刚刚就职几个月。一会儿利普舒茨也来了。我向他们简单汇报了夏兰斯基的情况。

我解释道,像夏兰斯基这样的持不同政见者或"不准离境者",是仰仗着卡特总统对人权活动积极分子的坚定支持才站出来斗争的。如果卡特现在不说话,"夏兰斯基依赖的支持——总统伸出的声援之手就会被斩断。"

他们问我,我认为政府在夏兰斯基事件上应采取什么具体行动。我说,我认为总统应该发表明确的声明,断然决然地否认夏兰斯基是美国间谍,否认他曾向美国情报机构提供过任何情报。利普希茨提醒我,政府的政策是从不出面否认任何间谍指控。我告诉他,肯尼迪总统曾为巴洪教授发表过声明。他们答应把这件事呈报最高当局。我起身告辞时,在整个会见期间几乎一言不发的斯图尔特建议我准备一份备忘录,勾勒出几种不同方案,以供政府考虑。

我回到剑桥去草拟备忘录。现实地说,这份备忘录将作为我狱中委托人的第一篇申诉书,不是呈递给苏联当局而是写给美国政府的,而美国政府可能会对此案起到不可估量的作用。

帮助我准备申诉书的是尤里·维克斯勒,就是那个在莫斯科犹太教堂里碰到的小伙子,他那时正因拒绝应征服役而面临被判徒刑的后果。夏兰斯基被捕时,尤里已经移民,他在一篇文章里写道:

苏联政府官员想征召我入伍,可我拒绝当兵。一般情况下,对这种行为要判3年劳改。正当我等着被起诉时,我遇到了哈佛大学法学院艾伦·德肖维茨教授,向他陈述了我的案情,他后来把这件事转呈参议员爱德华·肯尼迪。参议员在他第一次访问莫斯科期间提到这件事。由于他的过问,我现在正完成我在布兰戴斯大学的课程,而不是在监狱里服刑——这是多么幸运的交换啊!

维克斯勒从苏联出来以后,住在我在剑桥的家中,在那里待了将近二年,帮助我干点儿家务,换取免费住房和吃饭。他还做翻译工作,帮助我在夏兰斯基申诉中收集资料文件。

我们在给白宫的备忘录中建议国务院与苏联政府交涉,表示能够为夏兰斯基活动作证的美国外交官愿意出庭作证,一些著名的美国人也表示愿意去旁听对他的审判。我们希望这些要求能够促使苏联当局放弃夏兰斯基是美国的间谍的指控,以避免直接与美国国务院发生冲突。

我没有从白宫得到直接答复。可是在1977年6月13日,卡特总统发表了如下声明:

我向国务院和中央情报局彻底查问了夏兰斯基先生是否曾与中央情报局发生过任何已知从事颠覆活动的关系,或其他任何关系。回答是:"没有"。我们已反复调查了解此事,我本人也曾对公开声明此事表示犹豫。可我现在已完全肯定,事实与新闻界报道的指控截然相反,据我所知,夏兰斯基先生与中央情报局从未发生过任何关系。

这真叫我惊喜异常。后来我听说,总统本人亲自决定发表声明否认此事,尽管中央情报局和国务院的人都反对这么做。现在,苏联人要是再指控夏兰斯基为美国刺探情报的话,实际上等于说卡特总统是个骗子。

我们并没有指望卡特的声明能使夏兰斯基立即获释。可我们确实指望克里姆林宫在用最严重的罪名——即那些可以判处死刑的罪名对他起诉时会三思而后行。

接下来一个月里不断有谣言说可能会在一次交换双方关押犯人时释放夏兰斯基。"他们正等待合适时机,"不时有消息灵通人士这么对我说,可是什么事情也没发生。

16. 电视辩论

我与阿维塔和其他朋友、夏兰斯基的支持者商讨了一番,我们决定得继续施加影响。在1977年6月,向美国公众提出夏兰斯基案件的极好机会到来了。由于苏联的形象在欧洲共产党人心目中每况愈下,几个月前苏联当局曾建议在意大利电视上举行一次辩论,由苏联和意大利各出三名代表就人权问题进行辩论。这场辩论的结果证明苏联在宣传上取得了重大成功。他们参加辩论的代表准备充足,论据清晰,说服力强。

苏联人对他们的胜利兴高采烈,随后向美国发出类似的挑战。三位苏联辩论者将和三位美国辩论者进行90分钟的电视辩论,由美国全国广播公司(ABC)作实况转播。美国人接受了这一挑战。我被邀请作为成员,另外两个参加者是圣母大学校长西奥多·赫斯伯格神父,及《华盛顿邮报》前驻莫斯科首席记者罗伯特·凯泽。

因为我是美国队中唯一的律师代表,我的任务是交叉质证苏联代表。我迫不及待地要问许许多多问题,特别是关于夏兰斯基和其他政治犯的问题。可是辩论即将开始时,莫斯科电令苏联队不要参加由我对他们的代表进行质证的辩论。

这个节目是不可能取消的,因为广告商已经预付了很多钱。我们感到被出卖了。然而,经过一番讨价还价,我们达成一个妥协方案,这样双方都可以向对手问一些问题,只要不是"质证式的问题"就行。

辩论由全国广播公司评论员埃德温·纽曼主持。苏联队最出色的辩论者是金利卡·波罗维克,他是记者、剧作家。波罗维克聪明机智,有魅力;另外,他不厌其烦地再三强调自己是个犹太人。(他说:"我们最出色的辩论家有好几个是犹太人"。)据我们调查,这是个冷酷无情的人,我们几乎可以肯定他是个克格勃上校。虽说他是苏联队里最年轻的一个,表面上看起来身份最低,但可以清楚地看出是他在左右一切。我知道,正像他在意大利辩论时那样,他会强调新闻界的作用。我已做好对付他的准备。

轮到波罗维克发言了。他开始喋喋不休地谈论美国报纸是怎么连篇累牍地刊载失业、犯罪及种族歧视问题。我向他提出第一个问题:

问:波罗维克先生,你提到"阅读美国报纸,"请问:一个普通苏联公民可以到报摊上自由地买一份当日登有批评苏联文章的《纽约时报》吗?

答:报摊上出售各种各样的报纸,只是没有《华盛顿邮报》和《纽约时报》。买这类报纸太贵了……

波罗维克开始争辩说,在美国,共产党的报纸是买不到的。然而,我向他描述说在哈佛大学广场可以任意挑选25种之多的共产党报纸。于是我打开公文箱,把每份报纸都拿出来,大声地念给他听这些报纸的名字,他摇着头表示无法置信。

轮到我正面发言时,我谈到对赫尔辛基监督协会的逮捕事件:

这就好像,面对水门事件的指控,前总统尼克松下令把美国公民自由联盟的全部理事、《华盛顿邮报》的全体董事会成员都逮捕一样。如果夏兰斯基审判是公平的,特别是,鉴于对他指控的罪行中有美国人参与其事,为什么不允许美国观察员旁听审判?

当波罗维克回答时,可以听到现场听众中有人边哭边说:"这是谎言。"说这话的人是阿维塔·夏兰斯基,我邀请她来旁听辩论,本以为她也许可以会见苏联律师,要求他们帮助她丈夫。

波罗维克接着提到美国剥夺本国公民人权的例子,特别提到詹尼·哈里斯案。该案中黑人哈里斯在阿拉巴马州参加监狱骚乱,有一个警卫被杀害。哈里斯后来被判处死刑。

我没有否认美国有时也侵犯人权,我很爽快地同意,哈里斯案确实提出了令人头痛的问题。我告诉波罗维克,实际上我还参与了此案的被告辩护工作。我建议苏美两国律师和记者共同努力在两国改善侵犯人权的状况。

对我们来说,和苏联对手的舌战是一场胜利。我们利用电视这种大众传播媒介把夏兰斯基案带到美国的千家万户。《纽约时报》评论道:

> 这场辩论的第一轮……就已证明它是一场激动人心的抗争。俄国人在对付赫斯伯格神父提出的人的起码尊严,或德肖维茨教授为苏联持不同政见者所做的积极主动辩护时,都无法招架……这场转播精彩地告诉我们这个国家提倡自由概念,也实行自由概念。

威廉·巴克利,我在淫秽黄色物品问题上的辩论对手,比《纽约时报》更为捧场:

> 我建议给罗伯特·凯泽、艾伦·德肖维茨和西奥多·赫斯伯格神父颁发自由奖章。……由于美国队的出色雄辩,苏联队的表现只能说是略逊一筹。

辩论结束后,我们都去华盛顿一家饭店参加招待会。我一直陪着阿维塔·夏兰斯基。第二天的《纽约时报》报道了以下"戏剧性的冲突"场面:

> 苏联犹太人阿纳托利·夏兰斯基被流放的夫人,在招待会上与两个访美苏联律师发生了冲突。
>
> 由艾伦·德肖维茨教授引着,夏兰斯基夫人穿过熙熙攘攘的人群,面对面地走到谢苗·吉夫斯教授前……
>
> 吉夫斯教授问夏兰斯基夫人娘家姓什么,他认为她只是夏兰斯基的"女朋友",而不是他妻子。
>
> 这时候,苏联辩论队的另一个成员,记者金利克·波罗维克注意到《纽约时报》的一位记者正在作笔记。这位教授立刻中断谈话拔腿就走,一边对夏兰斯基夫人说,把报纸搅和进来"对你丈夫没有好处。"

这也正是我们时刻担心的问题。新闻媒介对夏兰斯基的报道越来越多会不会发生逆反作用?会不会反而使克里姆林宫坚持干到底?我们在这个问题上也有争议,可是最后还是由阿维塔来决定:"托利亚的方式就是把一切都公开,去对抗,而不是躲躲闪闪。如果他能在这里给我们提出意见,他肯定会让我们尽可能地把他的案子在报纸上公布。这是他希望之所在。"这样,我们就继续鼓动新闻媒介和公众舆论支持我们的努力。

到这时,我们已经能够猜想到,克格勃的调查工作早已如火如荼地进行着。克格勃传讯了几十个证人,包括许多著名的"不准离境者"和人权活动积极分子,还有一位美国记者罗伯特·托恩,他曾在莫斯科一条街上被捕并审讯多日。我们传话给莫斯科"不准离境者"基层组织,每个受传讯的证人一旦获释就应回忆传讯内容并记录下来。我在托恩回到美国后立即请他回忆审讯内容。了解到向证人讯问的问题后,我们就可以整理汇总出克格勃究竟准备给夏兰斯基定些什么罪名。连着几星期我们对这些问题做了摘要整理。有两个结论看起来越来越清楚:一是克格勃正在准备以间谍罪和叛国罪对夏兰斯基起诉;二是克格勃不给证人提供对夏兰斯基有利证据的机会。

17."他讲真话,而且他用英语讲真话"

我们随即决定,组织一些著名的美国人组成一个委员会来分析克格勃不肯考虑的那些证据。这些材料随后送到苏联,加进夏兰斯基的调查材料中。该委员会成员包括哥伦比亚大学校长威廉·麦克吉尔,爱达荷联邦参议员弗兰克·丘奇,民权活动积极分子贝阿德·鲁斯汀,等等。这次听证会在参议院外交委员会会议室里举行。

作为夏兰斯基的美国律师,我就辩护事宜作了汇报。美国有色人种进步全国委员会法律保卫基金会会长杰克·盖林伯格作为本委员会的法律顾问。美国联邦哥伦比亚特区上诉法院首席法官贝兹隆正式宣誓作为证人,证明听证会的证词可供苏联任何与夏兰斯基案有关的司法程序使用。听证会邀请苏联驻美国大使阿纳托利·多勃雷宁派代表来旁听,但他未予理睬。

我传唤的第一个证人是阿维塔·夏兰斯基。我问她,她丈夫是否知道他被监视。她作证说,阿纳托利曾"几次写信给她,说他很清楚是谁在跟踪他,知道他们的模样,也知道他家已被安装了窃听器。"

我的第二个证人是马萨诸塞州联邦众议员罗伯特·德里南,夏兰斯基被捕前不久在莫斯科曾与他有过接触。德里南神父作证说,夏兰斯基总是"毫不隐瞒他自己做的事。"

另一位证人是电子计算机技术专家,他作证说,夏兰斯基没有与"苏联军事力量有关的"电子计算机情报。

随后,我又传唤欧洲安全与合作委员会执行副主任阿尔弗雷德·弗兰德利。他描述了他和夏兰斯基的联系:

> 他走路的姿势和其他苏联公民不同,他昂首挺胸。他还坦率直言。他有一次还要我听听寂静无声的街道。他唯一的罪恶是他说真话;罪上加罪的是,他用英语讲真话。

我传唤的最后一个证人在夏兰斯基被捕前几天曾和他在一起。这个人叫伊萨克·艾尔凯德,是个律师,刚刚从苏联移民到美国。艾尔凯德作证说,夏兰斯基发起了法律学习班,"让'不准离境者'学习苏联法律,使所有成员熟悉法律,以便防止任何触犯苏联法律的行为。"

听证会结束几星期后,委员会发表了它的结论:

现有证据表明阿纳托利·夏兰斯基和美国中央情报局绝对没有任何联系,也没有参与过任何间谍活动。

这是以证据和证词得出的结论。委员会的审理程序及裁定后来都公开发表,并呈送苏联最高检察院备考。

18. 苏联人给夏兰斯基指定了一位律师

1978 年 6 月,美国国会监督赫尔辛基协定的执行机构——"美国欧洲安全与合作委员会"决定召开一次关于夏兰斯基、亚历山大·金斯伯格和尤里·奥洛夫案件的听证会。我受到邀请代表夏兰斯基申诉,爱德华·贝内特·威廉姆斯代表金斯伯格,拉姆齐·克拉克代表奥洛夫。这次听证会给我们一次陈述委托人案情的好机会,因为委员会有正式评价赫尔辛基协定执行情况的责任。

我向委员会汇报了夏兰斯基的最新情况,通知他们苏联当局已经指定一位叫西尔维亚·杜布罗夫斯卡雅的律师作夏兰斯基的辩护人。我随后向他们宣读了德里南神父发给她的一份电报:

夏兰斯基的母亲已经委托艾伦·德肖维茨教授代理他在美国的利益。他也拜访过许多已离开苏联的证人。很明显您手边没有这些证词,然而这些证词在替夏兰斯基辩护时很可能是至关重要的。我们并不想干涉您对他的代理,也不想涉足苏联合法的国内事务。我们只想以律师身份与您会见,并把我们利用独有的途径收集到的有关材料供您参考。本着合作和互谅的精神,我们准备随时前往莫斯科。

我们一直没有收到杜布罗夫斯卡雅的答复。后来我们听说夏兰斯基拒绝她作他的律师。

在以夏兰斯基的名义作出这些公开努力之外,还有一些私下的努力也在进行。我们安排了和苏联官员的约会,也提出了外交建议,还提议互换犯人,但什么都没有发生。

19. 审　　判

后来,苏联当局宣布,将于 1978 年 7 月审判阿纳托利·夏兰斯基的重大叛国罪。具体罪行是：在 1974 年和 1977 年之间，被告曾向“西方外交人员、情报人员及一个在莫斯科披着记者外衣的外国军事情报机构特务”提供国家机密。对这种指控的最高刑罚是死刑。这个消息使我们感到手脚冰凉。在正式宣布对夏兰斯基将以重大叛国罪起诉之前，我们一直怀着希望，不管这希望是多么渺茫，我们都认为他有可能会被释放，或以较轻的罪名起诉。可是，一旦宣布进行叛国罪审判，结果是不可避免的。

我提出签证申请，去苏联代理我的委托人，或至少是旁听审判。夏兰斯基的欧洲律师、加拿大律师及其他人也提出了同样的要求，但是这些申请要么被拒绝，要么干脆不予理睬。

在审判前几天，各种活动频繁。我在全国各地穿梭行走，在群众集会上，在议会大厅里，在电视上代表我的委托人讲话。

随着审判接近尾声，我的沮丧也随之增加。虽说全世界许多人都声援他，但阿纳托利只能孤零零地站在被告席上为自己辩护。他不能和他的家人、朋友或支持者讲话。他母亲被排斥在法庭之外，安德烈·萨哈罗夫和其他人权活动积极分子、犹太事业活动家都不准旁听审判。苏联人宣布，审判是“公开的”，座位都已“坐满了。”只有阿纳托利的弟弟列昂尼德被允许进去在后排旁听，这样他成了阿纳托利与外界的唯一联系。好几次这两兄弟在走廊里迎面而过，得以相视而笑，互致问候。列昂尼德感到无比惊异——经过差不多一年半与外界隔绝的拘留和审讯，阿纳托利并没有失去他的勃勃生气、他的热情、他的幽默感。在与弟弟擦身而过时，他第一句话是“你有点胖了，”一边拿出一张揉皱了的阿维塔照片晃了晃，这张照片他时刻地带在身边。可是他表面上的镇静掩盖着内心的惆怅——阿纳托利知道他的命运已经不可更改地决定了。

当我读着审判报道时，我决心最后一次尝试以我的委托人名义向法庭呈递申诉。我彻夜不眠地起草最后陈述，如果允许我在苏联出庭的话，我将宣读这份最后陈述。我用电传给法庭发去这份申诉书，并在《新闻周刊》和《国会记录》上发表。我的声明部分如下：

尊敬的法官阁下，我在此以一个已被苏联新闻媒介、苏联共产党和政府高级官员宣布有罪的人的名义发言。我很清楚你们肩负的重担：你我都知道在半个世纪的苏维埃历史中，从未有过一个法官曾经投票认定一个被控犯有叛国政治罪的被告无罪。但我仍然要求您们毅然抛去身上的桎梏，以司法人员崇高的节操行事，作出正确诚实的裁决。

确实，如果指控不那么严重的话，它们就成了一场笑话。想想看，美国的情报机构是多么无能，竟然招募像夏兰斯基这样的人做间谍。他的电话被窃听，他的一举一动都公开地受监视，他的同屋是一个克格勃坐探，夏兰斯基是间谍战候选名单中最坏的人选。想想看苏联反间谍机构又是多么愚不可及，竟然允许像夏兰斯基这样的人——一个公开宣称对以色列忠诚的人，一个要求移居去以色列权利的人——接近军事情报。

当你我两国在纽伦堡对纳粹战犯进行审判时，有个德国法官曾为他判处一个无辜的犹太人死刑而辩解。他争辩说，在一个案件中顺从纳粹党的指示，他就可以延缓种族灭绝的进程。由你我两国法官组成的纽伦堡法庭驳斥了他的辩解,共同声明:故意认定第一个无辜的受害者有罪之日,就是司法堕落毁弃之时,它将不可避免地导致司法正义的泯灭。在此我恳请您们,在做出类似悲剧性决定时扪心自问,三思而后行。

20.“我对这个法庭无话可说”

当我在剑桥宁谧舒适的家中起草申诉书时,阿纳托利正在他那狭小的牢房中酝酿答辩词——真正在法庭上作的答辩。在审判的第四天,也就是最后一天,阿纳托利在16个月的强制沉默后第一次有机会讲话。

他的声明确实非凡超群。背对着法官,他直接对着整个法院里唯一一个愿意倾听他,并把他那勇气过人的话语传出去的人讲话——那是他的弟弟列昂尼德。以下是他发言的一部分:

> 我知道在这样一个半封闭的审判中为自己辩护是徒劳的,这个案子从一开头就是无望的。

这时有人打断他的话,高喊:“应该把这种人吊死!”阿纳托利继续说:

> 那些进行调查的人警告我,除非我同意与克格勃部门合作,协助他们搞垮犹太人移民运动,否则我将被处死,或至少判15年徒刑。他们答应,那样做的话,我很快就会被释放,甚至还可以与我妻子见面。
>
> 现在,当我比以往任何时候离我的人民,离我的阿维塔更远时,当我面临着漫长的监禁时,我要对我的人民和我的阿维塔说:
>
> “L’shana ha-baah b’Yerushalaim!”
>
> “明天在耶路撒冷相见!”

然后,夏兰斯基蓦然转过身来对着三位法官,目光灼灼地盯着他们,轻蔑地说:“我对这个法庭无话可说,这个法庭只能批准预先已经决定的判决。”说罢,他一头坐下,静等那篇预先写好的有罪认定判决。

几小时后法官回到法庭正式宣布:本庭认定对夏兰斯基的所有犯罪指控成立,兹判处夏兰斯基13年徒刑。

唯一可以告慰的是,他的生命得救了。

好几个安插在法庭旁听席里的克格勃啦啦队开始狂呼“判得太轻了!”列昂尼德在警卫把阿纳托利带走时朝他哥哥喊道:“托利亚,全世界都站在你身边!”列昂尼德恸哭着离开法庭,他的朋友们在街上等他。他们都急于想知道阿纳托利是怎么支撑下来的。当列昂尼德把阿纳托利的最后陈词念给他们听时,他母亲无限悲痛地哭泣着。安德烈·萨哈罗夫走过去安慰这位心碎的母亲,这时克格勃特务站过来把他们隔开。这位举止谦恭的科学家终于忍无可忍,"你们不是人!"他怒不可遏地朝克格勃特务大声喝道,像是完全变成另一个人。"听着,我以苏联科学院院士身份跟你们说话:你们是法西斯分子!"

这群人围着人去屋空的法院转圈。突然,一个夏兰斯基的支持者开始唱"哈蒂法"——那是犹太人希望之歌。所有的支持者,不管是犹太人还是非犹太人都合着这旋律唱起来,后来人群慢慢散去。

"这样,莫斯科一场吸引了美国和全世界注意力的装模作样的审判收场了,"《新闻周刊》报道说。确实,阿纳托利·夏兰斯基的名字在几星期中使美国家喻户晓。他那微笑着,充满不可抑制的活力然而又紧张的脸出现在西方世界几乎所有的报纸杂志上。可是阿纳托利在重获自由之前看不到这些报纸杂志了。

当消息传到在华盛顿的阿维塔那里时,她的最初反应是"我在13年内都不能生儿育女了。"判决后几天,阿纳托利被允许从监狱里给阿维塔写第一封信。很能代表他的风格的是,他尽力削弱他痛苦凄楚的感觉:

娜图莲卡,在我被捕前几天,我曾试图打电话给你,心想这是我最后一次听见你的声音了。一个"聪明人"告诉我:"当你感到万分痛苦时,你就用'对娜塔莎来说会更加痛苦'这种想法来安慰自己。"他说得对——当然你比我更艰难。可他又千错万错——用那种想法也不可能安慰我自己。

阿维塔,我亲爱的,我的欢乐,我相信我们会一起享受真正快乐的日子——我每天都重复这一期待,这祈祷使我在我结结巴巴的希伯来语中得到平静……

你是一个了不起的女英雄,我感到无比幸福,我为有你这样的妻子而骄傲。

托利亚

21. 无尽的等待

审判后,阿维塔跑遍了全世界为他身陷囹圄的丈夫寻求支持。她的律师们也继续着斗争:夏兰斯基的加拿大律师、麦克吉尔大学教授欧文·科特勒竭尽心力地写了一份申诉书呈递上去,安排了集会和会议,提出了交换囚犯的建议,在外交上也努力着。

阿纳托利在狱中苦苦煎熬。他越来越瘦,时常感到头晕,还在一次事故中受伤。他父亲因心力衰竭去世,母亲三番五次申请探监都被拒绝。1981年春我见到了约瑟夫·门捷列维奇和希利尔·普特曼,他们那时刚刚获释,他们曾经看见过夏兰斯基。他们告诉我尽管身体越来越坏,夏兰斯基精神仍然很振奋。

我在此案中的工作一直没有放弃。我曾去马德里参加国际赫尔辛基协议会议,并向大会呈报夏兰斯基的案子,以及艾达·努戴尔和仍被关押的列宁格勒案囚犯的情况。

1982年1月,夏兰斯基的母亲和弟弟长途跋涉几天后来到监狱和他会见了两小时。阿纳托利显得清瘦苍白,他说已经把原来的3年劳改又重新改为监禁,这样情况会更加恶化,仅仅因为他“继续坚持自己无罪。”他还因为在汉努卡节①点蜡烛追思纪念而受到惩罚。

只要我开始感到信心不足或是缺乏动力,我就想到金利克·波罗维克,那个和我在全国广播公司进行电视辩论的苏联记者。辩论前在苏联大使馆举行的一次招待会上,我问他,为什么克里姆林宫准备不惜冒危及缓和的风险,在夏兰斯基案上激怒美国政府和新闻界?他回答说:“夏兰斯基案审判过去几个月后,美国新闻界和美国人就会忘记他。美国人很健忘。当然,在审判中我们会受到抨击,在这前后也都会遭到攻击,可是几个月后没有人还会记得他的名字。他将变成另外一个默默无闻的囚犯。”

阿纳托利·夏兰斯基绝不会成为“一个默默无闻的囚犯。”美国人的记性绝不允许变得那么健忘,既不会忘记他的名字和形象,也不会忘记全世界成千上万默默无闻的政治犯。

① Hanukkah,犹太节日,纪念犹太英雄 Judas Maccabaeus。犹太人在他领导下成功地推翻了叙利亚人的统治,治理巴勒斯坦直到公元前37年,并在公元前165年重建犹太神殿。节日从犹太历三月(Kisley)的第25天开始,连续庆祝8天。——译者注

第8章　以对簿公堂相威胁是精神不正常或犯罪吗？

——变化多端的法官案及范威公园警察案

我放下书本和笔记,正要离开办公室去上课,这时电话铃响了起来。我不想接,因为它来的太不是时候——我马上就要去接我的授课同事艾伦·斯通博士,他是一个精神病学专家,在哈佛法学院教书,他和我一起教这个“精神病和法律”课程已有10多年了。今天要讲的题目是精神病学中的政治因素,我准备谈谈苏联把持不同政见者关进精神病院的情况。我还准备评论一下美国的情况,就像以前每次讲这个课一样,即在美国,把精神不健全的人送进精神病院也引起了有关法律和政策的严重问题,但一般都不带有露骨的政治目的。

可我终究拿起了电话,谈话的内容竟使我毅然决然地改变我的授课内容。“我刚刚被布鲁因法官下令收进一所精神病院,”打电话的人用焦躁不安的口气说。由于这些年来我接到过不少这类电话,我要打电话的女人介绍一下情况。她告诉我,三星期前她到剑桥来看她的表兄。那天晚上她情况很不好,叫人搞不清楚她到底是怎么回事,于是她表兄召来了警察,把她收进精神病院。法院在今天上午到医院一间临时权充法庭的屋子里开庭讨论她的情况,在这之前,她一直被关在里面。

由于她以前上过法律基础知识课,念过一个精神病法医学课程,这样她做了个愚不可及的决定——在听证中自己为自己辩护。到出问题之前她干得还不错。政府把她送进精神病院的理由,主要是根据医院一位精神病医生的诊断,认为她患有妄想狂类精神分裂症。给我打电话的人(我叫她劳拉)对精神病医生进行了质证,找到了她的证词中一些不实之处。政府陈述完毕,法官立即作出以下口头裁定:“根据我刚才听到的作证,兹决定允许该病人出院。”

这本来应该使这桩公案了结,可就是有人不懂得见好就收适可而止这个道理。劳拉接着说道:

我希望这位心理医生对我所作的诊断的证词可以列入记录。我要求证明我的清白无辜……为今后可能给我带来的诉讼考虑,我希望听证继续进行下去,并把这些记录在案。

布鲁因法官一听到“今后的诉讼”这几个字就变得怒发冲冠起来。他转身对着病人说,“根据这些言论,我决定把你收监”。临时法庭的旁观者一开始以为他是开玩笑,可是他严厉地重复他的裁定:“病人应予收监。”

因为我曾经从被收监的精神病人那里听到过各种奇谈怪论,我已经学会对他们讲的话大大地打一番折扣。我问劳拉,听证会有没有记录或录音来证明法官说了这些话。她告诉我,没有记录抄本,也没有录音,可她有一个律师朋友在场记了笔记。我打电话给那个律师朋友,她证明劳拉讲的实质性内容确实不假。我让这位律师待我下课后立刻前来办公室洽商。

到教室开始上课后,我讲到这个电话的情况,表示有兴趣代理这个病人。我问学生中是否有人愿助一臂之力。我说,如果事实真像劳拉和她的朋友所讲的那样——对此我心里打了个大大的问号——那么,这很可能是政治性的滥用精神病收监法规的好例子。这件事看起来非常清楚,“倘若”法官在政府陈述理由之后已经准备允许劳拉出庭,“倘若”他仅仅因为劳拉说她可能要控诉这所医院而改变主意,改判她继续收监,那么把她收监的基础就是由于她行使了上法院诉讼的权利。

斯迪博士和我随后继续就精神病和对精神病人收监的心理意识基础进行对话。我们谈到本杰明·拉什博士,美国精神病学之父,他曾经是大陆军队的一位外科医生,乔治·华盛顿将军的亲密战友。拉什博士给所有政治活动形态和信仰都贴上了诊断性的标签:如革命的狂热支持者患的是“革命狂热症”(revolutiona);激进主义者受到的是“无政府主义症”(anarchia)的感染。我不由自主地联想到,如果拉什博士活到今日,他很可能会把一位以对簿公堂相威胁的公民诊断为“好讼症”患者(litigatia)①。在我们继续讨论精神病学领域里可能出现的滥用时,劳拉仅仅提出要进行诉讼就被收监这件事一直鲜明地萦绕在我脑海里。

下课后,我回到办公室,劳拉的朋友已在那里。她已经准备好一份宣誓签字证词,详细地描述了在布鲁因法官前举行的收监听证。我读了这篇证词后决定受理这个案子,并着手争取立即让病人出院。该证词证实了布鲁因法官改变主意的专横无理滥用权力的性质。我感到十分愤慨,但并不惊奇。法官袒护另外一个政府机构是常事。法官要求被告保证不控告警察,以此为撤销刑事控诉的先决条件,这种例子不胜枚举。法官通常和“他们的”警察有猫儿腻。当法官被当事人的犟脾气惹恼时,更是经常由着个人意气轻率从事。

劳拉的电话提供了向上一级法院反映这种滥用权力、目空一切的司法作风的机会。保持精神病医院体制的正直也很重要,要保证一定不能用把精神不健全的人收监来惩罚那些

① “revolutiona”,“anarchia”和“litigatia”都是作者的自创词。——译者注

行使自身法律权利的病人。

长期以来，我就对精神病患者的权益问题感兴趣。在法学院上学时，我曾协助几个教授搞这方面的研究，毕业后我给戴维 · 贝兹隆法官做文书，他是美国司法界在法律与精神病学之间的关系理论方面的权威。1964 年我在哈佛大学法学院第一次开创并教授这一课程。1968 年我发表了第一篇法学论文，题目是："法律程序中的精神病学：一把两面开刃的利剑"。（该题目是从小说《卡拉马佐夫兄弟》一书中感发的。陀思妥耶夫斯基在书中说，"心理学之深厚奥妙，就像一把两面开刃的利剑……你可以用它证明任何事情"。）在那篇论文中，我批评精神病医生和律师都轻视、忽略精神病患者的民权。在文章结束时，我呼吁律师在精神病患者收监听证会上要积极为病人着想：

> 绝不应把法律写得好像医学名词；绝不能允许法庭的裁决成为精神病的论断；没有不能用律师熟悉的语言写出来的法律问题，也不应用非法律专业的语言来写。对精神病患者进行民事收监处理是个法律问题；只要在处理这个问题上使用压力，或剥夺自由，不管是州政府、教会、工会、大学或是精神病医生，这个问题就成了法律问题，律师必须立刻加以干预。布兰戴斯大法官说得对："……经验应该教会我们，在政府表示所作所为皆是善义之举时，更要做好保卫自由的准备。生来自由的人们，自然地反抗邪恶的统治者对他们自由的侵犯。对自由的最大危害潜伏在热心好意然而并未领悟自由真谛的人们对它不知不觉的侵害之中"。

从那时以来，我已写过许多文章，并在课堂里深入地讲到过精神病患者的权利，可我却从未实际上在一个民事收监处理案子中代理过被告。

我决定把此事直接向本州最高法院的一位法官报告。根据马萨诸塞州法律，州最高法院的法官有权在特殊情况下颁发人身保护令①，以便把身陷囹圄的人释放出来。

我决意说干就干，既强调该案的重大意义，又加重指出在该法官原来裁定释放之后又继续关押病人，每一分钟都是在继续滥用法院的权力，它危害着整个精神病治疗体制。我和学生们定好明天中午 12 时为最后期限，随即开始马不停蹄地进行调研，起草法律文件。到第二天早晨，我们已准备好一份文件的草稿，我通知州司法部长办公室：向布鲁因法官和该医院院长提出控诉。

上午 11 点 30 分，我们来到州最高法院并提出举行紧急听证的要求。一开始，文书部门对我们请求法院下令迅速释放病人的要求不甚支持，但我们寸步不退。最后，当时主持法院事务的法官赫伯特 · 威尔金斯表示愿意在下午 1 点，即对最近通过的一项规定公立学

---

① "人身保护令"（writ of habeas corpus）是一条要求把已非法拘留或监禁的人及时送交法院处理，或由一位法官来决定去留的法令，源于英国查理二世于1679 年颁布的人身保护条例。——译者注

校进行祈祷必须是“自愿的”这条争议很大的州法规听证完毕时，听取我们的申诉。

我进入挤得满满当当的法庭，坐下来听那个祈祷案的辩论。这个听证会结束以后，人们都走光了，我走到讲台前感到活像一个插科打诨的小丑，在最后一个脱衣舞女表演完毕，轮到他出场时，剧场已经空空荡荡。我开始陈述案情：

下午好，法官阁下。本人现在紧急请求法院立即下令释放一位被关押的妇女，她因为表示可能行使她的权利去控告关押她的医院而被法庭裁决做收监处理。与本案有关的事实有三：一，在听取了政府对关押病人全部原因的陈述后……法官做出结论，并裁定将病人释放；二，这时，病人发表了一些言论，其中并无与精神病有关或明显危险的内容……这些言论只表明她有权提出诉讼。说这些话只用了约30秒时间……；三，法官以这30秒钟表示要提出诉讼的言论为理由，改变主意，把裁决释放改为裁决收监处理。

我们的国家在使用精神病院的上与世界上另外一些国家相比一直引为自豪。很多人都曾明确宣称，今天美国精神病医院里的病人没有一个是因为行使自己的政治权或法律权而被关押的。而我现在站在您面前，法官阁下，这种讲法已经不再是事实。劳拉现在被关押在威斯特波洛州立医院里受罚，仅仅因为她行使了她的政治和法律权利。

这当儿威尔金斯法官猛地插进来，问：“收监听证程序是怎么开始的？”

我就我所知的解释道：

大约20天前，这个妇女去访问她的表兄，他是哈佛大学的一位教授。她在那儿住了一晚。在这段时间里，她的表现在她表兄看来似乎是紊乱不安。于是这位表兄召来警察，把她本人带到剑桥市立医院要求加以监押。她在法庭听证中自己充当自己的律师。她曾经上过精神病法医学课程，在法学院入学考试时成绩是700分，加上她曾上过法学基础课程，使得她自认足以胜任律师工作。我现在并无意对此事进行评论，法官阁下。

可法官却说“对于一个面临收监处理的人来说，是否有能力为自己辩护确实值得怀疑”。

我完全同意。

确实如此。这些情况我猜想都已被法官考虑到了。尽管如此，在她的证据面前，在她进行质证的结论面前，法官裁决释放她出院。这正是我们现在要求加以执行的裁定。法官阁下，正像那位法官刚说完“释放”，政府就插进来说，“顺便提一句，法官阁下，你知道这被告是个黑人，不是白人吗？”然后法官就说，“呵，是黑人而不是白人，那我裁定她收监处理。”在这种情况下没有人会知道接下去会发生什么情况。推翻裁定的理由是站不住脚的，在本案中推翻原裁定的理由是完全无效的。

法官随后把州司法部助理部长召来陈述政府的立场。助理部长承认我提供的事实确凿无误,但他辩解说,“法官阁下,这里没什么不合法的地方。”威尔金斯法官表示不能苟同:

在我看来,该法官好像认为他是由于她威胁要对簿公堂而决定把她收监的,这种立场对我来说是站不住脚的。

助理部长回答说,劳拉的声明“可能使他得到了她有精神病的更多证据”。

威尔金斯法官随即作了临时性的结论:

那么,我肯定地认为她应该被释放出院……问题是,从现在开始,程序上又出了什么问题。

他接着问我,我是否能向他保证:

她家里的人正在用一种对她有帮助的方式,也可能是最好的办法来解决这个问题?

我并不具有作出这种保证的地位:

法官阁下,我今天早晨努力想回答这个问题,可我必须向您汇报,我并没有得到这类保证。照我的理解,部分原因是这位年轻妇女和住在加利福尼亚的家人歧见极深,我认为她不能从家庭方面得到直接的帮助。这位病人已申明,如果由她选择的话,她现在无意处于政府的照管之下。

威尔金斯法官随即结束听证,他说他要“研究一下这件事”。

我结束申诉回到办公室。1个小时后,法院打电话来,通知我威尔金斯法官已签署了一份裁定书,命令精神病医院院长释放劳拉出院,必须无条件“即刻执行”。裁定书的结论中有如下重要段落:

以提起诉讼相威胁并不是把原告作收监处理的合法理由,也不是继续开庭收集更多证据的理由。因此原告应从精神病院的拘押中解放出来。我希望原告能从私人方面得到帮助。

私人的帮助实际上是帮她找个地方住,给她感情上的慰藉,给她进行治疗。一星期后,她登上了一架国际班机前往以色列,在一个新移民的集体农庄定居。至今为止,她已经给我写过好几封信,告诉我她心情愉快,生活很好。这些信里你可以看出,她很可能患有精神病,但她看起来在用田园牧歌的乡村生活与之对抗。

"跟法官说去吧!"

以打官司相威胁从来也不应该是政府部门把一个当事人收监或作出其他惩罚的理由。可是,可悲的现实是公民常常因为行使他们的权利而受到惩罚。法院或警察习以为常地要当事人放弃他们向抓人的警官提起诉讼,作为释放的先决条件。被捕的人也只好忍气吞声乖乖地签字画押,放弃控告警察的权利,否则警察就会讹诈他,说如果拒绝签字,就把他关起来。很少有人愿意在狱中多待,所以他们"情愿"签字放弃诉讼权。在劳拉的案子出现前几个月,我本人就成了这种做法的牺牲品,这种令人恼怒的回忆在我决定做她律师时仍然记忆犹新。

我的案子发生在范威公园那个生气勃勃的环境里,当时波士顿的"红袜子"队正在与纽约的"洋基"队举行棒球大赛。一场"洋基"与"红袜子"之间的棒球大赛总是吉凶未卜,特别是汤米·约翰站在垒上面对丹尼斯·埃克斯利时,什么事情都可能发生。可是,一个朋友在一个风晴日丽的星期天下午给我打电话,送给我几张棒球比赛票,后来发生的事我就是白日做梦也想象不到。"这几张票我不打算去了,你能在10分钟之内到我这来拿票吗?"这时离比赛开始还有半个钟头,可我和儿子匆匆套上我们去范威公园看比赛时那种装束,在第一局比赛进行到一半时赶到球场。我们正要坐到四块钱一张正对着一垒的大排凳上去时,一个粗鲁大汉,身穿亮闪闪的保龄球衣,很不客气地走过来,问我16岁的儿子有票没有,贾米把票子给他看了一眼,那人说,"把票给我"。

贾米怕他把票抢走,就说那座位是他的。

那家伙说,"哦,是呵。好啊,我是警察,那张票是偷来的,跟我走一趟"。

怪事,他看起来不像是警察,所以我说,"等等,让我看看你的证件"。

"好呵,先生,这小孩是你儿子吗?你也跟我走一趟。"

我问他,我们俩人是否被捕了。

他说,"不,这只是调查而已。"

这时候,杰里·雷米马上就要冲到一垒,伯里森正朝着里圈把球传给林恩。我告诉那警察,票不是偷来的,是一个名气很大的律师给我的,我很愿意配合他进行调查。我递给他一张名片。

他接过名片,说:"OK,明白人,你和你孩子都犯有收受赃物罪。"

我问他赃物是什么,从谁那里偷来的。他说,"这几张票是从它的真正主人口袋里被偷的,而你现在正拿着呢。"我说我可不知道什么偷窃事。他二话不说,抓着我们就走。

我们正离开时,坐在我们后排的两个人递给我他们的名片,说他们看见这场“胡作非为”,要给我当证人。我们下楼梯的时候经过好几个电话亭,我要求他允许我给我的律师打电话。可那警察拒绝了:“你的名片上写着你是个律师,你不需要再找一个。”确实我是个律师,我心里想,可我在这个时候不想跟一个蠢货打交道。

到楼下以后,我问警察中当班的头儿是否可以向他说明事情的原委,以便回去继续观看比赛。他说不行,我得在明天向法官解释这一切。一辆面包车开过来,我们上车时被戴上手铐。我问他们为什么还要带走我儿子。他们说,他在调查过程中拒绝配合。我向他们保证他除了去看球赛外,什么都不知道。这警察说,“那就足够了”。当班的头儿让我给我的律师哈维·西尔伏格雷特打了个简短的电话。

这样我们就被带到局子里去。一到那里,爷儿俩就被分开。贾米被带到一间专门关少年犯的狭窄囚室,里面连椅子也没有,并把门锁上。他们问我是否有皮带。“你可以用皮带上吊自杀”,他们庄重严肃地对我说,并告诉我,可以保留钱包和律师记事本。随后,抓我的那位警官通知我,我被控“搅扰公共集会”,还有接受赃物的嫌疑。我问他,他是否认为我说话声音太大。他肯定我没有这么做。(我甚至连为我们范威公园的英雄喝彩的机会都没有。)“你和我交谈这一事实肯定搅扰了球迷们。”我提醒他,球迷们都站在我这一边,而且整个事件发生不过 1 分钟光景。“跟法官说去吧”,他说,一边自得其乐地蠢笑着。

像精明的律师那样,我掏出小笔记本,开始把这警察说的话记下来(特别是他承认我没有大声喊叫)。看见这些,那警察说,“现在收回让你保留钱包和笔记本的准许。现在我们得好好搜搜你”。

他们把我口袋里、钱包里的东西全部拿走,还收走了那包我匆匆忙忙装进去准备一边看球赛一边磨牙的零嘴甜食。搜查用了约半小时,52 粒葵花子逐粒经过清点封在一只信封里,加上两只香蕉和一包巧克力沫饼干。我的眼镜也被没收。最后,把我带走,狱卒四处看哪间牢房对我合适,终于找到一间马桶不带盖,不能抽水,里面还有上一个囚犯拉下的大便的地方关进去。我隔壁一间关着个同性恋家伙,他被控用刀子捅了人。他不断地把手伸到我的牢房里乱抓,要么就把墙砸得梆梆响,一边嘶叫着:“放我出去啊!长官,我非出去不可,我得打针,我得来点过瘾的,让我出去啊!”

我牢房的墙被他不断的敲击震撼得嘎嘎作响。我坐在硬板凳上等了一个钟头,心里一直猜测着雷米冲向一垒的情况怎么样了。我们后来听说他很不体面地被一记飞球封杀出局。

最后哈维·西尔伏格雷特的合伙人汤姆·夏皮罗来了。他说这个事件从头到尾是一场天大的误会,现在都已经弄清楚了。原来,比赛前那天晚上,我的律师朋友在办公室门口捡到几张棒球赛入场券,同时还有接下去的几场球赛票。他当时就想把捡到的票交给晚上在大楼里值班的人,可是他注意到其中有两张是第二天中午的,如果不用就会浪费,所以决定用了这些票,然后在星期一找到失主再把票钱退给他。失主是个保险公司推销员,很显然是在打电话时弄丢的，他把公司发给他的不要钱的票弄丢了所以感到十分狼狈，就胡诌了这个被人掏腰包的故事，并向警察报告。那个接到报告的警察，问清了具体座位，就等在那儿看谁会来自投罗网。我一直蒙在鼓里，夏皮罗告诉我这一切时才如梦方醒。

我感谢夏皮罗律师帮我澄清事实，把我从牢房里弄出来。然后，就像劳拉那样，我说，“伙计，我要不要狠狠告那狗警察一家伙呢？”（我一直坐在牢房里胡思乱想这场诉讼的标的。1 万美元？不，10 万美元？干脆 100 万美元得了！）夏皮罗神情郁闷地答道，“艾伦，你知道你不能这样做”。“为什么不？”我问，口气充满疑问。

“除非你们两人都签一份放弃控诉警察非法捕人的声明，他们不会放你和贾米出去的。”

“你简直是开玩笑”，我打断他，“我在任何情况下都不会签字”。

“那么他们在明天过堂后才会放你，你们俩人都会在档案里加上刑事拘留的材料”，他摇着头说。

“这是他妈的讹诈”，我说，“我可不想这么干”。

这时我儿子来了。他明天早晨有一场考试，所以急着现在就想出去。他催我签字，我建议他先自己签字以便出去，可我自己拒绝签字。夏皮罗说警察不会同意这么干——要么我签字，要么我们俩人都在里面待着。我想了几分钟，心想那个放弃诉讼权的声明恐怕没有什么效力，因为它是在关监狱的威胁下产生的。我决定先签字，以便出狱，然后再接着告那个狗杂种。

刚签完字，分局的警长就出现了，他对这场误会表示歉意，说没认识到他“摸了老虎屁股”，希望这桩事很快就了结。我问他这些玩意儿进不进档案，他向我保证说根本就“没有记录”，说“你没有被捕，也没有记录在案，如果有人问起来，你就说没被捕过，懂吗？”我说我懂，然后离开警察局，心里还嘀咕着怎么去告那警察。

实际上，我们决定不去控告那警察，因为我儿子那年夏天在范威公园找到一个卖爆玉米花的工作，那个逮捕我俩的警官那当儿正负责这一带执勤工作，而贾米不想得罪那个警官。可我仍然对警察，对法院要求无辜被抓被拘的人签字声明放弃诉讼权否则就不予释放这种做法耿耿于怀。

当然，我经历的范威公园风波与布鲁因法官对劳拉的做法如出一辙，所以劳拉案子胜诉也使我感到一种连带性的胜利，这也是对 6 月那个风清日丽的星期日在范威公园、在警察局的囚室里发生的一切的一种平反昭雪。

第9章 因父亲的罪孽而被判死刑

我去亚利桑那州立监狱探视里基和雷蒙·泰森两兄弟,比起两年前他们哥儿俩在同一个地方协助父亲加里·泰森越狱要费事得多。我第一次去死囚牢会见里基和雷蒙时,正是圣诞节前夕。监狱里影影憧憧地闪现着他们父亲的鬼魂,他曾在这里关了近20年,在监狱生涯的最后11年中,他的身份是一个“无期徒刑犯人”,[①]因为他在一次未遂越狱中杀死了一个警卫。铁窗生涯使他渐变成亚利桑那州立监狱中举足轻重的犯人——一个犯人组织的头儿和组织者。后来,他又成了该监狱里最臭名昭著的逃犯。

监狱周围的环境与当时的季节非常吻合,它坐落在亚利桑那乡村最古老的小镇佛罗伦斯,高高的监狱院墙和尖铁藜蒺与皮诺尔县平坦无垠、灰尘四起的棉花地形成强烈的对照。我站在这所监狱被犯人称作“超级警戒”的大门旁,只能在飞扬的尘瘴中影影绰绰看见卫兵守望的塔楼。这在电影里看起来可能极富诗意,可现实中你却呼吸到呛人的尘埃。尘埃无孔不入,嘴唇上、鼻孔里、眼睛里到处都是,离开这儿以后还久久不散。当你最终被允许进入超级警戒极为整洁的走廊里去时,才得以解脱。

驾车带我去牢狱的是两个男孩的母亲多萝西·泰森及丹·戴克,监狱里的新闻学习班教员。在出版狱中小报时和加里混得不错。

泰森夫人是个苗条瘦弱的女人,她双唇紧闭的样子使我想起美国中世纪文学作品中的人物,她自己亦因帮助参与策划越狱而被认定有罪。丹·戴克生性逍遥,喜徒步云游,正在着手写一部关于泰森一家的书;他又是个发明家,以此为生。他眼下正发明一种可以代替人舌头敏感的润滑液。他十分肯定地对我说,“这种不知疲倦的舌头每年的市场价值可达1亿美元”。在我们驾车穿越亚利桑那大沙漠时,戴克喋喋不休地谈着加里·泰森一生的伟业和神奇经历(这使我很快地就把戴克当作是一只“不知疲倦的舌头”),他说话的样子就像是一个伟人传记权威作者。他对加里·泰森的身世纤毫尽知,并且用谦恭敬畏的语气叙说着他的事。

汽车开过一个个拖车旅游者宿营地——那些12美元一夜的汽车旅馆,驶过一片片棉

---

① 原文为“Lifer”,指无期徒刑。——译者注

田，进入佛罗伦斯县境。这时我已经能感受到这出戏的活力，我在报纸上读到的故事，在法庭审讯记录中看到的与此有关人物的供词，已不再是法理探讨中的抽象人物。我们快到监狱了。多萝西·泰森开始哭泣："他们今天不会让我见我孩子的。自从我被认定有罪以后，我就只能由律师陪着来见他们。难道一个母亲在孩子被处死之前不能陪伴他们度过最后时光吗？"她擦着眼泪。一会儿这些泪水又化作愤怒："你知道，我永远也不能使时光倒流，如果他们处死里基和雷蒙，我就一无所有了，这就是我现在拼命争的原因。我不能让他们把雷蒙和里基从我手里夺走。"

为了避开这个话题，丹·戴克开始指给我看越狱时有关的地物标志——那个逃犯换车的医院停车场；那条开车逃离佛罗伦斯镇进入沙漠的土路；最后，是那座西班牙风格的法院，里基和雷蒙后来就是在那里受审判并被认定犯有劫狱罪。他们两人在亚利桑那州的另一所法院里被认定犯有谋杀罪，并判处送进煤气室处死。

这就是我为什么在这样一个尘土飞扬的夏日到亚利桑那州来的原因。第二天早晨我将在亚利桑那州最高法院为泰森兄弟的生命辩护。这场辩护正好是在雷蒙21岁生日那天，里基比雷蒙大11个月，他们在越狱发生时都未成年。我想去见这两兄弟，了解他们的故事，并设法了解他们为什么要参与这场越狱和大屠杀事件，这些犯罪事件和其后的追捕被新闻界大肆渲染，成了亚利桑那州历史上最耸人听闻的事件。

1. 没有父亲的生活

这故事一开始没有暴力活动。泰森兄弟在一次探视父亲以后策划了一场不使用暴力的越狱计划。由于加里被认定有罪并判刑，每星期一次的探视就成了加里漫长铁窗生涯中的固定日程。

雷蒙、里基和唐纳德·泰森心目中没有一个真正的爸爸——一个"家里的爹爹"，他们只知道一个"坐牢的爸爸"，他们多年来一直这样认为的。加里的大部分成年岁月都消耗在亚利桑那州立监狱里。甚至在他与多萝西邂逅，娶她为妻之前，就曾因持枪抢劫被判入狱2年。过了二三年有妻室的生活，连续生了3个孩子之后，加里再次因持枪抢劫入狱。他用一杆在当地一所军械库里偷来的机关枪抢了好几家商店。事发后，他被判5年徒刑。在这段徒刑期间，多萝西每星期带着三个孩子去监狱看他一次，在那个熙熙攘攘的亲属探视室里，他们一起作祷告，一起玩乐。多萝西盼着她丈夫归来，她决心维系这个家庭。

对这个凝聚力很强的家庭，加里刑满释放带来了一段真正快乐的时光。漫长的等待、去佛罗伦斯县监狱探视时一路上飞扬的尘土、加里入狱所带来的耻辱都算不了什么，从他获释的那年起，就像孩子们保留在记忆中的，他们就算有了一个真正的父亲。加里带着三个男孩，那时一个8岁，一个7岁，一个6岁一起去钓鱼、打猎、野营。他们玩喧闹的游戏，上树爬墙，就像普天下父子之间游戏玩耍一样。

但是，加里心底里深埋的那些东西又一次冲上了他那颗丑陋而又桀骜不驯的头脑。这一回仅仅是因为用了假支票,换来的却是更长的刑期。尽管这一回刑期只有6个月,但加里不能忍受,大概因为他在家里和孩子、和多萝西团聚的缘故,这段时间他过得真不错,比他梦寐以求的还好。

他被押进了监狱,但他心里明白,这回他还得跑。他等待时机,这机会比他期待的来得快。通常,犯人去法庭听审时都由两个武装看守押送,由于加里受信任,所以只派了一个看守。从法院回来的路上,加里制服了看守,杀了他,并夺了他的枪。随后,他闯入一户人家,把这家人押起来,并索要一毛钱硬币,以便给他的朋友打电话。这户惊恐万状的人家赶紧献上钱包和珠宝。可加里说,他不需要这些东西———一毛钱硬币就够了。他的侠义豪爽给他赢得了"绅士匪盗"的美称。

加里随后被捕获,他的6个月刑期改判成无期徒刑,任何情况下都不予假释。里基、雷蒙和唐纳德又一次失去了"家里的爹爹"——可这一回是永无指望了。一开始多萝西不敢把这消息告诉三个孩子(分别为9岁,8岁,7岁)。可是他们打听出来了,同学在谈论此事,流言蜚语在搅扰他们,最后母亲不得不告诉他们。里基得知爸爸不会很快回家时,他把自己反锁在卫生间里,哭喊着"我要我爹爹……"。

孩子们再次适应没有爹的境况。跟其他十几岁的孩子们一样,他们也喜欢打猎,钓鱼,热衷汽车,追女孩子。里基在他外祖父的加油站干活,由于对汽车修理十分在行而小有名气。雷蒙则换了不少的工作:一会在工地装卸砖瓦,一会儿安装开罐器。后来他用自己的钱买了一辆汽车。唐尼[①]开始时在一家比萨饼铺子打零工,后来参加了海军陆战队。三个孩子很亲,多萝西告诉他们,一家人得相亲相爱,他们得互相帮助。里基经常地帮助唐尼——三兄弟中最好斗的一个——从麻烦中解脱出来。两个小一点儿的兄弟经常在晚上去唐尼干活的比萨饼铺帮他收摊,然后和他一块去会朋友,喝上一杯啤酒,游一会儿泳。这期间,多萝西在一家保险公司当女秘书,收入支撑全家。

这么多年来,每逢周末,全家就开车去监狱探视加里。多萝西母亲家离监狱不远,他们就住在那里,以便在允许的范围内尽可能和加里多待一会。随着孩子们年纪大起来,有时他们也自己单独去看加里,有时也隔三岔五去监狱探视,但是,多萝西在这段时间内总是尽可能地使加里感到他尽到了为父的义务。她事无巨细地向加里描述孩子们日常生活的内容,从拼写考试的成绩到买了什么新鞋,不厌其烦,充满骨肉之情。随着时光的迁移,她鼓励加里自省自律,支持他取消孩子们驾车特权的决心,听从他批准唐尼参加海军陆战队的决定。加里自然而然地行使着一个父亲的职责,他为儿子们感到骄傲,却又囿于狱中生活的单调沉闷。他有调动支配他人的强烈欲望,他又具有干这种事的圆熟能力,现在却只能通过引导儿子们来宣泄他的宏愿了。

当然,儿子们也各有各的苦衷,但相比起来,便微不足道了。里基和雷蒙曾经在离家不

---

① 唐纳德的昵称。——译者注

远的一个墨西哥食品店偷过几瓶啤酒,他们被拿获后,受处罚去扫清几英里高速公路上的垃圾。

老大唐尼想当律师。作为第一步,他认为可以当个警察或联邦调查局侦探。他在亚利桑那中部学院听课,有个老师是一个退休警官,此人曾两次亲手把唐尼的父亲抓进监狱。

加里这个认定有罪的父亲,为长子往司法界发展而骄傲。“你不管干什么,或站在哪一边,这些关系都不大”,他对儿子们说,“不过只要干什么,就得一气干到底”。

里基和雷蒙还不十分清楚他们将来要干什么,他们的生活很大程度上被父亲的监狱生涯这一现实而左右。

他们继续去探视父亲,话题越来越经常地转到加里为假释而做的努力,但这种尝试总是没有结果,带来失败的心灰意懒和苦涩。有些朋友答应帮他找工作,一些政客也满口应承加以干预,可是,一切依旧。好几次,孩子们都被告知他们的父亲即将被假释,然而政治现实一次又一次地把他们青春期的梦幻砸得粉碎,他们越来越认识到,什么奇迹也不会发生,至少是合法地发生。没有人准备为一个 4 次以身试法,为逃跑而杀害一个狱卒的罪犯冒险。

加里是一个实干家,他最恨的就是干等着不动。而监狱里的犯人正是这样:他们等待,他们掐算着日期,他们期望着。他们上诉,他们写申诉状,然后就等待。有些人在谋划越狱,每一次未遂越狱都伴随着千百次周密的谋划。但加里不想与这些白日做梦的人为伍,他要自由,他已为自己的行动计划安排了周密的部署。

实施这计划的第一步,是把自己从可能有越狱嫌疑的名单中撤下来,并解除最严密监管,给狱吏一种信任感。当狱中的年轻犯人闹事时,加里站在监狱当局一边,帮助狱吏把这些人弹压下去。这些良好表现,加上他办监狱小报,在电视和娱乐委员会工作受到的表彰,使他获得与探视家属在室外娱乐场地会见的权利。每星期一次的探视也就成了野餐——炸鸡、罗姆酒糕饼和在欢笑中饮着的柠檬水,这更加激发了这一家人团聚的愿望,而这种无间的亲密只有等加里获释后才能实现。他们开始谈论在一个异邦异域团聚,很快这种谈笑变得严肃起来,决心也就随之坚定:孩子们应该帮助父亲越狱——用那种曾经使加里两次短暂地逃离监狱的方法。这回,他将逃离这个国家——亚利桑那州立监狱离墨西哥边界只有两小时路程。他们计划在夏天越狱。

2. 越 狱 逃 跑

计划很快就付诸实施。1978 年 7 月一个烈日炎炎的探视日到了。泰森三兄弟带着他们多年来一直带去的那只野餐大篮子到达佛罗伦斯镇,可这回有两件事迥然不同:一是多萝西没来;二是篮子里本来应该装炸鸡和罗姆酒糕饼的地方,现在藏着手枪和猎枪。

孩子们制订了周密的越狱计划。他们买了武器,把几把猎枪的枪柄锯去,并预先把一辆接应的车停在附近的医院里。他们意识到会有危险,他们可能干不成,可他们别无选择,如果成功了，他们就会自由自在地与父亲在一起，如果失败，他们也会和父亲在一起——只不过一同蹲监狱罢了。

当然，还有其他风险。警察可能会开枪，他们可能会被打死，父亲可能被打死。可他们的爹保证，并信誓旦旦地说，没有人会受伤。“你手里掌握的武器越多，”他指示他们，“你使用它们的可能性就越小。”

“我们告诉爹，”雷蒙说，“做这件事有一个条件——不伤害任何人。”

加里向孩子们保证说，“我们不费一枪一弹就会成功的，也不会有人向我们开枪。只要出了狱，就高枕无忧了，我知道怎么干，我干过”。他干过，却从来没有成功过。但孩子们对他的话深信不疑，言听计从。他们相信他，他们崇拜他，对他们来说，他不是一个杀人犯，那个狱警是在混战中偶然失手被打死的，而不是冷酷无情的谋杀，他们的爹不会去杀人。

随着孩子们渐渐长大，加里跟他们谈他的刑事犯罪问题。他说他的行为是参军时受到某种绝密的训练的结果。他对孩子们说这件事是绝密的，但他想要孩子们了解他的问题是怎么引起来的。

孩子们对他这番神话深信不疑，就像他们对父亲说过的每句话都深信不疑一样。“没有人会中枪”，爹再次向他们保证。

爹的话不错——至少是在越狱时是如此。事情十分顺手，不费一枪一弹，他们就把加里弄出来了。雷蒙到野餐场地去会见父亲，里基和唐尼带着装食品的大篮子到等候探视室等着。预先已经约好，加里的一个朋友，一个叫兰迪·格里纳沃尔特的杀人惯犯在隔壁工作间待着。这人虽然恶贯满盈，仍然在狱中受到狱警信任，就像监狱里一句老话所说，“看守最信得过的是杀人惯犯”。会见室里其他客人走完以后，两个孩子掏出手枪逼住警卫，很快把猎枪递给兰迪，雷蒙和加里与他们在走廊里会合。

他们又撞上另外两个看守，就命令他们平躺在地上，其中有一个试图打开挂在腰上的对讲机，被匆匆跑进屋里的加里看见，“你要是动对讲机一下，就叫你们这些家伙马上完蛋”。加里一边命令看守把对讲机从地上滑过来，一边警告说。

他们很快把警卫弄到一间储藏室里去，同时关进去的还有一些偶尔闯进来的吓得半死的探视家属。门被上了锁，电源被切断，然后，这 5 个人大摇大摆地走出监狱大门。

在大门口了望塔上值班的卫兵注意到，与大门口办公室相连的通话器不灵了。正当他摆弄通话器时，他看见 5 个人走出大门，其中一个人摇晃着手中的钥匙串。这种情景在家属探望日里司空见惯。这些人上了一辆绿色的福特车，从停车场驶开。那个警卫又摆弄了几分钟通话器，然后他喊住一个正在底下走的警卫，去察看一下大门口办公室出了什么事。这当儿关在储藏室里的狱卒已经用一根铁管把屋顶上砸出一个洞，钻出来砸开了锁。警报铃声大作，这时泰森一家和兰迪·格里纳沃尔特已经无影无踪。后来发现那辆绿色福特车被丢弃在附近的医院停车场上。

这场胆大妄为的越狱逃跑通过电台电视广为报道，捉拿逃犯的追捕开始了。可追捕的对象这会儿正在沙漠中的小路向西奔逃。他们开着一辆向“乔大叔”借来的白色林肯老爷车。乔大叔除这一次作案外,还有过一次联邦刑事犯罪的底案,他以从墨西哥向美国贩运大麻为生。这辆车的轮胎跑气,一只胎第二天就瘪了,换上了那只备用胎;当天深夜,在沙漠深处的育玛北部,第二只胎也放炮了,这会儿再没有可换的备用胎。

3. 沙漠里的谋杀

那天晚上,约翰·利昂斯从洛杉矶回到家中,他是一个海军陆战队士兵,就驻扎在育玛附近的航空兵基地,正要带着家小去内布拉斯加州的奥马哈休假。他的15岁的侄女特丽沙·泰森(与泰森一家没有亲戚关系)在这之前到他家小住一周,此时正准备一起上路,顺路在拉斯维加斯下车。他们决定当晚就出发,以便多赶路,也好避开沙漠的炎热。

约翰和朋友尼克往他那辆橘黄色的马自达车上装东西时,妻子唐奈尔达正赶在最后一分钟熨烫衣物,两岁小儿克利斯多佛还在酣睡。终于,在10点半左右全家上了车。车上装着箱子,约翰的猎枪,还有他们的狗吉娃娃朝北开去。

大约1小时后,黑暗中出现了一个人的身影,挥动着手臂,在汽车头灯照耀下挡在路中。一开始约翰绕了过去,后来他停下车,倒了回去,停在林肯车旁。从车旁的黑暗中闪出另外4个人,手里都持着枪。其中一个人命令利昂斯一家下车,让他们上了林肯车后座,两个人随他们上了这辆车,其他人都上了马自达车。

林肯车沿着凸凹不平的石子路上下颠簸,开出几英里远,马自达紧跟其后。加里停住林肯,叫格里纳沃尔特把马自达转过来,两个车的车厢对着车厢。他命令利昂斯一家从林肯车上下来,并把马自达上的行李卸下,他们把枪都装上去,并把利昂斯的行李装到林肯车上去,黑暗中只听到枪柄碰撞和皮箱磕碰的声音。

然后,加里和兰迪上了林肯车,朝沙漠深处开了70码,他们朝发动机开了几枪,叫男孩们把利昂斯一家再推上林肯。这一切都干完以后,加里转身对里基说,“小子们,都回到马自达上去,把水箱拿来”。雷蒙和里基心里感到一阵宽慰,他们想,这样利昂斯一家就有足够的水维持到有人来救他们了。唐尼、里基和雷蒙在漆黑的沙漠中无声地往回走去。他们从马自达车上取下水箱往回走去。突然,他们听到猎枪射击的声响,看见黑暗中闪烁的火花,他们僵死般地站在那里,时间好像无穷无尽,然后一切又恢复了宁谧。

依稀可见的光线勾勒出加里和兰迪的黑色身影,沉甸甸地投射在路上。孩子们走近时看见两个人脸上的表情,脸上淌着的汗水,悬在胳膊下面的猎枪。加里直勾勾地盯着里基的眼睛,说:“除掉林肯车当然是不容易的。”他们默默无语地登上马自达。

孩子们感到浑身发麻,他们不敢相信眼前的事实。他们亲眼看到父亲谋杀了一家人——父亲、母亲、婴儿和侄女,而且没有任何说得过去的理由。他们不知道该怎么办,该怎么想,该怎么感觉。他们坐在车上,被恐怖震慑,任凭格里纳沃尔特驾车直驶。

路越往北越偏僻崎岖,很快他们又重新回忆刚才亲眼看见的一幕,思考他们曾参与的事件。雷蒙想,“我们抢了他们的车,可为什么非得杀他们呢?”他们感到既恶心,又恐怖。

他们知道,很快就会有人查到利昂斯一家的下落,这只是时间问题。第二天早晨他们在一个叫温登的小镇停下来,在一家杂货铺买了六罐银色喷漆,但这只是临时措施,他们需要另一辆车。

格里纳沃尔特想到他有个朋友,没准会帮点儿忙。这人以前是他的女朋友,就住在离弗拉格斯塔夫不远。他们立刻朝那儿开去,一边拣好开的路走,一边又尽量抄小路,以防被人看见。

第二天早晨,他们已经开到弗拉格斯塔夫东边的唐尼公园。由于饥饿,他们不顾被人认出的危险,在市场上饱嚼一顿热狗和酱豆。他们离开时找到一条从高速公路干线上穿过、年代已久的土路,就朝山坡上开去,找到一处野营地,四周有茂密的松林遮掩,十分隐蔽,他们就在那儿等待夜晚的降临。

当晚,格里纳沃尔特敲响了凯茜·厄尔门德劳特的家门。他想借她儿子的小卡车,可那车实在破烂不堪。凯茜答应第二天早上给他买一辆。她在第二天早晨跟唐尼一起去弗拉格斯塔夫。而格里纳沃尔特则跟凯茜的孙儿们一起待在家中。唐尼最后在“疯狂的阿尔”车行挑中了一辆雪佛兰货车。凯茜为买车,在银行借了钱。

可这车得等到当天晚些时候才能交货,所以他们就开车回去,把格里纳沃尔特拉上,给了他一些枪支弹药,让他在山脚土路边下车。唐尼跟凯茜待在一起,以便去取雪佛兰车。路上她转过头来问唐尼“你怎么啦?”唐尼说,“我非常,非常累,我真想好好睡上一觉”。他又说“我们这几个小孩把爹救出来以后,爹完全变了”。他把身子瘫在座位上再也不说一句话,凯茜把他送到车行。

现在,他们有了小货车,又可以继续前进了。在这之前他们把马自达开到一棵枯死的大树后面,用松枝掩盖好,然后就朝科罗拉多——墨西哥边界直直开去。

4. 度蜜月的新婚夫妇

差不多同时,另外一辆车也正朝科罗拉多州开去。马吉恩和詹姆斯·贾奇刚刚在得克萨斯州结婚,蜜月旅行计划也已订好:先到科罗拉多大森林野营,再去丹佛观看丹佛“野马队”与得克萨斯“牛仔队”之间的一场美式足球表演赛。8月5日新婚那天早晨,马吉恩的父亲给她一张100美元的钞票让她路上花。婚礼仪式一结束,这对新婚夫妇便乘上他们崭新的银蓝两色面包车出发。

8月8日,马吉恩给父亲打电话,说他们准备去科罗拉多州的骚思福克附近钓几天鱼。几天后,有人看见他们在骚思福克附近的一家商店买补给品,这是人们最后一次看见这对新婚夫妇,他们订的足球比赛座位空着,没人去看。

8月9日,三个衣衫肮脏不整的人来到骚思福克附近的那家商店,买了好几条香烟,用一张100元美钞付款。那天晚些时候,有个身材魁梧的人在科罗拉多州科尔台兹市一家叫

“加布利埃尔”的雪佛兰汽车专修店停下他的蓝色小货车,说要修理一下。他和另外几个人乘一辆银蓝相间的面包车离去。他再也没有回来取车。

谁也不能肯定到骚思福克附近那家商店去的那个人是“泰森匪徒”中的一个,谁也不清楚泰森一伙是否遇见过那对度蜜月的夫妇。可以肯定的是,4 个月以后,贾奇夫妇的尸体在卡比森克雷克溪谷附近被人发现,身上大部分被雪遮盖,遗体已腐烂。附近还找到一罐鱼饵,两只酒杯及一只结婚戒指。这对夫妇每人脑后中了一粒枪弹死去。警方认为,是加里·泰森杀害了贾奇夫妇,夺走了他们的面包车。

5. 追　　捕

当人们在科罗拉多州骚思福克附近的商店看见那个身材魁梧的人时,亚利桑那州警方已经在育玛发现利昂斯一家遇难。母亲和婴儿被打死在林肯车中,利昂斯倒在车旁。特丽莎不见了,使人怀疑他可能被泰森一伙劫持,为发泄性欲,或为安全而充作人质。几天以后,在沙漠里找到了她——她胯部中了一枪,挣扎着向大沙漠中的公路干线爬去,已因流血过多而死。那条狗也躺在她身边不远,因干渴而死去。

公众在这之前一直对泰森一家的大胆越狱带着一种既恐惧,而又充满佩服的感觉关心着这场追捕。可这些骇人听闻的罪行震撼了公众,憎恶和仇恨取代了佩服。新闻报道把这些罪行描述为“疯狂大屠杀”,一次“死亡大饮宴”,一场“仪式性的处决”。那些杀人嫌疑犯被形容成精神处于“疯癫状态”和“绝望”之中。有人表示,在泰森一伙和格里纳沃尔特被捕获之前,他们拒绝在晚上开车。

警方的压力巨大,他们加强了力量,搜寻泰森一伙的踪迹。这是亚利桑那州历史上声势最浩大的一场追捕——巡逻车、直升飞机、警犬、路障,加上四通八达的通信网。几百份联邦及州的公文迫使官员们全天工作追捕泰森一伙。

泰森一家人也感到极大的压力。他们自狱中逃脱以来,已经换了 5 次车,但是他们仍不停地在路上豕突狼奔,每一分钟都可能和巡警遭遇,随时都可能被人认出而遭阻截。他们心力交瘁,钱也快花光了。加里决定,必须向墨西哥突围,即使是和边界巡警遭遇也在所不惜。

8 月 11 日晚,在卡萨格兰德南边,3 个警察守卫着一个路障。凌晨 2 点 58 分,一辆面包车驶近,突然车里发射出子弹,把一辆警车身上打了两个窟窿。这辆车随即加大油门冲破路障朝前开去。警察跳上巡逻车紧追这辆面包车,一直追到山坡上,转上一条小路。另一辆警车以 100 多英里的高速超过这辆警车,以便用长枪进行射击,他朝飞驰的面包车打了好几梭子弹。

然后,警察停止射击,他们呼叫守候在附近随时待命的直升飞机。他们知道,在小路的另一端另一个路障有人守卫着,而泰森一伙并不了解这一点。这当儿,加里在后车窗打枪,他以为他们已经逃出了法网。可正在驾车的唐尼已经看见了第二个路障,唐尼朝路障直直冲去,但在他撞断路障之前,等候在路边警车里发射出 4 颗子弹击中了他的头。面包车骤然拐向路边,栽到沙漠里掀起漫天尘埃。加里大喊:“各自逃命!”随即窜进沙漠,里基、雷蒙和兰迪·格里纳沃尔特紧随其后。昏暗之中一个警察对着兰迪的身影开了一枪;里基、雷蒙和兰迪扑倒在地上,加里则拼命逃窜,消失在黑暗之中。

警察小心翼翼地逼近面包车,他们发现,唐尼瘫倒在驾驶座上,他还有几口气,但因头部中弹,已不省人事。警察给他戴上手铐,向卡萨格兰德方向呼叫救护车。从面包车中缴获了武器后,就把他留在车上。这时是凌晨 3 点 15 分,阿兹台克急救中心收到了紧急呼叫。3 点 40 分,救护车闪着红灯呼啸着驶到路障处,但司机和救护人员被阻挡在路障外等了 5 个多小时,他们在 9 点 10 分才被准许去照顾唐尼,那时他已经死了。

警察搜查面包车后不久,直升飞机开着亮如白昼的搜索探照灯飞临现场。立刻发现沙漠中有两个人并排躺着,另一个人躺在稍微靠前一点的地方。警察命令最近处的那个人站起来,举起手向警察靠拢,这人是里基,身上溅满他哥哥唐尼的鲜血。

接着雷蒙也被命令爬起来。警察铐他的时候,他对警察说,在他衬衣下面肩下的枪套里有一杆枪。这些警察下了他的枪,给他上了手铐。然后两位警察走近格里纳沃尔特躺着不动的沙窝中,把他捆绑起来,带到路障边,每个躺着的人身边都找到一杆枪。

警察用猎枪枪柄抵着里基的头,他的嘴里被塞进一支手枪,他全身的衣服都被警察用匕首割断,剥得一丝不挂。他被揪着头发拖到一辆警车旁,在那里 3 个警官开始审问。他赤身裸体、浑身发抖地被拷问了 5 小时。只要回答稍有迟疑,警察就会对他说,“你想看看你垂死的哥哥吗?”这种暗示含义不言自明:只要他不招供,他就会挨枪子,留在沙漠里等死。“我不想说话”,他说。然而警察继续逼供,不省人事的唐尼还在继续流血,但在他的兄弟招供之前,他不会得到急救。最后,里基供出了他在越狱及后来发生的事件中的作用。雷蒙也受到同样对待。

当朝霞升起来时,警察押着两兄弟回到皮诺尔县监狱:在一群早已得到消息等候在那里的记者们围上来之前,他们停车给两兄弟赤裸的身体围上毯子。①

多萝西·泰森是从一位兴高采烈的电台广播员的新闻发布中得知那场战斗和她大儿子的死讯的。

接下来一个星期,一直没有关于加里·泰森的踪迹。500 多名自愿武装人员在发生枪战附近的沙漠里搜寻这个亟待拿获的逃犯。一架直升飞机载着特别突击队搜寻了废弃的矿井和岩洞,警犬也出动了。一个 80 多岁的退休搜捕逃犯专家也被召来出谋划策,还请了精神战术专家来咨询。这场搜捕洋溢着一种马戏团的味道,到处都是加里在哪里露面的谣言。据报,从大峡谷到墨西哥南部范围都有人发现他。警方设了一个举报电话号码,以便接收每天成千上万次电话报警。警察在犹他州进行了搜捕,因为有人在那儿“亲眼”看见

① 以上系里基和雷蒙·泰森的陈述。

了加里;又有人在萨图斯山一带看见了他,于是一队登山人员和骑警就被派到那个地区去围剿。经过一个星期高度警戒的陆空行动,追捕终于松弛下来。里基和雷蒙希望渺茫地企盼着他们的爹已经通过毒蛇出没的平川,到达自由的天地。

可是,在大部分追捕者偃旗息鼓之后,一个帕帕戈印第安人在一片低矮的灌木丛里闻到一股恶臭——那是一具已腐烂了的尸体。警察立即被召来,认定是加里·泰森的正身。他一直藏在离路障不远的沙漠大约只有1英里处。8月大漠的骄阳对他来说是致命的,他的末日是在帕帕戈印第安保留地里降临的:他躺在硬木和灌丛之中,脑袋边枕着一只袜子,里面装满了挤干的仙人掌果实,离他咫尺之遥的是他一直在寻找的水源,他终于未能活着找到有水的地方。他身下,半埋在沙土中的是约翰·利昂斯的枪。加里·泰森死在离他逃出的监狱50英里方圆之内,他不是死于暴雨般的枪弹之下,而是死在焦干孤寂的沙漠之中。全国上下的报纸,远至加利福尼亚都用特大号通栏标题报道"泰森死了"。多萝西·泰森认为,泰森是被活捉的,但被治安人员杀死。

6. 庭外交易告吹

从泰森逃出监狱的当儿,特别是发现利昂斯一家被害之后,追捕"泰森匪徒"就受到当地新闻媒介异乎寻常的关注。报纸把泰森一伙比做波士顿专事绞杀活动的"泰森杀人帮",把他称作"谋杀公司"。泰森的出逃导致了亚利桑那州监狱部门的整顿,州监狱狱长被撤职,无期徒刑犯人露天活动的特权被撤销。据揭露,监狱官员在越狱前5个月就收到泰森可能要越狱的警告,但在对他进行了四场测谎试验后他被允许继续在露天活动。

现在,5个共谋者死了2个,公众的全部怒气就集中到仍然活着的3个人身上。美国人习惯的"谁实际上干了什么"的理智分析,实际上已经为被谋害的婴孩的回忆淹没。受舆论左右,人人认为"要不是两兄弟把加里·泰森和格里纳沃尔特劫出去,这一切都不会发生"。新闻界要求把这两个人送进煤气室处死。一家报纸发表社论,对泰森匪帮中还有两个人被生擒表示愤恨。或许是感觉到公众的情绪,或仅仅出于绝望,里基从县监狱里逃了出来,只自由了15个小时,广播和通缉却使亚利桑那州居民感到既恼怒又惧怕。里基很快地被警犬从一块玉米地里找到。他被一群警犬咬了三次,然后被制服,"这些狗真恶",他嘟囔着被押回监狱。

不久,雷蒙、里基和格里纳沃尔特在皮诺尔县受审,法院认定他们犯有因越狱而犯的攻击罪及逃跑罪。在育玛县对谋杀罪进行审判即将开始之时报纸登的每篇文章都回忆了夏天发生的那些惨剧,进一步煽起公众的情绪。

在这种形势下,法庭指定给里基和雷蒙担任辩护的律师竭尽全力试图与法庭达成一项合法交易。他们留有一手,使用这个策略是因为兰迪·格里纳沃尔特将被单独另案审判。作为两个杀人犯之一,他以前就曾被认定犯有谋杀罪(越狱时正为此服刑),格里纳沃尔特是公诉的主要对象。可是,因为不能强迫格里纳沃尔特在对他的审判中给自己作证,能为谋杀利昂斯一家作证的仅有两个证人就是雷蒙和里基。或许,连公诉人都感到这两个孩子罪不当死。

不管怎么说,他们终于达成了一项庭外协议:里基和雷蒙将在格里纳沃尔特的审判中出庭作证,以此换取州公诉方面承诺判刑时不要求判处死刑。达成协议之后,这两个孩子对公诉人和格里纳沃尔特的律师畅所欲言,他们自己的律师则把注意力放在别的案子上。有不少人对此愤愤不平,认为这两个小家伙似乎正在逃脱惩罚。报纸也发表社论,抨击达成这项庭外协议的公诉人。

格里纳沃尔特在1979年2月受到审判。公诉人在第一次发言中声明,他们保证泰森两兄弟将出庭作证,人们的注意力又回到法庭上来。可是新闻媒介提醒人们说,这两兄弟将不会因杀人而被处死,而里基和雷蒙将在监狱里了此一生,这惩罚似乎还不够,有点儿太便宜他们了。公众对庭外协议可能有的一点点支持也因报纸上连篇累牍地追述令人发指的犯罪细节而烟消云散。

当雷蒙最终站起来在法庭起誓,所言"当系据实陈述,句句皆实,唯事实别无匿饰增减"时,他完全准备好为在育玛附近沙漠之夜发生的一切作证,这就是格里纳沃尔特之所以被审判的事件。庭外协议包括雷蒙"将在任何与1978年8月1日发生的约翰·利昂斯一家被谋杀事件有关的刑事诉讼中作证"。雷蒙已经经历过一场单独审判,并被认定犯有协助越狱罪。他以为对格里纳沃尔特的审判将完全集中在谋杀上。

但是公诉人一开始就逼问他预谋越狱的细节和过程:还有什么人参与此案?他们都干了些什么?

雷蒙拒绝回答这些问题。不清楚为什么公诉人要问这些问题——可能公诉人想让陪审团对事件有个完整的了解,也许他想探听与此案有关的同谋者的证据,也许他猜到雷蒙会拒绝回答这些问题。可是雷蒙以及后来里基拒绝回答问题的原因是很清楚的,他们不会指认曾经帮助他们越狱的那些人,也许他们在尽力避免使他们的母亲被认定有罪。

法官宣布格里纳沃尔特的审判无效,认罪协商交易也一并遭到撤销,这下里基和雷蒙的辩护律师得在两星期内准备对谋杀罪的审判。

7. 对谋杀的审判

2月20日早晨,律师们面前坐着道格拉斯·凯迪法官。在整个审判期间,舆论和新闻媒介的态度十分强硬,在《育玛每日太阳报》上发表的两篇社论提到甚至连凯迪法官都认为"不应该这样写"。

里基的律师争辩道,审判地点应该转移到该州其他地方去,这一动议被法庭否决。他又争辩说,至少应暂缓开庭,以便减少新闻媒介对陪审团的影响。这一动议也遭到否决。律师极力劝告法官不要把那些鲜血淋淋的尸体照片拿给陪审团传阅,虽说那部林肯车座位上斑斑血迹的照片仍然作为证据被收入案卷。

泰森两兄弟分别就育玛谋杀事件受到审判。里基在先，他的陪审团由 8 女 4 男组成，他们都是《育玛每日太阳报》的日常读者。其中有一个妇女坦率地承认，她在审判开始之前就认定里基有罪："婴儿被杀一直使我觉得不舒服。婴儿根本认不出谁是谁，如果他们不杀婴儿，我也许不会对他们产生这么大的反感"。可是法官认为她可以"改变这种观点"而依靠审判中拿出的证据来判断。其他持有类似观点的人也被核准成为陪审团成员，这场审判一开头就不吉利。

证人就像粗制滥造的廉价侦探片里用旧了的破道具。其一是绰号"乔大叔"的泰森，他因阴谋向美国偷运大麻而被判刑。现获准从联邦监狱前来作证。他供认，他的"业务"就是在亚利桑那州和东海岸之间运输大麻，他把毒品藏在专为此买来的破卡车里，通常是用 3 次以后就把车子扔掉。其中就有那辆在 24 小时之内两只轮胎跑气的林肯老爷车。乔大叔供述说，他向加里提供那辆车用来逃跑，以换取所谓"墨西哥黑手党"劝说贩毒案中的另一个当事人不出庭作证反对他。

审判很快就变成详尽陈述令人发指的事实的场合。医生关于利昂斯一家中弹死亡，中弹的部位和子弹的数量填补了沾满血迹的车座的空白。这些滔天罪行使每个陪审员感到恐怖发指，与此有关的警察官员、治安人员和侦探一个接一个地出庭作证。甚至警察在解释谁使用那一杆枪干了些什么时情节混乱无法自圆其说，陪审团也并不认为这是警方无能的表现，反而造成泰森一伙掌握大量枪支弹药的印象。作为物证不断堆起来的武器也起了增强效果的视觉作用。

里基自己没有作证，可是他在警察逼供下交代的内容都向陪审团宣读了。根据这份记录，他曾说"这一切都值，哪怕是把父亲弄出来 10 来天，也值得这么干一场"。里基曾对警察说过，他本来以为没有人会受到伤害，本来以为，这一切惨剧都不会发生。

里基在整个审判过程中一言不发，他脸上带着一种神态紧张的微笑表情。为了扭转他这种微笑带来的不利印象，里基的律师要求传唤一个曾经雇佣里基干活的房屋修理承包商来法院作证。这个叫霍威尔的人解释道，里基小时候曾经戴过牙箍，只要他感到紧张，"他看起来就像是在笑，其实他根本没有笑"。霍威尔先生同时与泰森夫人的雇主，一些邻居朋友一道作证，认为里基是个"棒小伙子"，诚实，工作努力，从不打架斗殴。但这些证明来的太迟，效力微弱。卷帙浩繁的供词，加上根据亚利桑那州法律，里基只需参与越狱，就足以认定谋杀有罪，这对陪审团已经有足够的说服力了。陪审团当天即进行秘密讨论，并一致认定被告有罪。接下来雷蒙的审判结果也是一样。

在审判过程中，多萝西自始至终坐在法院旁听席上，尽可能地给儿子一些帮助。审判使人了解到，她对家庭的奉献令人心灵战栗。她的儿子们帮助父亲越狱，仅仅是因为他们爱他，此后发生的事情，不是他们可以预料的。问题是，如果孩子们在医院停车场就离开父亲又会怎样？如果"乔大叔"在车里多放一只备用车胎呢？还有，如果加里 · 泰森还活着，由他，而不是由他的儿子们来面对怒气冲天的公众，又会有怎样的结果？

8. 惩　　罚

现在,战斗又转移到另一个领域里去。在那里,利害关系更加至关重要,而结果则更难预卜。在亚利桑那州,陪审团认定被告有罪以后,法官有量刑的权力。这两兄弟每人都分别被认定犯有4项谋杀罪、3项劫持罪、2项抢劫罪和一项盗窃汽车罪。可是,在亚利桑那州,只有犯有谋杀罪的人可以被判处死刑,要作出死刑判决,法官必须在情节"严重"或"轻微"上做出专门的判断,只有确实认定情节是严重的,才可判处死刑。多萝西·泰森指望凯迪法官能判里基和雷蒙无期徒刑,因为他们两人都没有实际参与谋杀行动(在美国历史上,一直到25年前,从未有过没有亲手杀人的被告因谋杀罪而被处死的先例)。

可是公诉方面不必兑现它不要求判处被告死刑的承诺,这使情况更加紧急。在判决下达前举行的听证会,变成了一场是谁谋杀了那对科罗拉多州新婚蜜月夫妇的血淋淋的讨论会(没有一个人曾为这项罪行受到审判)。那个女人的父亲前来作证,当他被问到他是否有过儿女,他回答道,"我只剩下一个"。在科罗拉多州骚思福克的福特黑尔超级市场工作的一个营业员回忆说,马吉恩长得"极美,这种美不仅仅是面容姣好,她身上有一种使人过目不忘的魅力"。随后就是那些毛骨悚然的叙述:在匪盗出没之地枪弹洞穿受害人脑后、野兽把遗尸咬噬得残缺不全、最后在一条垂钓小溪旁发现。这真是一个既恐怖又悲惨的故事,确实使每个听众感到既恶心又愤恨。可是杀人犯并未在法院受审:加里·泰森已经死了,兰迪·格里纳沃尔特正在吞食他给自己带来的苦果,而两个服装整洁的青年却坐在那里代人受过,承担着别人播下的恶果。从一个奇特的角度来看,他们同样是受害者。

随后有8个证人,相继出庭为里基和雷蒙的品行作证。每个证人都强调这两个孩子生性不喜暴力,对父亲又尊敬又热爱。一位婶母回忆道,有一回她倒车时撞上了里基新买的汽车,结果里基反而文质彬彬地问她是否可以帮她把车挪开。朋友、邻居纷纷述说这两个孩子义务帮他们砌壁炉、修车,却分文不取的往事。最后,丹·戴克,那位新闻学教师,在狱中与加里·泰森过从甚密的人,描述了加里如何巧妙地蒙骗利用了狱政官员和其他犯人的事,他是多么迫不及待地想离开监狱。

那时,大部分人都认为,泰森两兄弟会被免于死刑,只判无期徒刑。主管假释的部门,一方面极力主张把兰迪·格里纳沃尔特送进煤气室处死,把他形容为"一种对人类的极大威胁",另一方面却为是否应建议对泰森兄弟处以死刑或稍轻的刑罚而举棋不定。最后什么建议案也没有提出。可是报纸的社论却呼吁对他们处以极刑,认为没有比毒气室更能够"使亚利桑那州人民对这两个家伙的仇恨得到宣泄"的地方了。

对死的预期令人无法忍受。里基在激动时甚至说,"唐尼死了,我很难过,可是我为他高兴,他没有像我们一样经历这一切"。

1979年3月29日,里基和雷蒙两人肩并肩站在凯迪法官面前,接受判决。这位法官先是宣读他对事实的特别裁定,这时候,两个孩子才发现,他们确确实实是在代替父亲受审。

法官认为,有三个严重的情节后果严重:每一次谋杀都促成了“其他人面临死亡的危险”(对其他三个受难者来说);所有的谋杀行为都是为获得贵重物品(指那辆车);所有的罪行都是用“极为狠毒残忍”的方式进行的。里基和雷蒙并没有亲自参与这些罪行这一事实对法官来说无关紧要。他沿用连带责任这一理论(同谋者对共犯犯下的罪行负有责任)来抹杀两兄弟与其父之间的区别。两兄弟皆为初犯,他们年幼无知,他们犯罪的具体情节都不能压倒父亲犯下的滔天罪行。法官宣布分别判他们二人以煤气处死的惩罚。他们将为父亲和他的朋友犯下的罪行而被处死。

9. “死刑是野蛮和不人道的”

我一直对废除极刑怀有极大的热情。早年上中学参加辩论小组与对手争论时,我就常常在以“极刑应予以废除”为题的辩论会上站在支持一方。(我还保留着一套为辩论而准备的资料卡片,证明大部分犯有谋杀罪的罪犯都是“环境”的产物,所以我倾向废除极刑)。在大学里,我以此为题目写过一篇论文,在法学院读书时,我曾经给以色列总理写过一封信,主张废除死刑,甚至连阿道夫·艾赫曼①也应免于死刑。

我从法学院毕业后,先在美国联邦上诉法院哥伦比亚特区首席法官戴维·贝兹隆手下任录事,做些文书助理之事。我曾参与处理一件死刑案。该案主要情节是:一个黑人青年在与警察争夺枪支时,失手误杀了这个警察。这个黑人青年被判处死刑,因为争斗是由于该犯企图在一家酒店行抢,因此可沿用“由抢劫而引起的谋杀”原则。贝兹隆法官主张免于被告死刑,这一主张作为正式见解写在了我那时协助贝兹隆法官起草的判决书里,并予以发表。

1963年夏,我在美国联邦最高法院大法官阿瑟·戈德伯格的秘书处工作。上班的第一天,他就把我叫到他的办公室,问道:“你对死刑有没有什么想法?”

“想法很多”,我急不可耐地回答。

“那好,我现在正想着一件事,可能你会感兴趣,”大法官说,“我想让你给我写一份有关死刑利弊的备忘录,围绕其中与宪法权利有关的问题写”。

“太愿意了。”我简直无法掩饰自己的兴奋心情。

戈德伯格大法官说,“在你钻进故纸堆里引经据典之前,咱们先谈谈这方面的事。我有些想法,想跟你讨论讨论”。

我告诉大法官,我也一直在想件事,一年前我曾经协助贝兹隆法官处理过一桩死刑案。

“戴维②曾经谈到过死刑的问题,他的一些观点很有趣”,大法官说,“可是,就我所知,

① 著名的纳粹刽子手,奥斯威辛集中营的冲锋队队长,他曾亲手处决无数犹太平民。——译者注

② 指贝兹隆法官——译者注

从未有过一位法官触及过死刑是否符合宪法精神的问题。”他接着说：“宪法第八修正案[①]禁止‘残忍及不寻常的惩罚’，什么惩罚能比国家有意识地决定消灭一个人的生命更残酷呢？如果说酷刑折磨是一种残忍而不寻常的惩罚，那么经过深思熟虑的国家的杀人行为不会比这更好。”

他的观点大胆而充满想象力。可是历史上这种观点反复被批驳过。我就此提醒大法官说：“宪法第八修正案立法之日，正是殖民者在美国到处杀人之时，宪法的起草人当然不认为死刑是违宪的。”

大法官戈德伯格早就意识到我会提出这样的论据，所以他早已准备好他的回击：“这就是为什么美妙的人权宣言出世的原因。这是一部划时代的文件，它意味着今天的一些事情与 1792 年相比已经发生了变化。这项残忍及不寻常惩罚条例——”他停下来，到书架上去取一本书，“必须从逐渐演化代表进步成熟社会的正直标准中去汲取它的现实意义。这就是头儿[②]在《特洛普诉达勒斯》一案中阐述的观点”。

我记得那个判例。最高法院在该案中裁定因犯罪而剥夺一个人的公民权是一种残忍而不寻常的惩罚。我可还记得，首席大法官华伦在表达他个人意见——律师把这种论述称为 Obiter dictum[③]——中称“死刑在美国历史上一直沿袭至今，目前仍被广泛使用，不能说它违反了宪法意义上的残酷的含义”。我提醒戈德伯格大法官，首席大法官的论述，是 5 年前才作出的结论。

他神情黯然地摇摇头说：“我知道头儿都说了些什么。我真希望他没有这么说。在《特洛普诉达勒斯》案中并没有论述死刑的必要，因为该案并没有触及死刑的问题。头儿对这个问题肯定会坚决反对，但我们坚信，我们应该开始推动这个法律问题的探讨。或许我们在第一个案例判决时不能得到多数票赞成，可至少我们可以使律师和法官们开始想这个问题，并在判处死刑时从宪法的角度提出异议。”

我离开大法官时心里寻思着，为什么律师和法官们还没有这么做。我想起我的同事艾伦·斯通的评论，他说，之所以没有设诺贝尔法律奖，是因为法律这种职业是唯一不靠发明创新，而靠利用已有先人先例可依的规定取胜的职业。律师习惯于寻求和引证“权威”——那些过去的律师或法官的言论典范根据，来支持自己的看法。对于法律来说，创造性主要是指通过分析过去的判例来绕开壁垒，或渐进地修改法律。律师很少在信仰上骤然变化，或对基本概念有突破性的改变。（我还记得在中学上犹太教法典课程时，有一次我声称发现了一个新见解，老师用以下“第 22 条军规”般的诡辩来回答我：“如果你说的是这么

---

① 美国宪法第八修正案（Amendment VIII）：由美国国会在 1791 年通过，内容是：不得索取巨额保金，也不得课以巨额罚款；不得用酷刑及使用不寻常的惩罚手段。——译者注

② 指当时的联邦最高法院首席大法官厄尔·华伦（Earl Warren）。——译者注

③ 拉丁语，意为偶然的论述。此为法官对处理该案并无直接关系的论述，有时可以是纯学术的论述。——译者注

一个好主意,那么,很明显那些比你聪明得多的拉比们早就会想到了;如果这些比你聪明得多的拉比们没有先想到,这个主意就不可能是一个好主意。")

戈德伯格大法官关于死刑是否违宪的想法,是思想方法上的巨大飞跃。现在,我的任务就是设法使这个认识看起来就像是根据许多现有的法律和权威自然而然推导出来的结论一样。我带着一种使命感埋头典籍。美国联邦政府和各州政府曾判处过几千人死刑,这些犯人中大部分是黑人,穷困潦倒,没有机会上学。现在,最高法院终于有机会来拯救许多人的生命了。

经过几个星期的调研写作,我向戈德伯格大法官呈交了一份厚厚的研讨死刑是否违宪问题的备忘录。备忘录勾画出英美两国反对残忍和不寻常处罚的历史,并对最高法院裁决中与此有关的所有判例加以探讨。结论是,可以提出合理的宪法依据来反对死刑判决。我在备忘录中建议,最高法院应首先"仔细研究手头的死刑案例,以此对各种不违宪的类型进行分类"。我建议戈德伯格大法官应该宣传他的死刑违反宪法精神的意见,这样,律师在为死刑判决上诉时就可以引用宪法第八修正案据理以争。这会促进这个进程,逐渐削弱死刑符合宪法精神的理论,从而慢慢地形成一种新观点,并运用在一个判例裁定里,宣布过去所有的死刑判例中,给予死刑处罚都是违宪的。

戈德伯格大法官接到我的第一稿就着手修改加工,他准备在备忘录定稿后抄送给最高法院所有的大法官传阅,以此作为试探气球,看看他究竟有几个支持者。我为我亲手写的备忘录——尽管基本思想是戈德伯格大法官首先勾画出来,备忘录最终也由他审定——能够送到最高法院每一位大法官的案头而心花怒放。

经过无数次重新起草,修改加工,戈德伯格终于发出他的备忘录。备忘录强烈地表达了他对"国家用立法形式来剥夺人的生命"是"野蛮的、不人道的"的观点。但备忘录也承认,"最高法院兄弟会①可能会不同意……死刑,如上所述,是违宪的"。因此,他希望各位大法官考虑他的建议,即"至少对于某些特定类型的犯罪行为,某些特定类型的罪犯判处死刑,是违反宪法第八修正案和第十四修正案的"。

这篇备忘录像一颗炸弹,它立刻成了最高法院的热门话题,在大法官和工作人员中间引起热烈的议论。当然,并非每一个人都喜欢这篇备忘录。最感不安的是两个最高法院所谓的"自由派"——厄尔·华伦首席大法官及雨果·布莱克大法官。华伦,这个精明的政客,总是关心公众对最高法院裁决论述的接受程度。他坚信,任何关于死刑判决是违宪的的提法都可能损害最高法院裁决,尤其是关于禁止种族隔离和其他敏感有争议问题的裁决的权威性。

布莱克,这个制宪自由派,对于戈德伯格企图"重写"人权法案②极感不安。

---

① Brethren,指联邦最高法院九位大法官的工作关系。——译者注

② Bill of Rights,即美国国会于1789年通过的宪法第一修正案。——译者注

可是布伦南和道格拉斯这两位大法官同意戈德伯格的观点。斯图尔特大法官对这种探讨表示了一些带有疑问的同情。

最后,在首席大法官华伦的要求下,戈德伯格大法官同意不公开发表备忘录。这对我来说不啻是晴天霹雳,我担心我们辛苦一番的结果会付诸东流。可是戈德伯格大法官和道格拉斯及布伦南一起,决定将他们三位大法官在一个死刑案的裁决书中陈述的不同意见发表,该案涉及一个黑人男子被控强奸一个白人妇女,他为此被判处死刑。

戈德伯格大法官的目的在于,提醒刑事诉讼辩护律师注意,至少在最高法院有三位大法官对某些情况下判处死刑是否符合宪法有疑问。

反应来得又快又强烈,既来自司法界,也来自新闻界。

《纽约时报》形容戈德伯格的异议提出了"意义可能极为深远的观念"。《华盛顿邮报》赞扬它是"法的思辨精神对未来聪明才智的呼吁"。

并非所有的社论作者都感到高兴。威廉·劳埃勃,极端保守派报纸《曼彻斯特联盟导报》的发行人,写了整版社论,题目是"美国最高法院三人帮为强奸撑腰鼓气":

> 当然,这个令人无法置信的观点,只能给那些企图强奸的家伙帮忙。这些恶魔没有了死刑的威胁,又熟知许多假释委员会主管人的古道热肠,会以为对他们滔天罪行的惩罚不会过严,从而倾向于再度以身试法。
>
> 就连共产党骨干分子也不能比这些人在破坏摧毁健全社会赖以支撑的基本原则上干得更出色了。用不了多少年……鼓吹对女性的蔑视就会将我们伟大的文明社会变成一个屠场。

可是劳埃勃没有告诉读者,在他自己的新罕布什尔州,强奸罪不判处死刑起码已有100年的历史了。其他报纸,特别是南方的报纸也有类似的咒骂,虽说可能不如劳埃勃来得花哨。

美国法院对戈德伯格的异议也不甚欢迎。只有很少几个法院附和他的观点,很多则用相当华丽的语言反对。例如,佐治亚州最高法院就说:

> 我们反对这个企图减弱对人类母亲——文明社会基石,上帝创造的极盛——保护的想法。我们反对那种比死亡更加恐怖的罪行,即对女性肉体——她圣洁殿堂的强暴,从而永远地玷污她的贞操——全人类最珍视的特质。〔原文如此!〕

然而,戈德伯格异议目的在于向刑事案件被告辩护律师发出一个信息,以使他们提出残忍和不寻常惩罚这一法律问题;给各级法院从法理上、事实上和历史上提供武器库,使它们能够从内部作战。这一信息十分清晰而且明白无误地传送到了,尤其是对两个全美最权威的律师组织——全国有色人种进步委员会法律保卫基金会(NAACP Legal Defense Fund)[①]及美国公民自由联盟来说。

正像麦克尔·麦尔茨纳,许多在这一信息感召下开始行动的律师之一,所说:“戈德伯格观点唤醒了我们对死刑是否符合宪法精神的兴趣,它震撼着我们去采取行动。”

美国公民自由联盟改变了它一贯的认为死刑“不牵涉到民权问题”的政策,并马上开始着手接受为死刑犯辩护的工作。美国有色人种进步全国法律保卫基金会组织了对判处死刑的人的种族成分调查。到20世纪60年代中期,全国各地努力来制止执行任何形式的死刑,并向美国联邦最高法院呈报了许多案例要求复审,理由都是死刑判决是违反宪法的。这一全国性的高潮是在安东尼·阿姆斯特丹的娴熟指导下形成的,他大概是美国最富创造性、最生气勃勃的民权律师了。他从一个州飞到另一个州,造访一所所监狱,出席一个又一个庭审,不知疲倦地为被告辩护。阿姆斯特丹在戈德伯格异议的基础上,劝说法院扩大这个短小精悍论点的影响力。

正当这种努力初见成效时,我开始和戈德伯格大法官合作为哈佛大学法学院学报撰写一篇论文。大法官那时已经从最高法院退休。论文的题目是《宣告死刑违反宪法精神》。

该文从宪法角度详尽地举证,呼吁法院,立法机关和各州首席行政官员援引宪法理由来阻止死刑判决的执行。

这篇论文发表不久就结出一颗硕果:宾夕法尼亚州司法部长在写给州监狱狱长的信中,引用论文的观点,指示他“把死刑执行室的电椅搬掉……”

还有一些小范围内的胜利:一个联邦上诉法院在裁决中认为,判处强奸罪犯死刑是违宪的。联邦最高法院在一次裁决中认为,把为执行死刑感到良心不安的陪审员排除出陪审团是违宪的。然而,也有挫折的时候。

1972年6月29日,阿瑟·戈德伯格和安东尼·阿姆斯特丹,还有他们许多同事们,包括麦克尔·麦克茨纳、弗兰克·赫弗隆、勒鲁瓦·克拉克作出的丰功伟绩受到了褒奖:美国联邦最高法院在“福尔曼诉佐治亚州”一案的上诉裁决中宣布,各州现行刑事诉讼法规中的死刑处罚全部是违反宪法精神的。三位大法官——道格拉斯、布伦南及马歇尔同意戈德伯格关于死刑判决是残忍的不寻常的惩罚的论点。另外两位大法官——斯图尔特和怀特尚不准备走那么远,他们认为:根据法官和陪审团的处理权限判处死刑,如果其实行方式是“如此不负责任,如此反常”,正像以残酷和不寻常的方式执行死刑那样,则是违宪的。正像斯图尔特大法官所说:“死刑判决是残忍的,不寻常的,正像被雷电击死一样,是残忍的和不寻常的。”[②]

---

① NAACP即National Association of Advancement of Colored People,是著名的进步组织,关心帮助黑人和少数民族的利益。——译者注

② 这种类推是错误的:雷电击死人是胡乱的、偶然的;而死刑判决是经斟酌掂量后作出的;尤其是对黑人、穷人、男性,以及那些不肯进行庭外协商以认罪换减刑的人来说。

里基长得更逗人,表情更丰富。他一边上下打量我,一边会心地笑着。他脸颊上带着圆圆的酒窝,但并不是天真无邪的。他经常打断哥哥的讲话,说一句笑话,或提示一个有见地的想法。里基比雷蒙更喜欢插话,情绪更富变化。他总是面带微笑,或者说,总是看起来像在微笑。一位当地电视记者形容他是“令千百万亚利桑那人作呕的媚眼秋波”。他哥哥雷蒙提醒我说,“里基老是有牙齿咬得太紧的毛病,这使他不管感觉如何看起来都是在笑”。

探讨一番与明天辩诉有关的案情事实和法律要点后,两个孩子要求与我谈谈他们个人的事情。“我们很了解你,”他们说,“尽管这是我们第一次见面,在这之前我们对你的身世已作过一番了解。”

我知道他们对我的身世感兴趣,因为他们写过好几封信探询我的情况。我的回信是含蓄的,这是通常律师的做法。“丹·戴克跟我们说了一些关于你的情况,妈也跟我们说了一些你的情况,有些犯人也听说过你。我们曾在一次电视辩论节目中见过你发表反对死刑的观点。”

里基开始谈他的父亲:“他是我们认识的人中间最有决心,最说干就干的人。如果他下决心干一件事,就一定能够成功。他根本不问别人可不可以。他有一种磁力。他能在别人不知晓的情况下影响别人。如果他处在你的地位的话,他会成为一个很棒的律师。”我对他们经历了这么一场沧桑之后还这么想感到不解,可我理解,父子之情常使人变得盲目。

“里基说得不错,”雷蒙又说,“爹从来不问别人。你懂得他希望你做什么。”已死的加里·泰森很显然具有巨大的威慑力。可真正使我感到惊异的是他竟然能保持这种威力,甚至在他死后,在他犯下如此罄竹难书的罪行之后。

我问孩子们,你们是否有过与父亲和兰迪·格里纳沃尔特分开行动的想法。“在事情即将结束时有过。在到达那个路障之前,我们曾谈到过。很明显,爹已经失去控制。我们讨论了分散开,各走各的,各自逃生。我们那时已经成了爹的负担。他和我们在一起比没有我们要累赘得多,他得照顾我们。除此之外,没有他我们就不知道该干什么,该往那儿走。”

“逃亡对我们来说是一种全新的经历,”里基解释道,“我们不知道等待着的是什么。爹知道。他就是坐牢的老手。他以前也有从狱中逃跑的经验。他知道该什么时候走,得躲开什么,在一个地方应该待多久。这些事他都一清二楚。”当他说这些事时,里基把头低下来,带着一种失望的口气。“可是爹对外面的有些事情也不了解,他在里面待得太久了,不知道食品的具体价格,不知道警察都配备了电子设备,不知道世界发展的这么快。他还是60年代那一套,他已经制度化了,逃出去以后,这些局限使他处于不利的情况。”

我问他们自己如何评估自己在这场犯罪中的作用。雷蒙说,那场杀人是可怕的,不可饶恕,尤其是谋害了那个两岁婴儿。“我们要想阻止谋杀的唯一可行方式是杀死爹,可是即使那样做也没有用,因为为时已晚。”里基说话时眼睛垂着,“有些人认为,在育玛枪杀发生后,我们应该把爹干掉。可是我不能干掉爹,不管他干了些什么。我不可能把枪顶在爹的脑袋上扳动枪机。他是我爹,我仍然爱他,尊敬他。"

"他们判处我们死刑,就因为我们没有干掉爹,"里基补充道,"我们为此有罪,可是我们并没有犯杀人罪。我们对阻止杀人无能为力。我们也不希望这些事发生,可我们无法阻止。"

"你想象不出,当我们听到枪声时脑海里闪过的念头,"雷蒙继续说道,"我们从来没经受过这个,真是太可怕了!"

"我现在仿佛还听见枪声,"里基插进来,脸上仍然带着那种时刻凝固着的生硬微笑。他接过话头时,脸上的酒窝开始抖动,"我们感到绝望、恐怖,我们不敢相信这种事居然真的发生了。"

"特别是那婴儿。可为什么要杀那婴儿?他不会去指认任何人,"雷蒙说,"他大概早晚得死,可他们为什么要去枪杀他?"

"你知道,因为那个婴儿,狱中的犯人还时时威胁说要结果我们的性命,"里基补充说,"我俩被捕时,很多人都说要结果我们的性命,甚至有一个教会组织也这么声称。现在只有狱中犯人这么说了。甚至那些犯下更加恶毒罪行的犯人也因那婴儿的死诅咒我们,朝我们脸上吐唾沫,威胁要结果我们的性命。"

雷蒙解释说,"不管一个人多么坏,不管他们曾经干出多么愚蠢恶劣狠毒的事情,每个人都有一个极限,每个人都可以去谴责他们认为比自己更坏的人。对很多人来说,没有比杀害一个婴儿更可恶的了。谴责了我们,他们就可以安慰自己。不管我都干了些什么,至少我从来没杀害过婴儿"。

雷蒙随后问我,我是否准备把他们从煤气室救出来。"我们会在那里被处死吗?你能把我们救出来吗?"两兄弟目不转睛地看着我,等待着答复。"法律上可没有万无一失的担保",我说。我只能承诺一件事:在他们的死刑判决取消之前,我不会罢休。

我起身告辞时,雷蒙向我转过来,一脸乐观的表情,他竖起大姆指:"你会救我们的,我知道你会的",他说。里基第一次脸上不带笑地看着我,说,"我们全靠你了,只有你才能使我们活着离开这里。"

11. 法庭辩诉

第二天早晨的情景与我会见泰森兄弟时相比,简直是天上地下。口头辩诉是在亚利桑那大学法学院举行的。在法学院"模拟法庭"课堂里举行辩诉使人加深了这一切是否当真的感觉。模拟法庭里架起了摄像机,以便把整个过程摄制下来并在法学院播放。对学生来说,这是一场教育,对在场采访辩诉会的亚利桑那几十家电视台的记者来说,这也是极富娱乐性的活动,对雷蒙和里基来说,这是生死的关头。

5 个法官鱼贯而入(都剪了短发,脸刮得光光的)辩诉开始。我决定,我的策略是强调亚利桑那州宪法,亚利桑那州法令,亚利桑那州判例。我可不愿意像个外地人那样闯进来,挥舞一本美国宪法教训当地人如何行事。我想劝说亚利桑那州的法官,照亚利桑那州的法律来解释,泰森兄弟不应被判处死刑。在准备这次上诉辩诉时,我已阅读了几十个亚利桑那州死刑判例,我了解该州最高法院法官对死刑问题的看法。

我指出,亚利桑那州有关死刑的刑法条例并没有在这类案件中处死刑的立意——这类牵涉没有严重前科的青年、本人并未开枪致受害者死亡,本人并不能控制局势,本人并无杀人故意的案件。

州首席法官立刻打断我的辩诉,质问我,孩子们把枪偷运给一个杀人犯的"意图"是什么。我回答道,意图是使父亲越狱,这一罪行并不属于可判死刑的犯罪。亚利桑那州唯一可判死刑的犯罪是蓄意杀人,偷运枪支并不一定意味着里基和雷蒙有蓄意杀人的故意。所有的证据都已证明这一点。

我指出,甚至判死刑的下级法院法官也未能认定里基和雷蒙这两个被告有谋杀的故意,或亲手执行了谋杀。所有法官认定的,只是"该罪行本身"是用"一种极为凶恶、残忍和卑劣的手法"进行的。可是里基和雷蒙这两个被告并没有协助加重这种谋杀的凶恶性、残忍性和卑劣性。开枪杀人、控制局势、选择杀害对象——包括那个婴孩的人是加里·泰森和兰迪·格里纳沃尔特,而不是里基和雷蒙。

确实,我在那天早晨进行口头辩诉前几小时发现,量刑的法官把那些关于罪行的凶恶性、残忍性和卑劣性的论述逐字逐句地从他认定格里纳沃尔特有罪的裁决中删去了,该法官判处格里纳沃尔特死刑。我怀疑这可能是由于法官们的懒散而致,甚至对重大的新闻界广为宣传的案件都是如此不负责任。我给格里纳沃尔特的律师打电话,请他去核对一下。他肯定地告诉我,量刑法官描述里基和雷蒙参与谋杀利昂斯一家的用词与描述格林纳沃尔特参与同一罪行一模一样。尽管事实是格林纳沃尔特亲手开枪杀人,而雷蒙和里基都没有打过一枪,量刑法官仍然用完全相同的词句描述他们迥然不同的作用。这最好不过地证明,该量刑法官未能在判死刑时分别考虑每个情况不同的被告。

亚利桑那州刑法是清楚明了的。法官只能在认定"被告用极为凶恶、残忍或卑劣的手段犯罪"的情况下,才能给一个人极刑处罚。"罪行"是由"另外一个被告"用这种手段进行的并不够判死刑。而里基和雷蒙作为个人的单独认定中并没有这些内容。他们是因为别人而被判处死刑——因为他们死去的父亲和他的杀人同伙犯下了凶恶、残忍和卑劣的罪行。

辩诉结束后,我被电视摄像机包围,面前都是话筒。亚利桑那的新闻界问起问题来充满敌意:我为什么打老远从马萨诸塞州跑来给这两个孩子辩护?我是否认识到他们应负的罪责?我是否有为谋杀婴孩者辩解的癖好?我信任亚利桑那州的律师吗?

我当时还没有认识到他们对泰森两兄弟的敌意是如此激烈。我开始担心,这可能会影响到法庭的判决。法官们也会受到周围人的感情和敌意的影响。他们读的是相同的报纸,看相同的电视节目,也像其他居民一样听信同一种谣言。黑色的法官袍子并没有使他们成为另外一种人,他们只是看起来不同罢了。

我乘飞机回到剑桥去等候裁决。我不知道亚利桑那州最高法院得用多长时间来作出最后决定。也可能是几天,也可能是几个月。回家后的第一晚我辗转不眠,我的梦魇一会儿是那个婴儿正在被枪杀,一会儿又是泰森兄弟被押进煤气室处死。梦境中,我好像看见里基·泰森转过身往回看,那种无所不在的微笑由于恐惧而扭曲,他好像盼着我带着取消死刑的法庭赦免令向毒气室的门口跑来。可是他没看见我。我被这种无奈的画面震慑,我无法驱散这种恶魔。

当我写这些话时,眼前仍然晃动着这些画面。泰森兄弟俩仍关在死囚牢里。1981 年夏,亚利桑那州最高法院核准了死刑判决。该裁决承认里基和雷蒙都没有开致命的一枪或有致受害者死亡的故意,可是它仍然认为,根据亚利桑那州法律,这并没有什么区别:

> [至于]他们并没有具体想杀死利昂斯一家和特莉莎·泰森的故意,他们并没有参与策划这些杀人行动,他们没有实际扣动导致致命伤害的枪的枪机,这些都无关紧要。里基和雷蒙·泰森把他们自己与那些故意杀人、并在过去有过杀人前科的人联系在一起。

里基和雷蒙将因为他们与杀人的父亲为伍而被处死。

现在该案已上诉到美国联邦最高法院。里基和雷蒙在等待着。我也在等待着。可是他们俩是在死亡的阴影中等待着——他们离那装有氰化毒气的金属罐只有几码远。

第三部　为正义抵制非正义

第10章 将欲取之必先予之

——埃德蒙·罗斯纳诉美国司法部纽约南区检察官办公室案

美国司法部纽约南区检察官办公室在全国都被看作“联邦司法制度的珍珠”。这里年轻律师素质很高，他们大都毕业于哈佛、耶鲁或哥伦比亚大学，从来没听说过他们之中有人参与过谋取私利的活动。不久前有篇文章形容这个机关“有着自主、正直、廉洁清白的传统，美国司法部其他下属部门无一可望其项背。”据说，纽约南区联邦检察官办公室的副检察官们“实际上工作时吹哨子”。

我这里要讲的是司法部纽约南区检察官办公室如何无情地打击一个叫埃德蒙·罗斯纳的年轻而有进取心的刑事诉讼辩护律师的故事。这个故事还谈到一个叫罗伯特·鲁齐的警官，他就是被派去诱骗罗斯纳的警察。他们各自的经历都写进了一本名叫《城市之王》的书。后来拍成同名电影。这里面披露的内容比起官方提供的材料真有天壤之别。

1. 功成业就的年轻律师

我第一次遇到埃德蒙·罗斯纳是在1973年春，那时我正在参加犹太人保卫同盟的诉讼工作。他那时已被陪审团认定犯有向司法部纽约南区检察官办公室的一位侦探行贿未遂罪，正在法庭等待鲍曼法官判决。鲍曼法官最后判罗斯纳5年徒刑。

审判后被告律师提出重审动议，又被法庭否定。罗斯纳在鲍曼法官办公室外面的走廊上迎面向我走来，“我在过去几个星期里一直旁听你的案子。我想找一位新律师给我上诉，你愿意接受我的委托吗？”

我问罗斯纳，他的案子牵涉到什么法律问题。他告诉我，他是被一个警察“设计诱骗”而触犯刑律的。（如果被告是因“设计诱骗”而犯罪，他可以因犯意最早是由警察提出、或因政府“炮制”了这项罪行而无罪获释。）他还告诉我，他认为那个诱骗他上当的警官在陪审团前就自己的非法活动所做 的证词是彻头彻尾的谎言。

罗斯纳并没有否认他曾企图行贿。交钱时的谈话都被秘密录下音来。像谢尔顿·西格尔一样，罗斯纳希望我揭露政府的非法活动。他希望我在法庭上指出，政府先是指派一个警官诱骗他去犯罪，继而又唆使该警官在法庭就自己先前犯罪活动作证时作伪证。

当我考虑是否接受该案委托时，我偶然碰上了一个在纽约就认识的联邦副检察官。我对他说，我正在考虑接受罗斯纳的委托，为他上诉。他忠告我小心为是："罗斯纳是个真正的恶棍。他在纽约执业时是本地最为人不耻的刑事诉讼辩护律师。他傲慢无礼，行为乖僻可憎，做事不择手段连人格也不顾忌。他确实很有心计，但手腕无耻下贱。他靠捏造证据来打赢官司，特别擅长用诸如被告犯罪时不在现场之类的辩解。"

我问他，他对明显的诱骗犯罪这一论据怎么看。他认为这一点并不重要："联邦第二巡回区上诉法院永远也不会撤销对罗斯纳的有罪认定。这儿的人早就等着瞧埃迪①的好呢，他们对这一天早就翘首以待了。他是这一带司法界的一块癌毒，把癌毒割下来以后，又怎能把它再放回去呢？"

我的朋友这些看法都是肺腑之言，完全出于诚信，为了使我不至陷入窘境。但正是他这一席话使我下决心接受此案，此案中的挑战实在难以抗拒。我告诉罗斯纳和他妻子南茜——她也是律师，我愿意担任上诉辩护工作。

埃德蒙和南茜·罗斯纳都是聪明能干的律师，事业上很成功，生活上极尽奢华炫耀。他们穿着摩登高雅，开最豪华的跑车，收费昂贵。可几年前罗斯纳还在美国公民自由联盟做自愿服务工作，或为全国种族平等大会提供法律服务。他参与的案件包括《马西诉美利坚合众国》案，这是一个著名的案例，官司一直打到联邦最高法院，华伦首席大法官裁决，撤销对一个贩毒犯被告的有罪认定，因为一个政府便衣侦探在没有律师在场情况下诱使被告供出许多自我控罪的口供。（《马西》案的裁定后来在罗斯纳自己的上诉中起了很大作用，真叫人哭笑不得。）

罗斯纳在1966年成立了自己的律师事务所，专门从事刑事诉讼辩护工作。他很快就声名鹊起，被人看作一个积极进取的律师，对棘手的贩卖毒品案很有办法。好几次他甩出意想不到的王牌——不在犯罪现场的被告出庭作证，以此出奇制胜。他名气越来越大，客户越来越多。后来他雇用了一个名叫南茜·帕克斯的芝加哥大学法学院毕业生，不久他们结了婚，成为终身伴侣。

南茜·罗斯纳出生于纽约布朗克斯区，父亲是个理发师，她自己出落成一个超群拔萃的律师——聪颖坚韧、头脑清醒、伶嘴利舌，而且能进能退方寸不乱。她还利用她美丽动人的容貌来打动对手，捞取实惠。她在法庭上穿着打扮总是分外引人注目：裁缝专门定制的上衣和紧包在身的裙子，上衣微绽，露出领口很低的半透明的衬衣。她的形象正是恰到好

① 埃德蒙的昵称。——译者注

处的性感,这效果正如掐算之中那么深远扎实。① 罗纳斯夫妇很快地功成名就,埃迪那时刚 30 出头,南茜芳龄 29,但他们已然升腾到事业的顶峰。

2. 彼得罗 · 赫尔南德斯和中央情报局"不在犯罪现场的抗辩"

埃迪的客户中有一个叫彼得罗 · 赫尔南德斯的家伙,他是毒品贩子之间的联络人,1967 年 3 月他在联邦法院受到起诉。政府掌握了他犯罪的确凿证据:在起诉书中具体指出的那一天侦探亲眼看见赫尔南德斯在纽约出售海洛因。可是赫尔南德斯出庭作证时说,他那天正在迈阿密参加一场由中央情报局组织的反卡斯特罗集会。他还向法庭提供了旅行花费和预订旅馆的收据,以此证明他当时不在犯罪现场。尽管如此,陪审团判定他有罪,法庭判处他 7 年徒刑。

赫尔南德斯实际上是落入了政府设下的陷阱,情况与谢尔顿 · 西格尔如出一辙。政府提出跟他做一笔交易:只要你"帮我们逮住埃迪 · 罗斯纳",我们就把你放了。赫尔南德斯向政府供出了它极想知道的情况:正是罗斯纳和他的私人侦探尼古拉斯 · 德斯捷法诺炮制了这个被告不在犯罪现场的抗辩,并伪造了相应的证据。罗斯纳和德斯捷法诺因行贿唆使他人制造伪证被起诉,赫尔南德斯获释。

罗斯纳声称他是无辜的,继续从事律师工作,可他的生意日见清淡。事务所已由他妻子主持,他把精力花在思考如何为自己辩护上。他请了莫里斯 · 埃德鲍姆——纽约最有名的刑事诉讼辩护律师之一,作为他的代理人。罗斯纳内心十分恐慌,他知道政府执意要将他拿获,可他不清楚,除了他以前的委托人受了政府的诱迫,向政府招供的那些供词外,政府还掌握哪些对他不利的证据。

3. "城市之王"上场

正当罗斯纳忙着准备为自己辩护时,另一场戏——一场决定他命运的戏,正紧锣密鼓地在纽约市另外一个地点秘密地上演。

1971 年 2 月,罗伯特 · 鲁齐,一个 31 岁的纽约市警察缉毒分队侦探被传唤到专门调查警察违法犯罪行为的委员会去作证。鲁齐是纽约市警察中最拔尖的缉毒分队成员,它拥有很大的执法权,可以在许多地区调查海洛因走私贩卖活动,因而被人称作"城市王子"。

鲁齐出生于布鲁克林,在布朗斯维尔中学读书时就是顶呱呱的运动员,他在堪萨斯城的贝克大学当了 1 年足球队员后回到纽约,当上了警察。4 年后,他就被提升为侦探。

---

① 《展览》杂志在 1976 年 8 月 22 日登载一篇封面文章,报道南茜 · 罗斯纳。她描述在一个走私海洛因的棘手案子中如何使被告无罪获释时说,她"得到一个意志坚强的男陪审员的同情"。这人"对她的反应简直像是电影里打退暴徒拯救美人的英雄"。"这个黑眼粉黛身穿一件昂贵丝绸上装,扣子打开,酥胸袒露到不能再低的程度。她说她在那位陪审员前'用最含蓄隐晦的方式委婉陈情'。6 小时后,她的委托人便无罪获释。"

那时,“克纳普委员会”——起这个名字的原因是因为该委员会主席叫惠特曼·克纳普——正在警察队伍中引起阵阵冲击波,在大纽约市地区的新闻报道上刊登头号新闻,因为委员会不断地大胆揭露警察队伍中的腐败行为。(该委员会里有一位当律师的成员叫阿诺德·鲍曼,他在几个月后退出该委员会,当了联邦法院法官。)

对鲁齐的讯问属于一般性调查,委员会并没有掌握他的情况。传他作证的目的是希望他能够提供其他缉毒队成员的违法情况,因为委员会知道缉毒队在纽约市警察里是个藏污纳秽之所,正如一个经验丰富的调查人员所说,“有时你很难分辨谁是毒贩子谁是警察”。这个人叫尼古拉斯·斯库匹塔,他被派去讯问鲁齐。斯库匹塔是个极为精明刁钻的律师,与他打交道稍不小心就会失算,后来他当上了纽约市安全调查局长。

斯库匹塔讯问了几个小时,不时插科打诨。他开始觉察到,尽管鲁齐在外面被人称作“乖小孩”,他那纯洁无邪的外表下面掩盖着难以计数的腐败活动。鲁齐一面否认自己有任何非法行为,一面把谈话引到辩护律师和副检察官的腐败行为上去,可是在斯库匹塔的探问下,鲁齐的否认益发显得捉襟见肘。最后斯库匹塔下了个钓饵——如果鲁齐愿意合作的话,他就可以擦干净自己的屁股了。鲁齐回答说,他得考虑考虑。

鲁齐第二天又回来,并开始交代其他人的问题。他承认缉私队里存在腐败现象,可他又说,整个刑法制度都浸透着腐败不公。

斯库匹塔问,为什么他不采取行动来制止腐败现象。鲁齐又开始喋喋不休地大谈律师和法官的违法行为,那些人怎么向警察行贿。斯库匹塔变得不耐烦,他向鲁齐解释说,克纳普委员会权力有限,只负责调查警察的腐败行为。鲁齐听后勃然大怒,他吼道:“滚他妈的克纳普委员会吧!”如果斯库匹塔想对腐败行为刨根问底的话,他就应该退出这个委员会,成立一个单独的机构,调查辩护律师、检察官和法官。

斯库匹塔从这里面看到这样的专属部门的可能性,他就去游说美国司法部在联邦检察官办公室设立特别机构,调查司法界有腐败行为的律师和其他人。司法部对他的建议赏心悦目,不久,斯库匹塔宣誓就任特别任命的联邦副检察官,负责对“鲁齐专案”进行调查。他带着他的头号坐探从克纳普委员会里出来,搬到联邦检察官办公室里。

联邦检察官办公室里协调鲁齐案的副检察官是一个温文尔雅的哈佛毕业生,他叫爱德华·肖,身高六英尺五英寸,一副血统高贵的傲气像。

斯库匹塔和肖把鲁齐看作挖出腐化案子的上好对象。鲁齐根本就生活在腐败堕落的圈子里:他的表弟约翰·拉斯特里诺是个“头儿”——并非警察局里的警长,而是在科隆勃黑社会犯罪集团。鲁齐后来对斯库匹塔交代说他自己也参与过一些受贿活动。警察局专门组织了一小队缉毒警察对一个可疑的贩毒分子进行调查。如果警察拿不出足够的确凿证据,该案就不能成立,他们就会让鲁齐去和该犯商洽一笔交易。由于鲁齐和黑社会的芥蒂,他可以对那人说,这个案子已经板上钉钉了,但只要他拿出10000美元,就可以摆脱干系。毒贩子差不多每回都上钩,乖乖地交出这笔讹诈款,鲁齐作为中间人从中分得自己的一份。

斯库匹塔问鲁齐,他参与过多少次这类敲诈活动。鲁齐供认前后共三次[①]。没有什么蛛丝马迹可以瞒得住斯库匹塔这个精油的调查人员,他怀疑鲁齐不只干了三次,这活计油水太足了。可他又不愿太使鲁齐难堪,怕他因此反目,不肯再为政府效力。可是,他仍然要鲁齐用录音机把他参与过的腐败活动,包括他亲自干的违法活动录下来备考。鲁齐同意了,但坚持要斯库匹塔用完后把录音带还给他。鲁齐花了几天时间录音,结果录音带装了一个大盒子。可是谁也不能确切肯定这些录音带是什么内容,因为这些带子后来都还给鲁齐,他则说自己随手在烤牛排的火炉里销毁了这些录音带。对这几百小时录音的笔录是一份两页纸的回忆录,简要地介绍了鲁齐承认过的那三件非法活动。

4.制造罪恶

斯库匹塔和肖现在开始动手干他们的主要任务:准备那些嫌疑犯的材料。肖对仅仅**查出**腐败活动仍感不过瘾,他要**制造**出这些活动,只要侦察对象明显是不良分子即可。据罗伯特·戴利写的《城市之王》记述,一位纽约市前警察局副局长[②]曾说,肖最初的计划中曾有:

> 把本市黑手党五大家族的大龙头都召来。肖说,我们通知他们,他们可能会因偷税漏税而被起诉。随后鲍勃[③][鲁齐],就通过他在黑社会的关系去跟他们联系。他故意透露他可以接触联邦税务总署的档案材料。然后他与这些人见面,这些大龙头便花钱贿赂他,叫他想法在档案材料上做手脚。这样,我们即可以向警察行贿为由逮捕他们。

可是,肖的计划一直未能付诸实施,只是因为鲁齐拒绝参加这类行动。“我不能干这个”,鲁齐坚决地推辞,“这个偷漏所得税罪名……是纯粹的诬陷”。他解释说,这类制造假案的做法只能使犯罪分子更加出格地进行非法活动,“你对一个人说,联邦税务总署正在调查他的赋税记录,这家伙会吓得半死。这样干黑手党成员肯定会花钱去买通鲁齐,就算是斯卡茨代尔的会计师也会上钩”。

这就是为什么联邦最高法院认识到用设圈套使人上钩制造出来的假案在联邦法院不能成立。在这方面具有里程碑意义的判例“谢尔曼诉美利坚合众国”中,首席大法官厄

---

① 在本案审理过程中一度对鲁齐究竟承认了三次还是四次敲诈活动有疑问,因为其中一次活动牵涉到两件事。为了不使事实前后矛盾,我这里说有三次,而不是四次,正像罗伯特·戴利在《城市之王》里提到的一样。

② 《城市之王》一书出版之前曾经鲁齐和其他几个政府官员审阅和校订过。

③ 罗伯特的昵称。——译者注

尔·华伦裁决道,“推行法制的作用是为防止犯罪,把罪犯绳之以法,而非制造犯罪”。[①]

当被告提出犯罪是政府的诱骗行为使然时,陪审团会面对两个基本法律问题。第一个是政府密探是否**诱骗**了被告使他犯罪。如果他确实这么干了,那么就出现第二个问题,即:除非——这里除非二字是不可更变的前提——政府能证明被告**“极情愿地、迫不及待地”**等待这种机会去犯罪,被告就不能被认定有罪。如果政府能证明被告“早已决定这样做”,那么即使被告犯罪行为是受政府密探诱使所然,也可以被认定有罪。

因为有了这种“早已决定这样做”的例外,很少有被告在陪审团审判中用受诱骗而犯罪的辩解来打赢官司。对辩护律师来说,这种辩护策略是一种不得已而为之的下下策,只是在别无他路的情况下才加以运用。因为这种辩护策略如此脆弱,很多公诉人情愿让被告指责他们使用诱骗手段,特别是在对那些臭名昭著的人物,如黑社会头子时。他们很清楚任何一个陪审员都会认定这些坏蛋早就心甘情愿地准备干任何罪行。

在这件事上,鲁齐的社会经验和待人接物的世故圆滑占了上风,而肖那不怎么牢靠的检察官作风退避三舍。肖打击黑手党的计划不得不放弃,转而寻觅另外一些告密者。

5.“巴克斯特街帮派分子”

肖后来掉转马头前去“巴克斯特街帮派分子”里面寻找猎物。这些人不是街上寻衅闹事的地痞无赖,也不属于黑社会犯罪集团。这些人是由刑事诉讼辩护律师,保释官,还有各种各样在纽约市下城中心区法院所在地巴克斯特街一带上班的司法人员。这些人都有参与制造假案的倾向。其中有一个身材魁伟的保释官叫尼克[②]·德斯捷法诺,他那时已与埃德蒙·罗斯纳一起因赫尔南德斯案中的行贿唆使他人作伪证而受到起诉。

可是,政府在那个案子中干得不顺手。彼得罗·赫尔南德斯这个政府的关键证人,于1971年7月突然失踪。政府不知他的下落,也不知他是死是活。没有这个证人,罗斯纳和德斯捷法诺的案子就可能不了了之。

鲁齐被派到巴克斯特街的林莽中去寻找牺牲品。他真正的猎物似乎在纽约上区不远百老汇街401号附近的罗斯纳律师事务所。如果说检察官们对防止赫尔南德斯案子中途夭折无能为力的话,他们至少可以试着利用罗斯纳对赫尔南德斯案的惴惴不安心态炮制一件新的假案。

在1971年9月30日,鲁齐邀尼克·德斯捷法诺和一个叫尼克·拉玛蒂纳的纽约市警

---

① 在《谢尔曼》案中,一个叫卡钦尼安的政府密探在医生的诊所里与被告谢尔曼见面,这两个人都是来医治毒瘾的。卡钦尼安问谢尔曼他知不知道哪儿有大批毒品出售。谢尔曼开头想避开这个话题,可是卡钦尼安缠着不放,便答应帮他弄点毒品来。最高法院九位大法官一致同意推翻下级法院的有罪认定,因为谢尔曼是被政府用非法手段诱骗上钩的。法庭裁决道:

> 本案说明了对这种非法诱骗进行辩护想要达到的目的。即政府利用一个无辜的人孤立无援的不利地位,诱使他去犯否则绝不至于以身试法的罪行。维护法律的尊严并不需要使用这种手段。

② 尼古拉斯的昵称。——译者注

察局侦探到一家叫"新林鸿"的中国餐馆吃午饭。鲁齐身上带有一个传话装置,可以将他们的谈话传到不远处一个地点由录音机录下。他对那个保释官和侦探说,他有个"在美国司法部工作的朋友……他是你们愿意与之交谈的那种人……",他随后就提出做一笔交易:"如果你们之中有人愿意干这种事,尽管告诉我好了,我会跟这人去说,我敢保证一定会做出某种安排……"。

后来,谈话转到罗斯纳和德斯捷法诺悬而未决的案子。鲁齐提出,他可以帮助打听"你们想弄清的情况"。

午餐用毕,德斯捷法诺一溜烟跑到罗斯纳的事务所楼下,从大厅里给他打电话。罗斯纳下楼来,德斯捷法诺把他与鲁齐的谈话内容告诉罗斯纳,问他是否愿意与那个司法部的人谈谈。

罗斯纳拒绝了。德斯捷法诺又问他,是否要他去打听点罗斯纳想知道的具体情况。虽说罗斯纳心焦如焚,极想知道政府秘密档案中有关他的材料以便更好地准备为自己辩护,可他仍然拒绝了这个建议,说他不想与这类事情沾边。

鲁齐,德斯捷法诺和拉玛蒂纳第二天又在一起碰头。德斯捷法诺告诉鲁齐,罗斯纳对此不感兴趣,因为他认为他在赫尔南德斯案子中已经没事了。

现在是换个新策略的时候了,如果要想让罗斯纳上钩的话,就得换个钓饵。急不可待地参与鲁齐勾当的人当然不只是鲁齐和他在联邦机构里的上司。德斯捷法诺和拉玛蒂纳这两个人自然不曾想到他们与之打交道的竟是个活生生的录音机。看中了罗斯纳有能力花钱买通鲁齐的朋友,他们想要得到鲁齐说的那些情况,只是拿不出鲁齐索要的数目。如果他们能使罗斯纳相信这情报对他来说性命攸关,那么他也许愿意做这个买卖。若是德斯捷法诺和拉玛蒂纳两人如愿以偿,他们就能免费白得或至少是稍稍破费就能一窥全豹。拉玛蒂纳极力怂恿鲁齐道,"抓紧罗斯纳不放,紧紧抓住这家伙,因为他才是有钱的家伙呢。"

为此,德斯捷法诺在第二次会见鲁齐之后再次给罗斯纳打电话,告诉罗斯纳他大难在身。罗斯纳立即赶回巴克斯特街。联邦检察官办公室当时已获悉,在罗斯纳案中起主要证人作用、至今杳无踪迹的彼德罗·赫尔南德斯已死,是罗斯纳叫人把他"除掉"的。政府一直在收集证据,一两个星期内就会以谋杀罪逮捕他,他取保候审的决定也会撤销,再把他关进监狱。

撒下这个诱饵后,德斯捷法诺再次要罗斯纳跟他的朋友见面,这人会把详情告诉他,向他提供他想知道的任何情况。尽管这建议极为诱人难以抵抗,罗斯纳还是拒绝会见德斯捷法诺的朋友,也不肯参与此事。

可是这回罗斯纳惊恐万状,他神色仓皇地驾车回家,头晕目眩,一身冷汗,眼前发生的一切都令人不敢置信。他知道他没有把赫尔南德斯干掉。政府将采取什么措施?他们是在整他吗?可赫尔南德斯又在哪儿?他不早不晚地销声匿迹难道不会引起别人的怀疑吗?他怎么向满腹狐疑的法官解释?政府手中都掌握了什么证据?

在10月4日星期一,德斯捷法诺来见他。他正要去会鲁齐,有极要紧的事情面谈。他认为罗斯纳务必跟他一起前往,因为他是律师,只有他才知道究竟应问鲁齐什么问题才合适。最后,罗斯纳被一再劝说去弄清到底发生了什么事,这事至关重要,他才同意陪德斯捷法诺去会见鲁齐。

6. 设 陷 阱

这场戏于是就设计成罗斯纳和鲁齐的第一次会见。拉玛蒂纳和德斯捷法诺趁此机会搜了鲁齐的身,看他是否在身上藏有录音机。这件事对鲁齐来说真是侥幸之至,因为那天他恰恰没有把那个传话装置带到身上,拉玛蒂纳和德斯捷法诺发现他身上是“干净的”,于是开始谈赫尔南德斯案。这件事对罗斯纳,对后世之人来说,就不那么幸运了。在这次谈活中他们究竟说了些什么后来争议极大。鲁齐的证词和罗斯纳的证词大相径庭。

根据罗斯纳的证词,他向鲁齐打听赫尔南德斯的下落。鲁齐回答说,他在司法部的朋友已经说过,“他们认为你早已把这个人干掉了。”罗斯纳大怒,吼道:“真他妈的放屁胡扯!”鲁齐说,“他们有关于这个人被谋杀的情报,他们还在收集证据,寻访证人,以证明正是你叫人把他干掉的”。

鲁齐随后警告罗斯纳,政府正准备撤销对他具保在外的决定。鲁齐说他愿意尽最大努力来帮助罗斯纳。罗斯纳答道:“如果你听到什么消息,不管是什么内容,马上通知我。”

罗斯纳和德斯捷法诺站起来要走,这时德斯捷法诺说,“我觉得我们应该向他表示点儿小意思,为他给我们做的事……”

罗斯纳毫无此意,“我可不给他钱。别说了……绝对不行”。会见到此结束。

鲁齐的故事是,罗斯纳问他,他的朋友是否能弄到政府找到的证人拒绝提供的那些不利于他的材料的复本。德斯捷法诺问鲁齐,他朋友以什么作代价来换这个情报。鲁齐回答说,没有提到具体数目,可是他朋友已经愿意帮他,所以你一定得尽快拿点什么来。罗斯纳和德斯捷法诺离开桌子,罗斯纳从口袋里拿出钱来给德斯捷法诺。他们回到桌旁,德斯捷法诺说:“我有四打子钱给你。”说着,在桌子底下递给鲁齐一卷钞票。鲁齐原来以为有4000美元,可不想只是400美元。他感到很失望,走到罗斯纳身旁说,“我朋友给你干这么多事就只值400美元?”罗斯纳答道,“叫你朋友去照我说的做,以后钱多的是”。

很显然,罗斯纳说的和鲁齐说的第一次接触差异很大。如果相信罗斯纳的说法,鲁齐想使罗斯纳相信因为他是杀害赫尔南德斯的嫌疑犯,所以很快就会撤销他的具保,而且不是别人正是鲁齐提出,作为一种交情,愿意帮他搞到情报。

如果相信鲁齐的说法,不是别人正是罗斯纳提出要具体材料,并且为此付了钱。后来陪审团必须对究竟应该相信谁的话做出决断——究竟是罗斯纳这个腐败的律师还是鲁齐这个堕落警察的话更可信。

他们后来的几次会见也没有录音。德斯捷法诺同意给鲁齐3500美元,而他将对罗斯纳说答应付给鲁齐的是 5000 美元,由罗斯纳承担一半。这样一来德斯捷法诺和拉玛蒂纳每人实际上只花 500 美元就换得了这些情报,而罗斯纳就得破费一下,付那剩下的 2500 美元。

7. 诱骗犯罪大功告成

最后,检察官决定,要鲁齐身上暗藏一台录音机去"罗杰洛饭店"见那两个人。有两个原因促使他们这么干:第一,他们已经见过许多次了,而且钱也付了,双方之间可以说已经建立了某种信任感,他们不会再在谈话之前对鲁齐搜身;第二,也就是更重要的是,从法律角度来看,这些潜在的被告在没有录音的情况下上了圈套,所以鲁齐已没有必要继续对他们进行欺骗、威胁、诱诈、央求。现在需要做的只是打开录音机,记下来的都是犯罪证据,而不是如何设圈套,如何下饵,如何上钩。

这种策略——对最初会见,对一开始设圈套不录音,但录下随后上当受骗的被告进行犯罪的证据,这种做法相当普遍。这么干对被告来说是不公正的,但这么干的人以保护自己为理由。使用这种策略产生的后果之一是,陪审员看到的只是被告对警察诱骗他上当的指责,然而这些指责却无法证实,而政府公诉人手中却掌握着确凿的犯罪证据,即那些录音带。在这种情况下,很少有陪审员会认为被告无罪。

在"罗杰洛饭店"吃饭时,鲁齐首先说道,"最重要的是"使他的消息来源感到满意,"愿意在将来继续合作"。鲁齐对罗斯纳说,政府以行贿唆使他人作伪证罪对他起诉很难成立,"他们觉得还没找到直接的证人,他们认为掌握的唯一证人只能证明犯罪之前或犯罪之后的活动"。

听到这话,罗斯纳如释重负。"没事了",鲁齐对罗斯纳说,政府正在讯问其他可能出庭作证的人,可是没搞出什么名堂来。

接着,罗斯纳开始谈赫尔南德斯。这个杳无踪迹的证人。

罗斯纳:现在他们说赫尔南德斯已经被干掉了。我可不知道他是否已经被干掉了……**是你告诉我,他们认为是我把这家伙干掉的。**

鲁齐很清楚他们之间的谈话正在被录音,立即否认他曾对罗斯纳说过政府认为是罗斯纳干掉了赫尔南德斯。

鲁齐:不,不,不。你知道他们没这么说,没说我们的人被干掉了。

罗斯纳:……因为我没干过。我不知此事,我是听你……

鲁齐:……他们是说,他们是说,根据他的看法,他们敢肯定在这个案子中有一个人被干掉了,因为他们怎么也找不到这家伙。

从这段谈话来看,罗斯纳认为鲁齐曾告诉他,政府怀疑是他要人干掉赫尔南德斯。这种说法比较可信。而鲁齐否认了这种说法。

后来,他们终于就所需的材料谈妥了价格,并信誓旦旦地“担保”说,如果故意遗漏重要材料的话,这三个人就应“收回他们付的钱”。鲁齐再次保证说,“你肯定没事了……所有的检察官都说你没事了”。

罗斯纳又问,“那这些家伙为什么还他妈的继续搞？他们怎么不放弃这件事？”

鲁齐答道,“你的命运确实掌握在不少人手里”。

罗斯纳说,“这案子从头到尾都是胡扯瞎掰,帮帮我吧,我们都是清白的”。

这以后谈话转到在哈莱姆被捕的几个警察上去。鲁齐问罗斯纳他是否愿意为他们辩护,他怎么辩护来使他们“逃脱法网”。罗斯纳一点儿也没感到这里面有什么蹊跷之处,但回答却出乎意料地充满嘲讽。他答道,他将用设圈套诱人犯罪的辩护策略,他解释这种诱骗犯罪法理上的非法性,以及“预先已有犯意”的例外情况。鲁齐带着仰慕之情说,“呵,如果我中了彩,我就会聘你做我的律师”。

快吃完饭时鲁齐和德斯捷法诺起身去卫生间,在那里德斯捷法诺拿出几百美元给鲁齐。

晚饭在快12点时结束,鲁齐立即到肖的公寓去放录音带。录音的质量很差,乱糟糟的意大利音乐和笑声交织在一起,别人说话的声音经常压住这些人的谈话,静电的嗡嗡声也扰人心烦。

鲁齐和肖专心致志地听录音,寻找罗斯纳行贿的确凿把柄。在听了一番混乱的对话之后,鲁齐大叫,“找到了……听,你听见了吗?”可肖根本听不出所以然。

他们一遍又一遍地放这段录音。放到第六遍时,肖终于听到他期待已久的那句话。肖大叫道:“我听到了,我听到他说的了,就是这句话,就是它!”肖咧开嘴狂笑,拍着巴掌说:“我们可逮着这婊子养的杂种了!”

可这段录音老实不客气地讲是模棱两可的。肖要的是更清楚,更明白无误的证据,证明罗斯纳实际上打算行贿。鲁齐安排在一家叫“戴顿”的犹太奶品店再次与罗斯纳见两次面。这家奶品店坐落在曼哈顿下东区,对我来说,这家小食铺的情调和菜单都相当熟悉,因为它就离我父亲以前开的那家男用服装杂货铺咫尺之遥。以前只要我在那儿干活,父亲总是在“戴顿”给我买一份“炒肝”三明治配炸洋葱卷,外加一筒“布朗医生”牌汽水作为犒赏。(不明内情的人会纳闷,一家出售犹太洁净食品的饮食店怎么竟卖起“炒肝”来了。可是犹太烹饪术想象力之丰富怎么描写也是不过分的——这“肝”是用长豇豆、茄子、蘑菇、洋葱、煮熟的鸡蛋和捣碎的核桃仁制作的。)

可在“戴顿”吃了两顿后,带去的录音机还是未能录下犯罪的实据。政府对罗斯纳起诉只能依靠含混不清模棱两可的录音,再加上罗伯特·鲁齐的证词。而对于诱骗犯罪问题,则根据鲁齐说的话,加上相应的录音段落来对证;罗斯纳则根据录音带的其他部分针锋相对据理以争。

8. 鲁齐一着不慎全盘皆失

鲁齐完成了指定给他的诱骗罗斯纳任务后，继续与德斯捷法诺和拉玛蒂纳接触，希望能向他们再出售一些其他政府准备下手的猎物的材料。斯库匹塔的目标里有一个纽约贩毒头子，他准备把话露出去，就说手里掌握着他足以论罪的录音带，这人只要花 5 万美元就可以把录音带给他。

这毒贩子通过德斯捷法诺和拉玛蒂纳来找鲁齐洽谈这笔生意，他们达成协议，鲁齐将把录音的副本带给德斯捷法诺和拉玛蒂纳，由他们先听一下，看是不是真货，如果货真价实，他就付 5 万美元。

1971 年 12 月 19 日，在罗斯纳与鲁齐最后一次会面两个月后，鲁齐在他的汽车里把录音带交给拉玛蒂纳。拉玛蒂纳向鲁齐要个盒子或信封什么的以便装录音带。鲁齐四下张望，看见车里扔着个马尼拉纸大信封，他以为是空的，就把录音带放进去递给拉玛蒂纳。

这个大信封竟然是鲍勃·鲁齐便衣警察生涯结束的标志。他始料不及的是，信封里塞着个不起眼的纸团，上面写的内容却石破天惊。这是一份尼古拉斯·斯库匹塔写给所谓“TPF—I”——即鲁齐在这次调查行动中使用的代号——的备忘录，要求他提供三个对象的情况。这三个政府盯着的对象是拉玛蒂纳、德斯捷法诺和布莱斯。

拉玛蒂纳把录音带拿回家，可他一直没能听这里面的内容。他从里面抽出第一盒录音带时，那个使一切大白于光天之下的小纸团从信封里掉了出来。拉马蒂纳读完这个备忘录后吓得灵魂出窍。他赶快给德斯捷法诺打电话。他们商量好与那个还蒙在鼓里的暗探安排一次见面，这将是最后一次。

他们到餐馆后，德斯捷法诺死死地瞪着鲁齐，一边掏出斯库匹塔的备忘录扔到他面前。鲁齐立即意识到他的疏忽大意，他的末日来临了。他想不出什么好的理由来解释，他下意识地立刻把罪过推到他的搭档、警察局的另一个侦探斯坦利·格莱泽身上，“我第一次看见他就知道这犹太杂种不是个东西”。

可是德斯捷法诺和拉玛蒂纳都不信他的，他们把他叫到男厕所，上下搜了一气。鲁齐这回没带录音机，可他倒是希望身上带着信号发射装置，以便通知接应他的两个联邦税务总署侦探和一个纽约市警察局的巡警。但他现在孤立无援，那个后援分队正开着车围着这个街区绕圈子，一点儿也想不到就在那家餐馆鲁齐与两个经常在一起吃喝的家伙之间已经风波骤起。

鲁齐打定主意，他最好的办法就是对德斯捷法诺和拉玛蒂纳进行恐吓。“你们这两个家伙麻烦大了”，他说。拉玛蒂纳腰间别着手枪，德斯捷法诺命令他把鲁齐干掉。

鲁齐毫不萎缩退却，他坦然自若地对这两个杀手说，他早就安排了十几个带着机关枪的联邦调查局人员在外面等着呢。随后他又说，他可以从中斡旋。他建议离开餐馆，到外面细谈,他急不可待地想让接应的人看见他。

他们一来到街上,鲁齐就开始拼命用手搔头抓脑,这是他们暗中商定的援救信号。但鲁齐没有看到后援分队的踪影。德斯捷法诺又变得杀气腾腾起来,他并没看见什么手持机关枪的联邦调查局人员嘛,很可能鲁齐是给自己打气壮胆,他们还不如杀了鲁齐,这场难于证明的谋杀案比起那场证据确凿的行贿案可保险多了。可是就在这当儿,后援人员乘的那辆没牌照的车子从街角拐过来了。车里的警察看见鲁齐在搔头,但他又不敢肯定鲁齐是真有事还是头皮痒痒。这位警官不愿搅了鲁齐的秘密使命,就把手放在藏着枪的兜里朝鲁齐走去,装着不认识的样子,上前问道:“嗨,我是不是认识你?”

鲁齐看见警察,紧张情绪立即焕然消散,他立即命令这警官将二人逮捕,押送联邦检察官办公室。

斯库匹塔和肖正等在那里,鲁齐押着惊恐惶惑的德斯捷法诺和拉玛蒂纳进来。肖告诉这两个人,鲁齐把他们几次谈话都录了音,他们两人的案子已是铁板钉钉,唯一的出路是与政府合作,出庭作证反对罗斯纳,并且充当政府的密探,给它通风报信。

经过几小时的讨价还价,德斯捷法诺和拉玛蒂纳同意对合作一事进行考虑。他们还发誓不会告诉罗斯纳发现了鲁齐的真面目,也不透露他们当了政府的暗探这一事实。在这些先决条件下,他们获准回家。

在这个关键时刻,德斯捷法诺和拉玛蒂纳认识到他们的命运完全掌握在政府手中。他们已经把自己的腐败行为彻底地暴露给他们的“朋友”鲁齐了,而鲁齐则一次不漏地录了音并交给联邦检察官。德斯捷法诺和拉玛蒂纳除了照他们答应的做以外别无他计——他们一直没有告诉罗斯纳他们已经发现鲁齐的真面目,没有告诉他他们答应秘密地为政府效力。斯库匹塔讨价还价的条件非常清楚:提供罗斯纳和其他案子的情况越多,他们就能得到越多的“回报”。

这当儿,对此一无所知的罗斯纳正在不声不响有条不紊地“打赢”他与彼得罗·赫尔南德斯有关的伪证案子。在1972年1月24日,正是他与鲁齐会见被录下音来3个月后,罗斯纳的一审辩护律师说服了查尔斯·梅茨纳法官撤销对他的伪证起诉,理由是政府侵犯了宪法第六修正案赋予被告的“及时审理”不加拖延的权利——政府在向他下了起诉书1年多后,还不能开庭审理此案,原因全在于此案中的关键证人彼得罗·赫尔南德斯仍然下落不明。

罗斯纳离开梅茨纳的法庭时满心欢喜,他就要回去重新操持律师事务所,他差不多把几个月前在饭馆与鲁齐见面的事忘得一干二净。那个当警察的从他朋友处弄来的情报并没有帮他什么忙,实际上也并不需要,因为唆使他人作伪证的指控已经撤销了。

罗斯纳那天没有注意到有几个检察官离开法庭时笑得心花怒放。这几个人心里有数,知道割除这个长在联邦法院里的“癌毒”的手术即将开始,他们对此成竹在胸。正式撤销伪证起诉无关紧要,那场诉讼一开始就对政府不利,但已经达到给鲁齐设的陷阱下饵的作用了。

梅茨纳法官撤销罗斯纳伪证罪起诉后两个月，也就是该罪行的起诉5年时限过期几天后，政府终于找到了彼得罗·赫尔南德斯。他根本没被“干掉”；他一直活着，而且在墨西哥城混得不错。政府把他引渡回纽约市，准备让他在审判罗斯纳时出庭作证。可是梅茨纳法官拒绝重新对罗斯纳案进行审判。

政府那时还没有做好对罗斯纳向鲁齐行贿未遂罪起诉的准备。鲁齐当时还在对其他几个重要案件进行秘密调查，只要对罗斯纳提起公诉，鲁齐的真面目就会暴露。但鲁齐的假面具也越来越戴不住了，巴克斯特街上充满关于他的流言，大家对他的疑心越来越大，人们开始回避他。

终于，《纽约时报》和《每日新闻》在1972年6月15日报导说警察局侦探罗伯特·鲁齐一直假装以一个腐败贪婪的警察面目诱捕贪官污吏上钩，他已经套住了好几个在司法部门从事刑法工作的重要官员。罗斯纳一看到报纸就脸发白心发慌，他终于明白这一切都是个圈套，而他——纽约最精明圆滑的律师之一竟然陷了进去！

这个故事大白于天下之后，鲁齐就急急忙忙地躲了起来，藏在某个地方由警察加以保护，后来他和家人一起躲到卡兹基尔山中的一幢小屋里。（没有人知道鲁齐的山间避暑地，大概是因为作为纽约警察局的侦探，靠这个收入想在纽约市和山间拥有两个家是不可想象的。）警察对山间小屋严加监视，24小时都有人警戒，鲁齐一直待在那里，直到需要他去纽约市出庭作证时才搬到总督岛自由女神像附近的军营里去。

9. 第二个陷阱

联邦检察官爱德华·肖在6月底向大陪审团组成的法庭提起公诉，控告埃迪·罗斯纳犯有行贿未遂罪，这是鲁齐平生第一个也是最重要的一个诱骗犯罪杰作。

过了不久，起诉书送达律师罗斯纳、保释官德斯捷法诺和警察局侦探拉玛蒂纳手中。罗斯纳感到惊恐万状，他和妻子怎么能经受得住另一场炼狱呢？和所有的刑事被告一样，他向自己的共同被告寻求慰藉，他们共荣共辱，唇亡齿寒。他们面对着一个共同的法律问题，需要协调一致共同战斗。

可是这位精明油滑的纽约律师再一次掉入陷阱而毫无知觉。罗斯纳不知道德斯捷法诺和拉玛蒂纳也是政府的坐探，他们正心焦脑热忐忑不安地想为公诉人效力，提供罗斯纳的情报以换取从轻处理。

报纸上刊登有关鲁齐的秘密调查故事的当天，德斯捷法诺和拉玛蒂纳就假作若无其事，既不谈他们与政府的接触，也不说他们与政府达成的协议，与罗斯纳夫妇及他们请的辩护律师阿尔伯特·克雷格尔见了面。他们就此案的诉讼进行了一番详尽讨论——诉讼策略、审前动议、可能使用的辩护论据、对鲁齐的历史和诚信情况进行的调查、质证中可能提出的问题，以及如何解释录音带中有明显犯罪意图的内容。罗斯纳一点儿也没想到，这些性命攸关的绝密内容都叫政府打探了去。

审判即将开始,政府公诉人开始传唤德斯捷法诺和拉玛蒂纳,要他们供出罗斯纳案的重要情况。传唤由公诉方首席检察官罗伯特·莫维洛主特。莫维洛知道,如果德斯捷法诺和拉玛蒂纳向政府提供罗斯纳与他的律师密谈的具体内容,就可能构成对罗斯纳与律师之间交换个人隐私秘密权利的非法侵犯。为了不损害他们的案子,同时又最大限度地利用德斯捷法诺和拉玛蒂纳提供的情报,莫维洛采取了两个预防措施。第一,他指示德斯捷法诺和拉玛蒂纳"不要主动提供"任何关于罗斯纳与他的律师之间的谈话。第二,他决定不保留任何与这两个告密者的谈话记录。他们传讯这两人时既不录音,也不记录,事后也不写备忘录。销毁了所有的文字记录使政府的律师具备了所谓"可否认性",即不必害怕有确凿证据而放心大胆地否认某件事实。

莫维洛与其他检察官从这两个双重奸细那里攫取了不少极重要的情报。有了这些材料和录音,加上鲁齐这个证人,还有波澜迭起的新闻报道,政府开始对罗斯纳进行行贿未遂的审判。由抽签决定的主持这场审判的联邦地区法院法官是阿诺德·鲍曼,他曾经是克纳普委员会成员。

10. 政府究竟对鲁齐自己的罪恶知情不知情?

政府准备以鲁齐的证词和录音带向罗斯纳提起公诉。(德斯捷法诺和拉玛蒂纳在开庭之前承认有罪换取不予起诉处理,他们没有出庭为任何一方作证。)因为鲁齐和罗斯纳刚开始会面的谈话没有录音,而正是在这几场谈话中政府指控罗斯纳企图行贿,而罗斯纳则指责政府打算诱骗他犯罪,所以政府依靠鲁齐作为证人的话,他的可信性是个关键。检察官认识到他们有个麻烦:鲁齐自己的品行已经因三次犯罪活动而被玷污。陪审团会相信一个自己承认有腐败行为和犯罪活动的警察,还是一个矢口否认自己有过任何过失的律师呢?

可是检察官别无选择——根据法律,他们必须毫不含糊地向被告辩护律师透露鲁齐承认犯有的全部违法行为,这样被告方面就可以对原告的最重要证人进行质证。被告方面早已听说鲁齐历史不清白的流言,直截了当地要求政府提供他的全部不光彩历史情况。当鲁齐听说这消息时惊慌失措,他不想让公众知道他的丑事。

在开庭前鲁齐又有惊人之举,他对帮助莫维洛起诉的年轻的副检察官埃利奥·萨戈尔宣布,他在审判时将否认过去有任何犯罪行为。萨戈尔感到十分震惊,提醒他过去对斯库匹塔说过的话。鲁齐反齿相讥,说他那时是在"胡扯"。斯库匹塔和肖被召来劝说鲁齐,费了不少口舌劝他回心转意,服从法律,交代他曾向斯库匹塔提到的三次犯罪活动。

就在斯库匹塔和肖劝说鲁齐向法庭交代他的罪行时,这些检察官们已逐渐认识到鲁齐实际上还犯有另外的罪行。尽管如此,他们对鲁齐在审判罗斯纳时作证矢口否认自己还有其他犯罪行为的伪证行为不置一词。这种公诉方面与鲁齐作伪证沆瀣一气的共同犯罪正是我们后来上诉的主要依据。

检察官早在 1971 年春天鲁齐开始为联邦检察官办公室工作以后就得知鲁齐还有其他

犯罪活动。鲁齐告诉肖，几年前他曾参与一次在没有搜查证情况下搜查一个贩毒头子住宅的非法行动。警察当时没有搜出毒品，但找到一些现款。这些警察拿走了钱并且私分了。这种非法侵入加上窃夺金钱的行为已构成联邦盗窃重大犯罪及刑事偷窃罪（尽管受害人始终未报案）。鲁齐分得的钱数量虽然相对来说较小——只有200美元，但并不能减轻该犯罪的严重程度。不管怎么说，他们找到多少钱就拿走了多少钱，一个子儿也不剩。

在那段时间里，上级曾派鲁齐去调查一件杀人案。该案的重大嫌疑犯是个叫理查德·劳伦斯的毒贩子，人人都叫他"男爵"，他是鲁齐缉捕毒品贩子的主要通风报信人。斯库匹塔曾指示鲁齐在与"男爵"谈话时进行秘密录音。听了这些录音后，并未发现与杀人案有关的情况，却透露了鲁齐与"男爵"在贪赃枉法上简直是不分上下。鲁齐问"男爵"："我们是否能在你没有得到好处的情况下弄出一个案子来？"随后他又提议，"做成一件事最简便的方法是"使毒品贩子明白，在这件案子弄出来之前，如果你给他某种好处，他就可以重新掂量这件事的处理方法。

最后，在鲁齐执行诱骗犯罪活动任务过程中，斯库匹塔、肖及联邦检察官惠特尼·诺斯·西摩第二本人都了解到鲁齐曾在一场极为严重的警察犯罪活动中起了主要作用。这件事发生在两年前，那时鲁齐和他的搭档正在调查布朗克斯的一个贩毒活动嫌疑对象。他们对一家廉价商品百货店进行电话监听，认为这家商店是毒品的储存地点。当警察秘密监听这家商店电话时，他们听到有人打电话来，有个讲话带意大利口音的男人通知店主，他的地点可以用来储存劫持来的几百台电视机。这以后很快驶来一辆卡车开始卸电视机。突然，一个便衣警察闯进商店——他与调查贩毒活动的警察没有联系。他看到正在发生的事，立即报告当地警察局。10分钟后，50个警察驾到，开始逮捕店主和劫持货物的人。随后一长串私人汽车驶来，有"大众"车和旅行房车，实际上这地区的所有警察都开着自己的私车来了，开始往车厢里车顶上装电视机。原来这些警察早就看准了机会，准备抢夺这些劫持来的电视机。可是电视机太多了，这些警察搬不了，于是有几个警察就给其他警察局的朋友打电话，告诉他们这个好消息。对这些警察来说，十分不幸的是大部分电话是从商店里打的，就是那架被监听的电话。所有这些犯罪内容的电话都被鲁齐录了下来。

当鲁齐明白过来以后，他真是吓得不轻。如果他缴出录音带，他的警察同事们就得坐牢了。所以他和其他侦探商量把录音带上参与了偷窃电视机犯罪活动的警察讲话擦掉。这种掩盖活动构成了阴谋阻挠司法罪、掩盖隐瞒违法活动罪和销毁证据这些联邦刑事犯罪。

可这还没完。两年后，当针对那个布朗克斯毒贩子的调查已完成，法院即将开庭审判时，鲁齐那时已经在为联邦调查局干活儿，他和三个参与此事的警察局侦探私下商定矢口否认录音带上的内容已被擦掉。他们编织出一个故事——模仿椭圆形办公室编的那个故事①——

① 指尼克松在水门事件中为掩饰他的掩盖活动而擦去录音带某些对他不利部分。尼克松声称这些擦去部分是因为"录音机出了机械故障"。——译者注

说录音带上的空白处和隔断处都是因为“录音机出了故障”所致。确实,鲁齐毫无顾忌,竟对调查此事的地区检察官说这些空白是因为机械故障所致。地区检察官问这些侦探,是否敢在法庭上宣誓作证“录音带真实如初从未加以处理”。这三个侦探,包括鲁齐在内都众口一词地说,他们愿意第二天在法庭上宣誓作证。他们三人都明知这是有预谋的伪证行为。

在布朗克斯法院即将对贩毒分子开庭审判前一天,鲁齐把这件事告诉肖和斯库匹塔。肖又把这件棘手事通知了小惠特尼·诺斯·西摩。他们前往布朗克斯,劝说地区检察官不要让鲁齐和另外两个侦探出庭作证。地区检察官同意了。第二天此案中的被告接到通知,如果他们承认犯有轻微违法行为,就会对他们作不予起诉处理。这些原本会受到联邦刑事重大犯罪审判的被告自然喜不待言,欣然从命。这样,联邦检察官避免了鲁齐在法庭作伪证。尽管如此,他们还是未能把鲁齐从其他犯罪活动中解脱出来,他已经干了一系列同样严重的犯罪活动:当鲁齐和另外两个侦探私下商量好对涂抹录音带进行掩盖并欺骗地区检察官时,他们已经犯下阴谋作伪证罪、阴谋阻挠司法罪、及欺骗执法人员罪。即使鲁齐对肖坦白了这些犯罪活动解脱了犯罪活动阴谋,它也不能解脱他在两年前犯下的罪行,那时鲁齐与他的搭档已经擦抹了录音带,让他的警察同事带着偷来的电视机溜之大吉。

公诉方面和被告辩护律师都很清楚,这场诉讼成败就在于陪审团听信鲁齐的证词还是罗斯纳的证词。做证据的录音带已经过篡改,听起来含混不清。如果鲁齐对这一切不加解释,特别是为何有些地方没有录音,为何最初的会见没有录音,这些录音带就不足以作为认定的根据。更重要的是,如果陪审团认识到鲁齐有擦抹涂改录音带的历史,他们就会对这些录音带的价值产生疑问,至少会想想这些带子是否完整。

这次审判按部就班地进行。莫维洛要鲁齐历数和罗斯纳的每一次会见情况,录音带也向陪审团播放了,鲁齐就他承认的三次违法腐败行为受到质证。罗斯纳的一审律师阿尔伯特·克雷格尔极力想迫使鲁齐承认除他交代的三次犯罪之外,还有其他犯罪活动。鲁齐断然决然地否认他还有其他犯罪活动,三番五次地指天发誓,这三桩前科,最后一件发生在5年前,是他此生此世犯下的全部罪过。他还把这些孤立事件美化一番,说他的动机是为了保护那些柔弱的受害者免受其他贪官污吏逼迫。鲁齐作证说,那些受害者觉得他是“那种他们可以信赖的徐徐轻风……可以心平气和地与之推心置腹,帮助他们审时度势的人”。鲁齐只承认他收取充当中间人的非法好处费总共只有5000到6000美元。尽管一再对他进行质证,他在审前和开庭时都顽固地坚持,自己从未做过伪证,从未从告密者那里勒索过钱财,从未向任何人出售过毒品。

11. 政府缄口不言

琢磨揣度爱德华·肖当时心里作何感想一定十分有趣。他在那里一声不响地听鲁齐发誓作证所言句句皆实,说自己除了那三件已承认的犯罪事实外,再无任何不法行为。他忘了鲁齐曾向他交代的盗窃罪行了吗？他不知道鲁齐曾招供参与贩毒活动而且这话已录进他与“男爵”的谈话了吗？难道他忘了鲁齐最近在布朗克斯进行的涂改录音带和阴谋作伪证犯罪活动吗？难道他不知道录音带对正在进行的审判极为重要吗？可是他这个对鲁齐的犯罪历史有责任予以披露的律师为什么未能这么做呢？

爱德华·肖在我看来并不是一个对犯罪活动健忘的人。对肖这种表现最确切的解释就是，他劝说鲁齐承认过去犯下的三项罪行已够麻烦了，如果再逼他进一步供出其他罪恶就可能损害他们之间的默契，断送他们心照不宣的合作。为了保留他的主要证人，为了在他与罗斯纳的决战中获胜，肖实际上可能决定，自己须参与某种民事不服从活动——默不作声地遗忘鲁齐曾犯下而且承认了的其他罪行，允许他为了更高的司法利益而作伪证。当然，他也可能记不得那些另外的罪行了，或者他压根儿就没以为这些活动是犯罪，但我个人以为这是不太可能的。

政府把鲁齐装扮成一个腐化犯罪的死敌，检察官在审前就导演了一场公关大战。开庭后莫维洛倾注了大量时间和心血来与新闻界打交道。联邦检察官小惠特尼·诺斯·西摩令人惊异地在鲁齐的面目被揭露之前就找到《生活》杂志，表示愿意提供鲁齐调查案的独家新闻。检察官这种利用新闻媒介牟利的作法一般都是遭人嗤笑的，因为它会使选入陪审团的人产生偏见，然而在这个案子里西摩正是在鼓励他们这样做。后来有人抨击西摩的这个做法，不过是责怪他，由于《生活》杂志采访文章使鲁齐在完成秘密调查使命之前就暴露了身份。《生活》杂志把鲁齐描写成一个诚实忠贞古道热肠的警察，他虽扮演“中间人”的角色，但从不参与敲诈勒索、买卖贩运毒品的罪恶，他对那些“利用自己的警察身份做鼠窃狗偷勾当之辈不屑一顾”。在《纽约时报》的一份特写中鲁齐被描写成一个为毒品问题痛心疾首的警察，他自己周围的人与罪恶同流合污，而他则出污泥而不染，他下决心不惜任何严厉手段来铲除这个痼疾。

审判中政府信誓旦旦地对陪审团说，自从1967年以来罗伯特·鲁齐兢兢业业，从未有丝毫越轨行为，甚至连他痛心疾首地承认过去的不检点之处也给他的证词增添了真实感，使罗斯纳的证词相形见绌。检察官莫维洛几次三番地向陪审团表明他的首要证人的诚信绝对可靠：

> 侦探鲁齐从未因撒谎而被揭露，因为他从不撒谎。

罗斯纳则是自己为自己作证。正像人们预料到的那样，他对那些没有录音的会见另有一套说法，与鲁齐的迥然不同。如果相信罗斯纳的说法，他很明显是一个被政府的密探使了绊受骗上当的倒霉蛋。如果相信鲁齐的话，罗斯纳是自己主动找上门来，鲁齐则半推半就地向他提供花钱买来的情报。

莫维洛把判断可信性的难题留给了陪审团：“是罗斯纳讲真话，还是侦探鲁齐以录音带为证讲真话?”莫维洛强调鲁齐和罗斯纳最初几次在“罗杰洛”饭店吃饭时没有录音的交谈具有重要意义:“10月4日那次会见极为重要,如果你们相信鲁齐对于那天发生了什么的解释,就是罗斯纳犯了罪。”

鲍曼法官同意,案件如何处理现在就看陪审团的了——相信鲁齐还是罗斯纳。他指示陪审团,鲁齐和罗斯纳的说法在关键问题上“如此水火不容,可能意味着这些不可调和的矛盾并非由于健忘或疏于记忆,这两种说法都不真实”。

陪审团经过6个小时的秘密商讨,通知法官他们要“自己再对鲁齐和罗斯纳关于9月30日和10月4日未录音的会见情况作一番审查”。4小时后,陪审团向鲍曼法官递了一张条子,通知他陪审团中有一人曾经在地铁里听见有人议论鲁齐,说他这个警察干腐败犯罪活动少说也有“10多年了”。陪审团请示他,对这一点是否可作考虑的因素。

这个条子把莫维洛气得七窍生烟。他一屁股从椅子上弹起,要求鲍曼法官用“明确强硬的口气”指示陪审团不要考虑这种传闻,因为任何有关鲁齐除了在1967年有过三次犯罪活动之外还有其他犯罪的说法都“完全是为了把本案引入歧途,也是与该侦探的证词大相径庭的。”鲍曼法官适当地指示陪审团不应把未经证实的谣言考虑进去。

这以后陪审团裁定对罗斯纳起诉书中的五条罪行有罪,另外两条无罪。

罗斯纳心情灰暗,但仍坚定不移。他被认定有罪几天以后,找到了好几个海洛因毒瘾极深的人,他们声称掌握鲁齐参与毒品交易并且由来已久的第一手材料。罗斯纳的律师在法庭提出动议,要求重新审理此案,这些可怜的瘾君子都被传唤出庭作证,鲍曼法官认为他们的证言不可信,因此否决了该动议。

12.“男爵出场”

在要求重审的动议悬而未决之时,在联邦检察官办公室一小撮人之间又展开了另一幕神秘的插曲。理查德·劳伦斯,罗伯特·鲁齐的主要贩毒活动眼线,即那个和鲁齐在录音带上留下了讨价还价罪证的“男爵”向一位曼哈顿地区副检察官揭露,鲁齐多年来一直向他提供海洛因,并共享其利。(劳伦斯明显地因分赃不匀跟鲁齐反目,企图跟地区检察官办公室拉近乎。)

劳伦斯的这些交代恰恰是罗斯纳一直费尽心力想要证明,而鲁齐再三加以否认的。副检察官向地区检察官办公室汇报了此事,罗伯特·莫维洛受命去调查此事是否属实。如果属实,则证明鲁齐在罗斯纳审判中犯了伪证罪,罗斯纳的有罪认定就成了问题。

莫维洛在1973年1月初收到这些情况并受命进行调查,这恰恰是在罗斯纳的辩护律师以海洛因瘾君子的供词——他们有鲁齐参与了贩卖毒品的证据为由提出重审动议之时。

“男爵”交代的情况与瘾君子的证词差不多,但由于以下原因而更加重要:“男爵”既不是海洛因瘾君子也不吸毒,他是政府备了案的高层次告密者,对他的信誉政府曾多次予以褒扬。“男爵”如此受信任,他作为眼线的作用如此须臾不可缺少,以至联邦缉毒总署多年来一直付给他每年 5 万美元作为提供情报的报酬。警察都认为他是个“极棒”的坐探，由于他那些真实可靠的情报，“鲁齐的那些案子才有今天”。更要紧的是，他的情报不是靠谣言或道听途说而来，而是基于多年来直接与侦探鲁齐打交道的经验，有人名、日期、数量、地点等具体内容来证实。简言之，这正是想要使重审动议获得批准所需的那些基本条件。

“男爵”的情报使莫维洛进退不得，他刚刚庆祝了置罗斯纳于死地的胜利，而这些荣光很可能付之东流。莫维洛是不会对这些情况感到惊奇的，因为罗斯纳案一结束，祝贺之声未绝于耳时他就警告鲁齐说，“罗斯纳还没完。别忘了，你只承认有三次违法行为”。他告诫鲁齐，对罗斯纳以其他犯罪的新证据提出重审动议要有心理准备。

莫维洛对“男爵”交代的最初反应，据他周围的人说，是对他自己声誉的担心。报纸会怎么看这件事？这将会对他在法律界的地位有什么影响？“如果这是真的”，莫维洛喃喃自语，“我们所有的案子就都砸了”。

莫维洛决定自己动手进行秘密调查，指望这样可以证明“男爵”是在扯谎，鲁齐说的是真话，而不是按照法律规定的那样，把这些情况都透露给被告方面以便对方可以自己进行调查。

莫维洛的“调查”其实一点儿也名不副实。“男爵”提供了鲁齐与两个毒品贩子非法进行贩毒活动的情报，指出他们的地址，在哪条街成交。他还提出其中一次交易中使用的电话号码。在另一次交易中，他曾把此事告诉一位他认识的副检察官以便能够及时取得联系。莫维洛的调查未能确认和找到这两个毒品贩子，莫维洛甚至没有用那个电话号码打电话试试，他也未与那位地区副检察官取得联系，虽说我们后来只花了几分钟就解决了这个问题。

“男爵”还向政府交代，他曾给鲁齐三辆汽车，作为鲁齐供给他毒品的预付头金。“男爵”提供了汽车转让的证明文件。莫维洛向鲁齐询问这件事的原委。鲁齐找出一张他付给“男爵”后来又声明作废的支票，面额是 400 美元，开票日期是 1971 年 9 月。鲁齐称这张支票可以证明他至少为那几辆车中的一辆——那辆 1966 型福特车付了钱。但仔细瞧瞧这些证明就会看出破绽——这辆福特车直到 1972 年春天才转让给鲁齐，这是在开具这张支票几个月以后。确实，在 1971 年 9 月开具这张支票时该福特车还不归“男爵”所有呢。“男爵”在 1971 年 10 月 28 日才花 1100 美元买到这辆车，可莫维洛竟然认可了鲁齐的证据，没有继续调查下去。

最后，莫维洛决定应该对“男爵”而不是鲁齐进行一场测谎检查。他不用政府通常选用的那几十家纽约著名测谎机构来做这个检查，而是用在弗吉尼亚州亚历山德利亚刚刚开张的一个测谎事务所（它几个星期后就关门大吉了）。检查结果极为蹊跷——后来有好几位权威专家审查了这些检查结果，都证明根据这些电图记录“专家检查结果不能证明‘男爵’是在撒谎，或是故意进行蒙骗”。

可对莫维洛来说，这些证据足矣。他匆匆忙忙地做出结论，认为“男爵”的每项指控都是不实之词，现在调查可以告一段落。

莫维洛还决定既不告诉罗斯纳，也不告诉法庭“男爵”的指控和调查的事，甚至是这个人的存在。虽说鲍曼法官否决了重审动议，做出瘾君子关于鲁齐有参与贩毒从中牟利的犯罪活动不可信的结论，他由此推论，如果证据可信的话，早就该提出重大的法律问题了。

莫维洛轻松地坐在那里听着，他满心欢喜。

13. 判　　决

重审动议被否决后，罗斯纳即将被判刑。在美国一些州，法官一等到陪审团认定被告有罪即下判决。而在联邦法院则不然，认定与判决之间有几星期的间隔，这样联邦法院缓刑庭——联邦法院的一个独立部门就可提出一份有关被告的过去及今后有否悔改可能的报告。许多法官很重视这份报告，注意采纳缓刑庭的处理意见，因为该厅都是由犯罪学专家组成，他们是一个独立机构，与检察公诉方面没有联系。

判决那天，罗斯纳接到通知说鲍曼法官收到两份不同的判刑建议书。一份是缓刑庭提出的，另一份是由罗伯特·莫维洛主持的地区检察官办公室提出的。莫维洛没有按照程序规定的一般做法去做，而是隐秘地在宣判之日前两个多月将这份备忘录呈交鲍曼法官。莫维洛也没有把他这种反常的做法通知被告律师。鲍曼法官亦无意告诉被告律师他已收到这份备忘录。

就在法官即将宣读判决书前几分钟，罗斯纳收到一份莫维洛冗长备忘录的复本。他飞快地扫了一眼就知道这份东西全都罗列许多关于罗斯纳声誉的流言蜚语和谣传。例如，一位副检察官谈到在一桩案子中罗斯纳有可能诱使某证人作伪证，可连他自己都承认他“没有证实这种可能性的确凿根据”。

鲍曼法官通知罗斯纳的律师说他可能会根据莫维洛的建议书来给罗斯纳判刑。克雷格尔当即提出暂时休庭以便对莫维洛备忘录中提出的指责进行调查，并答复这些问题。鲍曼否决了这一要求，宣布判决罗斯纳 5 年徒刑。鲍曼法官这个判决看起来备受莫维洛的影响，因为联邦法院一般对行贿罪只判 1 年半到 2 年徒刑，甚至检察官和法官犯有行贿罪都不过如此。

14. 调查和上诉

罗斯纳聘请我为他上诉时心里很清楚，这桩案子需要做的不仅仅是写上诉书和出庭进行辩诉。“鲁齐是纽约市最腐败贪婪的警察”，罗斯纳对我说，“我们现在还不能证明这一点，但我们会向他最铁的哥儿们证明他宣誓证词中所供认的三件小小违法行为不过是放狗屁，不证明这一点，我们绝不罢休”。

我们决定用两条战线发动攻击。我将准备上诉事宜，而罗斯纳则对鲁齐的腐败堕落进行调查。我们将为一个共同目标努力，即要么在上诉中推翻罗斯纳的有罪认定，或根据新发现的鲁齐作伪证的证据来翻案。

我们在上诉书中提出三个重要问题:(1)现有证据是否已证明鲁齐非法地诱骗了罗斯纳;(2)德斯捷法诺和拉玛蒂纳在罗斯纳与他的律师讨论案情时在场,这两人当时已经同意与政府合作,这是否剥夺了罗斯纳与他的律师秘密商讨的权利?(3)鲍曼法官决定根据莫维洛的判刑建议来量刑是否剥夺了罗斯纳享受既定法律程序的权利?

我们尚不能提出鲁齐作假证的问题,因为除了鲁齐承认的那些罪行外,还没有确凿的证据证明这一点。

我在 1973 年 7 月进行上诉辩诉。在 9 月联邦上诉法院所有法官一致同意作出裁决。裁决认为一审的关键在鲁齐和罗斯纳的可信性之争,对这个问题鲍曼法官正确地"把证人的可信性留给陪审团去判断"。陪审团决定相信鲁齐,这样"诱骗上当致使犯罪的辩护不能成立"。

至于对罗斯纳与他的律师商讨辩护策略权利的侵犯问题,上诉法院批评政府允许德斯捷法诺和拉玛蒂纳在他们同意与政府合作后继续参加罗斯纳与他律师的会议,可上诉法院认为对这种权利的侵犯及事后向政府汇报会议内容并没有给被告造成特别的具体的损害。

然而谈到判决时上诉法院认为鲍曼法官根据莫维洛在判决前递交的建议书量刑是错误的,这样使被告没有机会做出适当的答复。上诉法院撤销地区法院判处的 5 年徒刑,将该案批回原审法院重审,但应由另一位"不带成见"的法官主持审判。

我们赢得了部分胜利。我们坚信判刑一定会减轻,可罗斯纳要的是彻底平反。我们一边准备一份呈递给联邦最高法院的复查请求,一边在纽约市的大街小巷里对鲍勃·鲁齐的真面目进行明察暗访。

15. "国王"对"王子"之争

埃迪·罗斯纳雇了一个私人侦探——一位以前在纽约市警察局工作的侦探,他叫弗兰克·金①,对纽约市僻静角落里的贩毒活动了如指掌。

有一天,当我正在剑桥的办公室里准备罗斯纳给最高法院的复查请求书时,罗斯纳打电话来,要我马上到纽约去。"我认为我们中彩了",他说。

当我来到南茜·罗斯纳位于百老汇的办公室时,埃德蒙、南茜和弗兰克·金都在那里。这三人都笑容满面。

金首先发话:"嗨,教授,你看电影吗?"

"那当然,"我说,心里感到有点儿莫名其妙。

"看没看过一部叫《法国贩毒网》的电影?就是那部关于一个叫波毕耶·德瓦叶的缉毒警察,讲他怎么破获一个设在马塞的贩卖海洛因集团,缴获了价值几千万美元纯海洛因

① "金"(king)即"国王"之意,所以金与鲁齐之争就成了国王与王子之争。——译者注

的故事。”

“我当然看过。吉恩·哈克曼饰波毕耶,是吗?”

“你知道在那个案子里他们缴获的海洛因派了什么用场吗?”金问我。

“我不知道,”我说,“我猜大概是销毁了,或封存在什么地方。”

金对着我略带挑衅地说:“如果我告诉你这些东西都重新‘回收’了你会怎么想?——这些毒品又拿到街上去卖了。”

“他们肯定在电影里没这么演”,我说。

“是啊,确实如此,教授。”金回答道,“所有的法国贩毒网存货都被人从靠近‘小意大利’①的警察局财产保管处里偷走了,——价值7000万美元的‘千元大钞’②呀!全世界一次偷窃得手最大的一宗活儿。这些东西后来都重新拿到街上去卖了。”

“谁能干得了这事儿呢?”我有点儿天真地问。

“谁?还不是警察,”金回答道,“猜猜看是哪个警察出的主意?”金问。不等我回答,金就用撕心裂肺的声音吼叫:“就是鲍勃·鲁齐!”

我问他:“你能证明吗?”

“现在还不行”,金悄声说,“可也不会太难。我们已经探到一个过去给鲁齐通风报信的家伙。这人可能在街上替他卖过毒品。如果我们能与这人联系上我们就能打赢这场官司”。金讲了这个告密者的名字,它听起来对我和罗斯纳夫妇一点儿也没引起什么特别的注意。这人叫理查德·劳伦斯,就是那个“男爵”。

我鼓动金继续明察暗访:如果我们能证明鲁齐曾在最近犯过这么严重的罪行,我们要求重审就有了极好的理由。我们继续上书联邦最高法院请求下达重审令,金则追寻劳伦斯的踪影。这个人突然一声不响地在纽约消失了。街上已有几个月不见他的踪影。

最后,埃迪重新请了一位私人侦探——一个叫约翰·麦克纳利的前纽约警察局侦探,这人据说对寻找失踪的人极有办法。几星期后,经过与40个人交谈,摸索了好几条线索后终于在纽约州一个叫斯宾莎的小镇把“男爵”找到了。在莫维洛压制了他的存在,否认他的证据使鲍曼法官否决重审动议几近一年后才发现了劳伦斯。

16. 询问“男爵”

这“男爵”真是一块罗塞塔石③,他能解开鲁齐错综复杂历史的迷津。他是鲁齐街头买卖的至交,已经干了5年。我们派参加此案工作的珍妮·贝克去纽约跟“男爵”谈话。她跟“男爵”在南西·罗斯纳的办公室里见面。

---

① Little Italy,是纽约的一条街,与唐人街毗邻,是意大利人聚居之地。——译者注

② Horse,指毒品。——译者注

③ Rosetta Stone,是1797年在埃及尼罗河口罗塞塔地方发现的古碑,用象形文字、古埃及俗语及希腊文三种文字刻就。该碑的发现是诠释象形文字的初步依据。——译者注

这“男爵”正如我们所想的那样，是个高大健壮的黑人，脸上有一道从上到下的伤疤。他头戴一顶硕大的白色弯边毡帽，身穿皮袍，脚蹬发着荧光的白皮鞋，穿着白衬衫，打着白领带，穿着白袜子。他神采奕奕全身充溢着活力。他游刃有余地控制着局势，使人感到一种魅力，一种自信，就是那种想在纽约上城小街深巷里生存下去所需要的勃勃灵气。“男爵”开一辆草绿色的“埃尔多拉多”敞篷跑车，后座上有一台电话机。

贝克和“男爵”谈了几十小时，了解他过去和现在的活动，特别是他与鲁齐的关系。“男爵”给她讲了那么多腐化堕落、两面派作风和暴力凶杀故事。这是一个犬牙交错派系纷争的狗咬狗世界——警察、黑手党、贩毒牵线人、告密者，再加上瘾君子，每一方都在争夺他们应该享有的那份价值连城的白色颗粒。而在他们之间就是这个“男爵”，圆睁大眼四处窥视，耸着耳朵八面探听，从中渔利。

当贝克问劳伦斯，鲁齐是否会承认他认识你时，劳伦斯从口袋里拿出几张揉搓得皱皱巴巴的法律文件要她看。“你看看这个，你看了以后就知道‘娃娃脸’会不会忘记我了。”这些文件上有鲁齐在不久以前宣誓作证谈他与劳伦斯的亲密关系，谈他对劳伦斯绝对信任的内容。

鲁齐把劳伦斯形容成一个“亲密”的“铁哥儿们”，对这样的人他“绝对敢以生命相托”。他对陪审团说，“在他与‘男爵’相识的 5 年中，他在纽约的黑暗角落里查获了 50 磅海洛因，使你们的孩子免于毒品之害”。鲁齐不可能否认他曾与“男爵”亲密共事。鲁齐想要把这么一个他曾宣誓作证加以盛赞的人斥为骗子是难上加难。我们收集的材料日臻完善。

贝克叫劳伦斯回忆鲁齐卖给他毒品以便重新到街头兜售的细节，包括时间、地点和人名。劳伦斯说在他们合作的那几年中，鲁齐“每个月向他提供几次海洛因。”劳伦斯把这些纯海洛因掺假以后在街头出售，然后给鲁齐钱。劳伦斯还说，鲁齐在“不计其数的其他场合”卖给他警察收缴上来的毒品。劳伦斯告诉贝克，他曾亲眼目睹和参加了鲁齐向另外三个毒品批发商出售海洛因的交易，这三个人外号分别是“瘦猴”，“玉米饼”和“圣人”。根据劳伦斯的供述，这些年来每年鲁齐出售的毒品数量惊人。如果“男爵”所说的一切都是实话，鲁齐就是纽约市最大的贩毒枭首之一。

正当贝克在盘询“男爵”之时，弗兰克·金这位帮我们找到“男爵”的前警察侦探一直不停地在办公室里进进出出。他提醒贝克眼睛盯着目标不放：“正是‘法国贩毒网’盗窃案才会要埃迪的命；千万得把这一点写进你的报告里去，这件事是鲁齐干的，我们得想方设法证明这一点。”

可“男爵”对这一点没有把握，他也同意鲁齐参与作案，贩毒圈子里的人都这么议论，可是他没有确凿事实。金却不停地鼓动我们往这个路子走。

到了 1974 年 2 月 25 日，《纽约时报》一篇头版文章刊登了如下消息：

调查人员……正在把注意力集中在弗兰克·金，一个 39 岁的前纽约市警察局缉毒队侦探身上，认为他可能是那宗偷窃价值几千万美元海洛因和可卡因毒品案的策划者，这些毒品本来是从一个贩毒集团手里收缴来的，电影《法国贩毒网》就是根据此案情节拍摄的。

看到这消息，我呆若木鸡，我真是个呆瓜蠢货。弗兰克·金把我们诱入歧途，然后就溜之大吉，我们再也没见到他。政府一直未能证明是金或其他任何人盗窃了价值7000万美元的毒品。但金后来被起诉，以阻碍大陪审团对"法国贩毒网"盗窃案进行调查为由指控他犯有阴谋罪、伪证罪和藐视法庭罪。几年后这些指控都被撤销。然而金却因偷漏个人所得税而被认定有罪，证据是他在"法国贩毒网"盗窃案发后的一年中花了11万美元，而在个人所得税单上填的收入却少得多。直至今日"法国贩毒网"毒品盗窃案仍未了结，调查此案的特别检察官办公室仍然认为金是主谋，可是一直有流言蜚语说还有其他人参与策划这桩大劫案。我们决定，没有"男爵"提供的确凿证据我们得把这条罪状从对他的指控中删去。

17."男爵"与"王子"之争

在1974年3月19日，陪审团认定罗斯纳有罪一年零三个月以后，我们提出复审动议。随动议书附有一份理查德·劳伦斯写的宣誓证词，厚达14页。这份证明文件列举了鲁齐参与的几十件与贩毒有关非法牟取上百万美元的犯罪活动。我们还呈交了其他有宣誓作证的调查材料，其中列举的许多犯罪活动在细节上都与劳伦斯揭发的互相印证。我们要求举行一次听证会以便让鲁齐与揭发他的人当堂对证。

在1974年4月9日，政府抛出它搞的一套材料作为答复，这些宣誓证词的中心内容就是把劳伦斯称作骗子。政府声称莫维洛对劳伦斯的指控进行了深入调查，"发现劳伦斯是个彻头彻尾的假告密者，其告发内容毫无价值"。这是我们第一次听说莫维洛还搞了什么"调查"。政府坚决反对举行听证，它不想让鲁齐站在证人席上，宣誓所言皆实后再就"男爵"的指控接受质证。

这时候莫维洛已经离开了检察官办公室，此案由另一位联邦地区副检察官来负责，这个人就是约瑟夫·贾菲，那个参与向犹太人保卫同盟案起诉、性情乖戾的年轻公诉人。他现在已经被派来对鲁齐调查。在我们提出重审动议后不久，有一次贾菲在联邦法院的电梯里与珍妮·贝克偶遇。

"是你帮助'男爵'搞的那些宣誓证词吗？"他问。

"我在他告诉我的内容基础上起草了这些证词，"她答道。（律师经常给证人起草宣誓证词。）

"你听说过'教唆伪证'这种罪吗？"他恶狠狠地问，"劳伦斯是在撒谎，如果你了解这一点，你自己也可能会遇到麻烦，"他皱着眉头说，"不久以后你自己恐怕也会站在大陪审团前受审了。"他一边说，一边走出电梯。

鲍曼法官收到双方呈交的宣誓证词后同意在1974年5月1日举行听证。那天早晨，正当我离开办公室动身去纽约时我收到鲍曼法官秘书的电话。鲍曼法官身体不适，"听证会已经无限期推迟了"，他通知我说。我们反复琢磨这件事里面的蹊跷之处，可是没有发现什么异常的地方。我们一点儿也没认识到，在联邦地区检察官办公室紧闭的走廊里另一出戏又紧锣密鼓地开张了，这是一出由鲍曼法官参与的闹剧。这一回，他们又没有预先通知被告方面。

18. 撕下"娃娃脸"的假面具

在4月17日，听证会预定召开的两个星期前，鲁齐开始露出口风，说"男爵"所说的并不是扯谎。鲁齐对事实即将澄清惶惶不可终日，如果这又是从另外一个人的嘴里说出来的，政府将被迫把他绳之以法。

鲁齐便向约瑟夫·贾菲及另一个叫鲁道夫·乔里亚尼的检察官讲了此事。他想知道，如果他承认——当然是假设他承认——他把毒品交给告密者的话，会拿他怎样办。这两个检察官说他很可能会被起诉，但他们会尽力阻止政府这么干。鲁齐暗示，肖和斯库匹塔早已明白地表示，如果进行合作，就不会逼他坦白历史上的污点。乔里亚尼摇着头一脸正经地对鲁齐说，从他给政府当密探之日起，他过去干过的那些乌七八糟的事儿肯定会暴露，因为他出庭作证反对的那些被告都会争先恐后地刨他的老底儿。"不管谁那么对你说都是瞎掰，诓你走冤枉路"，乔里亚尼说，很明显是暗指肖和斯库匹塔。乔里亚尼鼓动鲁齐索性把实情都兜出来，甚至这样做会"推翻那个不得好死的狗杂种埃迪·罗斯纳的有罪认定"①也在所不惜。

最后，鲁齐决定坦白。可他这一坦白可不得了，劳伦斯对他的揭发比起他的坦白来说，就好像是冰山一角。鲁齐坦白交代他的罪恶生涯用了几个星期，到头来，他的罪恶记录下来订成了一本84页纸的小册子。在他13年警察生涯中，他不仅仅是如他自己在罗斯纳案审判中承认，到1967年为止仅干过三件违法活动，他犯下了成千上万桩罪行，真是罄竹难书。就拿他犯罪的数量来说，纽约市警察局有史以来最腐败堕落的蛀虫非他莫属。罗斯纳本能的感觉真是从一开始就是对的。

在1974年4月23日，预定召开听证会前一星期政府又向鲍曼法官发送了另一份密信。他们告诉鲍曼，鲁齐已经承认了不计其数他过去在法庭宣誓否认的罪行。由于这封信，鲍曼法官推迟开庭，假托身体不适。

谁也无法知道，如果政府有可能把鲁齐的180度大转变告诉我们的话，这会在什么时候。1974年5月2日《纽约时报》首先披露了鲁齐向联邦检察官坦白的消息，他承认他犯下的罪行远远不止他在罗斯纳案审判中承认的那么一点儿。《纽约时报》是因为纽约州和

---

① 见《城市之王》第298~299页。

联邦检察官之间发生了十分奇怪的争吵,后来竟然发展到由州检察官向联邦检察官提出控诉,才得知这个消息的。

鲁齐在4月17日开始他的马拉松般漫长坦白后,联邦检察官把他置于保护性拘留之下,开始对他进行讯问。两天后,联邦检察官通知纽约州负责调查腐败违法行为的特别检察官莫里斯·那加里有关鲁齐的这个变化。那加里想要直接参与这个行动,要求讯问鲁齐,因为鲁齐曾在几个州法院审判中出庭作过证,正像他在罗斯纳案中做的那样。联邦检察官拒绝在联邦官员讯问结束之前让州检察官对他进行传讯。这种作法激怒了那加里,他指责联邦检察官办公室参与了一场"封锁消息活动,不准鲁齐泄露消息,因为……罗斯纳复审动议尚未有结果"。

《纽约时报》透露说,"有消息说〔联邦检察官〕防止侦探鲁齐说出任何可能影响〔罗斯纳案〕认定的情况"。

那加里向法院起诉,要求法院强制联邦检察官办公室让州检察官"共享"鲁齐的供词。公开进行这场诉讼才第一次泄露了鲁齐悔改前言的事。联邦检察官十分恼怒,他争辩说那加里应在"回避公众"的情况下进行起诉——这就是说,应该秘密起诉,以避免新闻媒介(显而易见还有罗斯纳)得知这消息。

那加里提起的诉讼正好由鲍曼法官审理,成了报纸上的头条新闻。纽约州调查腐败犯罪特别检察官在法院公开控告联邦检察官掩盖警察犯罪及作伪证这种事十分罕见。经过几个回合的听证——我一直兴趣盎然地旁听——联邦检察官办公室胜诉,得以继续对鲁齐进行秘密审问,不受州检察官的干扰。

联邦检察官的讯问持续了几个星期。有消息说鲁齐把他最亲密的朋友和同事都出卖了。在1974年5月21日警察局侦探威廉·科迪——鲁齐在缉毒队的一个搭档,用警察局发给他执勤用的手枪自杀身亡。在这之前几分钟鲁齐给他打了电话,告诉他自己向联邦检察官都交代了些什么。

一星期后,我以罗斯纳的名义提出诉讼,要求法院裁决联邦检察官办公室立即允许我们与鲁齐接触,并了解他交代的内容。

鲍曼法官否决了我的要求,但是安排听证会在7月1日举行。鲍曼法官说:"不会再延期了,我到时会告诉你具体的原因。"随后他宣布,他已决定在8月15日辞去法官职务,改行私人执业。他要在他离职之前对动议进行裁决。罗斯纳案是他任联邦地区法院法官时遇到的第一个重大案件,它也是鲍曼重返私人开业之前的最后一个案件。

当我们正在准备这场听证时,我们收到通知,联邦最高法院已经否决了我们的复查请求,但同时明确表示这个决定无意阻止联邦地区法院就鲁齐的问题举行听证。

19. 滔天罪行

现在是政府因它在罗斯纳案中的错误而受审的时候了,被告是肖、斯库匹塔、莫维洛、萨戈尔和鲁齐。作为罗斯纳的律师,我将扮演公诉人的角色。审判讨论的内容是罗斯纳能否继续自由在外,这次审判同时也影响到纽约南区联邦检察官办公室的声誉。

法庭里挤满报社人员和电视记者。因为法庭严禁摄影拍照,旁听席第一排上坐满电视台的画家准备速写。

在1974年7月1日上午《纽约时报》登载了一篇米隆·法布写的头版文章,抢在前头告诉公众他们从这场审判中能了解到什么:

一个稀奇古怪的故事将大白于天下,这里面有政府官员"掩盖"活动的指控,也有由一位中央情报局前工作人员进行的有争议测谎检查。

罗斯纳先生希望在这次听证会上推翻对他的有罪认定,与此有关的利害都在朝对他有利的方向发展,他的收获会超出他的期望……

实际上,罗斯纳先生和他的律师哈佛大学法学院教授艾伦·德肖维茨正在努力把政府置于被告席上,为他们在罗斯纳案中赤裸裸的违法行为受审。

按鲍曼法官严格规定,听证会在上午10点准时开始。我们在10点零2分传唤第一个证人——警察局侦探罗伯特·鲁齐。

他由一小队联邦保安人员簇拥着从证人待的房间里走出来,这是公众第一次亲眼看见他的真面目。连《生活》杂志在登载关于他的照片时都把他的脸遮住,以防有人暗杀。

鲁齐刚在证人席就座,电视台的画家就急切地开始速写。这张速写上画的是个长得像个小天使般的青年,约30来岁,看起来善良诚实,又带着一脸愁容。他身高一般,体重正在朝着超重的范围发展,鲁齐这人一点也看不出是个凶悍奸诈巡游街头的探捕。他穿着一件浅灰色运动夹克,里面是件人造纤维衬衫,脖领敞开。很明显检察官已预先告诫他不要穿那些惹眼的昂贵服装,把那些金光闪闪的首饰也摘下来留在家里。我向他提出第一个问题时,他很不自然地朝我笑着。

"鲁齐先生,请告诉我你当警察有多长时间了?"

他回答起来带着一种尖利且挑衅的调门,仿佛是在向我示意,别想从我这儿找便宜:"我大约干了13年了。"

在我历数他的桩桩罪恶、揭露他的丑恶历史时,他一直气势汹汹毫不示弱——15次从贩毒嫌疑犯手里"缴获"现款;近1000次向有吸毒瘾的告密者非法分发收缴来的海洛因以便他们再度出售;几百次从当场捕获的毒品贩子手中勒索现金或海洛因作为允许他们继续干的代价;数量巨大的海洛因通过他分给不吸毒的毒品贩子,然后再卖给瘾君子;向黑社会犯罪集团成员出卖关于警察正在办的案子的内部情报,包括窃听电话的内容,以便向被调查被窃听的对象敲诈勒索;从一个刑事被告辩护律师那里接受贿赂,然后按照他要求的口径在法庭作证(鲁齐竭力否认他改变证词是因为受贿。他声称,给他钱是因为"我这样做就不会因替那个律师的委托人说好话而惹下作伪证的嫌疑”);在“离法官只有几英尺之遥的地方”向一位副检察官行贿,企图为一个被告求情降低保释金数额;因为派了几个“强壮的武装人员”去保护一家餐馆而收受老板的钱;几次三番地欺骗伪造和偷漏联邦和州所得税应缴数额;他在警察生涯中犯下无数次作伪证、撒谎欺骗行径,最近一次就在上个星期。(我没办法讯问他那件在布朗克斯阴谋擦抹窃听录音带和作伪证的罪行,因为我不确切了解此事,政府直到此次听证开始时仍拒绝透露这些罪行。)

鲁齐在被问及这些五花八门的犯罪活动时,态度越来越强硬,毫无悔过之意,他再三试图粉饰美化他的罪恶,说这全出于爱护别人之心,也是他在纽约这个虎口狼牙之地出生入死所必不可少的手段。

鲍曼法官对他这种说法似乎不甚同情。有一次他说:“不管侦探鲁齐以前干什么和现在正在干些什么,都是自作自受,他自己要这么干的。侦探鲁齐的讨论到此结束。”

鲁齐被带上法庭,他被认定有罪。毫无疑问他是纽约市有史以来最腐败堕落的警察之一。同样清楚的是,他撒起谎来如此流利,他的可信性几乎不存在。这个荣耀的城市王子在审判后成了一只癞蛤蟆。

可是鲁齐并不是这个犯罪集团中唯一成员。其他执法人员也有两面派行为,缺乏坦诚正直的品质,当然还有更恶劣的。可尊敬的纽约南区联邦地区检察官办公室成员的不检点行为也应该予以揭露,加以谴责。

为了保证罗斯纳能够获得一次新的审判机会,我们就必须证明不仅仅是鲁齐一个人扯谎欺骗,而且联邦政府也对某些侦探的违法行为负有责任。我们在这个阶段的质证工作就更加微妙了——我们现在正是对鲍曼法官曾经工作过并引以为荣的那个联邦检察官办公室的诚信进行质询。这些工作人员之中有一个人的行为将受到盘问,这个人就是罗伯特·莫维洛,他像鲍曼一样曾主管过检察官办公室刑事犯罪部门。我们知道这回是一场硬仗。

很多辩护律师遇到要与检察官发生正面冲突,必须对检察官是否诚实公正进行挑战的案子都知难而退,这是完全可以理解的。政府的律师(检察官)对辩护律师的日常生活有很大影响力,对他委托人的命运起着举足轻重的作用,因为解决刑事案件的主要方法是通过庭外协商,辩护律师总是需要与公诉方面讨价还价,而检察官则有权表示同意或不同意。在某些行政区域内公诉人可以向法庭提出判刑建议,法官很重视并采用这些建议。

就更私人的层面看,检察官可以在许多方面给辩护律师方便,或叫他吃不了兜着走。这些事虽小,却很重要,如同意合作或不继续合作;在律师阅卷时提供方便或从中作梗;对一些技术性要求采取变通方法或是铁面无私;在委托人请律师时帮助推荐还是暗中使坏;还有在小事上采取顺水推舟给人方便的态度,还是处处找碴,极尽刁难之能事。

许多检察官在使用他们的权力时毫不踌躇犹豫,指望以后能从辩护律师处得到回报。我并不是说以上作法有何不妥之处,尽管这么做时常有离谱的可能,我只是说与检察官办公室保持良好的关系是多么重要。

很多检察官有心与辩护律师在法庭上一分高下，只要问题限于被告是否有罪的范围之内。可是只要问题牵涉到检察官本人是否公正诚实，辩护律师与“检察官被告”之间就很难保持良好的个人或工作关系了。所以大部分辩护律师在委托人需要他们直接攻击检察官的案子中都退避三舍。最好的情况，他们也只是把矛头对准“政府”，以造成不针对任何个人的印象。

在本案中把我的进攻矛头对准某一位检察官是必不可少的，不管我是否因此得罪了人。我早就听说莫维洛的脾气极坏。我曾经在法庭外亲眼看见他声嘶力竭呵斥一个说他“健忘”的辩护律师：“你这个婊子养的。你等着瞧吧，有你好受的！你再也别想跟我们打交道了！”对于一个在纽约南区这块地盘上执业的律师来说，这些话不啻是一份吊销营业执照的命令，一份破产声明：地区检察官办公室刑事犯罪部门——莫维洛是个部门的主管——将不会跟这个律师进行庭外协商或私下交易了。①

当然，没有一个检察官会喜欢受传唤出庭作证，被人追根刨底地盘询他是否知道鲁齐犯有其他罪恶，他什么时候知道的，为什么他没有将此事公之于众。不管怎么说，这是水门事件的最后一个夏天，正当我们举行听证时，一位美国总统②正因他在一件丑闻中参与掩盖活动而行将被迫辞职。在这场事件中，许许多多律师的声誉都受到玷污，其中许多人过去曾是或现在就是检察官。鲍曼法官反复地把他主持的听证与在华盛顿进行的听证加以类推。

我决心接受委托在纽约南区进行挑战并不是因为我比别的律师更有勇气。我只是，或至少我以为我这么做比别人失去的少。作为一个有终身聘约的教授，在另外一个城市兼职做律师，我并不像其他执业律师那样依赖与当地检察官的关系。我一般也不进行庭外交易或鼓动委托人通过庭外协商换取减刑。我主要是依据委托人的宪法权利进行诉讼。我认为自己相对来说比较保险，因为对我进行报复打击的可能性较少，因此我就有额外的义务去向违法乱纪的检察官进行挑战。另外，作为一个教授法律道德规范的人，我对许多法院、纪律检查委员会在衡量检察官和律师的行为时实行双重标准感到万分震惊。极少有检察官因他们工作时过分热情而受到纪律处分，哪怕是批评也难得有。可是我很快就了解到，辩护律师由于过分热情地为委托人辩护而受到吊销执照的威胁。

正因为这些原因，我一直很愿意挺身而出对检察员和法官的行为提出异议。确实这也成了我进行宪法实践内容的一部分。可是罗斯纳案是我第一次直接向联邦检察官办公室是否公允诚实提出挑战。

---

① 在鲁齐听证会期间，甚至连鲍曼法官也表示了莫维洛的脾气太坏的“司法意见”。

鲁齐先生：鲍勃·莫维洛跟你可大不一样，他不是坐在那里心平气和地向我解释……他神情十分激动，一会儿蹦起来，一会儿又坐下。

法庭：……所有熟悉本法庭的人差不多都能发表关于莫维洛先生会怎么表现的司法意见。

② 指尼克松。——译者注

20. 向检察官罗伯特·莫维洛起诉

我们传唤的第一个证人是罗伯特·莫维洛。这个人矮胖短粗,有人说他长得很像巴迪·哈克特,只是没有他那种幽默感罢了 。他讲话调门又高又尖,带着一种嘲讽的味道。由于他是检察官办公室刑事案件部门的负责人,他脸上流露出一种不可一世的神气,十分不情愿地出庭作证。

莫维洛之所以有今天是因为他自己在 1972 年 1 月刻意隐瞒"男爵"揭发鲁齐的事实。"男爵"揭发鲁齐的材料,与瘾君子们在要求重审动议听证会上作证时揭发鲁齐的犯罪勾当一模一样。

莫维洛在法庭上作证时一副趾高气扬的样子。他用断然决然的口气回答每个问题:对"男爵"揭发鲁齐问题的调查是"彻底的 ";"所有的指控都绝对没有任何事实根据";这些指控"完全站不住脚,""它们完全不可靠";不管从哪个角度来说,"男爵"都"可悲地没有通过测谎试验"。

后来出庭的证人拿出证据,表明这些调查是多么不彻底。实际上并没有追查手头的线索,没有询问证人,没有核对这些人被捕的档案材料,其他调查机构掌握的 有关材料也未去了解。确实,在一个政府认为事关重大的问题上,调查人员寻找一个据"男爵"揭露的靠近东帕克大道的商店,这地方位于布鲁克林主要闹市区。而这些调查人员却出去到处寻找:"东大道"——一条并不存在的街道。他们找不到这地方,就不再继续寻找。

调查人员把他们的慵懒无能归罪于"男爵"未能通过测谎试验上去。可正是在这个问题上莫维洛的调查最不堪一击。美国最有名的测谎专家,也就是阿诺德·鲍曼在私人开业时聘用的那位专家作证说,弗吉尼亚那家公司进行的测谎试验是一场哄骗,那架测谎机并不准确,所问的问题"准备得粗劣草率",测验结果"完全不足以说明问题",没有一个测谎专家会根据"这么平直的电图"基础做出"男爵"是在撒谎的结论。最后,该测谎机构的总裁也对莫维洛关于"男爵"在所有方面"可悲地未能通过测谎试验"这一点提出异议。他作证说,"男爵"可能"隐瞒"了部分真相,未能"把他所知的全部情况透露。"测谎报告从未对莫维洛说"男爵"所说的"全都是撒谎"。莫维洛关于测谎结果的证词看起来已经支离破碎。

21. 向检察官埃利奥·萨戈尔起诉

我们现在面对的听证是一场更为敏感,更加艰巨的战斗——现在要讨论的是联邦地区副检察官埃利奥·萨戈尔在最近对罗斯纳审判中的所作所为。他是审判中起主要作用的政府律师。我们认为,萨戈尔直到最近的新审判中仍在继续政府的掩盖活动,我们确信萨戈尔甚至故意在美国联邦总检察长面前进谗,而总检察 长本人则使联邦最高法院在政府律师对于鲁齐的犯罪活动究竟知道多少,究竟在什么时候知道的问题上偏听偏信。

埃利奥·萨戈尔给人的印象并不差，他也试着让自己看起来很强悍。他一味模仿莫维洛——模仿他的坏脾气及其他特点，可他学得并不太像。他这个人简直是矛盾百出：虽说他天性谨小慎微，但他又处处显得浮夸自负，活生生的一个初出茅庐的检察官，有纽约南区联邦检察官办公室里那些年轻检察官的作风。虽说这个人本质不坏，诚实可靠，但他给我的印象是对违法的事情不吱一声，在紧要关头明哲保身。他自己虽不撒谎，可你永远也别想知道他是否跟你说心里话。当他走上证人席时，他看着我，一副不屑一顾的样子。①

我一开始就问他那件已经被人称作"戈伊备忘录"的文件。"戈伊"备忘录在第二阶段听证中具有极其重要的意义，该文件是一份两年前鲁齐的供状，共二页纸，交代他在 1965 年伙同另外三个警官在没有搜查证情况下闯入民宅搜查毒品，并在那人家里盗窃了 200 美元现款。这份备忘录是因为鲁齐向一位联邦调查人员罗伯特·戈伊交代此事而得名。当时负责鲁齐问题调查的爱德华·肖后来听说了这一 事件和他的供词，然而该备忘录在罗斯纳案审判中并没有透露给被告辩护律师，我们仅仅是在这次听证开始之前才打听到这些情况。

"戈伊备忘录"对我们的论点是个很大的支持：它成为无可争辩的书面证据，证明在罗斯纳审判前有责任通知对方律师的政府公诉人已经知道鲁齐实际上至少还犯有别的罪行，而不仅仅是他准备承认的那三项。另外，在"戈伊备忘录"中谈到的罪行与其他三项罪行性质不同。鲁齐企图为他承认的那三项罪行，即他作为中间人出现的那些犯罪活动辩护，说他的动机是保护那些孤立无援的警察搜捕对象。而"弋伊备忘录"里承认的罪行却不能以此类推，这是一个赤裸裸的执法人员共谋合伙犯下的盗窃行为，他们负有调查罪行之责却犯下这种罪行。大部分陪审员将比较倾向于同情警察犯罪的"受害者"，而不是鲁齐承认他作为中间人所犯罪行的"受害者"（如果真有什么受害者的话）。他们只拿走 200 美元并不能改变这件事的性质。如果他们找到更多钱的话，他们也会一个不剩地拿走。另外，一位联邦法官已经判约翰·艾利希曼②入狱，因为他参与了对丹尼尔·埃尔斯伯格医生的精神病诊所撬锁闯入活动，虽然他们在诊所里**什么也没有拿走**。

然而，"戈伊备忘录"里揭露出来的意义超出了它揭发出来的具体罪行。它使罗斯纳的律师猛然醒悟，认识到鲁齐的腐败活动完全是另外一种类型。他们就可以对这种犯罪方式——受命搜查毒品的警察进行偷窃——进行调查。调查的结果会怎么样呢？它表明鲁齐承认的罪行只不过是冰山一角。鲁齐实际上承认了十几件类似的盗窃行为，他共窃取现

---

① 我与萨戈尔的关系用我还依稀记得的老电影中的对话来表现倒是十分妥帖：
第一位律师：你不相信我么？
第二位律师：绝不。
第一位律师：我也绝不相信你。

② 约翰·艾利希曼（John Erichman），曾任尼克松政府的白宫办公厅副主任，因水门事件中的掩盖活动入狱。——译者注

金约达25万美元。这份秘而不宣 的"戈伊备忘录"很可能成为发现鲁齐秘密犯罪的关键线索。

毫无疑问,根据法律政府有义务在罗斯纳审判开始之前将"戈伊备忘录"透露给被告辩护律师。甚至连埃利奥·萨戈尔在质证时也不太情愿地承认,他一发现有这份材料就立刻"认识到'戈伊备忘录'应在审判时交给被告辩护律师。"可是爱德华·肖这个负有向被告方面透露鲁齐过去犯罪情况责任的检察官却没有这样做。

萨戈尔承认,他第一次拿到"戈伊备忘录"大约是在1974年4月8日左右。这一天并非稀松平常,因为第二天他就向鲍曼法官呈交了一份签字宣誓证词。在这份证词中他信誓旦旦地说,罗斯纳在要求重新审判的动议中对鲁齐的指责"都是毫无意义的"。

我追问萨戈尔,为什么 他在宣誓证词中丝毫不提"戈伊备忘录"的情况。他起先 试图用 语法不通的词句来搅浑这件事的脉络:"我第一次看见'戈伊备忘录',是在政府答辩书必须在4月9日下午5点前呈交鲍曼法官之前一个小时。"我紧追不放,要他澄清究竟是什么时间。他终于承认,他在签署宣誓证词**之前**读了"戈伊备忘录"。他对证词中未提及该材料的辩解是,那天他的调查"尚未完成,对'戈伊备忘录'的真实性尚不能肯定"。

鲁齐的证词使萨戈尔的说法黯然失色。根据鲁齐的证词,萨戈尔在"准备宣誓证词时"就与鲁齐深入地谈论过"戈伊备忘录"。还有,鲁齐特别指出他们是在深夜进行这场谈话的。所以这场谈话起码是在规定时间4月9号下午5点前一天发生的。鲁齐证明在谈话中萨戈尔问他"戈伊备忘录",对他的指控是否属实,鲁齐承认这些都属实。这场谈话并非无关紧要的泛泛闲扯。鲁齐作证说当萨戈尔发现"戈伊备忘录"后,他立即传唤鲁齐,朝他大喊大叫:"还有哪个狗日的白痴知道这件事?他是在哪儿知道的?"他那时已经读完备忘录里谈到的第三个案子了。

这样我们就可以证明,萨戈尔绞尽脑汁有意识地决定在1974年4月9日呈递宣誓证言时既不把已有"戈伊备忘录"这件事告诉被告方面,也不通知鲍曼法官。可是,据我们看来,他曾干了一些比这还要严重的事:他同时也决定不向联邦最高法院透露"戈伊备忘录"这份攸关重要的文件,当时最高法院正在考虑我们请求复审的要求。

我们也证实萨戈尔曾就他面临的难题——"戈伊备忘录"——与联邦检察官办公室里的各方专家进行磋商,其中包括约翰·戈登,那个负责与总检察长办公室联络的政府律师,他处理政府与联邦最高法院的有关事务。读了"戈伊备忘录"后,戈登对萨戈尔说"我们没把这东西转交出去真是不幸啊"。

在1974年4月19日,即萨戈尔收到"戈伊备忘录"11天后,鲁齐开始承认他有伪证行为后的第二天,总检察长对罗斯纳呈联邦最高法院的复查请求书进行了批驳。总检察长办公室——当时还不知道存在"戈伊备忘录"这件事——声明"联邦检察官办公室否认……公诉方面对鲁齐的伪证有任何了解"。总检察长也表示,如果任何一个检察官"知道此事"或"隐瞒实情",后果都将是"极其严重的"。而"戈伊备忘录"却证明检察官肖知道此事。

这样，美国政府就向联邦最高法院呈交了错误的报告。它这样做是因为它在华盛顿的左膀有意地隐瞒了它在纽约的右臂的所作所为。

从这一点开始，这个故事开始变得越来越糟糕！

由于鲁齐不断地向外抖漏他的犯罪活动，约翰·戈登终于决定通知总检察长办公室，以免日后可能出现难堪。可是，在我看来他们充其量只是讲给总检察长办公室一半真情，甚至可能完全是谎言。戈登向总检察长办公室汇报说，鲁齐开始交代更多的问题，都是他在罗斯纳审判时没有交代过的。可是他接着说"这些鲁齐曾撒谎掩饰的罪恶在鲁齐作伪证时**我们并不知道**"。这些说法根本不是全部事实。这里面至少有两件犯罪事实检察官肖**是知道**的，即"戈伊备忘录"中承认的盗窃罪及在布朗克斯阴谋擦抹录音带及作伪证。戈登自己也"很清楚"他与总检察长办公室联系**之前**就已得知有"戈伊备忘录"了。（我们未能询问戈登或萨戈尔他们是否知道擦抹录音带的事，因为我们只是在听证会结束后才听说这件掩盖了的罪行。）然而戈登并未告诉总检察长办公室"戈伊备忘录"的事，也未告诉检察官肖知道在备忘录里鲁齐承认了其他罪行的事。其实他通报的是完全相反的信息：地区检察官办公室的人除鲁齐在罗斯纳审判中承认的罪行以外其他任何新罪行一概不知。

情况发展到这般地步简直是没法再糟了！

根据鲁齐最新供认的伪证罪，总检察长认为他有义务使联邦最高法院的决定不要被错误的材料或不完整的材料所影响，他决定向最高法院呈交一份补充文件。他随之起草了一份文件，请最高法院注意，鲁齐在罗斯纳审判时隐瞒了他过去的问题。总检察长用电传把文件草稿传到纽约的联邦检察官办公室，让萨戈尔和戈登看一下这么写是否准确。在这份文件中总检察长强烈认为应该批准罗斯纳重新审判的请求，如果

……对已有的这些新证据举行听证，包括对罗斯纳提出指责而联邦检察官否认的那些对于如何处理重新审理动议至关重要的那些证据进行听证。

萨戈尔用笔在上面进行修改，把这段话**改成**：

……对已有的这些新证据举行听证，包括对罗斯纳提出指责**说政府"了解鲁齐的其他犯罪行为"**而联邦检察官否认的那些对于如何处理重新审理动议至关重要的那些证据进行听证。〔黑体字为萨戈尔修改部分〕

萨戈尔就这样"修正"了总检察长呈最高法院意见书的草稿，这样最高法院被告之，联邦检察官否认政府了解鲁齐的其他罪行。在萨戈尔用笔"修改"这段话时，他已经读过"戈伊备忘录"，他与几个法学专家讨论过此事，他对这样做的后果是完全清楚的。然而，他还是"修正"了总检察长的意见书，以此来否认"戈伊备忘录"里已经证明的东西。

总检察长对这些至关重要的文件和事实一无所知，就这样向最高法院呈递了一份误导

性的意见书。

最高法院否决我们复查请求两个星期后，当我得知萨戈尔使的这个暗算手腕时，我怒火中烧。他不仅仅在关键事实上蒙骗了美国最高司法机构而且还断绝了我们前去改正错误材料的通路。我捶胸顿足发誓要揭穿这个掩盖行为，这个发生在司法机关的丑恶行径，我要在鲍曼法官主持的听证会上发动毫不留情的攻击。

22. "我们可以在纽约读这些材料……"

可是当我开始证明萨戈尔的非法行为时，代表政府的乔①·贾菲排山倒海般地发出阵阵抗议，企图保护萨戈尔使他免于就自己的行为作证。面对我对政府律师的频频攻击，鲍曼法官则越来越坐立不安，不断批准贾菲的抗议。随着恼怒和挫败感的增加，我要求法庭允许我"提出证据"，即如果允许我继续对萨戈尔进行质证的话我将证明的东西。我开始提出这些内容：

> 我们将提出……联邦检察官办公室曾有意识地精心地企图对即将对复查请求作出答复的联邦最高法院隐瞒实情……这份"戈伊备忘录"就没有让最高法院知道……

根据我知道的事实，提出这种证据似乎是够合情合理的。我没有预料到鲍曼法官的反应会如此激烈。他从座位上站起来从上朝下瞧着我，摇着两根手指做出威胁的姿势："我认为这个指控是极其严重的，"他说："你最好能够证明这些指控。"

这里面包含的威胁是明确无误的，就像在犹太人保卫同盟案审判时一样，鲍曼法官还是用他的老把戏——企图用威胁恐吓被告辩护律师的方法扭转对政府的严厉指责。他想把我推上法庭受审，因为我想把政府推上法庭受审。他想对我先下手为强，正像我想对政府先下手为强一样。

那天早晨余下的时间可苦了我。每次我想要对证人进行质证时鲍曼就会上前切断我的话头："我还在等着你就联邦检察官有意识地、精心地企图对联邦最高法院隐瞒实情作证哩。我希望你立即就谈这一点……这可能是明天早晨报上的头条新闻，可我要你现在就把证据拿出来。"

随着这个攻击，他宣布上午的听证结束，并"指示"我"在下午两点钟开庭时证明那条具体指控。"他起身而去，用力把身后的门砰地关上。

我们后来从法院的传闻中得知，在鲍曼法官的更衣室里发生了什么。鲍曼指示他的助理——一位刚刚从法学院毕业的年轻人去起草对我的正式指控，因为我"毫无根据地对联邦检察官办公室"进行指控。鲍曼说他吃完中饭回来就要看这份东西，然后把它送到律师

---

① 约瑟夫的昵称。——译者注

协会纪律监察委员会去。说完他转身就走，留下那个充满疑惑的助理伏案疾书。

当鲍曼回来时，那个书记员对这位法官说，他不想参与起草指控被告辩护律师的工作，因为他不认为该律师有什么不妥的地方，如果鲍曼法官想要呈递指控书，他就得自己亲手去写。鲍曼怒气冲天，却不得不说他可以自己动笔。

进入法庭以后，鲍曼法官要我再“斟字酌句地念一遍我对联邦检察官办公室的指控”。他假模假式地举着一根铅笔，说：“我要彻底搞清楚你到底说了些什么。你说联邦检察官办公室有意识地、精心地对最高法院封锁证据。”他一边说，一边当着法庭里所有的人把这些字句写下来。很明显，他想设圈套让我上当。

我开始对萨戈尔进行质证。可是萨戈尔不回答我的问题，他学着鲍曼法官的样子想把矛头扭转过来对准我。当我问他，他在午间休庭时是否查对了一个他应该加以查对的日期。法官竟然允许他做如下回答：“坦白地说，德肖维茨先生，我感到你的指控勇气如此可嘉，我觉得与其去查对日期不如出去吃午饭。”

在另外一个问题上，他回答说，他只能把他的声明建立在“你德肖维茨先生在法庭上公开声明的基础上，而我不想就这种声明是否确切发表评论”。当我宣读文件中萨戈尔修改过的那部分时，他打断我的话，说：“我们也可以在纽约读这东西嘛。”

听证会已经失去控制，而鲍曼法官丝毫无意去控制形势。有时候萨戈尔好像忘了他是个证人而不是检察官，他忘乎所以地吼叫着命令我“德肖维茨先生，我对记录内容很熟悉，别光坐在那里不动，提出你的问题……”只是当萨戈尔企图彻底与我们调换个位置，竟然向我问起问题来时，鲍曼法官才转向证人，说：“等等，好像应该是你回答问题来着。”

我问萨戈尔他是否记得，我曾对他说“戈伊备忘录”是“政府知道这回事的第一个确凿证据”。他的回答是：“你不记得我一笑置之吗？”他的回答引发了鲍曼法官滔滔不绝的猛烈攻击——不是针对萨戈尔，而是针对我：

> 法庭：我要你们搞清楚，那没有什么可乐的。这一切结束后，我要德肖维茨教授告诉我，他打算怎么证明这件糟糕透顶的——
>
> 德肖维茨先生：我已经准备好了——
>
> 法庭：请不要打断我的话。如果他不能证明，我将考虑采取什么纪律制裁……我自己不会放过这件事，我要穷追不舍直到这件事在适当的地方得到适当的处理。

最后的结果是我有办法通过萨戈尔自己的证词来证明就是他出主意不让总检察长或最高法院知道“戈伊备忘录”的；就是他在得知政府确实知道“戈伊备忘录”的内容后修改了总检察长的意见书草稿，加进了否认政府“知道鲁齐其他犯罪行为”的话。我这样就确凿地证明了我提出要证明的东西——隐瞒“戈伊备忘录”是“联邦检察官办公室有意识地向联邦最高法院隐瞒实情”。证明了这一点，我有信心鲍曼法官将会撤销他对我进行纪律处分的威胁。

我错了。鲍曼法官不等我把萨戈尔有意识地不让总检察长和最高法院了解“戈伊备忘录”的事实陈述完,就假装不知我指控的隐瞒行为是指“戈伊备忘录”事。

“我绝对不相信任何有理智的人会根据‘戈伊备忘录’就指责说这是故意对联邦最高法院隐瞒实情……我敢肯定,而且我认为你也知道我敢肯定,这件事远比受贿50美元严重!”

可那正是我提出的指控。我清楚明白地提出要证明的正是“戈伊备忘录”一事:“这份‘戈伊备忘录’没有告知最高法院。”我说得再清楚不过了。

在我成功地证明了我提出要证明的指控后,鲍曼法官现在要改变游戏规则了。现在,他要我证明“远比它严重的”指控。他裁定,在“戈伊备忘录”中承认的罪行“微不足道”,“关于‘戈伊备忘录’的问题,不管是直接的或间接的都不准再提起。”

当晚电视节目中对这件事的报道很不利。一个电视评论员结束他对今天听证情况介绍时说,“如果德肖维茨能证明他的指控,那么他的委托人就可以免于锒铛入狱;可如果他不能证明他的指控,那么他就得和他的委托人一起品尝铁窗的滋味了”。

我返回剑桥去谋划反击事宜,与哈维·西尔伏格雷特及珍妮·贝克商讨一番。我们第一个想法就是我应该抢在头里先去律师协会纪律检查委员会告鲍曼法官一状,告他不断对我进行威胁。我们对律师行为规范和纪律进行深入的研究,发现其中并无法官可以威胁一个出以公心、提出要证明政府非法行为的律师的规定,即使这位律师最终未能向法官充分证明这一点。哈维和珍妮都肯定地说我完全证明了我提出的指控。我们一致同意,不是我正是鲍曼法官的行为应受到纪律处分;正是他提出了毫无根据的指控;正是他允许萨戈尔在证人席上对我胡言乱语喧嚣怒号;正是他声称警察盗窃200美元是“小事一桩”,不值得法院认真考虑。

我给赫夫斯特拉法学院院长门罗·弗里曼打电话,他是美国刑事诉讼职业道德方面的权威。弗里曼院长听我讲了鲍曼法官的所作所为后十分愤慨:“这些检察官出身的人总是想找那些跟政府作对的律师的碴儿。我看你的所作所为无可非议。”我问他对我们准备控诉鲍曼法官有什么看法,他略微沉思,然后回答说:“总有一天有人会起来揭发法官的不检点行为。可现在这么干于形势不利。鲍曼刚刚宣布他要退休,纪律检查委员会里不会有人愿意处分一个刚退休的法官,我觉得他们总会找到点儿理由来为他辩护。”我问他,在他看来我应做些什么。他忠告我,最妥当的办法是使鲍曼改变主意,三思而后行。我问弗里曼他是否愿意在纪律检查听证会上为我辩护,他说他愿意效劳。

23. 对我自己的“审判”

当我出席律师协会纪律检查委员会对我进行审查的听证会时,弗里曼院长为我撑腰壮胆。对我自己的“审判”即将开始。弗里曼院长要鲍曼法官明确指出,我违犯了哪一条法规，哪一条律师协会准则或法律道德规范。鲍曼法官对此拒绝作答。他想把这件事呈交给律师协会负责处理律师纠纷的专门委员会，去“决定辩护律师的行为是否违反了这些规范中的任何一条。”弗里曼告诉法庭，他已经对所有适用法规进行过调研。作为专业法律工作者，他认为我可以根据我掌握的材料指责政府有意识地隐瞒实情。而且，如果我的委托人要求我这样做的话我有**义务**这样做。弗里曼指出，联邦检察官和法官都不能超越法律，对他们都可以批评。弗里曼谈到最近华盛顿的联邦地区法院宣判美国司法部长约翰·米切尔无罪，他就此精辟地议论道：

就在这座法庭里，最近审判了一位前联邦检察官、现任美国司法部长，他受到有意识地阻碍司法正义的指控。提出这一指控的律师们并没有能够证明这一点。我从未听说有人建议对他们这样做进行纪律处分。

鲍曼法官看起来似乎没有被弗里曼院长说服。他要弗里曼向法院呈交一份法律备忘录。这件事正在升级，可我认为这件事有解决的可能。这里面牵涉到鲍曼法官的自尊心，我感到如果他面子上过得去，他没准会顺着台阶下。于是我请求法庭允许我汇报一下当时证明我的指责时使用“有意识地”这个字时的真实体会。法官表示他愿意听听我的解释。我解释道，我用“有意识地”这个字，是指在标准的法律适用范围内的意义：

即未能向被告方面透露，公诉方面不可能遗漏的具有重要意义的情况。

我并不准备把萨戈尔的行为看作“邪恶的”，虽说“在我看来……政府的决定并非偶然而属深思熟虑”。

虽然我两下所说并无本质不同，但我这回说法中暗示着曲意迎合的调子。这对鲍曼法官已经足够了。他说：“现在，法庭记录上你所说联邦检察官的话已经澄清，你对使用‘有意识地’一词的本意也已有所解释，我认为没有必要对此再加纠缠。”可是，在结束这个插曲之前，鲍曼法官还是忍不住对他以前的工作岗位表示一番敬意：

这并非由于本人曾在联邦检察官办公室效力过，而是因为这个地区的联邦检察官多年以来，特别是现任联邦检察官本人在职业道德方面要求严格堪称表率……该联邦检察官办公室有着正直的悠久历史，我不能不告诉你们，我从未发现任何人有不正当行为。

听证很快结束，鲍曼法官回到办公室去撰写他最后的司法决定。这将是他的得意之笔，他的传世之作。

24. 起诉还是不起诉鲁齐？

正当罗斯纳听证会在法院里公开审理时，另外一场秘密听证也在联邦检察官办公室紧闭的大门里进行着。讨论的内容是鲁齐罄竹难书的滔天罪行，他作的伪证简直难以计数，加上他最近又承认了许多罪行，究竟该不该对他起诉？

据说，有三种不同观点。第一种是美国毒品缉查总署的特工们提出来的，他们鄙视和唾弃鲁齐，希望把鲁齐绳之以法，以警告其他缉查毒品警察不要重蹈覆辙。第二种是一些联邦检察官办公室的年轻检察官，他们要求严惩鲁齐以便对那些作伪证的警察杀一儆百。他们还认为对鲁齐起诉可以增强他们在罗斯纳案中的地位。第三种是鲁齐的同盟者，这些人自称是"我爱鲁齐俱乐部"成员。这伙人的头儿是肖、斯库匹塔及乔里亚尼，他们施加压力，反对向"自己人"起诉，因为这样一来告密者就会退避三舍，不愿意与政府合作了。

新任命的联邦检察官保罗·卡伦决定不向鲁齐起诉。看来肖下的功夫没有白费。他曾对卡伦说罗伯特·鲁齐——这人恐怕是纽约有史以来最腐败堕落的警察了——"是我手下的英雄好汉"。这样，这个警察犯罪的"城市之王"得以继续留在纽约警察局里任职。他竟然还被分配到一个新成立的"警风道德整顿"科去工作，本来这个部门应由作风正派的警官任职。鲁齐一直未受到控告，也未受到丝毫纪律处分。没有任何一个政府机构清算他的滔天罪行，他非法获得的几十万美元都中饱私囊而且税款分文未纳。

25. 鲍曼的终审裁决

埃德蒙·罗斯纳就没有这么幸运了。在1974年8月15日，鲍曼法官下达了30页纸厚的裁决。

他认为"戈伊备忘录"里提到的200美元盗窃行为"不足为道"。他还认为鲁齐与劳伦斯之间关于毒品交易的谈话录音是"含糊不清的"，即便"事实很清楚……在这场交易过程中鲁齐已显示出他熟于此道，而劳伦斯则需要从鲁齐那儿一批批地弄从被捕的毒贩子手里缴获的毒品。"因此，他得出结论，肖和斯库匹塔未能将这些材料交给被告方面是出于疏忽。

然而，鲍曼结论所依靠的关键事实是，陪审团认定埃德蒙·罗斯纳有罪并非根据鲁齐作为证人的可信性，而是鲁齐费尽心力录下来的这些录音带：

> 我发现不管鲁齐的可信性怎么遭到损害，不管是由于一件偶然事故还是他的全部罪行，都不可能对陪审团的认定有任何影响。……我不认为鲁齐的可信性大小会对政府的起诉有决定性的影响。没有丝毫迹象表明陪审团即使了解到"戈伊备忘录"事件及鲁齐与劳伦斯的交易会作出不同的认定。

鲍曼法官从头至尾地否决了我们的重审动议，他还把我们关于"戈伊备忘录"的论据形容成"令人惊异地与事实不符"。他临别的一炮实在打得震天价响。

鲍曼法官的论点看起来又在关键时分篡改了规则。他否决我们复审动议的理由并不是从听证过程中找到的。确实，他认识到我们已经成功地证明了我们在要求重审时提出的所有指责——鲁齐连篇累牍的伪证，肖在开庭之前已经得知"戈伊备忘录"情况，还有斯库匹塔在开庭前就了解到鲁齐与劳伦斯关于毒品的谈话录音内容。他的决定使我们的重审动议夭亡，这个决定依据的材料都是鲍曼法官在**听证前**了解到的。他的裁决是对上次审判进行估价，在他认为鲁齐在陪审团是否认定罗斯纳有罪上的可信性无关紧要这个基础上得出的。因为鲍曼法官**可以不举行听证**就得出相似的结论，我们很纳闷他为什么花费大笔经费去传唤与此无关的证人、宣读不必要的文件。可讥可讽的是，在听证会前政府竭尽全力及时召开听证会，理由正是鲍曼法官可以在原审记录基础上裁决此案，而不必传唤新证人。鲍曼法官嘲弄了政府的论点。

罗斯纳，作为一个长期与陪审团打交道的律师对鲍曼认为"陪审团即使了解到鲁齐的全部历史也会认定罗斯纳有罪"这种主观专断感到愤慨万分。"陪审员根本不是这么思考问题的，"他不断地说。"如果他们知道这个警察为非作歹无法无天 10 年之后竟然不受惩罚，他们会怨恨政府，他们绝不会根据我的所作所为作出有罪认定。"

26. 陪审团究竟会如何决定

我一边准备下一步在第二巡回区上诉法院上诉，一边苦思冥想如何证明鲍曼法官对陪审员的主观臆断是站不住脚的。

蓦然间一个念头闪现在我脑际。为什么不可以问问陪审员本人呢？比起鲍曼法官来，他们理所当然地更清楚自己在那种情况下应该怎么做。

当然，审判罗斯纳的陪审团早已解散，恢复各自原来的生活，要想找到他们是很困难的。此外，法律上也有规定，限制律师与以前审判时担任陪审员的公民接触，以便保护他们，免受报复打击。美国律师协会曾建议，在辩护律师开始与前次审判的陪审团成员谈话前，应通知政府，这样政府就可以从法院得到适当协助。

我们把这种打算通知了政府。检察方面立即要求鲍曼法官下禁止令不准我们与前次审判的陪审团成员接触。然而鲍曼法官拒绝这么做。

经过好一番工作，我们终于找到两个前次审判的陪审员并安排与他们谈话。我们先到布朗克斯一幢公寓里，在那里碰到西尔薇娅 · 科恩。她是个热情洋溢的人，我们一坐下来她就端上茶水和糕点。

"那个罗斯纳案子真有意思"，她说，可怜的他曾拥有一切，却因为自己的作为惹上麻烦。

她丈夫在旁边插话说："这场审判可真够长的。那几个星期西尔薇娅就知道谈这个案子。"

我问科恩太太,她是否还记得认定罗斯纳的证据是什么。

“那当然”,她回答道,“是那个看起来讨人喜爱的警察鲁齐。”

“你对录音带怎么看?”我问。

“呵,这些录音带么”,她说,“我记得这些录音带。你很难听清楚上面录了些什么。你光是听见音乐声和静电的嗡嗡声。我们非常仔细地听了,结果也没听出个所以然。你很少听见罗斯纳讲话,大部分是鲁齐和另外两个带意大利口音的家伙在讲”。

我问科恩太太,陪审团秘密辩论时发生了什么。

“我们就罗斯纳先生是否受这个警察诱骗而去犯罪讨论了很长时间。罗斯纳说的和鲁齐说的完全不一样,起码他们两人当中有一人是撒谎。最后我相信那警官的话,他好像比较老实。他甚至承认自己年轻时曾经干过一些坏事。”

我拿出鲍曼法官的结论,叫她读一读法官总结鲁齐新承认的那些罪行的几页。她慢慢地读完了那部分,她嘴里默读着每一个字。我看得出,她念的时候感到难堪。

终于,她转过脸来看着我,问:“这些都是真的吗?警察鲁齐真的干了这些事吗?”

我告诉她,鲁齐承认了所有的罪行,包括在罗斯纳案审判时作伪证。

“那真是糟透了,他确实是耍了我们,”她喃喃地说,一脸羞愧的表情,“他看起来那么正经,很难相信他在扯谎。”

我问她,如果她那时知道鲁齐的真实情况,她在陪审团投票表示时是否还会投票认定罗斯纳有罪?

“呵,如果我那时知道这家伙的罪行,特别是知道他骗了我们,我无论如何也不会投票认定有罪。我们当时认为他说的都是真话。我认为如果我当时对警官鲁齐的所作所为有彻底的了解,我就不会相信他的话了。我会相信罗斯纳先生的话。”

另外一位陪审员是西摩·米兹纳。我给他看了鲍曼法官在结论中列举鲁齐最新承认的罪行材料。他一边看,一边不住地惊呼:“哇!”“我的上帝哟!”“真难以相信啊!”“这坏蛋比罗斯纳更邪乎!”米兹纳随后转过脸来问我:“他们把他关进监狱了吗?”

我开始给他解释,罗斯纳仍然交保在外,可是米兹纳打断我的话,“不,不,不,不是问罗斯纳。鲁齐怎么样了?”

我说,鲁齐仍然当他的警察,他甚至没有受到起诉。

“那现在连瞎子也可以在公路上开车了!”米兹纳生气地说,“要是一个恶棍出庭作伪证而逍遥法外,那我可不信他说的话。”

我提醒米兹纳,鲁齐在审判时曾经承认犯过三次罪,而且他并不认为会因此对他起诉。

“是的,他说了。可这些都是旧账,已经不能追究了。我们不知道他用出庭作证换取不予起诉,现在我们明白了。”

我告诉米兹纳,政府宣称它在罗斯纳案审判时并不知道鲁齐新承认的那些罪行,所以不可能答应他用出庭作证换取豁免权,不再为那些政府不知道的罪行而受到起诉。

“可是鲁齐明知他已犯下这么多罪行。他是个滑头警察,他知道总有一天他会陷入法网,那时他就得把他干的坏事一件一件都向政府交代。我看他已经这么做了,他现在可以没事了。”

我指给米兹纳看鲍曼法官结论中关于陪审团认定的那一部分,鲍曼认为陪审团即使当时知道鲁齐犯下的全部罪行,也会投票认定罗斯纳有罪。

“他怎么能知道呢?”米兹纳问,“他当时在陪审团秘密讨论的房间里吗?他怎么能知道我们将如何投票呢?”

我紧逼米兹纳:“如果你那时了解鲁齐的全部罪恶,你将怎么投票吗?”

他想了一会儿,然后回答道:“如果我当时了解鲁齐的犯罪历史,知道他曾犯下难以数计的罪行,知道他在撒谎的话。我就不会相信鲁齐的证词,就不会投票认定罗斯纳有罪。”他停了一会儿,又说:“这法官可真敢干啊。告诉我,我应该投票认定有罪还是无罪呢?”

我倒是想告诉上诉法院我们与两位前陪审员的谈话结果。我知道在上诉中我们最大的法律障碍是鲍曼在裁决中写的“本案事实”清楚那部分,即“陪审团对罗斯纳的有罪认定不可能会因为了解鲁齐的伪证行为和惯犯性质而改变”。上诉法院极少对下级法院对事实的陈述进行检查。虽说陪审员究竟怎么认定纯属猜测,你很难把这种猜测看作“查清的事实”,但鲍曼法官置司法规则于不顾,出格夸大地把这种猜测描述成一种结论,就好像这是他纵观整个审判得出的结论。他还在前面加上这么一段话:“作为主持这次审判的法官,对整个审判进程和内容加以细致入微的观察,我不以为……”这类语言是专门为了使上诉法院法官陷入难题而设的——这些法官没有“主持这次审判”,他们只能根据第二手材料来猜测。我认为陪审员的宣誓证词倒是可以提供一些解毒剂,来解释鲍曼法官对此案是如何裁定的。

南茜·罗斯纳不同意我的做法。她认为与前陪审员的谈话内容看起来既“虚假”又不像专业法律人员的所作所为,这会损害我们自己的法律地位。她强调如下事实——这事实我十分清楚,即政府在整个审判中的策略是把攻击矛头从自己身上引开,指向罗斯纳和他的律师。南茜争辩说,陪审员的宣誓证词只能使政府在上诉法院使用这种策略获得更多弹药。我明白这些危险是存在的,可是南茜的理由并不能说服我,我们争论不休,而南茜的论点占了上风——至少在那会儿占了上风。

27. 罗斯纳案改判

正当我们准备上诉时,我们受到另外一个法官的传唤——尊敬的安泽尔·怀亚特法官阁下召见我们。怀亚特法官在上诉法院第一次上诉后主持对罗斯纳案的改判工作。上诉法院因为莫维洛备忘录的原因撤销了鲍曼法官作出的入狱5年判决。

我们向他呈交了一份详尽的审前案情陈述备忘录,引用联邦法规中有关判刑的材料,说明即使像法官或联邦检察官这样的联邦政府官员被认定犯有受贿罪,对他们的判决也绝少超过 2 年徒刑。

我强烈要求怀亚特法官对罗斯纳的判决不要超过对腐败法官和检察官判的刑期。在我提出这点时，他点点头，表示同意，可是当他宣布判决时，他说：

鲍曼法官作为考虑因素，在判决时把所有其他因素，即德肖维茨先生在他的备忘录里以及今天下午他当庭向我指出的都包括进去。我在应判什么样的刑期这个问题上与鲍曼法官意见相左。

他随后判决罗斯纳入狱 3 年。我的印象是怀亚特法官为了对他即将退休的同事鲍曼法官表示尊重，给罗斯纳多判了 1 年徒刑。我们并不认为怀亚特法官应该把鲍曼法官明显的非法错判作为考虑因素。不管怎么说，罗斯纳对原来的判决被减轻感到高兴，因为判 3 年徒刑他就可以在艾伦伍德感化院服刑，这是个关押白领阶层犯罪分子的监狱，待遇是最好的，而判 5 年徒刑一般都在路易斯伯格监狱服刑，那地方专门监禁最危险的罪犯，待遇最坏。

怀亚特法官批准对罗斯纳暂缓执行，直到我们上诉有结果。

28. 第二次上诉

第二次上诉的法庭成员有亨利·弗兰德利法官，他是一个享誉极高的法学家，威康·廷伯斯法官，一个康涅狄格州的保守派及穆雷·格尔芬，以前的联邦地区法院法官，最近刚刚被提升为联邦上诉法院法官。我们对格尔芬法官参与此案感到欢欣，因为我们本来打算主要依靠第一次上诉时他做的结论部分来据理以争。

这次上诉由我为罗斯纳辩诉，萨戈尔为政府辩护。我提醒法庭，特别是格尔芬法官，在第一次上诉中由他执笔的法庭结论把此案的关键形容为鲁齐与罗斯纳之间的一场可信性之争，法庭认为被告之间最初没有录音的会见对陪审团决定是否有诱骗犯罪“至关重要”。现在，法庭如果接受鲍曼法官关于陪审团的认定是完全根据录音带而不是根据对鲁齐的可信性的分析这个“结论”，上诉法院就需从自己原先的结论上来个 180 度大转弯。

辩诉后几个星期，我们接到通知，法官要亲自审听鲁齐与罗斯纳谈话的录音带。萨戈尔和我一起来到上诉法院会议室，在那里已准备好五副耳机。三位法官和两位律师开始听鲁齐与德斯捷法诺和拉玛蒂纳的谈话。他们听了一会儿才听到罗斯纳的声音。他的声音含糊不清，没头没尾，但是他似乎在同意为得到他的案情材料而付钱。其他的内容就不能肯定了。法官们已经听得精疲力尽。有个法官几次三番地要求重放对话部分，他们不停地摇着头，一脸疑虑的神情，就好像是说：“他们这是在说什么？是谁在说话？”我们离开会议室时都确信，没有一个人仅凭这些录音带就能决定罗斯纳是否被诱骗去犯罪。

又过了几个星期，消息杳无。随后在 1975 年 4 月 29 日，辩诉结束五个星期后，上诉法院下达了裁决，三个法官的意见是一致的——罗斯纳又一次败诉。

这个结论,与第一个结论一样是由格尔芬法官执笔的,可是你很难认为这两个结论是出自一个法官的手笔,甚至是同一位法官在法庭上宣读的。如果说第一个结论反复地强调陪审团是依靠鲁齐的当庭证词和可信性做出有罪认定,第二个结论却同意鲍曼法官的结论,认为“鲁齐不是政府赖以取胜的关键,录音带才是取胜的关键”。法庭因此做出结论,如果“戈伊备忘录”和鲁齐——劳伦斯谈话录音带当时已交给被告方面(就像它们早就应该这样做一样),他们就不会改变陪审团对鲁齐可信性的理解,即以“他是被骗去犯罪为由对罗斯纳是否应该被判有罪产生疑问”。除了主观臆断外,格尔芬把注意力集中在“戈伊备忘录”和劳伦斯录音带上,这样就避开了关键问题:如果陪审团预先知道鲁齐的全部罪恶,包括他反复再三的伪证行为,他们会做出什么认定?令人费解的是,格尔芬法官一直未能正视这个关键问题。

相反,他把焦点集中到审判之后莫维洛和萨戈尔隐瞒情况上。在这个问题上他同意我们的分析。他用严厉的口气作出结论,认为莫维洛“未能通知被告辩护方面关于劳伦斯的情况,酿成大错”。法庭认为我们“认为在劳伦斯对鲁齐的指控完全符合上诉人在要求重新审判动议中指出的那种行为时,检察方面不应单方面地认定劳伦斯的可信性不足”,这是完全正确的。法庭也认为萨戈尔可能不恰当地向联邦最高法院隐瞒了“戈伊备忘录”。可是法庭在结论中说这些错误并没有给罗斯纳带来什么偏见和不利影响,虽然对此未加深入分析探讨:

> 这样,上诉人的律师虽然十分雄辩,很有说服力,然而他未能证明政府受指控的非法行为给上诉人带来任何特别的、具体的偏见和不利影响。

根据我们的理解,这段话的意思是,不管你怎么为罗斯纳辩护,他也得进监狱,他的律师执照也得被吊销。(格尔芬法官后来私下向一个朋友透露了这个意思,那人恰恰也是我们的朋友。)

那种理解在格尔芬法官做出罗斯纳案裁决 6 天前,为同一个法庭对另一个案件做出的裁决所证实。在那个案子中,政府的关键证人在审判中承认“他曾吸用鸦片;他嗜海洛因成瘾;他非法出售海洛因;在审判期间他一直在服用美沙酮①。”审判结束后,又发现该证人除了以上严重吸毒贩毒问题外,还曾被法庭认定犯有“私藏大麻罪”。政府当时说它把这桩私藏毒品有罪认定的材料“错放在另一个人的档案里了”,所以在审判时联邦检察官办公室并不知此事。

在那个案子中,上诉法院裁定:虽说“过去曾犯有私藏大麻罪与〔该证人〕贩卖毒品的罪行相比只是小事一桩,”然而,因为陪审团若得知政府疏忽大意地使他们未能得知私藏大麻的有罪认定,他们必然倾向于认定被告无罪,所以有罪认定应予撤销。

---

① 美沙酮(methadon),一种作用与咖啡相似的迷幻剂。——译者注

而罗斯纳案的事实则比上面那个案例更有说服力，更应该推翻原判有罪认定。可是格尔芬法官却在法庭结论的一条脚注里争辩说，那个案例与罗斯纳案有根本的不同，除其他不同之处外，在那个案例中“政府有未能及时发现过去犯罪记录的过失，而这种情节在罗斯纳案中无可争辩地并不存在”。这后面的理由完全不是事实。罗斯纳从不认为政府在他的案子中没有发现鲁齐过去的犯罪历史，恰恰相反，他的律师用了几百小时，花费了几十万美元，写了成百页的辩护词来证明政府与未能发现鲁齐的罪恶历史有直接的关系。如果一个律师在上诉书中提出这个指控，他就有可能被指责成说谎，有可能受到律师协会的纪律处分。可上诉法院三位法官却成心在公开发表的法庭结论中把这个错误结论写进去。这个插曲终于使我看清上诉法院已经下决心枉法，不愿撤销对罗斯纳的判决。

我们立即给上诉法院的九位常任法官写了一封申诉书，要求重新举行听证。在申诉书中我们对格尔芬法官所说罗斯纳承认政府没有过错提出质疑，认为这两个案子的结论“有不可调和的矛盾”。

上诉法院否决了我们的请求，于是我们向联邦最高法院提出最后的申诉。在申诉书中我们提出本案“案情独特，极适合最高法院做一番复查。”因为我们的论点正是“联邦检察官办公室在前次要求复审请求尚未决定时有意识地向**这个法院**隐瞒了有关情况”。我们提请法院注意，这是最高法院“第一次遇到这类法律问题”。联邦最高法院在1976年6月30日否决了我们的请求，但没有下达具体的文字意见。

到了这个关节——所有申冤告状的渠道都已访遍，我这才得以说服罗斯纳夫妇公布与两位前陪审员的谈话内容。我们把这些签字宣誓证词呈交联邦最高法院，争辩说，有了这些材料鲍曼法官和上诉法院的结论就显得根据不足了，而且提出了一个很重要的问题，即如果陪审团预先知道了鲁齐的全部罪恶历史，他们很可能会得出完全不同的结论。最高法院签署了一份文件，要求政府对此作出回答。这种做法极不寻常，极大地鼓舞了我们，因为大部分要求复查的请求都得不到这种特别关注。政府在答复中又一次发动进攻，指责我“在未通知联邦地区法院的情况下与前次审判陪审团成员接触”，这违反了正常的司法行为规范。我们对此作出正式答复，指出政府曾试图要求联邦地区法院下禁止令阻止我们与陪审员谈话，但未得逞，这怎么能说我们未通知联邦地区法院呢？可是政府还是说服了联邦最高法院，认为考虑陪审员的证词只能使事情复杂化，后患无穷，最高法院最终否决了我们的复查请求。

最后，在1977年，经过5年的诉讼，在挨个遍访了所有十几个司法部门之后，埃德蒙·罗斯纳被押解入狱，在艾伦伍德监狱开始服为期3年的徒刑。

29. 后　　记

罗伯特·鲁齐的结局：

这个“城市之王”后来又成了万人瞩目的英雄。他不再调查犯罪活动，不再明察暗访或从事诱骗犯罪分子上钩的活动。他成了一本书的主角。

这本书的书名恰好叫《城市之王》,它成了一本畅销书,后来又拍了一部轰动一时的电影。这本书加上这部电影的报酬,再加上他显然是从当警察时聚敛的钱财使他成了美国有史以来最富有的警察。罗伯特·鲁齐最近从纽约市警察局退休,享受工龄 20 年的退休金。

在我对他进行交叉质证 7 年后,我在波士顿庆祝电影"城市之王"首演式上与鲁齐又见了面。我们俩人都受到邀请在电影放映后参加一个讨论会。

"哎哟,艾伦,你看起来比 7 年前可年轻多了",他说着,一边用胳膊搂着我,就好像想从我身上搜出一台录音机似的。

鲁齐看上去一点儿也没变,只是穿着更加时髦,一改当年花哨轻浮的作风。我们胡叨了一气,各自谈到道听途说的罗斯纳、鲍曼和那些检察官的情况 。

我对鲁齐说,我很难相信肖在审判罗斯纳前对鲁齐犯下的其他罪行一无所知。"我敢肯定,他对我承认还干过其他非法活动心里有数",鲁齐说,"他肯定知道,麦克可不是等闲之辈"。

我问:"那么他怎么会安闲地坐在那里对你在证人席上当场撒谎听之任之呢?"

"他倒是事先不知道我当时是在撒谎,"鲁齐答道,"他心里肯定起疑,而且他一定认为我说的内容有诈,可我预先对他说不要逼我,所以他就适可而止。我当时说自己干过'三件非法活动'",鲁齐伸出三根手指,咧开嘴大笑,"他就得照此办理"。

鲁齐又说:"检察官每天都在唆使别人做假证,艾伦,你太清楚这一点了。他们要警察改变证词以便使案情对他们有利。你知道警察这么干是跟谁学的吗?是跟检察官学来的。而且百分之九十九的案子里警察这么干都是出于公心。他们这么干比被告辩护律师这么干要好一百倍。那些人唆使被告作伪证只是为了钱,他们把有罪的犯人重新放回去,在社会上为所欲为。我们警察和检察官的责任就是防止这种事发生。"

这部电影的内容强烈地暗示肖知道鲁齐曾给吸毒上瘾的告密者毒品,肖对鲁齐宣誓作证时否认这一点装作若无其事。如果此事属实,他就构成唆使他人作伪证罪——恰恰与罗斯纳一开始被控诉的罪名相同,这真是讽刺。电影放完后我问鲁齐这个情况,他说:"就我所知,肖绝对没有错的时候。他是神灵,他是上帝,对于我来说,他就是托马斯·杰弗逊。"弦外之音是:不管肖做什么,都绝对正确,对鲁齐来说他的所作所为都是上喻圣旨。

可是鲁齐对其他检察官就不那么恭敬了。他最近在与记者交谈中评论说,"警察除非对自己能摆脱干系有十分把握,是绝对不会轻易干一件事的……"城市之王在检察官不知道的情况下是不会"非法窃听,使用假搜查证的……"鲁齐随后洋洋洒洒地大谈刑事诉讼制度中作伪证是多么普遍:

警察在警官学校学习时差不多已经被教会如何做伪证了。其实这种说假话行为也没什么大不了的。不管他们是否向违法者发出超速驾驶罚款通知或非法停车罚款单,他们几乎是无时无刻不在撒谎。可是极少有警察就一个案子的实际情况撒谎。他们可能会以他们自己对最高法院某个愚蠢透顶的判例的理解来编造一气,以便使自己的行动看起来合法①。

由于本书要付梓,我又获得不少触目惊心的鲁齐作伪证材料。我会见了另一个警官,他是检察官在罗斯纳审判之前讯问鲁齐时在场的人员之一,这些讯问都录了音。据这位警官介绍(他的话有好几位见证人签字宣誓作证),鲁齐当时对检察官说,他当警察期间只有三次犯罪行为,在每次犯罪活动中他都充当警察与黑社会犯罪集团人物之间的中间人。根据这些警官的说法,讯问录音带全都还给鲁齐,他随后就在烤牛肉的炉子里销毁。

我最近跟那个警察谈话,从中看到一幅完全不同的图画。他在另一位见证人在场的情况下肯定地说他曾亲眼见到鲁齐向检察官承认,除了已在罗斯纳审判中承认的三次犯罪外,他还犯有许多其他罪行。他说:"鲁齐告诉我们他在街头上干的各种勾当,交代了自己是如何把大案要案的内部情报向犯人通风报信以换取好处,坦白了自己是如何出售毒品的。"故事实在精彩万分。

这位警官还告诉我,警察局里的人都认为鲁齐并没有销毁那些录音带。"他要是发疯了才会烧掉那些录音带呢!这些录音带是他手中的备用王牌。只要他手里掌握着这些王牌,联邦政府就不敢以作伪证向他起诉。鲁齐的录音带能证明他告诉了检察官除了那三次犯罪活动之外的其他罪行,如果他做了伪证的话,检察官们同样也做了伪证。"

最后,这位警官告诉我,在《城市之王》一书出版后,他把这些情况告诉一位联邦副检察官,这人叫他再也别提这些事,因为这些旧账都"老掉牙了",而且"在大庭广众之下抖漏自家的隐私对谁都没有好处"。

这位跟我交谈的警官很担心他自己是否受到报复打击,他允许我在书中披露他谈的内容,但不要提到他的名字。

罗伯特·莫维洛的结局:

鲁齐——劳伦斯事件结束后过了好几年,我又发现了另外一件检察方面的枉法行为,这一次情节更为严重,对这件事的掩盖活动更为猖獗,这些违法活动都是罗伯特·莫维洛指使的。

我那时正在为一个被认定倒卖股票进行诈骗的委托人辩护,认定的根据是一个叫迈克尔·赫勒曼的人提供的证词。当监狱的大门在我的委托人身后咣当一声关紧后,我才听说赫勒曼的回忆录快要出版了。

书中透露了这么一件事:赫勒曼为政府工作时他的一位同事向长岛一家已宣布破产的

---

① 见本书序言部分第四条和第十一条规则。——译者注

公司诈骗了 80000 美元,他带着这笔钱潜逃到巴哈马群岛,在那里干起高利贷的生意。赫勒曼急需一笔钱去付他自己借的高利贷,他就要求莫维洛帮他把这笔钱弄到手,以便他自己去还债。

莫维洛安排联邦调查局人员起获了这笔钱。这时候,这笔钱本应由联邦政府扣留作为物证,或发还给原来的主人——那家破产的公司及它的债权人。可是莫维洛并没有这么做,他和赫勒曼合计好,用一种巧妙的安排逐步地把 80000 美元赃款都转到赫勒曼账下,供他自己私用。

我意识到,这个故事如果属实,罗伯特·莫维洛就犯有协助盗窃他人财物的罪行。我随后请求举行一次听证会来调查这个问题,结果暴跳如雷的莫维洛在证人席上再次和我刀光相见。联邦地区法院做出结论,认为"这个稀奇古怪的故事"确实发生过。他认为,"政府很清楚如果发还这笔赃款,它不可避免地会落到赫勒曼的腰包里去。实际上政府有心装作对此视而不见,这样就帮助了赫勒曼,使他轻而易举地搞到那笔 80000 美元赃款……"

这位法官被莫维洛的行为深深地激怒,以至于他竟然没有在长达 50 页的裁决中提到莫维洛的名字。他提到他时只是称他的头衔,绝口不提他的名字。为了预防舆论对莫维洛进行批评,这位法官没有公开发表他的结论。

《乡村之声》报后来把这个裁决当作内幕新闻全文发表。它的大标题是:"刑不上检察官?! 莫维洛伙同他的告密眼线敲诈宣布破产的公司。"报导把这件事形容成一件"丑闻",说它败坏法律。

莫维洛反击道,"艾伦·德肖维茨在美国各地颠簸奔走,每一个跟他对簿公堂的检察官都会遭到他的指责,被控行为不端。我可以列举出他在 50 个案子中指责检察官行为不端"。当记者向我核对事实时,我逐一作答。这位记者写道,我总共在 5 个案子中指出检察官行为不轨,"每次都有直接证明"。这位记者报道说,这个"事件"——即莫维洛未能从赫勒曼的书稿中删去那个 80000 美元事件使他失去了觊觎联邦地区法院法官的机会,也使他失去了"即将荣升纽约东区联邦检察官的大好机会"。所以,在我揭露他与赫勒曼作奸犯科以后不久,莫维洛对我的一位律师朋友说,如果他再在法院附近看见我的话,他非"痛揍"我一顿不可。

莫维洛离开联邦检察官办公室后不久转为私人开业。他后来当了由一小批刑事辩护律师和检察官组成、负责对受控违反律师职业道德进行调查的委员会主席。任命他的人不是别人,正是他以前的上司小惠特尼·诺斯·西摩。

阿诺德·鲍曼的结局:

他在我们仍在对他的裁决进行上诉时就从联邦地区法院法官位置上退休了。同时他又在报纸杂志上连篇累牍地发表文章抱怨司法人员薪俸太低不敷生计(当时法官的年薪是 40000 美元,现在已超过 70000 美元)。

他现在是世界上最大的律师事务所之一——谢尔曼及斯特林律师事务所的高级合伙

人。在那里他坚持别人必须称他“法官先生”,这当然比起他当法官时坚持要别人称他为“法庭”有所长进。他再也用不着抱怨工资太低了,因为现在他的年收入估计不会低于25万美元。

埃德蒙和南茜·罗斯纳的结局:

罗斯纳在艾伦伍德关押了8个月后被转到曼哈顿一个拘押所去。他晚上在那里住,白天则在一家法律书籍出版社劳动。

1979年5月《美国法律报》发表了一篇关于罗斯纳的专访,把他当作受吊销执照处分的大名鼎鼎的律师描写一番。罗斯纳说吊销执照比蹲监狱滋味还不好受。他谈到自己的罪行及法庭对他的有罪认定,他“手里不停地揉搓着一张纸餐巾,直到揉成碎纸团”。罗斯纳对记者说,“法律对我来说真是个拈酸吃醋的情妇”。

埃德蒙·罗斯纳被认定有罪及吊销律师执照的代价不仅仅是他的“情妇”,还有他的娇妻。南茜在他服刑时就离开了他。以后几年中南茜的事业突飞猛进,她为那些江洋大盗出庭辩护,她的委托人中还有黑社会犯罪集团的大头目。在她的事业达到鼎盛时,《展览》杂志以她为封面采访了她。她说她每天工作12小时准备辩护词和上诉状,可是这些辛勤劳动是有回报的,她说看看她的客户对她多么忠诚就明白了,“他们为我不惜赴汤蹈火”。确实,她给一个委托人印象如此之深以至于她在联邦地区法院请求下达人身保护令得到批准,推翻了对他的有罪认定,然后两人风风火火地私奔而去。可惜联邦上诉法院又否决了联邦地区法院的裁定,命令南茜的伴侣重新入狱。南茜现在又回到纽约,经营房地产生意。

埃德蒙·罗斯纳下决心要重返法界。他最近根据《城市之王》一书透露的情况再次提出动议要求重新审判他的案子。这本书第一次透露了许多惊心动魄的内幕,包括鲁齐是如何阴谋擦抹录有布朗克斯警察有组织有预谋地抢劫几百架电视机的录音带;还谈到他如何与检察官达成协议在法庭上作伪证。政府隐瞒了这些罪行,在罗斯纳审判开始之前就隐瞒,在审判中和上诉申诉过程中一直隐瞒。这里面最为严重的是隐瞒鲁齐与政府达成协议在法庭上作伪证,因为这个罪行直接牵涉到鲁齐是如何处理录音带,根据政府、鲍曼法官和上诉法院的说法,罗斯纳与鲁齐谈话录音带是罗斯纳案的“关键”。

可是,当罗斯纳以鲁齐阴谋擦抹录音带为由提出重审动议时,政府又改变了应对策略。联邦检察官办公室在宣誓证词中声称“就审判中为罗斯纳辩护而言,录音带的内容未起任何作用”。一审法庭这回也做出结论,认为“录音带与诱骗犯罪没有任何关系,因为罗斯纳声称他受诱骗的那几次会见都没有录音。”在以前的结论中,法庭都认为录音带是政府向罗斯纳起诉的“关键”,可现在就是这些录音带在同一个案子里又“没有任何关系了”。这里面唯一不变的东西是“罗斯纳败诉”的结论。就像我的朋友在我接受这个案子之前警告我:“你割下了癌毒,你就不会把它再放回去。”事实证明他们甚至不惜对本案的基本事实动大手术来防止这个结果。

罗斯纳向联邦上诉法院第5次上诉。1980年12月上诉法院做出所有法官一致同意的裁决,维持联邦地区法院的结论。这个裁定的依据是"下级法院的结论,"正是这个结论认为录音带在诱骗犯罪中"未起任何作用"。在上诉法院裁决书中附有一份盖有印章的声明,警告说,"任何人都不能报导、利用该裁决中的任何内容",也不能在上诉法院或其他任何法院与此无关的案件中引用。这个裁决是想说"罗斯纳败诉",可是法院解释这个结果的论述却不能具有判例的法律意义,也不能在今后的案子中引用。这看起来就像上诉法院对自己在罗斯纳案子中的所作所为感到羞耻似的。这当然是完全可以理解的。

美国联邦纽约南区检察官办公室的情况:

尽管不检点的行为再三发生,就像在罗斯纳案和赫勒曼案中揭发的那样,联邦纽约南区检察官办公室仍然享有"联邦司法制度明珠"之美誉。当然这是一颗黯然失色的珍珠。一种可敬可畏的腐败枉法气味——以更高的司法利益为由而违法犯法——飘散在曼哈顿下城圣安德鲁广场那些看起来似乎绝对公正清廉的法院走廊里。那些以他们自己的方式知法犯法的检察官绝不会去收受贿赂,或假造证据,他们也不至于白日撒谎。可是他们之中有些人会在作伪证的人面前装作视而不见,他们也会歪曲事实,并参与掩盖活动——这一切都在保全社会不受邪恶侵犯的大道理掩护下。他们是在某些法官明知或默许下干着这种知法犯法行为,而那些法官一直被尊崇为品格高尚刚正不阿而在司法界享有最高的声誉的人。

那些年轻的联邦副检察官们不仅仅在学校里就学会了如何"知法犯法",更糟糕的是,他们受的教育就是这种欺骗是合法的,是应该受鼓励的。他们受到榜样的鼓舞,他们心目中的英雄就是罗伯特·莫维洛、爱德华·肖及小惠特尼·诺斯·西摩之流。他们从那些过去是检察官后来成了地区法院法官的样板中得到鼓励,这些人当上法官后继续玩他们当检察官时的那一套把戏。他们从上诉法院维持一审法院原判中悟出一个道理,即"知法犯法"是行得通的,法院总是向着检察官的。他们看到那些不容置疑的枉法证据,看到那些把"知法犯法"的艺术锤炼得炉火纯青的检察官们是如何每战必胜而名声大振。有些检察官还向他们的后继者传授经验,把这些真传带到私人执业或法官的审判席上去。没有一个人敢在司法界这个精英荟萃之所仗义执言,抨击这种做法的欺骗实质。

例如,在最近的一桩案件中有两个前联邦检察官从他们的委托人口中得知,政府的主要证人是个臭名昭著的骗子。为了增强他们的谈判地位,这些前检察官们对法院主管刑事部门的负责人说,他们握有政府主要证人劣迹斑斑的罪证。可他们又不愿意在审判进行之中透露这个证人的名字,怕这样做会给政府添麻烦。这些前检察官们知道,如果他们这样做,政府就有义务要求暂停审判,把这些新证据通知法官和辩护律师。而这些前检察官们又是怎么干的呢?他们深谙纽约南区检察官办公室的门道,要了个明显的诡计:他们说"宁愿等几天再把这个人的名字告诉现任检察官"。一个稍有心计的检察官很容易就明白,这个神秘的证人已经在一场正在进行、"不几天"就会结束的审判中作了证。可是这个检察官就这样等待着,时候一到,你瞧——陪审团一作出被告有罪的认定,前检察官就会告诉现任检察官那个政府主要证人、那个骗子的名字。可是把这些新证据告诉陪审团已经为时晚矣,这正是那个小计谋要达到的目的。

有人会说,法庭应关心和主张维护宪法原则而不是鼓励人们藐视宪法。如果他们了解到前检察官和现任检察官之间的小小"猫儿腻",怕是会暴跳如雷吧?可是当我在三位法官——这三人以前都当过联邦检察官——组成的法庭前为这个案子辩护时,他们对这个触及到宪法的根本利益的问题不置一词。相反,他们把火力都集中到我身上,因为我看见了"烟"而没有确凿的"着火"证据就要求举行调查听证。

法官的这种态度带给检察官的信息是很清楚的:放心大胆地去知法犯法吧,如果有必要,冒些烟雾也不必过虑,但千万不要弄出火光来,尤其是连那些法官也无法假装视而不见的火焰。

这类检察官有时参与的胡作非为绝不能用"粗心大意的治安长官"小过失来辩解。我这里指的副检察官并不是那些笨头笨脑的人,这些人工于心计,受过良好教育,是精明油滑步步为营的律师。他们一意孤行放纵警察诱骗他人犯罪,对伪证假作不知,帮助与他们合作的证人掩盖劣迹,这些都绝非偶然。至少他们做出的绝大部分决定是经过一番仔细斟酌,他们可能相信自己做得完全正确,因为不管怎么说他们是在把罪犯绳之以法,他们在保护公众,与那些肆无忌惮地为罪犯张目,利用一切法律手段为有罪的被告开脱的律师斗争。他们用法律和道德的言辞来为自己的过失辩解,认为这是为了"更高的正义"而采取的一种特殊手段。

根据我的经验,这种知法犯法现象在检察官决定要跟某个具体的"坏蛋恶棍"被告一决高下时尤为盛行。当检察官办公室"盯"上了一个黑社会犯罪集团头领,一个腐化堕落的政府官员,或在埃德蒙·罗斯纳案中那么一个万人唾弃的不老实律师。在办这类案子时有时会产生一种"战时需要"心理——在战场上不管怎么干都是必要的。在这种战斗中唯一的目的就是把那个坏家伙绳之以法。为了这个目的,有些不甚妥当的手法就被动用,来与被告及他雇佣的"打手"斗智斗勇,这样做看起来完全合情合理。可以理解的是检察官的行为开始变成像被告辩护律师一样,他们忘记了在这个司法对抗制度中他们的作用与律师是完全不同的。

当一个刑事案件辩护律师揭露政府的腐败行为时,副检察官们总是认为这是他们受雇于人的夸张不实之举。法官居然也僭权出格地极力偏袒保护副检察官。偶尔法官也会抨击副检察官们,但这种抨击是必须付出代价的。

这么说并不意味着所有或大部分副检察官们都参与了这类知法犯法活动。我就遇见过一些副检察官拒绝同流合污的情况。可是有不少身居高位的检察官也参与其事使这种行为愈演愈烈。我这么说并不意味着别的地方情况要好些,众所周知,在许多其他地区的州和联邦检察官办公室情况更糟。美国联邦纽约南区检察官办公室或许可以当之无愧地被称作全美最优秀,最清廉公正的检察机构之一,那也是为什么它很少受到批评,为什么出类拔萃的年轻律师都到那里去邯郸学步,把这地方当作公正清廉的典范的原因。这也就是为什么我要挺身而出,揭露它纯洁无邪外表后面隐藏的令人摩掌叹息的黑暗面的缘故。

第11章　为辩护人辩护

当李·巴里在1973年因阴谋进行联邦邮政诈骗而被认定有罪时，他曾引用一句律师经常挂在嘴边的格言说：英国和美国对各自的刑事诉讼辩护律师态度有天壤之别——在英国他们常常会得到爵士封号，而在美国他们得到罪犯的恶名。此话后半部着实不假，在美国有很多刑事诉讼辩护律师被控犯罪。有时你得提醒公众，在刑事案件诉讼中被告辩护律师并没有犯罪，正像产科医生自己并没有生孩子一样，犯罪的只是他们的委托人。

这种情况，特别是经过那些大肆渲染的水门事件和沙特阿拉伯商人行贿事件的审判，这些审判中的许多被告都是律师，律师即罪犯的形象已深深地印在美国人心中，无法洗刷。确实，近年来我在给一年级法学院学生上第一堂课时总是对他们说，"从统计数字上看，你们之中的人最终受到刑事起诉的比当刑事诉讼被告辩护律师的要多"。

我受理案件为之辩护的被告中竟有一半是律师，其中很多是刑事诉讼辩护律师。他们被起诉的罪名从行贿受贿、营私舞弊到谋杀不一而足。而大部分犯罪指控是由他们的辩护工作引发而来，就像埃德蒙·罗斯纳被认定有罪那样。有一些则是因为被控藐视法庭，背离律师的职业道德，过分热心地为委托人辩解。我在罗斯纳案和犹太人保卫同盟案中差点就受到这种指控。另外一些人则因与本职工作无关的罪行遭到起诉。有一次，某律师投资一个家具厂，但生意很糟，该律师出于提高家具厂声誉的愿望，给该企业总裁买了一个保值百万美元的人寿保险。后来这个总裁被人打死，情景就像是黑社会犯罪集团干的。虽说没有该律师与这场谋杀有任何联系的证据，他还是被认定犯有诈骗保险公司的犯罪。我为他准备了上诉辩护状，为他辩护说不应该让陪审员知道被保险人死亡的情节，因为一旦他们得知这一情节，就不可避免地产生是购买保险者谋杀了死者的偏见。这是电视剧不厌其烦地宣传的逻辑，也是陪审员的思考方式，一审法官的主要任务就是检查证据，以防止陪审员用电视剧的逻辑去思考问题。因为此案中没有任何证据证明我的委托人与谋杀有关，陪审员就不应得出被告有谋杀犯罪的结论。上诉法院采纳我的意见，推翻了一审的有罪认定。事实上，绝大部分律师都与黑社会犯罪集团无关，但他们确实卷入了形形色色的刑事犯罪活动。

本章将描述我从业中遇到或为之辩护过的几种刑事诉讼辩护律师。有些"类型"要比另外一些更难办些。从委托人的角度来看,容易引起麻烦的律师要比安分守己的好,那些永远不出问题的律师可能是最差劲的律师。

1. 与委托人你我不分的刑事诉讼辩护律师

律师,不管是优秀律师还是差劲律师,碰到的很多问题都是由于诱惑难以抵御所致——他们不能划清受理委托与成为合伙人之间的界限。很多律师,甚至那些在华尔街名声赫赫的大律师事务所里的律师也不例外。他们把法律业务和他们的客户搅在一起,这种混淆不清表现在各个方面:以接受股份代替律师费;充当客户的合伙人;或在客户的公司里收取其他经济利益;或在法律咨询之外再给予商业事务上的指导;或在客户公司的董事会里担任董事。

李·巴里在法律上跌跤的原因就是他和一个叫格林·特纳的商人你我不分。特纳是一个少年得志风头出尽的南方人。

我在 1965 年与李·巴里初遇。那时他弟弟比尔刚进哈佛法学院,在我教的刑法课里上课。那时我正在教山姆·谢泼德那个判例,巴里正是在那个案子中成了风云一时的人物。谢泼德是一个功成业就的骨科医生,住在克利夫兰市郊有钱人住宅区,他在一场大肆渲染的公审中被认定犯有谋杀妻子的罪行。

巴里那时是个羽毛未丰的年轻律师,他成功地说服最高法院同意他的意见,即:由于检察方面有计划地煽起一场宣传运动,舆论充满对被告的敌意,因此该案一审结果是不公正的,应发回重审,被告应受到公正的对待。

在新的审判中,巴里使谢泼德无罪开释。这个胜利对初征讼途的年轻律师来说简直太辉煌了,它奠定了巴里全国知名刑事诉讼辩护律师的名声。

那天我正在课堂上讨论谢泼德案例,比尔·巴里上课时带了一个朋友来旁听,他们两人都坐在教室后排座位上。我点名叫比尔为此案中的被告辩护,充当魔鬼的辩护人角色,在假设谢泼德真的有谋杀他妻子故意的情况下,为他进行辩护。我问他:"如果被告真正有罪,最高法院推翻一审有罪认定是否合理?如果认定中确有不实之处,是否确有必要推翻这一认定?"

下课以后,比尔走上讲台,向我介绍他的朋友,说他是山姆·谢泼德的儿子。这年轻人对我说,当我向比尔提问题时他心情激动万分。"您怎么竟能假设我父亲真的有罪呢?"他抑郁地问。我赶忙为自己的疏忽向他道歉,解释说,我怎么也想不到课堂里会有与此案有关的人。(这种难堪场面是我在哈佛职业上的苦处之一,这儿头面人物的子女比比皆是)。

比尔邀我有机会和他一起去旁听他哥哥出庭辩护。1967 年 1 月这机会来了,巴里那时接受阿尔伯特·德萨尔沃的委托为他辩护。德萨尔沃被控杀人,报纸上把他称作"波士顿杀魂手"。我带着上我的法律与精神病学高级课程的学生去旁听,观摩巴里如何对一位偏见重重、充满敌意的精神病医生进行交叉质证。

质证进行得周到缜密无可挑剔,真是大师手笔。巴里显然预先作了详尽调查,为此花了不少心血。他提出的许多问题都是他明察暗访的结果,而那位精神病医生作证时对这些事实全无知觉。巴里娴熟地掌握把审前周密调查与质证中切中要害的提问结合起来的技巧。他当律师之前就是干密探工作的,自然游刃有余。巴里这种工作方式自然比那些临时抱佛脚,靠在堂上灵机一动,凭经验对付不合作的证人的辩护律师技高一筹。他的这些技巧固然重要,但没有坚实的调查材料垫底,最好的律师也会被狡猾的证人玩得团团转。

"波士顿杀魂手"案过后不久,巴里问我是否愿意从象牙塔里屈尊降贵,去帮他在另一个相似的案子中起草一份向最高法院请求复审的文件。这回被告是一个犯有奸情的妻子,她被指控把当牙医的丈夫放在一辆"大众"牌小汽车里,从山崖上推下去,造成因交通事故偶然致死的假象。这女人在开庭时已有身孕在身,使案情更为复杂,可检察方面坚持要求法庭判处她死刑。这桩案子的情节与小说、电影里描写的一模一样。(乔安·狄迪翁把这些都写进了她的畅销小说《走向伯利恒》。)该案陪审团成员都是极力反对死刑的,他们认定这女人犯有谋杀罪,她被判处无期徒刑。我为此案撰写了复审请求书,最高法院批准了这一请求,后来这女人在狱中服了一段刑后假释回家照看婴儿。

这件事结束后我在巴里的事务所里又参与了几桩小案子。在1973年5月18日,一个联邦大陪审团认定巴里本人有罪。对他的指控是阴谋进行邮件欺诈。这个阴谋的中心人物是格林·特纳。特纳在这之前已经进行了许多次这类暴敛不义之财的计划,还给它们起名叫"能挣敢富",或是"科斯考星际计划",真是极尽浮夸炫耀之能事。

所谓"科斯考星际计划"是一种步步升级,由一封信招来一连串的信件,从中收取费用的敛钱手法。特纳和他的公司诡称愿意以4500美元的代价向投资者出售商品零售权,只要买了这个零售权,你就可以销售这家公司出售的任何产品,比方说化妆品或者某种戴尔·卡内基式的个人奋斗速成自学课程。更惹人眼热心跳的是,你还可以把这种销售权再次转手卖给下一个投资者,价钱还是4500美元。从第二个投资者手中收到的钱须交纳给特纳及他的公司,第一个投资者只留一部分作为应得回扣。第二个投资者也可以收回他的部分投资,只要把零售权再卖给第三个投资者即可,第三个人再卖给第四个人,如此循环,永无穷尽。

这个赚钱计谋并不是百分之百保险的,它也有"穷尽"之日。另外,政府指控特纳和他的公司并没有什么真正可供零售的产品——他们既没有化妆品也没有自学课程,他们其实出售的是一钱不值的假零售权,目的全在于引诱源源不断的天真烂漫的人去赚一笔"外快"。其实,外快大部分都叫特纳赚去了,因为不管出售零售权的人是否卖得化妆品或自学课程,他都从每一次转卖中收取一笔费用。

到20世纪60年代末,格林·特纳在美国东南部已经成了一个传奇人物,这个没读过书的佃农之子发了大财。千百个追随者渴慕他的成功,围着他团团转,把他捧得像个受人膜拜的活佛。特纳的名声越来越大，随着他销售越来越多的零售权，他的钱财也满坑满谷。为了给自己树碑立传，他建造了许多殿堂楼宇。

可是这种行当的极点也随之到来，在好几个州这个时刻已经降临。许多顾客抱怨说，他们不仅卖不出零售权，收不回投资，而且从来也没有收到供零售的化妆品和自学课程。

联邦和州司法部门开始调查此事，并且 要求法院对特纳的活动下禁止令。“科斯考星际计划”和“能挣敢富计划”濒临破产边缘，因为零售权已卖不出去，格林·特纳开始寻找一个全美最能干的律师给自己撑腰打气，他向自己的公共关系负责人求教，这人建议他去找李·巴里。特纳最初的反应是“他是谁?”可他同意跟巴里谈谈。

特纳告诉巴里，这场斗争是“我与美国之争”。

巴里回答说，“成，我就爱公平的战争”。

经过一番讨论之后，巴里同意当特纳的律师。他们就收费标准达成一项特别协议，从中可以看出他们各自的性格特点。特纳将支付这场诉讼的各项费用，同时支付巴里包租的一架小型“利尔”喷气机费用。此外，如果巴里能把特纳从困境中解脱出来，他将得到一笔数目不小的胜诉酬金（胜诉酬金只是官司打赢了才支付给律师，这种做法在大部分民事诉讼中都是合法合理的）。这笔钱将用来给巴里买一架崭新的“利尔”牌高级喷气机。巴里无法抵抗这个诱惑，于是两人拍板成交。

巴里犯的错误正是这场交易，就是优秀的律师也难免在这问题上跌跤子——他没有在当律师和当合伙人之间划一条清楚的界限。

特纳想要从巴里身上得到的，不仅是他的才能和法律咨询，而且是他的律师影响力和合法性，以及这些东西给特纳带来的好处。特纳要巴里参加推销会议，向潜在的商品零售权购买人表示绝不会有任何问题。虽说巴里在几个月里究竟扮演了什么角色还未弄清，但他确实不仅仅是代表委托人出庭，周旋于政府机构内外。当然从法律上或律师职业道德上说这些都无可非议，律师在庭外允许从事这些活动，华尔街的律师们一直是这么干的。可是，关键是律师越和董事会拉拉扯扯，越多地介入经营销售工作，他就越说不清楚，一旦出了问题他就很可能牵扯进去。

1973 年 5 月，佛罗里达州的一个联邦大陪审团向格林·特纳、他的 3 个公司、8 个生意上有来往的客户和他的律师李·巴里起诉，指控他们犯有阴谋用邮件工具进行欺诈罪。此项阴谋欺诈罪的受害对象“人数众多无法一一列举”。

律师巴里和他的委托人在一件案子里一起被起诉——政府决定把他们并案放在一起审判——提出了一个既有法律又有律师职业道德的复杂问题，令人费解。巴里委托我做他的辩护律师。

这个问题只能从律师与委托人之间的特别关系这一角度进行理解。这种特别关系保证不管委托人告诉律师什么事情，或律师与委托人进行了任何谈话律师都将严格保密，绝不能向任何人泄露。但是这种特权也有限制：这类谈话必须是律师和委托人进行有关法律咨询时;必须是单独与律师或其他法律人员进行谈话没有其他人在场时;而且这种谈话不牵涉到将来可能进行的犯罪或欺诈活动。除了这些条件外(还有一些其他技术细节),律师不能泄露和他的委托人的谈话(而委托人自己在任何时候任何情况下都可以向任何人透露这些内容)。

在特纳与巴里共同被起诉的案子里,巴里当特纳的律师已经有1年多了。这期间特纳与巴里进行了多次秘密谈话。我对这些谈话的内容一无所知,虽说我是巴里的律师,但他无权向我透露谈话内容,因为我从未当过特纳的律师。可我不用花费太多的心思就可以揣测出这种谈话的基本内容是什么。我很容易就想象出这类谈话的情景:

律师:"你在推销会上吹的牛、夸大其词的宣传都得就此打住。你不能对潜在的零售权购买者说他们1年能赚5万美元。你没有这种证明,你也不能诱使他们相信有源源不断的零售权购买者会向他们购买销售权,这些都不是事实,你很清楚事情总得适可而止。"

委托人:"我又没给推销会定调子。我的推销员有时会讲些出格的话,可我有什么办法?"

律师:"你最好采取措施,你的伙计们正在干的是诈骗。如果这种事不赶快打住的话,你会有很大的麻烦。"

我不知道巴里给特纳出谋划策时究竟说了些什么,可是他们之间如果真的进行了一场我猜测之中的谈话,把谈话内容披露出来对特纳是不利的,因为这样就可以证明他的律师曾向他指明他手下人卷入了欺诈活动。特纳明知这种活动不合法,又不制止,这一事实会损害他在陪审团心目中的形象。

然而,如果公布这次谈话的内容对巴里却极有利。这会证明巴里曾劝告特纳赶快结束这种欺诈行为。而律师除了提供咨询以外还能怎么样呢,如果委托人不按他说的去做,律师不能为此承担责任,特别是在他不知道他的劝告被弃之脑后的情况下。

律师和他以前的委托人一起被起诉的麻烦是,如果他披露他们的谈话内容,他就救了自己,却害了委托人;如果他只言不吐,他救了委托人,却害了他自己。他怎么办?巴里接到起诉书后立即给我打电话,让我帮他出主意。

我的意见是,他得避开这个问题。他应该要求法院对他和他以前的委托人分开进行审判,这样他就可以在单独审判他时向陪审团披露与委托人之间的谈话内容,而在审讯他的委托人时不吐一言。

巴里当然想到过这个方法,可他想叫我帮他起草一份请求法庭对他们分别审讯的申请。这种"分离"是指对共同被告——本案中指特纳和巴里——分别立案进行审判。

我写了一份篇幅很长的"分离"请求书,论点是:如果把巴里和特纳放在一起审判,就会使律师和委托人之间产生不可调和的矛盾,它会:

鼓励检察方面把律师和委托人放在一起作为共同被告起诉。这种作法的后果是律师将不敢为名声不佳的委托人辩护，委托人也不敢把隐情向律师和盘托出。

法官在 1973 年 6 月 13 日开庭听证——这一天正是我刚刚在谢尔顿·西格尔的犹太同盟谋杀案上诉辩护之后。巴里案的听证定于早晨 7 点半开庭，以便避开奥兰多炎夏的暑热。

我走进奥兰多联邦地区法院时，有人把联邦副检察官介绍给我。这人穿着一套发着荧光的天蓝色尼龙西装，脚蹬白皮鞋，在我这个美国东北部来的人眼中这身打扮太不合体了，可能会损害法庭对他的印象。可是，当我看到法官进入法庭时这种想法就烟消云散了——我看见法官的黑袍下露出浅色西装，脚上穿的也是白皮鞋。除了穿着上口味相同外，法官和公诉人都是本地人，举止散漫。可在这副轻漫外表下掩盖的是一个顽固执拗的检察官和一个刻薄的法官。

我一开始陈述，这位法官就在细节上给我施压。他要我指出在何种具体情况下泄露谈话内容会对巴里有利而损害特纳。可我没办法具体指出什么样的谈话内容具有这种功效，因为巴里有意识地不告诉我这些谈话内容，而他有权这样做。但我还是向法庭介绍了这类谈话的基本内容，并建议由巴里在法官的办公室里避开检察官，单独向法官透露一些谈话内容。

检察官认为，特纳与巴里这些谈话的内容都不在受法律保护的律师——委托人保密范围之内，因为谈话内容都围绕着正在进行着的欺诈活动——正是一种继续进行着的犯罪活动。

他争辩说，"不应该让巴里先生用律师与委托人之间保密特权的障眼法遮人耳目"。我立刻抓住时机，反齿相讥道：

巴里先生并没有用律师与委托人之间的保密特权遮人耳目，相反，他有义务在问到此类问题时严守这种保密特权，以便不违反两者之间的协议。

而现在，本辩护人之所以提出分离动议正是为了使巴里先生能有机会把一切实情和盘托出，并就他与委托人进行的每次谈话作证。

法官决定先将我们提出的分离动议"搁置"起来，直至审判进行到一定程度，当实际上遇到——而不是像现在这样仅仅是理论上的探讨——巴里与特纳的利害冲突时再作具体讨论。他为了延迟在这个关键问题上做出决断，播下了种子，使巴里日后实际上的胜利开花结果，虽说为这个胜利付出的代价不小。法官在提到政府决定对巴里和特纳同时起诉时，提醒说：

现在，政府正在干的事情是有风险的……因为如果审判时间超过 8 到 14 个星期，就超过了要求重审的时限。很可能在超出时限情况下,即使分离的要求得到批准,也不能重新审理。

这位法官的警告在一个方面是有先见之明的,而在另一个方面则很离谱。政府检察方面没有能够在8~14星期内把案子交由陪审团决定,而是花了近30个星期。经过这么长时间不死不活的审判(在这段时间里巴里自己为自己辩护),法官终于做出他在30个星期之前就应做出的决定:他宣布把巴里与其他被告并案审判是错误的,批准巴里与本案中的另一个被告分别审判。

该案旋即交陪审团讨论,经过7天秘密辩论后,陪审团因意见不一致无法得出结论。整整30个星期的审判就闹了这么一个白费心机的结果,法院通知被告准备在新的审判中出庭。

可巴里又怎么样了?法庭曾警告政府,就"分离"而进行旷日持久的审判导致的结果"可能使对巴里的重审变成不可能实现的事情"。但法院拒绝对此进行干预,这样公诉人把巴里在那里吊了几个月,正像他在一份宣誓证词中所说,"悬在风中慢慢地、慢慢地扭动"。公诉人既不同意撤销指控,也不加紧审判。巴里的律师业务开始受到损害,他的事务所分崩离析,他夫人生了病,他自己时刻焦虑不安。

最后,在1975年7月,联邦地区法院宣布撤销对巴里的所有指控。剩下的几个被告,包括特纳在内,都同意承认犯有轻微罪行,以换取缓刑判决。

虽说对巴里的指控都已撤销,他得以重新开始执业,但起诉书给他带来的羞辱及信誉损失仍不能挽回,那些神气十足的客户再也不上门了。巴里对记者沙娜·亚历山大说,他为了维持事务所的经营开支,起码得借40万美元。"这是我遇到的最大的麻烦,我没有办法受理案件,我没有收入,人 们都合伙跟我作对。"

可谁也想不到,这一切都会发生戏剧性的变化。在1975年9月18日,就在巴里摆脱了特纳案干系几个星期后,电讯传来,美国现代历史上最轰动、最令人费解、最富有争议的一桩劫持案的受害者被警察抓获了。帕特丽西亚·赫斯特① 19个月前被歹徒从伯克利的公寓里绑架,现在她在旧金山落入警方手中。

巴里那时正在密西西比州杰克逊的州感化院里与一个面临死刑的女犯人谈话,一个紧急电话打到那里找他。打电话的是兰道夫·赫斯特②。经过几番讨价还价,赫斯特家族委托李·巴里担任帕特丽西亚的首席律师。帕特丽西亚被当局指控在她被劫持10个星期后参加了由"共同解放军"组织的抢劫希伯尼亚银行的犯罪。

巴里为帕特丽西亚·赫斯特辩护又引起了极大的争议,比他在自己极富争议的一生中

① Patricia Hearst,美国报业大王赫斯特(William Randolph Hearst,1863—1951)的孙女。——译者注

② Randolph Hearst,帕特丽西亚的父亲。——译者注

所遇到的任何一次麻烦都大，这个案子也是某些被告辩护律师遇到或生造出来的问题的典型，即通过新闻媒介大肆渲染的案件中出现的那些问题。

2. 善于利用新闻媒介的辩护律师

巴里这回又委托我帮他起草赫斯特案辩护词。正像他对沙娜·亚历山大所说，“遇到棘手案子，我就想要艾伦帮忙。”此案当然非常棘手——对帕特丽西亚·赫斯特和李·巴里来说都是如此。这次审判是巴里消除特纳案带来的严重后果，重振美国最出色刑事诉讼辩护律师旗鼓的天赐良机。这个案件也是美国历史上新闻报道规模最大的司法事件，正像一位记者所说，赫斯特案一定会成为“又一个世纪大审判——〔巴里的〕16 年司法实践中第四或第五件重大案件”。

此案中最基本的法律问题是：赫斯特是否自愿地参加希伯尼亚银行抢劫行动？或者说，她持枪进入银行时是否仍然在劫持她的人的控制下，她的行动和意志是否受到他们的左右？新闻媒介把这一论据称为以“洗脑”为由的无罪辩护。

巴里要我帮他就此进行论证和调研。我请五六个法学院学生去查找资料，把英美法律历史上曾经判过的所有有关判例都挖掘出来——被告被劫持绑架，后来又与劫持者一起从事犯罪。我们起草了好几份法律备忘录，就各种情况、各种角度从心理上进行分析，找出辩护论据。随后我们把这些文件送到旧金山去，巴里和辩护团的其他律师正在做开庭前的最后准备。

我又另外呈上一份备忘录，对政府是否能就帕特丽西亚·赫斯特在被劫持和抢劫银行之间的一年半时间内究竟做了些什么进行质证。政府将会争辩说如果她在抢劫希伯尼亚银行之后所从事的“革命”行动都是自愿的，那么这可以证明她抢劫银行时也是心甘情愿的。辩护人则争辩说，后来发生的事件不能证明她在抢劫银行那天的心理状态，因为在那件事发生后，有一个插曲：美国司法部长威廉·萨克斯比向报界发表讲话，认为由于帕特丽西亚·赫斯特参加了抢劫银行活动，她现在已“与普通刑事罪犯并无二异”。劫持她的“共同解放军”分子此后一直不断地向她灌输“你的国家已经把你当作一个罪犯，现在你除了跟我们在一起别无他路！”

帕特丽西亚·赫斯特已经向陪审团承认在抢劫银行事件之后自己是心甘情愿地参与“革命”犯罪活动的 。巴里对此很担心，他认识到即使用萨克斯比声明来解释，法庭也可以不就她在三月抢劫银行那天的行为，而以她后来的行为来对她起诉。巴里把这些事件称作应在法庭上不惜一切代价加以避免的“黄鼠狼的骚臭”。用一句老式乡村律师的说法，“如果你让黄鼠狼进了法庭，你就没办法彻底把它的骚臭弄掉”。

我的备忘录建议，我方应要求法官在赫斯特审判开始之前，就政府是否应被允许对她在抢劫银行之后发生的事件进行质证作出裁决。用这种方法巴里就可以在她上法庭时知道她是否会受到危险的质证，这就像我们在谢尔顿·西格尔案中，要求鲍曼法官预先就西格尔若拒绝作为政府的证人出庭是否会被判刑事藐视法庭罪作出裁决,这只是程序允许范围内的另一个变种。

律师精心准备的计划常常会被审判中意想不到的狂乱所干扰。巴里并没有要求法庭先做出裁决。法官拒绝作出一个正式裁定,可是他确实表明了自己的观点,认为除非被告自己在直接作证时主动就这段时间的所作所为作证,在审判被告时不能讯问她与此有关的事情。巴里依靠法官的这个观点,让赫斯特出庭作证,小心翼翼地不触及抢劫希伯尼亚银行后发生的事件。可是在赫斯特结束直接作证后,法官显然改变了主意,允许政府公诉人对她进行细节的质证。巴里让赫斯特在陪审团不在场的情况下向法官提出避免自我控罪的特权。然而法官却裁决,因为赫斯特已经就其他问题作证,所以她放弃了她的特权,她必须回答这些问题,要不然她就得在陪审团面前提出这种特权。这样帕特丽西亚·赫斯特落得个最坏的下场:公诉人向她提出许多自我控罪的带有诱供味道的问题,而她不得不在陪审团面前一次接一次地提出避免自我控罪的特权以不回答这些问题,而法官又告诉陪审团,因为她已经放弃了这种特权,从她违反程序的行为中陪审团可以得出相反的结论。

到头来,这次质证对赫斯特的辩护是一场灾难。许多旁观者认为赫斯特这下子完蛋了,很多专门当事后诸葛亮的刑诉辩护律师自作聪明地大打马后炮,公开地抨击巴里,说他愚蠢之至,先决定让委托人出庭作证,随后又让她在陪审团面前提出避免自我控罪的特权。我敢肯定,如果巴里当初决定不让赫斯特出庭作证的话,这些律师也会抨击他的决定,说他"半心半意地进行辩护","他懒得采取行动" 或"这案子牵涉到心理上的辩护,如果你不让被告出庭作证,你怎么能指望胜诉呢?"

我曾经无数次地被人问到这样一个问题:"就现在你了解到的情况,你是否会让帕特丽西亚·赫斯特出庭作证?"虽然有人会说我是个天字第一号的事后诸葛亮,我也准备试着回答这个问题。我的回答是:如果你当时不是为她辩护的律师,你就不可能回答这个问题,你得在审判的那个紧要关头对那些微妙复杂的问题有彻底的了解和通盘考虑,才能作出最恰当的选择。

当巴里正在苦思冥想是否应该让帕特丽西亚·赫斯特出庭作证时,一审法官已经决定允许政府公诉人使用另外一些证据,不是通过赫斯特自己的证词,而是她在抢劫希伯尼亚银行后的一年半时间里参与的犯罪活动。这些证据包括赫斯特自己的录音带和日记,声称她信仰革命理论,给人以她在希伯尼亚银行劫案发生之前已经完成了思想转变过程的印象。法官还禁止被告辩护人传唤精神病专家在法庭上播放最近赫斯特与他的谈话录音,在谈话中她对参加城市游击队的所作所为表示懊悔。这样,当巴里必须做出困难的决定时,他面对的情况使他左右为难:如果他不让赫斯特出庭作证,在听到她亲口说出来的那些抢劫银行后心理状态的极不利的证词,而被告对这一切又不加任何解释的话,陪审团就会认定她有罪;但如果他真让她出庭作证,法庭就会对她进行当堂质证,而法官似乎已经允许她——在陪审团不在场的情况下——合法地申明她有权对问到抢劫银行后干了些什么这种自我控罪的问题不予回答。

从这样一个角度来看,巴里就赫斯特是否应出庭作证所面临的决定是一个两可的决定。两种可能都有危险。就我现在看来,包括我已经了解到的几个陪审员的态度,我大概会决定不让赫斯特出庭作证。(好几个陪审员因为他们根本不相信被告的证词,所以投票认定被告有罪。)可是就巴里当时所了解的情况来做出判断,我要是处在他的地位,大概也会采取同样的决定。

这并不是说我会在审判中使用巴里的策略方法来为赫斯特辩护。我不会这么做！我不会像巴里那样在开庭之前召开记者招待会,把我准备好的辩护策略公之予众。确实,政府曾指出这样一场记者招待会使巴里打开引向希伯尼亚银行抢劫案后发生事件的闸门。从这个角度来看,巴里面临的难题部分是自己造成的。

每一个律师在处理同样复杂的案情时手法都各不相同。巴里用巴里的方式和风格处理他的案子。赫斯特家族的人面临的并不是巴里应如何处理这样一桩案子的问题 ,只要他们决定委托他去干,一切就此定局,不可更改,这就是李・巴里处理案子的方式。如果赫斯特家族当真委托了爱德华・贝奈特・威廉姆斯的话——他们在找巴里之前曾找过威廉姆斯律师,可他拒绝受理此案——这桩案子就会用另一种方式来处理,即威廉姆斯的风格和方式来处理:低调的,不事声张的,然而却井然有序的缜密调研,每一步行动都有具体计划,就像全国职业足球联赛日程表一样,对任何可能出现的意外都有适当对策。我不知道威廉姆斯是否会让帕特丽西亚・赫斯特出庭作证,可我知道做出这 个决定之前需要对手头掌握的全部材料进行详尽的研究分析,加上一种不言自明的直觉。而威廉姆斯如果输了这场官司,他的律师同事对他的批评也不会像对巴里那样尖酸刁刻。巴里那种风头出尽的派头,他从新闻媒介中招惹的注意力都使他的同行妒火中烧,咒他不得好死。

他这种哗众取宠的作风也召来了人们对他的怀疑。不少律师,包括赫斯特后来的律师都说巴里的辩护策略很可能受他扩大个人影响欲念的左右。律师利用新闻媒介的影响力是天经地义的,只要能给他的委托人带来好处(或在不违反法律或 职业道德的情况下)就行。可是律师把委托人的利益置于个人沽名钓誉动机之下是无论如何也说不过去的。这条界限有时不很分明,而那些想利用新闻界的辩护律师总是认为或强辩说新闻媒介扩大宣传报道对委托人和律师双方都有利。可这种愿望有时能达到,有时达不到。这种时机即使是经验丰富的律师也难于把握。

帕特丽西亚・赫斯特现在已经获释,她本来被判 7 年徒刑,卡特总统在她服刑一年零十一个月以后下令对她缓刑。她获释后不久就与她的一个保镖结了婚,生了个孩子。她还写了一本书,谈到她在“共同解放军”手里待了 19 个月的经历。在这本书中她猛烈抨击巴里让她出庭作证的决定,说巴里信誓旦旦地说一定能使她摆脱干系,可后来又使她误入歧途;她还批评巴里在审判中“自恃过高”,在开庭当天休庭时就忙不迭地乘飞机赶往拉斯维加斯去主持一个研讨会,向其他律师介绍此案的辩护经验。

确实，赫斯特后来重新请了一位律师，他提出重审动议，理由是巴里的辩护十分不妥，又未起到应有的作用。可是赫斯特在1982年1月6日放弃继续诉讼努力，宣称她“想从这场诉讼中脱身”。

李·巴里又重新开始为刑事犯罪诉讼中的被告辩护。他参与赫斯特案子诉讼肯定给他带来这样一个好处——使人们忘记了特纳案。现在人们都说：“格林是谁？”

3. 为职业罪犯充当“驻堂律师”的刑事犯罪辩护律师

在格林·特纳案中，李·巴里从未碰到这样一个难题，即：是否要出庭作证反对他的委托人，以解救自己。可另外一个人，詹姆斯·劳森，一个从法学院毕业不久的律师却碰到这样一个刑事诉讼辩护律师经常面临的梦魇：一个联邦法院命令他提供相应的证词及情况来反对他的委托人，否则他自己就会被判刑入狱。劳森拒绝提供这类证据，法官立即宣判把他关进监狱，“直到他愿意出庭作证，提供情况为止”。劳森就来找我咨询并要求我为他辩护。

这件案子并不是没有来由的，在这之前华盛顿州联邦法院的大陪审团已经认定几名被告犯有阴谋出售毒品罪。这种毒品名叫“泰国烟”，是一种高质量的北美大麻。此案中的两名被告委托“奥特利及威恩伯格”律师事务所进行辩护。这家波士顿的事务所家业虽小，但在为贩卖大麻而被起诉的人进行辩护方面却极为成功。劳森当时是这家事务所的律师，被指派去代理这两个委托人。他飞到华盛顿，与公诉人进行一番庭外交易，最后达成协议：他的两个委托人都承认有罪以此换取只判1年徒刑的处罚。

可是公诉人却怀疑劳森的这两个委托人不是这场犯罪中的主犯，他们认为有一个叫乔治·布赖德利的，这个人并没有被起诉，他才是真正的首犯。为了取得证明这些怀疑的证据，检察官传唤劳森的委托人在大陪审团前作证，给他们不再继续起诉的保证，要他们提供许多关于他们与布赖德利及“奥特利及威恩伯格”律师事务所的关系。其中有一个问题是：他们是否自己付给“奥特利及威恩伯格”律师事务所律师费。他们回答说，钱不是他们自己付的。他们还作证说，不知道是谁支付这笔费用。

几天后，劳森也被传唤到该大陪审团前作证，要他说明“是谁付给你或你的事务所那两个被告的律师费用？”劳森当然明白，如果他告诉法庭费用的来源，他就等于告诉公诉人他真正想要知道的事情——谁是这个贩卖大麻集团的真正头子。

可劳森不能告诉政府它极想知道的东西，因为那个付律师费的人也是劳森的委托人。他预先得到保证，绝不会泄露此事，这才由他付了另外两个委托人的律师费，由此暴露了他在阴谋贩卖大麻活动中的主导作用。现在法庭要求劳森破坏律师与委托人之间的保密协议，拱手交出他的委托人，他当然拒绝这样做，于是他在法庭上援引律师和委托人之间有义务保密的条款，拒绝回答问题。虽说委托人的名字和付费方式一般来说都不在律师和委托人保密协议范围之内，劳森争辩说这类情况在泄露出去会牵连到他的委托人的情况下，亦应包括在保密协定之内。

法官坚持让他交代这些内容,但他坚持不肯说,于是法庭裁决他犯藐视法庭罪,判他入狱。他对这个判决表示不服,要求上诉,并要求暂缓执行入狱判决。政府公诉人反对暂缓执行,要求法庭立即把他投入监狱,而法官决定在上诉未决之前暂缓服刑。

在我们呈递给美国联邦第九巡回区上诉法院的上诉书中,我们把这一难题放在法官面前:

> 一个品行端正严守道德的年轻律师因为拒绝泄露与自己的委托人有关的情况而被判藐视法庭罪入狱;他这样做是由于他自己坚信,加上他的律师和其他专家都对他说这样做是正确的。作为一个律师,从法律上说,从职业道德上说,他都不能泄露这个秘密。
>
> 这位律师现在已经面对着这样一个难题:他不能违背良心去泄露这个秘密……而他如果不这样做的话,就面临被判入狱的危险。因此,他请求贵法庭帮他解脱困境,而不违背他的职业道德和法律规定。①

上诉法院推翻了藐视法庭的裁决,认为劳森"有充足的理由提出律师与委托人之间的保密特权",因为劳森"与他未透露姓名的那个委托人之间就律师费所达成的协议牵涉到该案另外一些参与者,将会使这些人在过去起的作用复杂化"。劳森无罪释放,他不必为保护他的委托人而去坐牢了。②

我此回既不是第一次,也不是最后一次为"奥特利及威恩伯格"律师事务所出庭辩护。

从上述案件可以看出,受法庭传唤去作证反对自己的委托人是刑事诉讼辩护律师职业性的难处,特别是对那些专门受理贩毒嫌疑犯委托的律师来说。原因之一是贩毒集团一般都有严密的等级制度,枭首高高在上,并不直接行动,具体工作由最低一级的贩毒成员——他们被称作"骡子"——来干。自然这些人担的风险最大,遇有警察搜捕,被拿获的首当其冲是这些人。这些人一般都请不起好律师,这样老板就得保证,一旦他们出事由老板为他们请律师。这是合同的一部分。老板为"骡子"提供律师保护——这些律师一般收费很高——并不是因为主仆之间豪侠义气或利他主义,而是因为"骡子"的安危与老板自身利益息息相关,所以他们自己花钱请的律师也得为手下出头做主。老板最不愿看到的是一个与此无关的律师,或更糟糕的是一个与检察官关系不错的律师去劝说"骡子"供出老板以

---

① 律师碰到的这种难题在臭名昭著的列奥·弗兰克案中有极好的说明。该案中有个犹太人被诬告,说他谋杀了一个女人。他后来在佐治亚州亚特兰大市被一伙暴徒私刑处死。亚特兰大市律师协会的一个重要成员阿瑟·鲍威尔在他的自传中写道,处私刑之前他已打听到谁是谋杀那位妇女的真正凶手,但他却不能透露这个机密,即使这样做可以拯救弗兰克的生命也不行,因为这情况是他和别人有保密义务协议的一部分。见阿瑟·鲍威尔著:《我又可以回家去了》,北卡罗莱纳大学出版社 1943 年版,第 287 ~ 292 页。

② 为了奖励我给他打赢了这场官司,劳森给我一份"奖金"——两张"红袜子"与"洋基"队棒球赛票。我在前面已经描述了我和儿子去看这场比赛的遭遇。

换取他们自己的自由。“骡子”的合同规定的部分义务就是在需要时挺身而出，宁愿自己身陷囹圄也不出卖主子。

另外，老板为避免这种事情发生，也愿意向“骡子”提供最好的律师服务以防不测。精明能干的律师会尽全力帮助“骡子”摆脱困境，如果实在不能无罪开释，或被认定有罪，那就想方设法使他从轻判处。如果“骡子”有从重判处的可能，他们出卖老板的可能性也就增大。这样，明智的老板一般来说都会尽量去找最能干的律师来为“骡子”辩护，当然他最合意的律师是那些“全力鼓动骡子斗争到底”而不是主张中途变卦以求脱身的人。由于这些明显的原因，政府不主张律师既受理“骡子”又受理老板的委托，公诉人经常要求法庭把这样做的律师以与委托人“有直接利害关系”为由排除出此案，因为“骡子”与政府合作出庭反对老板对他自己是有利的。当然政府并不真正关心“骡子”的利益，它关心的只是自己的利害——抓大头目。

与保守委托人秘密有关的法律问题在另一个案子上也牵扯到“奥特利及威恩伯格”事务所。在那件案子中该事务所高级合伙人马丁·威恩伯格和约瑟夫·奥特利接到法院传唤，就他们一位客户付的律师费数量作证。该委托人被控非法从事大规模贩运大麻。这两个合伙人拒绝说出委托人付的律师费是多少，理由是这个情况可能对委托人不利，所以属于保密范围之内。人们很容易就可以猜出受控贩运大麻的被告为什么不愿透露他付给律师多少钱。很多贩运大麻的人年纪轻轻，没有什么合法的收入来源，如果嫌疑犯付给律师一笔很大的数目——比方说10万美元律师费，政府就有充足理由对这一大笔钱的来源进行调查。他付了10万美元这一事实——从他自己信任的律师口中说出来——就会成为犯罪的明证。这也可以成为委托人逃税的证据，因为这些钱不太可能在征收所得税时申报过。①

奥特利和威恩伯格坚持不肯向法庭透露收取律师费的情况。我在整个诉讼期间都是他们的辩护人。（马丁·威恩伯格曾是哈佛大学法学院的学生。我对学生们说，我教刑法课程的好处竟然是有效期5年的聘用保证书。）最后政府终于放弃了这个要求，这两位律师就用不着为了不使委托人被控有罪而去坐牢了。可不管怎么说这种麻烦对于干这一行的刑事诉讼辩护律师来说都是一种梦魇。

可也有些“贩毒犯的律师”比另外一些人更多地招惹是非，使他们梦魇缠身。他们受雇充当某个毒贩子的常年法律顾问，就像华尔街的律师给公司企业当“驻堂律师”一样（或者像给黑社会有组织犯罪集团当“枢密顾问”那样）。他们对买卖交易提供法律服务，向

---

① “贩毒犯的律师”碰到的另一个复杂离奇问题是如何对付那种通过贩毒发了大财而又不愿落入法网，宁愿如数缴纳所得税的委托人。这种情况如此之多常使律师也对天长叹。这些人手法之多使人耳目一新。例如，他们会填上一份税款多余部分退还表，如实地填写所纳税款各项，只是在纳税人姓名一栏暂付阙如，随表还附上一张不需兑换转账的即付支票。然而，尽管你机关算尽，只要你付税，你就会在一定程度上暴露自己从事贩毒活动的事实。

“骡子”散发自己的名片,上面印有电话号码,任何时候只要遇到麻烦他们便会应召而来;他们和毒贩子神交已久混得烂熟,有的律师甚至向他们索要毒品自己服用。这些为贩毒者雇佣的律师在政府眼中与他们的委托人沆瀣一气,有些人被传唤出庭作证,有些人甚至被认定有罪。虽说有些做法显而易见是非法的,但合理合法地受理一个毒贩子的委托与同他合伙作奸犯科之间并不总是泾渭分明的。这也是为什么很多刑事诉讼辩护律师根本就不受理毒贩子的辩护委托,而另外一些人却乐此不倦,成了这个门道儿的专家里手。许多专司这方面诉讼业务的律师是守法的,有些则对跨过这个界限跃跃欲试;还有一些人则超越这个界限,直接参与这种活动。这里面诱惑力实在不小,因为利润很大。然而利润有多大,风险就有多大。

所以政府总是紧紧盯着专为贩毒者服务因此很可能参与犯罪活动的律师就不足为奇了。仅凭自己的法律学位就想参与犯罪集团的买卖是没有保障的。可是,某些检察官有时假作追查非法行为而对那些积极主动为委托人辩护又丝毫不触犯刑律的律师紧追不舍。“奥特利及威恩伯格”律师事务所就是这样的好例。这家事务所几次三番受传唤,被调查,遭审计,但从来没发现任何非法行为。可是,因为他们为大麻贩子和可卡因毒品掮客辩护百战百胜,有些检察官就把他们当作罪犯看待,总想有一天让他们的委托人掉转枪口来反戈一击。

4. 穿着被告辩护律师外衣的检察官

这类检察官看起来或许像是个辩护律师,他们讲起话来也可能像是个辩护律师,他们的委托人中也有可能有刑事被告,可他们从内心深处来说是检察官。

在实际生活中这类律师我见得多了,这些人在每个大城市都有。他们之中有不少人过去就是检察官,现在暂时干一阵子辩护律师,一边挣钱吃饭,一边等待时机以求一逞。我遇到的这类人过去大多是联邦副检察官,在这个位置上干了几年后,他们就转入私人执业。由于他们过去就是干刑法这个行当,对此经验丰富,轻车熟路,不少人私人开业后就专门包揽刑事诉讼辩护。可是律师不能私下对罪犯起诉,所以他们就名不符实地当起辩护律师来。然而,他们打心底里既不想为有罪的被告辩护也没有一辈子待在这个“法律战线错误一方”之意。他们总希望有一天能在政府检察官办公室谋得一官半职,最好是联邦检察官职务,或检察官办公室的部门主任高位。

不少这种前任和未来的检察官开创了一种特殊的“辩护”方式。他们主要是为那些向政府告密、当眼线的人,政府找来的证人或是亟待讨价还价达成交易的被告服务。他们很少实打实地对簿公堂,他们从来不愿公开批评检察官,相反他们赖以生存的正是与现任检察官的私交。

那些犹豫不决、又想与政府合作、又有几分迟疑的被告经常通过联邦检察官办公室的检察官介绍给这些律师。他们之所以介绍是因为检察官自己一般不能直接与可能的被告在没有律师的情况下打交道,然而他们又不情愿让愿意与当局合作的证人去找一个独立自主的律师,那样的律师会叫这个委托人不要与政府合作。通过介绍自己“信得过”的律师,检察官既不违反自己的职业道德,又保证这个证人能继续提供合作。要了这个小小的猜字谜把戏,政府表面上看起来没有对证人施加压力,却又能在很大程度上控制局势。

美国联邦检察官纽约南区办公室过去常年掌握着一份名单,上面有它“信得过”的律师姓名,遇到比较合作或将来有可能合作的被告或证人,就把他们介绍给这些律师去代理。这些律师大部分都是前联邦副检察官,是信得过的自己人,他们会千方百计地劝说他们自家的“委托人”与政府合作。如果这个名单上的律师开始变得不听话了,或对政府的态度变得敌对起来,他们的名字就会从名单上被勾掉。

上了这个名单就等于加入这个特别俱乐部。它能给你带来收入可观的生意,因为白领阶层犯罪案大多牵扯到收入丰盛的阔人,他们付得起高昂的律师费,这些被告如果愿意与政府合作的话,律师就可以指望有一笔收入。

加入这个“俱乐部”也使你能保证给你的委托人减刑——前检察官和现任检察官之间心照不宣的默契常常使委托人坐收渔利,起码表面看起来他们是这样干的。

对政府和“穿着辩护律师外衣的检察官”来说,谁都相信这些前检察官一般都能给委托人捞取不少实惠(特别是鉴于这些人很少能在公开审判时胜诉),这一点至关重要。在这种情况下,委托人才愿意去找这些律师,接受他们的建议去和政府合作(这些律师自然也可以在他们执业成绩表上添加一次胜利的记录)。

有些检察官和司法人员还有另外一张名单,上面记着总的来说对政府不友好,喜欢鼓动委托人与政府做对的律师名字。有些司法人员就曾要挟被告辞去这类律师,否则他们自己就会冒得罪政府的危险。

我最近听说了纽约市联邦检察官办公室眼下正在玩弄的一种花招,正是 这种把戏的一个变种。法院文书处每天都公布为无力请律师的证人服务的律师名单,以使这些受传唤在大陪审团前作证的人也能得到适当的律师服务,而联邦副检察官们会细细琢磨这张名单表,以便专门等到他们“自己”的律师——即轮到那些“穿着辩护律师外衣的检察官”被指定担任委托代理之时,专门在那一天传唤某个可能愿意与政府合作的证人出庭,而这位指定的“辩护”律师则可尽量努力劝说证人与政府合作。该证人当然不知道这位“专门为他预备的”辩护律师是政府挑的,目的全在于使他不会与政府作对。

对于被告来说,有时请这样的“辩护”律师,听从他们的劝告不无益处。以与政府合作换取从轻发落(或免予刑事处分)对某些被告来说是最佳的选择。可是选择这个路子应该在真正独立思考的律师指点下,客观地分析得失利害,然后才决定是否应该这样做。这种不受别人左右的律师能清醒地认识到在什么情况下应与政府合作以通过“联邦检察官哥儿们”的关系网获得实惠。而在另外一些情况下这些律师则会明确地告诉委托人,与政府对着干恰恰是对他有百利而无一害的。

千万不要听从那些自己另有一番盘算的律师,这些“穿着辩护律师外衣的检察官”提出的辩护计划一般来说都努力为委托人争取最好的结果,但它也可能想使公诉人脸上有光,为此不惜牺牲委托人的利益。

5.“佩里 · 梅森”式的律师

佩里 · 梅森①式的辩护律师是指那些能够巧妙地使用心理战术来使撒谎的政府证人上勾的人。可是在现实生活中这种策略常有搬起石头砸自己脚之虞。对证人进行质证几乎不可能使他承认以前说的都是谎言。对律师或是法学院学生来说,学会在什么时候使用质证方法,什么时候见好就收适可而止,什么时候急流勇退,是大有学问的。

日常的刑事案件审判并不像电视剧中描写得那样惊心动魄、一触即发,实际上审判是在一种磨人而又节奏缓慢的对证中进行的,对交叉质证的回答都是千篇一律的。

律师这种以退求进结果适得其反的故事满筐满箩。一个辩护律师朋友告诉我,有一回他给一个有前科的委托人辩护,此人出庭作证时律师本想向陪审团证明自己光明正大襟怀坦白,就问委托人他过去是否犯过罪。“犯过”,那人答道。律师接着又问,他是否有过重大犯罪行为。委托人答道:“有过。”然后律师要求委托人告诉陪审团他曾几次被法院认定犯有重大犯罪。这人停下来,掰着手指头掐算一番,最后他抬起头来盯着律师的眼睛说,“加上这一回,不多不少正好四次”。

另一个律师的“实践经历”是一场丈夫被控谋杀妻子的诉讼。虽说并未找到尸体,但有不少明显的间接证据证明丈夫杀了妻子。辩护律师在最后陈述中对陪审团说,他们现在就要看到一件令人吃惊的事情了:他数到 10,那位据称被害身亡的妻子就会从法庭的大门里走进来。“1、2”,律师开始数。数到“7”时,所有的陪审员都把眼睛抬起来瞧着门口。“8、9、10”,律师接着数下去。陪审员急不可待地等着,可那门仍然关着,没有人进来。

这位辩护律师笑了,向陪审团解释道:“看呵,你们每个人都看着门口啦。你们每个人心里都对那妻子是否真死了有所怀疑。”这位律师随即得意洋洋地宣布:“我这个小小的试验证明你们都怀疑这妻子是否真死了,所以你们得宣布被告无罪。”

尽管他的逻辑推理不错,陪审团还是认定丈夫有罪。事后这位大失所望的辩护律师问一个陪审员,既然所有的陪审员都盯着门口,为什么她还投票认定被告有罪?“我们确实都瞧着门口了”,那陪审员回答,“可我们也注意到**被告**可没有瞧着门口。他知道不可能有人从门口进来”。

这类审判策略偶尔也会得手。在犹太同盟案中对帕罗拉的交叉质证就是好例。在该案中我们略施小技使他误认为我们掌握了某些谈话录音带。在那种情况下通常法官会立

---

① 佩里 · 梅森(Perry Mason)是美国作家加德纳(Erle Stanley Gardner)在 1933 年开始写的系列小说中的律师兼侦探形象,能出奇制胜。根据小说改编的电视连续剧曾在美国和其他国家风靡一时,久演不衰。这个律师为形形色色的有罪被告辩护,百战百胜。——译者注

即予以斥责。我的朋友和同事哈维·西尔伏格雷特——一个鬼点子贼多又胆大无比的刑事诉讼被告辩护律师就曾多次为此受到惩戒而要我为他辩护。

有一回,他的一个委托人被控贩卖毒品,那位当场逮捕被告的警官在法庭上作证时指天发誓,说他可以准确无误地当场指认贩毒的被告。这位警官那时蒙在鼓里,不知道被告有个双胞胎弟弟,与他长得一模一样,他就住在被告被捕时待的那个公寓里。开庭那天哈维安排被告的弟弟坐在哥哥应坐的前排位置上,即被告席上。这个"调包"目的是看看那个警官究竟能否辨别谁是贩毒犯。当佩里·梅森在电视剧中使用这个伎俩时,警官未能认出这个被告是无辜的。可当哈维故伎重演时联邦副检察官立即要求对他实行纪律制裁,后来这事不了了之,可是人们很担心哈维会被判藐视法庭罪,或给予纪律处分。

这种小谋略因为佩里·梅森出了名,可此中蕴藏着危险的陷阱,想要东施效颦的真正刑事诉讼辩护律师万万不可粗心大意。这么干总的说来得不偿失,律师用这种策略虽胜算一时,但常常受到攻击。用这种手腕几乎不可能获得佩里·梅森式的效应,但一旦成功就会出现电视里的一幕:作伪证的证人被迫坦白交代,涣然冰释的法官对律师赞不绝口,无辜的被告沉冤大白。

6. 正人君子律师

在所有大城市里都有这么一些被人称作"刚正楷模"的律师。这是一些著名律师,自以为严守公道不偏不倚。他们要求自己对法院和政府绝对公平无私,一般在诉讼时都很小心谨慎,辩护时也不动感情,不管审判的结果对委托人是多么命运攸关,他们永远也不会考虑在审判中使用某种策略,更不用说要点小花招了。他们也不攻击政府或法院。他们打赢官司凭的是别人对他们的尊敬,而不是威胁恐吓或设计用谋。他们是司法界的政治家,是未来的法官人选。

这些正人君子律师一般来说把他们自己的声誉——他们在律师界的地位——看得比某个委托人的直接得失要重。他们认为保持这种正人君子声誉从长远观点看,从整体上说是符合委托人利益的。这种着眼于"未来客户"的观点由我在哈佛法学院的同事、著名审判策略专家罗伯特·基顿法官极妙地论述如下:

> 从长远的观点看问题,而不是仅仅着眼于手中的案子,你避免用习以为常的方法——那种人家说你虽然合法却不光明正大,为胜诉而无计不施的手段,这么做符合你的利益。这种处世哲学,这个好名声使你在**今后**为委托人辩护时束手缚脚。这个司法制度追求社会正义的目标,**未来客户的利益**及**自己声誉**和将来律师工作中的效率都逼着你去改正那种认为律师有义务使用所有合法手段和借口为自己委托人服务的极端看法〔重点系本人所加〕。

这种观点或许是正确的:委托人能从律师"不偏不倚","秉公断案"的好名声中获益。可是在**任何一件具体案子**上,如果需要律师敢做敢当时他反而当断不断,委托人就会遭受巨大的损失。

正人君子律师这一美誉也可能是建筑在那些认定有罪判刑入狱被告的生命年华上,这些委托人眼下的个人自由恐怕得作出牺牲,去建立律师自己公正刚直的声誉。

你在委托这样一位正人君子律师之前,请千万好好想想,你一定要搞清楚这位律师将会利用他的好名声去帮助**那个**被告,而不是利用那位被告去帮助律师自己创牌子。

人们对用甲委托人的利益来换乙委托人的利益,或换取自己的好名声这种诱惑很难抵御。听说厄尔·华伦大法官在加利福尼亚当联邦地区检察官时,他总是把每个新来的免费为公众提供辩护服务的年轻律师叫到办公室来,向他提出做一笔交易:如果为公众辩护的律师真的相信某被告是无辜的,他应向华伦坦率直言,华伦就会把该案的全部卷宗拿出来给他看。如果这位热心公益的辩护律师读了案卷之后仍然坚持自己的观点,华伦就会撤诉。想想看,这个看起来多么慈天悯人的交易会使免费为公众辩护的律师何等为难呵:每次只要辩护律师**不说**他认为他的委托人是无辜的,他实际上就等于承认,他认为此人有罪。可是他为了在厄尔·华伦面前保持公正无私形象,为了使一些未来的无辜被告开释,一个留有余地的辩护律师就不能总是说他的当事人是无辜的。

只要刑事诉讼辩护律师开始过分考虑维持他自己公正刚直的声望(正像法官和检察官用他们自己的标准来衡量这些字的含义一样),他们牺牲某个委托人,特别是那些穷困潦倒或为人不齿之徒的利益就见怪不惊了。就这一点来说,那些牺牲委托人利益去换取自己好名声的正人君子律师与那些利用新闻媒介把委托人的利益置于自己出头露面需要之下的律师是一路货。可是律师协会总是谴责后者,赞美前者。

7. 在委托人身上押宝的律师

有些被告辩护律师专门从事刑事诉讼的主要原因是为了弘扬自己的主张——反对死刑,憎恶警察暴力行为,要求在法律面前不分贫富、种族、性别一律平等。他们追求扩大《人权宣言》中赋予民众的权利,鼓吹改造监狱,主张对美国政府机构实行更彻底更激进的改革。这些理由或许都是很高尚的,但每一项主张至少有时会与某位委托人的具体利益相冲突。

威廉·康斯特勒就是那种大声疾呼自身主张并身体力行的律师典范,他对体现了自己主张的委托人倾注全部身心为其奔走呼号。

"我只为那些与我目标相同的人辩护,我不是那种出卖劳动力的律师,我只为我热爱的人服务,"他宣称,"我为理想而斗争,浑身充满活力"。

他把自己描述成"人民律师",把法律看作"敌人",看成"光天化日之下的谎言"。他把自己如此紧密地与委托人和他的事业相连,以至如果委托人被判刑而他不能分担炼狱之苦就问心有愧(他声称有一次曾与列尼·布鲁斯一起在男厕所注射海洛因,这样他就可以更好地体会委托人的感觉)。

我认识康斯特勒已有多年,在他因"芝加哥七人帮"案辩护工作而受到藐视法庭指控并认定有罪后,我参加了为他上诉的律师小组,并执笔撰写上诉书。康斯特勒在那场轰动一时的审判中是首席辩护律师,他还参与过不少其他要案的辩护,以其不受驾驭喧嚣暴躁而出名。

最初的被告是 8 个在 1968 年民主党全国代表大会总统候选人选举大会期间领导示威游行的"策划者"。他们是:汤姆·海登,莱尼·戴维斯,戴维·迪林格,阿比·霍夫曼,杰里·鲁宾,约翰·弗罗因斯,李·瓦纳和鲍比·西尔。(西尔的案子后来与其他人分开处理,才有"七被告"之说。)因为联邦法律法规中并无禁止骚乱或煽动骚乱的条文——这类活动都由州地方法规去禁止——这几位被告都以 1968 年通过的联邦民权法案中反对骚乱条款为由,以被告阴谋跨越州界去煽动骚乱起诉。公诉人承认这些"阴谋策划者"从未有组织地在民主党全国代表大会召开之前聚会过,而鲍比·西尔甚至不曾与其他被告见过面。这 8 个被告各自代表的政治观点囊括了形形色色的派别,其中有政治激进派(海登);有玩世不恭的雅皮士(鲁宾及霍夫曼);还有黑人权力鼓吹者(西尔)。这些人听说自己被控的罪名是"共同阴谋策划"什么政治行动时觉得这简直是天大的笑话。正如阿比·霍夫曼所说:"搞阴谋?见鬼去吧!我们连一起去什么地方吃午饭意见都不一致呢。"莱尼·戴维斯更是一语成谶:"把我们这 8 个人拿出来示众,政府就把 60 年代各种持不同政见的人一网打尽。我们则针锋相对,把这场官司看成是审判过去 10 年政府的所作所为。"

这次审判的雷光电闪和唇枪舌剑组成了一幕令人目眩的活报剧,而康斯特勒在导演这场对抗中大显身手。他们认为美国现实生活中政治弊端比比皆是,司法制度伪善透顶,被告们决心要进行一场"政治"辩护。造成这场混战的另一个主要原因是对方的性格。这里面的头号人物是易怒好辩的 74 岁老人尤里乌斯·霍夫曼法官,据一位芝加哥律师说,他自诩是"联邦司法精神的体现"。被告阿比·霍夫曼毕竟慧眼明察,审判开始前就曾预言这次对抗将是"万花筒般丰富多彩,有街头革命,民俗节般的五花八门轮番出场,还有为民请愿的人民党击节助兴。"这场审判后来成了一出现代罗马宫廷杂耍闹剧,霍夫曼法官扮演着暴虐的君王,毫无例外地否决被告提出的要求和动议,公开鞭笞斥责被告和他们的律师。公诉人也好不了多少,他们和法官沆瀣一气,不失时机地蹂躏对手。而被告们则毫不手软地以此饵敌,必欲置于死地而后快。康斯特勒为这混乱的情况负点责任。

阿比·霍夫曼与法官没有血缘关系,却故意称他自己是法官的"私生子",三番五次地提到他们共同的犹太血统,他在法庭上用结结巴巴的意第绪语向法官狂吐秽言污语。

其他被告都有令人瞠目的表现。他们在法庭上乱撒橡皮糖豆,把生日蛋糕切开分送,还大穿花里胡哨奇形怪状的服装。

康斯特勒自己并没有直接参与任何这类恶作剧,可他却反复借用观点激进的委托人的雄辩言辞。他称霍夫曼法官的裁决“格调低下”,是“不人道”的,简直像“儿戏”,是他“有生以来第一次听见的最令人愤怒的判决理由”。他形容法庭是“中世纪的拷打室”。他当着法官的面要求判他藐视法庭罪,“因为阁下的所作所为辱没了法庭的尊严”。

霍夫曼则接二连三地羞辱康斯特勒,指责他“为法庭上的动乱煽风点火”。这些你来我往后来变成荒唐可笑的互相攻讦。有一回,法庭就某事项作出裁决,被告发出一片“哼哼唧唧的嘲骂”:

(法庭上一片抱怨声,嘲骂不断)

霍夫曼法官:治安官先生,我要求你对这种行为采取措施。

康斯特勒先生:法官阁下,这种冷嘲热讽之声是完全无可非议的,既然我得不到您的帮助,委托人时不常地抱怨几声至少可以帮我分忧解难。

霍夫曼法官:我认为你赞成你这位委托人在堂堂法庭上抱怨嘲骂。

康斯特勒先生:在你没有告诫[公诉人]也不要那样干的情况下,法官阁下,我赞同这种抱怨之声。

霍夫曼法官:我警告他们,我立刻警告他们,先生。

这场审判是美国有史以来第一次被新闻界大肆渲染的刑事诉讼,它最后竟落得如此一团糟的结果,令司法界十分震怒。他们主要是对被告和他们律师的恶作剧生气,同时也对霍夫曼心甘情愿地促成此事表示不满。

审判过程中,在哈佛大学法学院召开了一次政治案件辩护研讨会。与会两位主要讲演者是威廉·康斯特勒和列昂尼德·波丹——一位著名的民权斗争律师,他前些时候为本杰明·斯波克博士的反战活动案件辩护。研讨会由我主持。

康斯特勒照例姗姗来迟,我们在他没有到场时就宣布开会。波丹开始讲话,预言康斯特勒来时会径直走上台,先拥抱亲吻我们两人。后来康斯特勒果然一进场就直接跳上台和我们亲吻,惹得台下一片喝彩起哄。

波丹认为,律师在给委托人提供辩护服务时应该尽量不带政治色彩,避免使开庭变成政治审判。康斯特勒则认为律师应带政治色彩,鼓吹律师直接参与委托人的事业,用一切手段,包括政治手段去打赢官司,并利用审判本身来实现政治目标。他结束讲话时说,他预料到霍夫曼法官很可能会裁决他犯有藐视法庭罪。他随后问我,如果他被判藐视法庭罪,我是否愿出庭为他辩护?我笑着答道,“比尔,我得明着跟你说,我不爱你,可我随时愿意为你辩护。”他说他不需要我的爱情,只需要我能拥护他就够了。

几星期后,康斯特勒及另一个辩护律师列昂尼德·威恩格拉斯,还有所有的被告都被判藐视法庭罪,罪状共有 175 条之多。比如说,称呼法官为“霍夫曼先生”而不是“法官阁下”(迪林格为此被判入狱 6 个月);在法庭里悬挂一个装着小虫子的笼子(霍夫曼为此被判入狱 4 天)；在法庭上鼓掌(判入狱 14 天)；在庭上大笑(判入狱 15 天)。康斯特勒的罪名要严重得多,包括煽动起哄吵闹,违反法庭命令,在陪审团面前高呼鼓动性口号,以及鼓动被告“在被告席上发出嘘声”。

因为康斯特勒犯有数不清的藐视行为,霍夫曼法官判他 4 年零 13 天监禁。(陪审团裁决所有被告都没有阴谋策划犯罪,驳回对弗罗因斯和瓦纳的所有指控,但认定海登、戴维斯、迪林格、霍夫曼及鲁宾犯有跨越州界企图在另一州煽动骚乱的罪行。所有这些有罪认定在上诉时都被推翻,上诉法院还极不寻常地评论说“如果不追究法官和检察官的其他错误的话,他们的不轨言行就应该纠正”。)

我是担任康斯特勒和威恩格拉斯藐视法庭罪上诉工作的辩护律师之一。摩顿·斯塔维斯,一位新泽西州纽瓦克市聪明能干的律师,担任口头辩诉工作。在 1972 年 5 月——差不多在民主党全国代表大会 4 年之后,联邦地区法院审判 2 年多以后——联邦上诉法院下达了判决:撤销全部被告和律师的藐视法庭犯罪认定。上诉法院认为从法律意义上说,一些指控并不构成藐视罪,另外一些指控则需批回原法院由另一位不带成见的法官重新审查。

几年后,这桩藐视法庭案件由爱德华·吉努法官主持重审。吉努的结论是:对康斯特勒和威恩格拉斯的大部分指控都在律师积极主动辩护允许范围之内,而康斯特勒的另外一些行为则超出了这个界限。可是,这位法官断定,审判中出现这种乱哄哄马戏团气氛的原因主要应怪罪于霍夫曼法官和公诉人。他由此得出结论,如果判这些被告入狱,“除了报复打击之外不会有任何积极意义”。康斯特勒无罪释放,继续用他那激进方式从事辩护工作。

最近几年来,康斯特勒开始把目标对准许多他自己过去的同事,攻击他们是叛卖者。他把马克·拉尼——那位马不停蹄连轴转穿梭旅行的律师、那位认为每件谋杀案中都有阴谋罪的人——看作“一种病态的人,极度执着于在社会上出头露面,即使臭名远扬也在所不惜。”

他也谴责了原“芝加哥七人帮”审判案最初的辩护律师之一迈克尔·泰加尔,因为他为沙特阿拉伯商人贿赂丑闻案中一个联邦众议员辩护。康斯特勒说,“我看这事太可怕了,简直是骇人听闻……我永远也不会再和他一起工作”。他也攻击了乔安·贝兹,因为他抨击北越和柬埔寨违反了人权。他叱骂我在夏兰斯基审判中的活动是“对苏联指手划脚”。在康斯特勒看来,一个“进步的人”——天晓得这到底是什么意思——不应该公开批评一个“社会主义”国家政府,不管该国政府是多么独裁专制。

康斯特勒自己最新的“事业”与“人民律师”的形象大为不符。他曾为一个叫威廉·菲利普斯的前警官辩护,这是个凶残腐化的家伙,以前专干侦缉毒贩子、妓女、皮条客,而自己后来被认定谋杀了一个皮条客和一个妓女。康斯特勒没有会见委托人就接受了这个案子,他解释说他没有听说“有人不喜欢他,他也许是个逗人乐的无赖”。

康斯特勒的另外一个“事业”牵涉到其他一些流氓无赖,很少会有人认为这种人是逗人乐的,这是有组织的黑社会犯罪活动。康斯特勒认为每个被告都有受到律师辩护的权利,所以他也应该给黑社会犯罪嫌疑犯辩护。但这远远不够,他要在这个广阔天地中大干一番。“做暴徒的诉讼代理人是个民权问题”,他宣称,“雷蒙·帕特里亚卡〔新英格兰地区臭名昭著的黑社会犯罪集团大龙头〕在某种意义上说正像马丁·路德·金一样。他正是那些当权者极力想解决的人……”康斯特勒承认他可能是把帕特里亚卡“想得过分浪漫了”。他说:“可能我把他当成了教父,当成了马龙·白兰度,可我很难把他放到现实生活中去当作真正的犯罪集团大头目看待。那些暴徒比起美国的主要大公司来要诚实干净得多,这些大公司照样干杀人越货的勾当——可能干得更多哩。”他不肯为仅仅与黑社会组织有联系的嫌疑犯辩护:“他们必须是具有相当本事的人。”他的黑帮分子委托人或许不能满足他“热爱”的那一类标准,他自称这些人“就个人来说是很可爱的”。我则怀疑他的这些新客户是否有意为任何事业献身,这些人只是想从麻烦中脱身。

确实,康斯特勒近来重事业轻顾客的做法引起了一些冲突,搞得大家都很狼狈。康斯特勒在为罗得岛一些臭名远扬的黑社会犯罪人物辩护时,听说联邦调查局在一个当地律师办公室里安装了窃听器。他事先没有和那位律师商量就向全国性的新闻媒介宣布,他要控告政府,要求1亿美元赔偿。他着手在联邦地区法院起诉。

那位当地律师听说他的所作所为后恼怒万分,他说:“我反对发生的一切,我不同意康斯特勒参与本案诉讼,因为这会损害我的委托人的利益,他们的案子悬而未决,调查工作仍在继续。”康斯特勒声称他代表那位律师采取这些行动,他这样做也给那位律师惹了麻烦:审判中透露的事实说明不仅他的委托人,连他自己也是窃听的目标之一。

有人问康斯特勒他怎么解释这种事情:他擅自以委托人的名义采取法律行动,而该行动又会损害该委托人的利益。他回答道:“我只不过想用一种完全不同的哲学方式来处理整个案件……”可是,这里面真正的症结所在是:律师是否有权把自己的“事业”强加在一位不情愿的委托人身上。这个问题的答案只有一个,即毫不含糊的“不!”

8. 过分热情和缺乏热情的辩护律师

我自己曾多次遭人斥责,说我辩护起来热情过分。我承认自己有这个毛病。在这样一个慵懒无能缺乏热情的律师随处可见的世界里,我以自己不顾一切地为委托人的利益进行斗争而自豪。我在有疑问时总是倾向于委托人,主张积极热情地为委托人辩护。这种工作方式使我在犹太同盟和罗斯纳案中差点儿与鲍曼法官干起来,可是我毫无悔意,今后还会如法炮制。

罗斯纳案件结束大约1年以后,波士顿的一位刑事诉讼辩护律师被马萨诸塞州联邦地区法院首席法官安德鲁·卡佛雷指控犯有不轨行为,因为他指责政府检察官“可能已经在”被告的辩护律师内部安插了一个坐探。为了证明他的指控确凿可靠,这位律师向法院呈递了一个波士顿警官的宣誓证词,并要求法院宽延他一段时间以便进一步调查此事。可是这位法官——像鲍曼法官一样——说该律师必须当时在现场证明他的指控。经过一番听证之后，卡佛雷法官驳回该指控，正式宣布被告辩护律师“行为不轨，违反律师职业规范”，并有“玩忽司法从业人员职守之责”。马萨诸塞州律师协会纪律委员会对这位律师进行了审查，准备处分他，包括暂时吊销执照，甚至可能把他永远开除出律师协会。

我极力鼓动当地公民自由联盟干预此事，我自愿为这位律师写申诉状。

纪律委员会最后做出结论，认为他“没有违反律师职业规范的行为”。可是，明显地出于对首席法官的顺从，该结论又认为“双方各有各的道理”，该律师的行为“介乎违法与合法之间”。

在我看来，此案中唯一有争议的问题是，卡佛雷法官用完全不能成立的罪名来指控一个积极热情为委托人辩护的律师，这样做是否符合正当的司法行为规范？辩护律师向政府挑战，然而它又不能超越模糊的界限，这个问题一直没有答案。

我希望这位满腔热情的辩护律师不会因为纪律处分威胁而噤若寒蝉，他提出的问题有理有节，使鲍曼法官和卡佛雷法官暴跳如雷。

对很多刑事诉讼辩护律师来说，真正的问题并非过分热情认真，而是缺乏热情漫不经心。那些懒散的刑诉辩护律师比比皆是，他们最关心的是律师费。这些人要求客户先付费，因为他们知道这笔预收的“手续费”是他们可能挣到的全部收入了，不管这案子多复杂，不管时间拖多长就只有这么多钱。所以他们拿到这笔钱以后，就一心只想尽快了结此案，以便再接新案，再收取费用。这些辩护律师对待委托人就像百货公司对待货物一样：最快地进货，最快地出手，最大地赚钱。

我跟这种律师打过许多交道。偶尔我也给某个认为自己的一审辩护律师慵懒无能的委托人写上诉书。其中有个案子牵涉到阿诺德·鲍曼法官，那时他结束了法官生涯，重新私人执业。他受理的第一桩案子有好几个共同被告，其中一个是哈佛大学法学院的毕业生，被控为了帮助一个价值25000万美元的办公楼群项目获得政府建筑许可，他阴谋向新泽西州福特利市市长行贿100万美元以便破格批准该工程。毫无疑问，贿款是一个叫阿瑟·萨顿的人出面给市长的，市长用联邦调查局给他的录音机当场录下了谈话。萨顿真是上天无路下地无门。他在被捕后向律师咨询，决定与检察官讨价还价寻找以认罪换减刑的庭外解决。他向政府检举要他去行贿的是一个大房地产投资公司的三个主管人员，这家投资公司正是给这项工程贷款的单位。这三个主管受到起诉，被告之一委托阿诺德·鲍曼为他辩护。

这场审判基本上是被告与萨顿之间谁可信性更大的较量，因为没有主管人让萨顿去向市长行贿的确凿证据，只有双方截然相反的证词。

在对萨顿质证时，一个叫詹姆斯·西尔伏的年轻人来找鲍曼的委托人，说他能证明萨顿是个骗子，是个专门干向政府官员行贿这种下贱勾当的无赖。西尔伏曾在萨顿手下工作过好几年，对他的手法和历史了如指掌。更重要的是，西尔伏告诉鲍曼，不是别人，正是他向美国联邦地区检察官揭发此案的。

这些材料对被告至关重要,因为被告在预审时就提出动议,要求政府提供现已掌握的对萨顿不利的所有材料。政府公然违抗法律,未向被告提供西尔伏掌握的情况。

鲍曼决定对这些情况置之不理,把这颗重磅炸弹丢弃一旁。也可能审判到了这个阶段再叫西尔伏这样一个证人出庭为时已晚,可是鲍曼至少可以把检察官这种非法行为告诉一审法官。可只有鲍曼自己知道他为什么没有把西尔伏提供的情况通知法官和陪审团。

陪审团在没有对公诉人的主要证人不利的证据情况下,认定被告有三项犯罪。法官判处被告 5 年徒刑,对于非政府官员犯的这类贿赂行动来说,该刑罚是极其严厉的。(大部分在沙特阿拉伯商人行贿案中被认定有罪的公职人员只判 3 年徒刑。)鲍曼的委托人要他对此进行申诉,但他拒绝这样做。他对委托人说,他当法官时曾经判处一个行贿未遂的律师 5 年徒刑。这显然是指罗斯纳案,可是鲍曼有意不告诉他的委托人上诉法院推翻了这个判决,而由另外一位法官重审,结果判了 3 年徒刑。

判决后,我受那位哈佛大学法学院毕业生之托给他上诉。在一番长久激烈的辩论中,我指责政府非法地在预审时未将西尔伏提供的情况告之被告辩护律师,我们要求推翻三项认定中的二项,对另外一项进行复审。后来,我们通过庭外协议了结了此案:委托人同意撤销对公诉人非法行为的指控,而法庭则把刑期减为 6 个月。

我遇到过的对委托人虚与委蛇态度最恶劣例子,当属在佐治亚州拉尼耶县给一个死刑犯辩护的律师爱德华·皮基·帕里什。被告是个目不识丁的黑人名叫森·佛莱明,被控参与谋杀白人警长詹姆斯·吉登斯。这场谋杀发生之前,在佐治亚州乡间小镇阿戴尔一家叫“早 7 点到晚 11 点”的小百货铺发生了武装抢劫。森·佛莱明没有参与抢劫,这是他的侄儿 19 岁的拉里·佛莱明和他的朋友,21 岁的亨利·威里斯干的。这两个年轻人很显然是在抢完商店后把森接上车的,随后吉登斯警长就发现他们了。吉登斯掏出报话机报告说他要去截住这辆车。但他追上这辆车后又被车上的人制服,后来被开枪打死。车上的三个人都以谋杀罪被审判,而森·佛莱明既未参与抢劫,又没有确凿证据证明他参与枪杀警长的行动。以后的预审和审判经过堪称法律教学的经典范本,充分暴露了律师的无能、懒散、缺乏积极进取精神。

实际上帕里什当时在预审这个至关重要的关头睡着了。他对谋杀事件发生时的前因后果未作详尽调查。他在审前听证中没有提出查阅政府证据的动议。他直到正式审判时才知道委托人曾对警察有过几次招供,交代自己在这次犯罪中的作用。他仅仅知道委托人在审前有过一次谈话,但他既没有费神去要一份这个重要谈话的副本,也没去了解委托人是否通过这次谈话放弃了某项权利。因为他未能弄清这些谈话的内容,他的辩护在陪审团看来是前后矛盾的。帕里什还错过了提出另外十几个动议以改善处境的机会,要是此案由一个认真负责的律师辩护,他肯定会提出这些动议,使他们在上诉时处于有利地位。

帕里什拙劣的辩护能力在审判终结之前向陪审团作的最后陈述中表现得淋漓尽致。被告作证说,他曾被几个白人警察毒打过。公诉人对此表示疑问,并说被告在撒谎。而帕里什作为森·佛莱明的辩护律师又干了些什么呢？他以委托人的名义说："公诉人已经讲了不少关于森是在撒谎的话，我不知道这是真是假，可我同意他的话……我不认为森被警察毒打过，我不信有这种事，这种事根本不可能发生。"

最后，在被告被认定犯有谋杀罪后，法庭允许帕里什出示森的犯罪有从轻情节的证据，以此为由量刑时可免遭一死。虽说有不少对森有利的证据，如他精神不正常，情绪不稳定，他的个人背景，加上其他有利情况，可帕里什一条也没提出。连量刑法官自己都说"根据本案的事实并不能完全证明被告是有罪的。"可是，由于没有可以减刑的明确依据，他判处森·佛莱明死刑。佛莱明现在关押在死刑犯监里等待着联邦法院上诉的结果。在亚特兰大有个律师事务所为他上诉，我是律师之一，我们竭尽全力消除一审中他的律师给他带来的损害。

帕里什在为森·佛莱明辩护的不负责任态度——确切地说他的无能很可能置森于死地。可是从未有人以帕里什处理此案的表现为例来说明律师素质低，缺乏热情，不负责任。

该案结果向刑事诉讼辩护律师传达了一条清楚的信息：在过分热情地辩护和消极地应付差事两种态度之间，如果你关心自身安全的话，最好是采取后者。很少有辩护律师因为没有指责政府的非法行为而受到责难，甚至在完全掌握证据也不这样做的情况下也是如此，他们也不会因消极被动地为委托人辩护而受到责难。可是，只要辩护律师指责政府的非法行为，即使有确凿证据，只要他们过分热心地为委托人辩护，他们就会遇到麻烦。

尽管有双重标准，但总是有一些律师能够认识到，积极主动地进攻很可能是为刑事被告辩护的最好策略。

9. 最好的和最坏的辩护律师

最好的辩护律师总是这么一些人：他们不管在什么情况下都能够把自己的风格和专业技术结合到某个客户的需要上去。我在前面已经介绍了各种"类型"的刑诉辩护律师。经常有人问，"究竟哪种类型的律师最好？"对这个问题没有现成的答案，但是如下一些准则是适用的。

选择最好的律师要注意的首要大事是：确切弄清楚该律师是一心一意地为委托人寻求最好的法律后果，而不是寻求其他人，或自身的利益（如沽名钓誉，追求知名度，希望树立正直的名声，或指望借此与检察官搞好关系）。

第二条，律师在专业上谙熟业务，能够应付各种情况，他们必须是全方位律师。那种只做庭外交易的律师实际上没有多少讨价还价的本钱，而那些在庭上使检察官心惊胆跳的辩护律师才能在庭外与检察官达成最有利的协议。以公正而出名的律师，一旦需要，使用出其不意的策略来对付检察方面，会给委托人带来意想不到的好结果。

虽说那种全方位的律师是没有的，可如下类型律师则是人们必须时刻警惕，避免委以重任的：那些懒散闲逸或无事瞎忙，实际上不知道怎样把力量用在抓案件的重点上的；那种不管案件的具体情况，不管具体的法律适用，只知死套现成条框的律师；那种不注意利用公诉方面和法官在审前或审判中所做的不恰当判断或错误以便在上诉中加以利用的律师。当然,最重要的是避免和那些奸猾无耻的律师打交道,还有那些欺骗委托人,诡称自己无意之中上当的律师。确实,也有一些辩护律师向法官或检察官行贿,时不常地有一些律师为此被抓获判处徒刑。这种问题过去十分猖獗,而现在则日渐减少。可是仍然有那么一些律师对他们的委托人说,或暗示他们自己可以跟法官或检察官"拉近乎"。他们索要额外的费用,声称他们将把这些钱用来打通关节。实际上这些律师常常是神吹胡侃,或是私自把钱扣下中饱私囊。这使人回忆起一个法庭工作人员的故事。这人经常分别去找民事诉讼双方当事人暗地商量。他对双方都说,没准儿可以用 1000 美元买通法官做出有利的裁决。这人向双方各预收 1000 美元,答应如果办不成事则把钱如数退还。用这种手段,他从当事人双方各得 1000 美元,可他不会真去对法官说些什么。在法官裁决之后,他会把败诉一方的 1000 美元退还给他,跟他说未能打通这位法官。可他将收下胜诉一方的钱,而对那个人说钱已经发生作用了,使那人觉得这钱花得不冤。所以,特别要警惕那种漫天许愿的刑事诉讼辩护律师。

10. 自由的最后堡垒

认真负责、积极热心的辩护律师是自由的最后堡垒——是抵抗气势汹汹的政府欺负它的子民的最后一道防线。辩护律师的任务正是对政府的行为进行监督和挑战,要这些权势在握的尊者对无权无势的小民百姓做出格行动前三思而后行,想想可能引起的法律后果,去呼吁、去保护那些孤立无援无权无势的民众的正当权利。(甚至连有钱有势的人,他们可能动员的力量,他们的经济力量与政府相比,也相形见绌,虽说富人与穷人相比有天壤之别。)

一个国家是否有真正的自由,试金石之一是看它如何对待那些为有罪之人、为世人不耻之徒辩护的律师。在大部分专制国家里,独立自主的辩护律师队伍是不存在的。诚然,专制压迫肆虐无忌的明显标志之一就是政府开始迫害辩护律师。莎士比亚说过,"我们要做的第一件事,就是杀掉所有的律师"。

要想使被告辩护律师不能独立自主地进行工作,最有效的方法之一是责难他们为有罪之人辩护是否合适。那些鼓吹辩护律师应该把他们的委托人限制在无辜的被告上,或仅为某种类型的人或社会阶层辩护,这样做实际上是为建立一种由政府决定谁有权受辩护、谁无权受辩护的制度大开方便之门。如果我们授予政府、授予律师、授予任何权力机关这种权力,就意味着独立自主的辩护制度开始走向死亡——这也是自由终结的开端。

在刑法制度中最难于向公众解释清楚的就是那些为有罪委托人辩护的律师所起的作用。我在 1980 年曾到中国去为中国的刑事司法制度提供咨询意见。大部分中国律师似乎都理解应该有一个独立自主不受干扰的审判机构和检察机构。可是很少有人——甚至是那些在"文化大革命"中饱受迫害的律师——认为,律师有必要为一个他已认识到有罪的委托人或"反革命分子"辩护。(每个社会都有自己用来称呼那些最受鄙视的人的惯用语。)我最经常碰到的问题是"为什么政府要**花钱**为破坏社会主义法制的人辩护?"我试着向他们解释,司法正义——不管是社会主义、资本主义或是其他任何种类的,都不仅仅是目的,而且还是一种程序;为了使这一程序公正地实行,所有被指控犯罪的人都必须有为自己辩护的权利。由于被告生来在智力和其他方面都良莠不齐,他们在表达能力、思维逻辑和雄辩口才方面差别很大。被告辩护律师——他们在这方面受过专门训练——就起着举足轻重的作用,为被告提供这些帮助。决定一个被告**是否**应被认定有罪、应受到惩罚,政府必须提供证据,而被告应享有公平的辩护机会。

我还向中国律师们解释说,在今天看起来针对反革命分子的法律,明天就可能变成针对他们。正像门肯①曾经指出:"为人类自由而奋斗的麻烦是,你会花很大力量和时间为那些狗杂种们辩护,因为专制的法律最初的对象总是这些渣滓,而如果想制止专制迫害,就得在一开始就制止它。"

对我来说,为有罪之人,为那些为人不齿之徒辩护最有说服力的论据就是扪心自问一下与此相反的情况。那些阻拦或禁止为有罪之人辩护的政府有什么资格在什么是司法正义上指手划脚呢?他们的制度比起我们的更腐败、更不公正,总的来说效率更低。温斯顿·丘吉尔以前关于民主的评论也许可以说是对刑事诉讼辩护制度的概括:"除了其他曾经试验过的方法外,它可能是最坏的司法制度。"②

在任何一个社会里,为有罪的人和为世人所不齿的人辩护的律师永远不会有好日子。人们会怀疑他们的动机,人们会以为他们忠于委托人的利益甚于忠诚于社会正义;社会舆论会把他们委托人的不良行为和他们联系在一起。他们会被人当作唯恐天下不乱的宵小之徒,是滋事的牛虻。这些辩护律师中的佼佼者总是最先受到打击迫害,总有人想找碴吊销他们的执照。

成功地给有罪被告辩护的律师永远也别想指望有一天有人会为他们设立诺贝尔奖。确实,很少有为积极主动热情地给被告辩护的律师设立的褒奖或荣誉。

辩护律师队伍也是鱼龙混杂,既有最富献身精神积极进取的人,也有最浅薄的见利忘义之徒。这个职业包含着两种极端的人,公众有时很难区分这两种人,律师为一个明显有罪的委托人辩护这个事实就可以使不少人得出该律师自己也好不了多少的结论,这是积极热情认真负责为委托人辩护的律师职业上的困扰。

前任美国联邦最高法院大法官费利克斯·弗兰克福特(Felix Frankfurter)曾说,他认为没有一个头衔能比"哈佛大学法学院教授"更加荣耀了。

在我看来,没有一个头衔能比辩护律师更崇高可敬了。

---

① H. L. Mencken(1880 ~ 1956),美国评论家、媒体人。

② 换言之,比起以前曾经用过的方法,它可能是最好的司法制度。——译者注

图书在版编目(CIP)数据

最好的辩护/(美)德肖维茨(Dershowitz,A. M.)著;唐交东译. --北京:法律出版社,2014. 4(2020. 4 重印)
书名原文:The best defense
ISBN 978-7-5118-6264-8

Ⅰ. ①最… Ⅱ. ①德…②唐… Ⅲ. ①律师-辩护-案例-汇编-美国 Ⅳ. ①D971. 265

中国版本图书馆 CIP 数据核字(2014)第066415号

最好的辩护
ZUIHAO DE BIANHU

[美]艾伦·德肖维茨 著
唐交东 译

策划编辑 万 颖
责任编辑 蒋 橙
装帧设计 乔智炜

出版 法律出版社
总发行 中国法律图书有限公司
经销 新华书店
印刷 固安华明印业有限公司
责任印制 吕亚莉

编辑统筹 法律应用出版分社
开本 710 毫米×1000 毫米 1/16
印张 22
字数 420 千
版本 2014 年 5 月第 1 版
印次 2020 年 4 月第 10 次印刷

法律出版社/北京市丰台区莲花池西里7号(100073)
网址/www. lawpress. com. cn
投稿邮箱/info@ lawpress. com. cn
举报维权邮箱/jbwq@ lawpress. com. cn
销售热线/400-660-8393
咨询电话/010-63939796

中国法律图书有限公司/北京市丰台区莲花池西里7号(100073)
全国各地中法图分、子公司销售电话:
统一销售客服/400-660-8393/6393
第一法律书店/010-83938432/8433
西安分公司/029-85330678
重庆分公司/023-67453036
上海分公司/021-62071639/1636
深圳分公司/0755-83072995

书号:ISBN 978-7-5118-6264-8
定价:58.00 元
(如有缺页或倒装,中国法律图书有限公司负责退换)